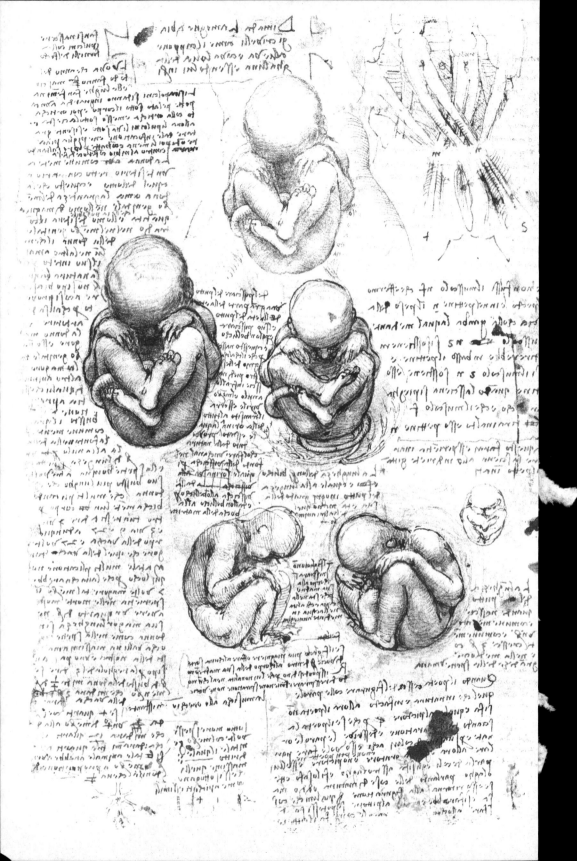

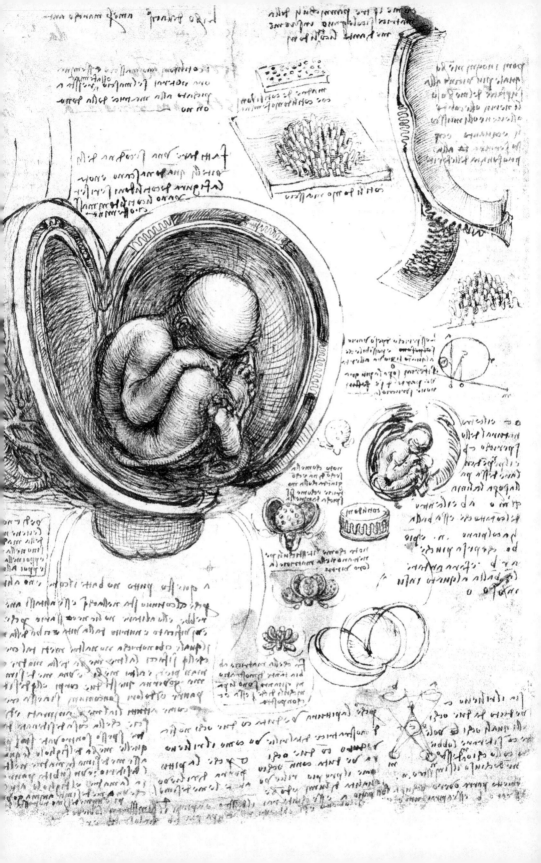

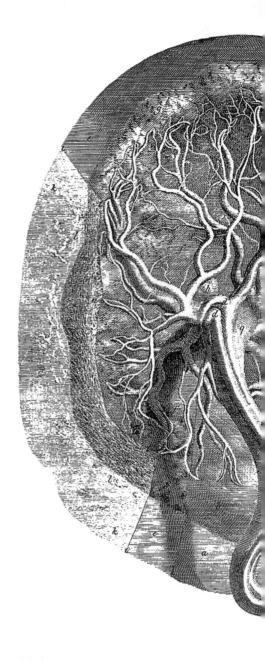

GÊNIO s.m.
- Indivíduo que possui uma extraordinária capacidade intelectual.
- Talento; cuja aptidão ou extraordinária capacidade
  intelectual pode ser observada em: era um gênio da pintura.
- Reunião das características da personalidade de alguém:
  tinha um gênio difícil!
- Irascibilidade; facilidade para se irritar ou se enraivecer com facilidade.
- De acordo com crenças antigas, divindade ou espírito cuja
  capacidade decidia ou regia o destino, sendo responsável
  por desencadear dos fatos; gênio da lâmpada:
  gênio das paixões, do bem, do mal, do amor.
  (Etm. do latim: genius.ii)

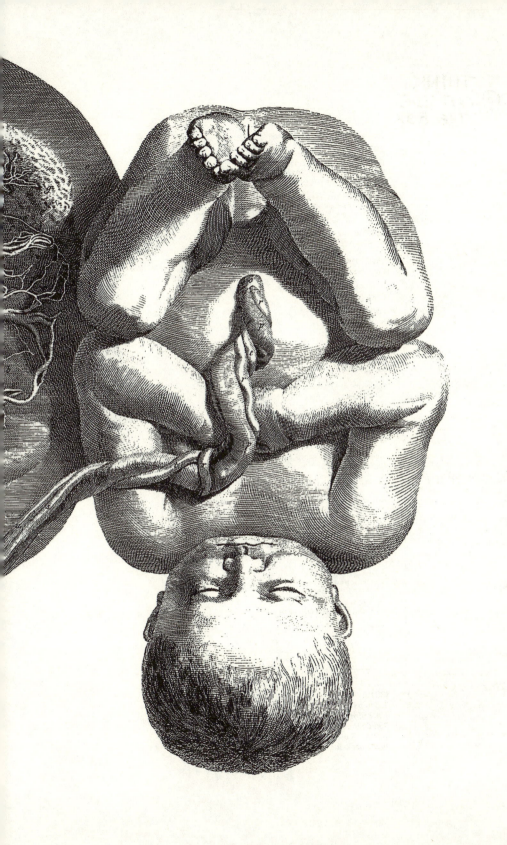

THINK OUTSIDE THE BOX

Copyright © 2016 by Eric Weiner
Copyright da tradução para o português
© 2016 by DarkSide® Books
Título original: The geography of genius:
a search for the world's most creative
places from ancient Athens to Silicon Valley

Todos os direitos reservados
Publicado mediante acordo com a
editora original, Simon & Schuster, Inc.

Tradução para a língua portuguesa
© Dalton Caldas, 2016

Diretor Editorial
Christiano Menezes

Diretor Comercial
Chico de Assis

Editor
Bruno Dorigatti

Editor Assistente
Ulisses Teixeira

Design e Capa
Retina 78

Designers Assistentes
Pauline Qui
Raquel Soares

Revisão
Felipe Pontes
Retina Conteúdo

Impressão e acabamento
Gráfica Geográfica

DADOS INTERNACIONAIS DE CATALOGAÇÃO NA PUBLICAÇÃO (CIP)
Angélica Ilacqua CRB-8/7057

Weiner, Eric
  Onde nascem os gênios / Eric Weiner ; tradução de
Dalton Caldas. — Rio de Janeiro : DarkSide Books, 2016.
  352 p.

  ISBN: 978-85-945-4010-2
  Título original: *The geography of genius: a search for the
world's most creative places from ancient Athens to Silicon Valley*

  1. Gênios – Miscelânea 2. Geografia – Aspectos psicológicos
  3. Cidades 4. Viagens I. Título II. Caldas, Dalton

16-0974   CDD 153.98

Índices para catálogo sistemático:
  1. Gênios

[2016]
Todos os direitos desta edição reservados à
DarkSide® Entretenimento LTDA.
Rua do Russel, 450/501 - 22210-010
Glória - Rio de Janeiro - RJ - Brasil
www.darksidebooks.com

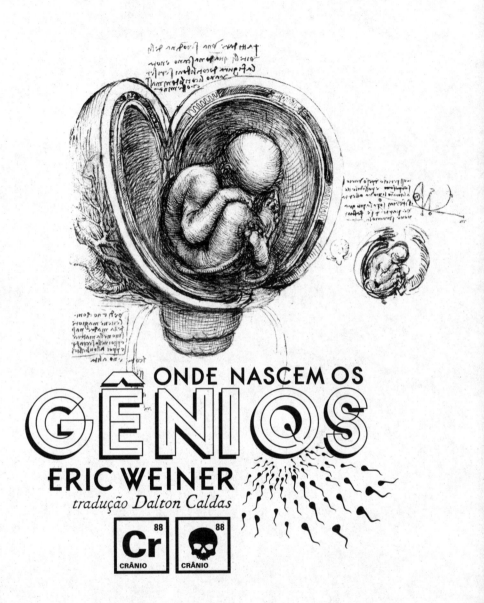

ONDE NASCEM OS GÊNIOS

ERIC WEINER

tradução Dalton Caldas

para Sharon

*O que é reverenciado em um país
será cultivado nele.*
—Platão

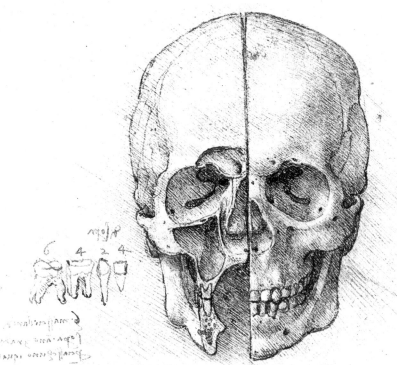

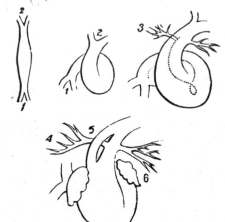

SUMÁRIO

INTRODUÇÃO: AVENTURAS COM A CAIXA DE GALTON 15
I. A GENIALIDADE É SIMPLES: ATENAS 27
II. A GENIALIDADE NÃO É NOVIDADE: HANGZHOU 77
III. A GENIALIDADE CUSTA CARO: FLORENÇA 107
IV. A GENIALIDADE É PRÁTICA: EDIMBURGO 149
V. A GENIALIDADE É CAÓTICA: CALCUTÁ 191
VI. A GENIALIDADE É INVOLUNTÁRIA: VIENA AFINADA 221
VII. A GENIALIDADE É CONTAGIOSA: VIENA NO DIVÃ 253
VIII. A GENIALIDADE É FRACA: VALE DO SILÍCIO 287
EPÍLOGO: ASSANDO PÃO E RELAXANDO 319

BIBLIOGRAFIA SELECIONADA 327
INDEX 333
AGRADECIMENTOS 344

ERIC WEINER
Onde nascem os gênios

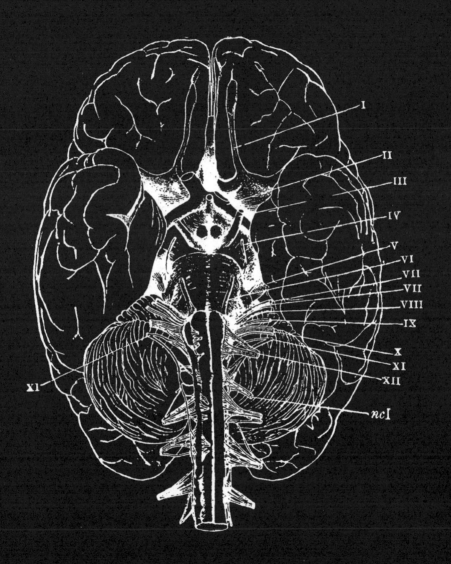

As pessoas começaram a reconhecer o quanto eu era especial quando ainda era novo. Aos dez anos, curioso sobre as leis da física, eu me perguntei o que aconteceria se eu jogasse um grande balão de água da sacada do apartamento de meu pai, no décimo quinto andar. Então, seguindo os passos de Newton, Darwin e de grandes cientistas de todos os lugares, eu decidi fazer uma experiência.

"Parabéns, Einstein", disse o dono do carro, obviamente impressionado, cujo para-brisa havia sido completamente estraçalhado pela força surpreendentemente vigorosa do balão de água. Quem imaginava? Esse é o preço do progresso científico, eu racionalizei na época. Outro incidente, anos depois, envolveu uma lareira, uma chaminé fechada e o corpo de bombeiros da região. Eu ainda posso ouvir as palavras do bombeiro: "Você é o quê, uma espécie de gênio?".

Infelizmente não, não sou. Isso me coloca no que está rapidamente se tornando uma minoria. Atualmente nós sofremos de um caso sério de inflação de gênios. A palavra é usada promiscuamente por aí. Jogadores de tênis e criadores de aplicativos são descritos como gênios. Existem os "gênios da moda", os "gênios culinários" e, é claro, os "gênios da política". Nossos filhos são todos pequenos Einsteins e pequenos Mozarts. Se estamos tendo algum problema com nosso último iProduto, nós vamos até o Genius Bar da Apple. Uma avalanche de livros de autoajuda, enquanto isso, diz que todos temos um geniozinho dentro de nós (no meu caso, muito lá no fundo), uma mensagem que nós assimilamos com prazer, alheios ao fato de que, se todo mundo é um gênio, ninguém é.

Venho observando essa evolução — ou melhor, involução — do conceito de genialidade há um tempo já. Tenho uma fascinação pelo assunto da genialidade da mesma maneira que um homem nu se fascina pelo assunto do vestuário. Nós estamos mesmo descendo a ladeira da genialidade ou será que há esperança para nós, até mesmo para mim?

Gênio. A palavra é sedutora, mas eu sei mesmo o que ela significa? Ela vem do latim *genius*, mas significava algo muito diferente na Roma antiga. Naquela época, um gênio era uma divindade que acompanhava você por toda a parte, como se fosse um pai superprotetor, só que com poderes sobrenaturais. Todas as pessoas tinham um gênio. Todos os lugares também. Cidades, vilas e feiras, todas possuíam um espírito atuante, um *genius loci*, que as animava continuamente. A definição atual do dicionário — "aquele que possui capacidade intelectual extraordinária, especialmente quando manifestada em atividades criativas" — é produto do romantismo do século XVIII, aqueles poetas pensativos que sofriam, *sofriam* por sua arte e, agora nós diríamos, por sua *criatividade*, uma palavra que é ainda mais recente; ela não existia até 1870 e só passou a ser difundida a partir dos anos 1950.

Algumas pessoas usam *gênio* para descrever uma pessoa muito inteligente, alguém com um Q.I. elevado, mas isso é limitado demais, e dá uma impressão errada. Muitas pessoas com Q.I. extremamente alto realizaram pouca coisa e, inversamente, muitas pessoas com inteligência "mediana" realizaram grandes feitos. Não, eu estou falando da genialidade no sentido criativo — como a forma mais alta de criatividade.

Minha definição favorita do gênio criativo vem da pesquisadora e especialista em inteligência artificial Margaret Boden. O gênio criativo, diz ela, é alguém com "a habilidade de apresentar ideias que sejam novas, surpreendentes e valiosas". Esses também são os critérios que o Instituto de Patentes dos Estados Unidos usa ao decidir se uma invenção merece uma patente.

Pense em algo simples como uma xícara de café. Eu posso inventar uma que seja pintada em um tom incomum de laranja fluorescente. Sim, é novidade, mas não é especialmente surpreendente nem tão útil. Agora digamos que eu invente uma xícara de café sem fundo. Isso com certeza é novo e definitivamente surpreendente, mas, mais uma vez, não é particularmente útil. Para se qualificar para uma patente, eu teria que inventar talvez uma xícara de café autolimpante, ou uma dobrável que funcione como pen drive — algo que preencha todos os três requisitos: novo, surpreendente e útil. Os pequenos passos das inovações incrementais não fazem você conquistar uma patente, nem o título de gênio. Só um salto faz isso.

    A questão que intriga alguém como eu, uma criatura da geografia e estudante de história, não é simplesmente que passos são esses, mas onde e quando eles ocorrem. Então decidi conduzir outra espécie de experiência, dessa vez sem o balão de água. Embarquei em uma versão da antiga Grand Tour, aquelas viagens ao estrangeiro que os jovens aristocratas ingleses faziam nos séculos XVIII e XIX para ampliarem seus horizontes. Não sou nenhum aristocrata e, como disse, nenhum gênio. A faculdade foi um borrão de cerveja barata e mulheres inadequadas. Eu queria ter prestado mais atenção. Desta vez, jurei, seria diferente. Desta vez eu acataria o conselho de meu sogro. "Jovem", dizia ele com seu sotaque musical e indeterminado, "você precisa se e-du-car."

Minha educação começou em Londres, uma cidade que produziu não só sua parcela de gênios, mas também o estudo da genialidade em si. Se você é como eu e se fascina pela chamada ciência da genialidade — ou gosta de enfiar pequenos alfinetes às escondidas em pedaços de feltro —, então não pode perder a Caixa de Galton. Você pode encontrá-la, como eu fiz, na University College de Londres.

    Numa manhã nublada, com uma insinuação de primavera no ar, eu pego o metrô até a estação King's Cross, depois ando algumas centenas de metros até o campus hogwartsiano da universidade. Lá, sou recebido por Subhadra Das, guardiã da Caixa. Gosto dela de imediato. Alguma coisa em seu sorriso e na maneira como me olha nos olhos me tranquiliza. Ela me leva por um corredor até uma sala simples onde encontramos a Caixa, apoiada sobre uma mesa. Ela coloca um par de luvas de látex e então, cuidadosamente, como se estivesse fazendo uma neurocirurgia em um porquinho-da-índia, pega a Caixa.

    A Caixa de Galton contém os bens materiais de sir Francis Galton. É uma coleção estranha, apropriada para um homem estranho, porém brilhante. Galton, um cientista e polímata do século XIX, primo de Charles Darwin, deu ao mundo a análise estatística e o questionário, os retratos compostos e as impressões digitais forenses. Ele foi um dos primeiros meteorologistas. Ele criou a frase *natureza ou cultura*. Ele tinha um Q.I. de quase 200.

    O lema de Galton era "conte sempre que puder!". Para ele, só valia a pena fazer o que pudesse ser feito numericamente, e uma vez ele confessou não conseguir compreender plenamente um problema se antes não fosse capaz de "desembaraçá-lo das palavras". Socialmente, ele era esquisito ao extremo, mais confortável com números do que com pessoas.

Subhadra retira um pedaço de feltro e vários alfinetes da Caixa. Ela os coloca cautelosamente sobre a mesa. Estas, ela explica, eram as ferramentas de Galton para um de seus experimentos mais peculiares: uma tentativa de desenvolver um "mapa da beleza" da Grã-Bretanha. Ele queria determinar onde as mulheres mais belas da região viviam, e depois marcar os resultados no mapa. Por ser a era vitoriana, porém, e por Galton ser tão tímido, ele não podia simplesmente realizar um concurso de beleza.

A solução de Galton foi ficar parado em esquinas de várias cidades e, com o feltro e os alfinetes escondidos discretamente no bolso de seu casaco, observar as mulheres passando. Se ele visse uma mulher atraente (em sua opinião), ele pregava quatro alfinetes no feltro. Mulheres menos atraentes ganhavam três alfinetes, e assim sucessivamente. Ele viajou pelo Reino Unido classificando sorrateiramente a aparência das mulheres dessa maneira, e supostamente sem levantar suspeitas. Concluiu que as mulheres mais atraentes viviam em Londres, e as menos atraentes, na cidade escocesa de Aberdeen.

O mundo não prestou muita atenção ao mapa da beleza de Galton, mas ficou atento a seu importante livro, *Hereditary Genius* [*Gênio Hereditário*]. Publicado em 1869, ele analisava profundamente a genealogia de criadores, líderes e atletas célebres. Galton acreditava que essas pessoas deviam seu sucesso à genética, ou ao que ele chamava de "habilidades naturais". Para Galton, a genética explicava tudo. Ela explicava por que uma família podia ter vários membros ilustres e outra nenhum. Explicava por que sociedades com muitos imigrantes e refugiados geralmente eram bem-sucedidas, pois eles "traziam valiosos traços sanguíneos". Ela explicava por que algumas nações prosperavam mais que outras (elucidado em um capítulo com o infeliz título de "O Valor Comparativo das Raças"). Explicava o declínio das grandes civilizações de outrora — os antigos gregos, por exemplo, haviam começado a se casar com povos "inferiores", assim diluindo sua linhagem. Por fim, ela explicava por que cada um de seus gênios era um homem branco, como ele, vivendo em uma pequena ilha sombria ao largo da costa da Europa continental. Quanto às mulheres, Galton as menciona apenas uma vez, em um capítulo chamado "Homens Literários".

O livro de Galton foi bem recebido, e não era de se admirar. Ele articulava, em linguagem científica, o que as pessoas suspeitavam havia muito tempo: a genialidade vem de nascença, não da criação.

Subhadra cuidadosamente põe os alfinetes e o feltro de volta na Caixa de Galton. Ela confidencia que tem opiniões ambíguas sobre a Caixa, e sobre Galton, que veio de um ambiente privilegiado e no entanto não enxergava as vantagens que essa posição conferia a ele e a seus amigos.

"Ele achava que estava vivendo em uma meritocracia", diz ela. No entanto, ao mesmo tempo, ela não pode negar que ele era brilhante. Ele foi o primeiro a medir coisas que pensávamos serem imensuráveis e, ela diz, retirando as luvas, "questionar coisas que pensávamos serem inquestionáveis. Galton arrancou sozinho a questão do gênio criativo das mãos dos poetas e dos místicos e a colocou diretamente nas mãos dos cientistas."

Seu conceito de gênio hereditário, porém, estava totalmente errado. A genialidade não é passada adiante como olhos azuis ou calvície. Não existe gene da genialidade; um gênio não gera outro. As civilizações não ascendem e caem por causa de mudanças nos conjuntos de genes. Sim, quando se trata de gênio criativo, os genes fazem parte da mistura, mas uma parte relativamente pequena, em algum lugar entre 10% e 20%, de acordo com estimativas dos psicólogos.

O mito de que já se nasce gênio foi suplantado por outro mito: os gênios são criados. Aparentemente, isso parece ser verdade. É preciso trabalho duro, pelo menos dez mil horas de prática ao longo de dez anos, para começar a chegar perto da maestria, sem falar em genialidade, como constatou um famoso estudo. A psicologia moderna, em outras palavras, desencavou evidências empíricas para o velho ditado de Edison sobre sucesso ser 99% de transpiração e 1% de inspiração.

Este componente, o suor, acrescenta mais uma peça à imagem, uma peça importante. A imagem, contudo, permanece incompleta. Alguma coisa está faltando. Mas o quê? A pergunta me importuna, como um dos enigmas matemáticos de Galton, enquanto caminho rapidamente pelo campus vitoriano, a insinuação de primavera substituída por uma chuva leve, mas persistente.

Alguns meses e uns 11 mil quilômetros depois, eu me encontro em mais um campus, na presença de mais uma caixa. Esta caixa contém fichas catalográficas. Deve haver centenas delas. Em cada ficha, escritas à mão em letras minúsculas, mas perfeitamente legíveis, está um acontecimento histórico e o nome de uma pessoa eminente que viveu na época. O Renascimento italiano e Michelangelo, por exemplo. As fichas são cuidadosamente categorizadas por data e local. É tudo tão metódico, tão galtoniano, penso eu. O dono desta caixa, contudo, está vivinho da silva. Ele está na minha frente agora, apertando vigorosamente a minha mão.

Dean Keith Simonton é bronzeado e em forma. Ele está de licença sabática, mas não daria para perceber, a julgar por sua energia sem limites e agenda frenética. Veste jeans, chinelos e, como faz todo dia, uma camiseta decorada com a ilustração de um gênio ou líder (hoje, é Oscar Wilde). Uma *mountain bike* está apoiada na estante de livros. Schubert está tocando baixinho ao fundo. O sol da Califórnia entra pela janela.

Simonton é professor de psicologia na Universidade da Califórnia em Davis e espeleólogo intelectual confesso. Não há nada que ele ame mais que explorar profundezas desconhecidas, lugares onde os outros têm medo de ir devido à escuridão e à solidão. Nesse aspecto, também, ele me lembra Galton. Além disso, como Galton, Simonton é obcecado pelo estudo da genialidade e tem um sério vício em números ("Como estão suas equações diferenciais?", ele me pergunta em um determinado momento. "Não tão boas, e as suas?").

Ao contrário de Galton, contudo, Simonton não espeta alfinetes em pedaços de feltro e é perfeitamente capaz de fazer contato visual e outras gentilezas sociais básicas. Ao contrário de Galton, ele não vem de uma posição privilegiada. Sua família pertencia à classe operária, seu pai não concluiu o ensino médio. E, crucialmente, ao contrário de Galton, Simonton não sofre de propensões etnocêntricas. Ele vê o mundo com clareza, e está no caminho certo de algo grandioso.

A obsessão de Simonton, como a maioria, começou cedo. No jardim de infância, sua família comprou uma coleção da *World Book Encyclopedia*. Ele ficou instantaneamente encantado. Passava horas olhando para as fotos de Einstein, Darwin e outros gênios da maneira que as outras crianças olham para fotos de jogadores de beisebol e astros do pop. Mesmo naquela idade, ele se fascinava não só pelas realizações desses homens e mulheres endeusados, mas pela maneira como suas vidas se cruzavam de maneiras inesperadas. Leonardo da Vinci e Michelangelo batendo boca nas ruas de Florença. Freud e Einstein peruando durante o café em Berlim.

Na faculdade, Simonton fez um curso de história da civilização, mas, sempre científico, seus trabalhos eram salpicados com equações matemáticas — "a fama é diretamente proporcional à ocorrência do nome; isto é $F = n(N)$" — e referências às leis da termodinâmica. Seu professor ficou perplexo e escreveu uma severa repreensão: "Se você pensar no processo histórico com a mesma rigidez que as leis universais são concebidas, você provavelmente terá uma enorme dificuldade em entender história". Simonton passou os últimos cinquenta anos provando que seu professor estava errado. Ele obteve um PhD em psicologia e se dedicou ao campo embrionário da "geniologia".

Não foi fácil. O meio acadêmico, apesar de tanto professar sua mente aberta, não vê os agitadores com bons olhos. Isso foi nos anos 1960 e 1970, uma época em que a criatividade e a genialidade não eram assuntos que os acadêmicos levassem a sério, o que parece estranho, já que as universidades supostamente estão no ramo da produção de gênios, mas menos estranho quando se considera que, como o autor Robert Grudin observou muito astutamente, "há dois tipos de assuntos que uma cultura estuda pouco: aqueles que ela menospreza e aqueles que lhe são mais queridos". O assunto da genialidade consegue se encaixar nos dois tipos. Nós prezamos o conceito do criador solitário, corajosamente superando as probabilidades, derrotando a confederação de ignorantes aliados contra ele. No entanto, nós secretamente (e às vezes não tão secretamente) detestamos o sabe-tudo, especialmente um com novas e perigosas ideias.

"Quando eu contava às pessoas meus planos de estudar a genialidade, eles pensavam que eu estava maluco", conta-me Simonton. "Eles chegaram a me dar uma lista das revistas acadêmicas em que eu *não* seria publicado." Simonton, um homem teimoso, de acordo com ele mesmo, estava decidido a provar que estavam errados.

Ao longo do último meio século, ele desenvolveu o campo obscuro, porém fascinante, da historiometria. É o estudo de épocas passadas utilizando as ferramentas das ciências sociais modernas, principalmente estatística. Historiometria é uma espécie de autópsia psicológica, só que feita não em um único indivíduo, mas em uma sociedade inteira. Ela não tem interesse na história usual, entretanto. Importa-se pouco com guerras, assassinatos e desastres variados. Não, essa área está interessada nos pontos altos da história, as épocas que deram origem a artes lindas, filosofias brilhantes e descobertas científicas.

No início de sua carreira, Simonton se ateve a um fenômeno central no campo da historiometria: o aparecimento da genialidade oscila no espaço e no tempo. Gênios não brotam a esmo — um na Sibéria, outro na Bolívia —, mas em grupos. Gênios se aglomeram. Atenas em 450 a.C. Florença em 1500. Certos lugares, em certas épocas, produziram uma supersafra de mentes brilhantes e boas ideias.

A pergunta é por quê. Hoje nós sabemos que não é genética. Essas eras de ouro vêm e vão com muito mais rapidez do que os *pools* genéticos mudam. Então o que era? O clima? Dinheiro? Pura sorte?

Tipicamente, não é esse tipo de perguntas que fazemos sobre o gênio criativo. Nós enquadramos a discussão quase exclusivamente em termos de algo que acontece "dentro de nós". Se isso fosse verdade, porém, esses grupos de gênios não existiriam. E se a criatividade fosse unicamente um processo interior, a essa altura psicólogos já teriam identificado uma "personalidade criativa" universal. Eles não fizeram isso, e eu duvido que façam um dia. Os gênios podem ser introvertidos e taciturnos como Michelangelo ou extrovertidos e alegres como Ticiano.

Como Galton, nós estávamos espetando os alfinetes nos lugares errados, fazendo as perguntas erradas. Em vez de perguntar "o que é a criatividade?", uma pergunta melhor é "onde está a criatividade?". Não estou falando de metrópoles modernas com muitos restaurantes japoneses e teatros. Esses são os frutos de uma cidade criativa, não a fonte. Não estou falando de comida grátis e pufes molengas, mas das condições subjacentes, geralmente inesperadas, que fazem uma era de ouro brilhar. Em uma palavra, estou falando de cultura.

Cultura é mais do que o dicionário nos diz: "um conjunto compartilhado de atitudes, valores e objetivos". Cultura é o oceano enorme e invisível no qual nadamos. Ou, para usar termos modernos, digitais, cultura é uma rede de TI compartilhada. Sim, ela é temperamental e cai mais do que deveria, mas sem ela nós não conseguimos nos comunicar uns com os outros nem realizar muita coisa. Somente agora, no entanto, é que estamos conseguindo compreender totalmente a conexão entre o meio cultural e nossas ideias mais criativas. Simonton e alguns outros cientistas sociais vêm desenvolvendo em silêncio uma nova teoria da criatividade, uma que almeja mapear as circunstâncias da genialidade.

Decidi explorar esses locais onde nascem e florescem os gênios, colocar carne e osso sobre os números de Simonton. Tenho noção de que isso não será fácil, considerando que esses agrupamentos de gênios existiram não só em um certo lugar, mas em um tempo certo, e esse tempo não é agora. Reconheço totalmente que, digamos, a Atenas de hoje não é a Atenas da época de Sócrates. Ainda assim, eu espero que alguma coisa daquele espírito, do *genius loci*, permaneça.

Conto a Simonton meus planos e ele faz um aceno de aprovação. Quando me levanto para sair, porém, ele me joga um nome: Alphonse de Candolle.

"Nunca ouvi falar."

"Exatamente", diz Simonton. Candolle, ele explica, foi um botânico suíço, contemporâneo de Galton. Ele achava que Galton estava completamente errado sobre a genialidade ser hereditária e, em 1873, escreveu um livro dizendo isso. Candolle apresentou um argumento aprofundado e convincente de que o ambiente, não a genética, determina a genialidade. Ao contrário de Galton, ele até considerou seus próprios preconceitos culturais. Ele só classificava, por exemplo, um cientista suíço como gênio se cientistas de fora da Suíça concordassem. Seu livro *Histoire des Sciences et des Savants Depuis Deux Siècles* [*História das Ciências e dos Cientistas dos Últimos Dois Séculos*] foi "um dos maiores livros já escritos sobre a genialidade", diz Simonton.

O livro afundou sem deixar vestígios. O mundo não quis ouvir o que Candolle tinha a dizer.

"Só um alerta amigável", diz Simonton enquanto me despeço, depois atravesso o campus sonolento da Califórnia até um bar, onde peço uma bebida forte e pondero a tarefa que me espera.

Selecionei seis lugares históricos de genialidade, além de um atual. Algumas são enormes metrópoles, como Viena em 1900; outras, como Florença na Renascença, são minúsculas pelos padrões modernos. Algumas, como a antiga Atenas, são conhecidas; outras, como Calcutá no século XIX, menos. Cada um desses lugares, no entanto, representa o ápice da realização humana.

Quase todas são cidades. Nós podemos nos inspirar na natureza — um passeio na floresta, o som de uma cachoeira —, mas há alguma coisa em um cenário urbano que é especialmente propício à criatividade. Se é preciso uma vila para criar uma criança, como diz o provérbio africano, é preciso uma cidade para criar um gênio.

Enquanto contemplo a jornada quixotesca que está por vir, perguntas transbordam em minha mente. Será que esses grupos de gênios vêm em um só sabor, ou vários? Claramente havia alguma coisa no ar nesses lugares, mas será que era a mesma coisa ou coisas diferentes? E depois que esse *zeitgeist*, esse espírito da época, passava, a genialidade do lugar evaporava completamente ou será que elementos residuais permanecem?

Uma pergunta, contudo, vem para a frente da fila às cotoveladas, e não é nem como, nem o quê, mas por quê. Por que embarcar nessa jornada? A resposta simples é que ela representa uma extensão natural de uma carreira passada mapeando as maiores aspirações da humanidade, seja a busca da felicidade ou a procura por realização espiritual. Será que estou esperando que um pouco da genialidade que encontrar irá passar para mim? Claro, mas estou na meia-idade, e qualquer esperança de me tornar o próximo Einstein ou Leonardo já desapareceu faz tempo, junto com meu cabelo. Mas minha filha — de nove anos de idade e repleta de inteligência e infinitas possibilidades — é outra história. Ainda há esperança para ela, e qual pai não deseja secretamente que seu filho se torne o próximo Darwin ou a próxima Marie Curie? Para isso, nós tendemos a concentrar nossas energias *neles* — ensinando bons hábitos de estudo ou expondo-os a um cardápio de possibilidades intelectuais, por exemplo.

Talvez nós nos preocupamos sobre os genes que passamos a eles. No meu caso, isso não ocorre. Minha filha é adotada, do Cazaquistão, e portanto foi poupada da maldição de meus genes altamente neuróticos. Minha esposa e eu estamos propiciando a ela cultura, não natureza, e isso, creio eu, é o que mais importa.

A família já foi chamada de várias maneiras, de clã, tribo, "uma das obras-primas da natureza" (George Santayana), "um refúgio em um mundo cruel" (Christopher Lasch). Ela é todas essas coisas, mas também é uma microcultura, uma que moldamos mais diretamente, e profundamente, que qualquer outra. Como todas as culturas, a cultura familiar pode tanto cultivar a criatividade quanto acabar com ela.

Essa é uma grande responsabilidade, se pensarmos a respeito, e esse é exatamente o motivo pelo qual, até agora, eu evitei pensar sobre isso. Isso está prestes a mudar. A criatividade, como a caridade, começa em casa. Ao partir para minha jornada, na qual cruzarei continentes e séculos, prometo me lembrar dessa importante verdade.

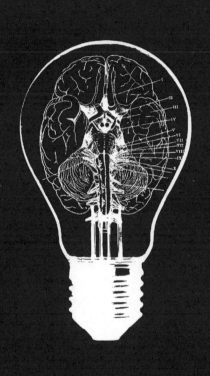

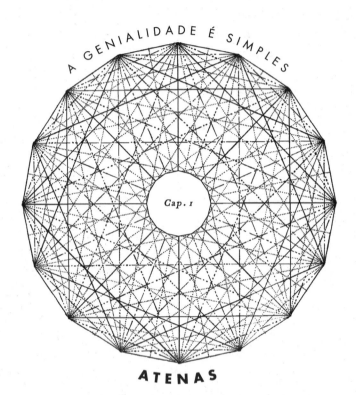

ONDE NASCEM OS GÊNIOS
ERIC WEINER

A luz. Talvez fosse a luz.

O pensamento se insinua em meu cérebro privado de sono, pavoneando-se com a bravata esquisita de um classicista que veste tweed e fuma crack. Sim, penso eu, piscando os olhos após horas daquele ar viciado de Boeing, a luz.

A luz, na maior parte das vezes, não me diz muita coisa. É legal, não me entenda mal. Preferível à escuridão, com certeza, mas estritamente utilitária. Não a luz na Grécia. A luz grega é dinâmica, viva. Ela dança sobre a paisagem, piscando aqui, brilhando ali, constante e sutilmente mudando de intensidade e qualidade. A luz grega é afiada e angulosa. É o tipo de luz que te faz prestar atenção e, como eu logo descobriria, prestar atenção é o primeiro passo na estrada para a genialidade. Ao olhar pela janela de meu táxi, protegendo os olhos do sol dolorosamente brilhante da manhã, eu me pergunto: será que encontrei uma peça do quebra-cabeça grego?

Espero que sim, pois é um quebra-cabeça complicado, que desafia historiadores e arqueólogos, sem contar os próprios gregos, há séculos. A pergunta que não quer calar é: por quê? Ou, mais precisamente, por que *aqui*? Por que esta terra bem iluminada, mas, fora isso, comum, deu origem a um povo diferente de todos que o mundo havia visto, um povo, como disse o grande classicista Humphrey Kitto, "não muito numeroso, não muito poderoso, não muito organizado, que teve uma concepção totalmente nova sobre o propósito da vida humana, e mostrou pela primeira vez o propósito da mente humana"?

Esse incrível florescimento não durou muito. Sim, oficialmente considera-se a "Grécia clássica" um período de 186 anos, mas o ápice dessa civilização, imprensado entre duas guerras, só durou vinte e quatro anos. Em história humana, isso é um relâmpago no céu de verão, o bruxuleio de uma vela votiva, um pio. Por que tão breve?

Grécia Antiga. Enquanto o táxi se arrasta (pois o trânsito da hora do rush não era algo com que os antigos tinham que lidar), reflito sobre essas duas palavras. Elas fazem eu me encolher, constrangido pelo tanto que não sei, entediado com o pouco que sei. Quando penso nos gregos — se é que penso neles —, imagens de homens cinzentos ponderando tristemente os imponderáveis da vida me vêm à mente. O que será que eles podem fazer por mim? Eu tenho contas a pagar, e-mails a enviar e prazos a cumprir. Os antigos gregos me parecem tão relevantes para minha vida quanto os anéis de Saturno ou trigonometria.

Não é a primeira nem a última vez que estou errado. A verdade é que não há povo antigo mais vivo, mais relevante atualmente, que os gregos. Todos somos um pouco gregos, quer saibamos ou não. Se você já votou, serviu em um júri, assistiu a um filme, leu um livro ou ficou sentado com um grupo de amigos bebendo vinho e conversando sobre qualquer coisa, desde o futebol da noite passada até a natureza da verdade, agradeça aos gregos. Se você já teve um pensamento racional, ou se perguntou *por quê?*, ou olhou para o céu à noite em admiração silenciosa, você teve um momento grego. Se você já falou inglês, pode agradecer aos gregos. Tantas de nossas palavras vieram de seu rico idioma que um primeiro-ministro grego, uma vez, fez um discurso inteiro em inglês usando apenas palavras derivadas do grego. Sim, os gregos nos deram a democracia, a ciência e a filosofia, mas também podemos agradecê-los (ou amaldiçoá-los) por contratos escritos, moedas de prata e de bronze, impostos, escrita, escolas, empréstimos comerciais, manuais técnicos, grandes barcos a vela, investimentos de risco compartilhado e absenteísmo. Quase todas as partes de nossas vidas são inspiradas pelos gregos, incluindo o próprio conceito de inspiração. "Nós pensamos e sentimos de maneira diferente por causa dos gregos", concluiu a historiadora Edith Hamilton.

Meu táxi para em frente a um velho prédio de três andares que, exceto por uma pequena placa que diz TONY'S HOTEL, é indistinguível de todos os outros prédios velhos de três andares. Entro no suposto lobby, uma sala de azulejos brancos que se parece mais com o porão de alguém, com cadeiras bambas empilhadas, máquinas quebradas de café — coisas que não são mais necessárias, mas das quais, por sentimentalismo ou inércia, você não consegue se separar. Assim como a própria Grécia, o Tony's Hotel já teve dias melhores.

Tony também. O sol da Grécia traçou linhas profundas em seu rosto; a cozinha grega inflou sua barriga a proporções monumentais. Tony é todo bronco e doce, uma lembrança da antiga Grécia dos dracmas. Menos euro, mais cativante. Como muitos gregos, Tony é um artista natural. Ele fala um pouco mais alto que o necessário e balança os braços em movimentos grandes, teatrais, não importa quão mundano seja o assunto em questão. É como se ele estivesse fazendo um teste para o programa *Ídolos* da Grécia. O tempo todo.

Eu caio na cama e folheio a pequena coleção de livros que levei, curada do enorme oceano de tinta que a Grécia Antiga já produziu. Meus olhos se atraem a um pequeno volume peculiar, chamado *Daily Life in Athens at the Time of Pericles* [*A Vida Cotidiana em Atenas na Época de Péricles*]. É um agradável antídoto à história usual, escrita do alto de uma montanha e seca feito um deserto. Os historiadores geralmente registram guerras, rebeliões e movimentos ideológicos arrebatadores, assim como muitos sistemas meteorológicos. A maioria de nós, no entanto, não sente o clima dessa maneira. Nós o sentimos aqui embaixo, não como um enorme sistema de baixas pressões, mas como camadas de chuva que molham nossos cabelos, o estrondo de um trovão que chacoalha nossas entranhas, um sol mediterrâneo que aquece nosso rosto. E é a mesma coisa com a história. A história do mundo não é a história de golpes e revoluções. É a história de chaves perdidas, café queimado e uma criança dormindo em seus braços. História é a soma não calculada de um milhão de momentos cotidianos.

Dentro desse caldo cotidiano, a genialidade cozinha silenciosamente. Sigmund Freud comendo seu bolo favorito no café Landtmann, de Viena. Einstein olhando pela janela do instituto suíço de patentes em Berne. Leonardo da Vinci enxugando o suor da testa em um ateliê quente e empoeirado de Florença. Sim, esses gênios tiveram pensamentos grandiosos que mudaram o mundo, mas fizeram isso em espaços pequenos. Aqui embaixo. Toda genialidade, assim como toda política, é local.

Desta nova perspectiva terrestre, aprendo muita coisa sobre os antigos gregos. Descubro que eles amavam dançar e me pergunto exatamente o que acontecia durante números como "Roubando a Carne" e "A Coceira". Descubro que, antes de se exercitarem, homens jovens passavam azeite de oliva no corpo, e que "o cheiro másculo de azeite de oliva no *gymnasium* era considerado mais doce que perfume". Eu aprendo que os gregos não usavam roupas de baixo, que a monocelha era considerada um sinal de beleza, que eles curtiam grilos tanto como bichos de estimação quanto como petiscos. Aprendo muito, mas fora esses pecadilhos, aprendo *o que* os gregos produziram, não *como* produziram, e é o como que estou decidido a descobrir.

Mas primeiro, preciso de uma coisa que os antigos gregos não tinham: café. O néctar dos deuses não deve ser bebido em qualquer lugar, contudo. A localização é importante.

Para mim, cafés são uma espécie de segunda casa, um excelente exemplo do que o sociólogo Ray Oldenburg chama de "um ótimo lugar". A comida e a bebida são irrelevantes, ou quase. O que importa é o ambiente — não as toalhas de mesa ou os móveis, mas um ambiente mais intangível, um que estimule a permanência livre de culpa e alcance o equilíbrio certo entre ruídos de fundo e silêncio contemplativo.

Não sei sobre os gregos antigos, mas os do século XXI não são exatamente madrugadores. Às oito da manhã, tenho as ruas só para mim, salvo um ou outro lojista esfregando os olhos de sono e um punhado de policiais, todos paramentados como RoboCop contra tumultos — um lembrete de que, assim como sua versão da antiguidade, a Atenas moderna é uma cidade inquieta.

Sigo as instruções de Tony, que ele transmitiu balançando os braços descontroladamente, e viro em uma agradável rua de pedestres, cheia de cafés e lojinhas, resumindo perfeitamente o senso de comunidade que caracterizou a antiga Atenas. É aqui que eu encontro meu ótimo lugar. Chama-se Bridge. Um nome apropriado, decido eu, já que estou me aventurando na tarefa quixotesca de fazer a ponte entre os séculos.

O Bridge não é nada sofisticado, apenas algumas mesas externas de frente para a rua Draco, posicionadas como se os clientes fossem a plateia e a rua fosse o palco. Em cafés como esse, os gregos desfrutam de seu passatempo nacional: ficar sentados. Os gregos se sentam em grupos e sozinhos. Eles se sentam ao sol do verão e no frio do inverno. Eles não precisam de cadeira para se sentarem. Uma calçada vazia ou caixa de papelão jogada servem perfeitamente. Ninguém se senta tanto quanto os gregos.

Eu solto um *kalimera*, bom dia, e me junto aos outros sentadores do Bridge. Peço um expresso e aqueço as mãos na xícara. Um frio matinal persiste no ar, mas já dá para saber que o dia promete ser mais um belo dia grego. "Nós podemos estar falidos, mas ainda temos um clima ótimo", declarara Tony, triunfante, quando eu saí. Ele tem razão. Não só

A GENIALIDADE É SIMPLES: ATENAS

a luz sublime, mas trezentos dias de céus sem nuvens e pouca umidade. Será que o clima podia explicar a genialidade ateniense?

Infelizmente, não. O clima pode ter aguçado a mente grega antiga, mas não a justifica. Para começar, a Grécia tem essencialmente o mesmo clima hoje do que em 450 a.C., e no entanto não é mais um lugar de genialidade. Além do mais, várias épocas de ouro prosperaram em climas menos agradáveis. Os bardos da Londres elisabetana, por exemplo, executavam sua mágica sob o triste céu inglês.

Peço um segundo expresso e, enquanto meu cérebro se reinicializa, percebo que estou me adiantando. Aqui estou eu, atrás da genialidade, mas será que realmente sei o que ela significa? Como eu disse, um gênio é alguém que dá um salto intelectual ou artístico, mas quem é que decide o que se qualifica como um salto?

Nós decidimos. Francis Galton pode ter errado muita coisa, mas sua definição de gênio, embora tipicamente sexista, aponta para uma coisa importante: "Gênio é um homem a quem o mundo deliberadamente reconhece dever muito". A admissão no clube dos gênios não cabe ao gênio, mas sim a seus colegas e à sociedade. É um veredicto público, não uma afirmação particular. Uma teoria da genialidade — vamos chamá-la de Teoria Fashionista da Genialidade — afirma isso de maneira inequívoca. A admissão no clube dos gênios depende inteiramente dos caprichos, da moda, da época. "A criatividade não pode ser separada de seu reconhecimento", diz o psicólogo Mihaly Csikszentmihalyi, o principal defensor dessa teoria. Em termos mais claros, alguém só é um gênio se nós dissermos que é.

A princípio, isso pode parecer contraditório, até mesmo uma blasfêmia. Certamente deve existir algum aspecto inviolável da genialidade, separado da opinião pública.

Não, dizem os proponentes dessa teoria, não existe. Veja Bach, por exemplo. Ele não foi particularmente respeitado durante sua vida. Somente cerca de 75 anos após sua morte é que ele foi declarado um "gênio". Antes disso, supomos, ele habitava aquele purgatório do "gênio desconhecido". Mas o que isso significa? "O que — além da presunção inconsciente — corrobora esta crença?", pergunta Csikszentmihalyi. Dizer que fomos *nós* que descobrimos a genialidade de Bach é o equivalente a dizer que aqueles que vieram antes de nós eram idiotas. E se, em alguma data futura, Bach for demovido, banido do panteão dos gênios? O que isso dirá sobre *nós*?

Há vários outros exemplos. Quando o balé de Stravinsky *A Sagração da Primavera* estreou em Paris, em 1913, a plateia quase se revoltou; os críticos o chamaram de "pervertido". Hoje, é considerado um clássico. Quando saíram os últimos trabalhos de Monet, as *Ninfeias*, os críticos de arte os reconheceram pelo que eram: o resultado da visão do artista se deteriorando. Somente mais tarde, quando o expressionismo abstrato estava na última moda, é que eles foram declarados obras geniais.

Vasos gregos são outro bom exemplo da Teoria Fashionista da Genialidade. Hoje é possível vê-los expostos em muitos museus ao redor do mundo. Eles ficam atrás de vidros blindados, com guardas armados por perto e turistas admirando essas obras de arte. Mas não era assim que os gregos os viam. Para eles, os vasos tinham uma finalidade estritamente utilitária. Eram objetos cotidianos. Só a partir dos anos 1970, quando o Metropolitan Museum de Nova York pagou mais de 1 milhão de dólares por um único vaso, é que a cerâmica grega foi elevada a grande arte. Então, quando foi exatamente que esses vasos de barro se tornaram obras geniais? Nós gostamos de pensar que eles sempre foram, e que somente mais tarde é que "descobrimos" sua genialidade. É uma maneira de encarar. Os proponentes da Teoria Fashionista da Genialidade argumentariam que eles se tornaram obras geniais nos anos 1970, quando o Metropolitan Museum, falando a língua do dinheiro, afirmou isso.

A relatividade da genialidade está fervilhando em meu cérebro quando peço mais um expresso e planejo meu ataque ao Grande Mistério Grego. O que fez esse lugar brilhar? Já eliminei o clima. Talvez fosse algo igualmente óbvio: o terreno rochoso, ou roupas bem ventiladas, ou o vinho onipresente?

Atenas está finalmente começando a se agitar, e o Bridge proporciona um local de observação privilegiado. Eu me recosto e avalio o mar de rostos. Será que esses são realmente os descendentes de Platão e Sócrates? Muitos acadêmicos se fizeram essa mesma pergunta. Vários anos atrás, um antropólogo austríaco postulou que os gregos modernos não eram herdeiros de Platão, mas descendentes de eslavos e albaneses que migraram para cá séculos depois. Sua teoria causou um pequeno rebuliço na Grécia. As pessoas rejeitaram a sugestão de serem outra coisa senão filhos de Platão. "Não tenho dúvidas de que somos descendentes diretos dos antigos", afirmou um político. "Temos exatamente os mesmos vícios."

E que vícios eles tinham! Os antigos gregos não tinham nada de comportados. Eles realizavam festivais extravagantes de uma semana de duração, bebiam quantidades heroicas de vinho e nunca encontraram um ato sexual de que não gostassem. Apesar desse comportamento,

A GENIALIDADE É SIMPLES: ATENAS

ou talvez por causa dele, a Grécia Antiga se sobressaiu como nenhuma outra civilização. Isso está claro. O resto é tão turvo quanto um copo de uzo — um licor incolor, de origem grega, feito de essência de anis verde, aguardente vínica e açúcar. Na verdade, minha investigação da Grécia Antiga encontra seu primeiro contratempo quando descubro que não havia nenhuma Grécia Antiga. O que existia era *Grécias* antigas: centenas de *pólis* independentes, ou cidades-Estados que, embora tivessem em comum o idioma e alguns traços culturais, eram muito diferentes. Tão diferentes quanto, por exemplo, o Canadá e a África do Sul atualmente. Cada *pólis* tinha seu próprio governo, suas próprias leis, seus próprios costumes — até seu próprio calendário. Claro, ocasionalmente elas comercializavam mercadorias, competiam no esporte e lutavam guerras espetacularmente sangrentas, mas na maior parte do tempo se ignoravam.

Por que tantas Grécias? A resposta está no próprio terreno. Acidentado e rochoso, ele formava barreiras naturais, isolando as cidades-Estados gregas umas das outras e criando verdadeiras ilhas na terra. Não é de se admirar que uma variedade de microculturas tenha florescido.

E que bom que isso aconteceu. A natureza abomina não só um vazio como também um monopólio. Durante épocas de fragmentação, a humanidade deu seus maiores saltos criativos. Essa tendência, conhecida como lei de Danilevsky, diz que os povos são mais propensos a atingirem seu potencial criativo total quando pertencem a uma nação independente, mesmo que seja minúscula. Isso faz sentido. Se o mundo é um laboratório de ideias, quanto mais placas de Petri no laboratório, melhor.

Na Grécia, uma placa de Petri floresceu como nenhuma outra: Atenas. A cidade produziu mais mentes brilhantes — de Sócrates a Aristóteles — do que qualquer outro lugar que o mundo já conheceu, antes ou depois (apenas a Florença do Renascimento chegou perto).

Na época, porém, a possibilidade de tal grandeza era, no mínimo, bem remota. Para começar, o terreno rochoso e acidentado não era exatamente fértil. "Um esqueleto desencarnado", como Platão a chamou. Além disso, Atenas era uma cidade pequena, com uma população equivalente à de Wichita, no Kansas, atualmente. Outras cidades-Estados gregas eram maiores (Siracusa), mais ricas (Corinto) ou mais poderosas (Esparta). Entretanto, nenhuma floresceu como Atenas. Por quê? Será que a genialidade ateniense foi simplesmente pura sorte, a convergência de "um conjunto feliz de circunstâncias", como disse o historiador Peter Watson, ou será que os atenienses fizeram a própria sorte? Isso é, receio eu, uma charada que desafiaria até o oráculo de Delfos.

Mas, totalmente cafeinado e armado com a coragem dos ingênuos, eu sigo adiante, determinado a desvendar o mistério. O que preciso fazer primeiro, decido eu, é conhecer as pessoas certas.

"Bem-vindo a meu escritório", diz Aristóteles, com um gesto dramático que me lembrou Tony. É uma tirada que ele claramente já usou antes, mas considerando nosso ponto de observação no alto da Acrópole, com toda a Atenas espalhada lá embaixo, preciso admitir que é uma bela tirada.

Nós havíamos nos conhecido algumas horas antes, no saguão do Tony's Hotel. Minha primeira impressão de Aristóteles foi que, com sua pele clara e seus cabelos ruivos desgrenhados que caíam em seu rosto como uma cortina, ele não parecia grego. Uma observação ridícula, logo percebi. Não há uma única maneira de se parecer grego, assim como não há uma única maneira de se parecer francês, americano ou qualquer outra coisa. Os gregos não são uma raça, e nunca foram.

Minha segunda impressão de Aristóteles é que ele parece distraído. Seja pelo peso de seu nome ou o estresse da crise permanente em que a Grécia se encontra atualmente, isso eu não sei dizer. Mas não há dúvida disso: ele é eletrizante. Conforme caminhamos e conversamos, porém, percebo que o que achei ser nervosismo é na verdade intensidade — uma paixão pela história que flui através dele como uma corrente elétrica; 220 volts, eu diria. Talvez mais.

Ao continuarmos nosso passeio em direção à Acrópole, eu vou com calma, esperando a hora certa de perguntar sobre seu nome. Quando descobri que meu guia se chamava Aristóteles, tomei isso como fortuito. O que poderia ser mais historicamente correto, mais grego, do que seguir os passos de Aristóteles com Aristóteles?

Ao cruzarmos a rua de pedestres, agora cheia de movimento, vou com tudo, achando melhor abordar logo a questão.

"Então, qual é a do nome, Aristóteles?", pergunto, desajeitadamente.

Aristóteles dá de ombros. É inconveniente, ele diz, deixando a mim imaginar exatamente que tipo de inconveniência isso tem. Seus amigos o chamam de Ari, o que ele odeia, embora admita que isso proporcione certa distância do Aristóteles histórico e também do magnata da navegação comercial Aristóteles Onassis, que foi casado com Jacqueline Kennedy. Com um nome como Aristóteles, a distância é uma amiga.

Enquanto nos desviamos dos turistas e da polícia de choque, Aristóteles relembra como caiu no ramo dos guias turísticos. Ele queria entrar para o Exército grego, mas não conseguiu. Por que motivo, exatamente, ele não disse, e, sentindo uma ferida ainda aberta, eu não insisti.

Excluído do Exército, ele começou a estudar arqueologia e tem olhado para trás desde então. Uns 2.500 anos atrás, para ser exato. A especialidade de Aristóteles, sua paixão, é telhas antigas. Dá para aprender muito sobre uma civilização pelas telhas, ele me garante.

"O que você está fazendo agora é muito grego", diz ele.

"Sério? Porque nós só estamos andando."

"Exatamente. Os antigos gregos andavam para todo lado, o tempo todo. Eles eram grandes andadores *e* grandes pensadores, e preferiam filosofar em movimento."

Os gregos, como sempre, sabiam o que estavam fazendo. Muitos gênios tiveram suas melhores ideias caminhando. Enquanto trabalhava em *Um Conto de Natal*, Dickens andava 25 ou trinta quilômetros pelas ruelas de Londres, mudando a trama em sua cabeça enquanto a cidade dormia. Mark Twain andava muito também, embora nunca chegasse a lugar nenhum. Ele andava de um lado para o outro enquanto trabalhava, como sua filha se recorda: "Às vezes, quando estava ditando, papai andava... nessa hora parecia sempre que um novo espírito havia entrado na sala".

Recentemente, pesquisadores começaram a investigar cientificamente a ligação entre caminhar e a criatividade. Em um estudo recente, os psicólogos da Universidade de Stanford Marily Oppezzo e Daniel Schwartz dividiram os participantes em dois grupos: andantes e sentados. Em seguida eles aplicaram algo chamado de Teste de Usos Alternativos de Guilford, no qual os participantes pensam em usos alternativos para objetos comuns. Ele foi concebido para medir "pensamentos divergentes", um componente importante da criatividade. Pensamento divergente é quando apresentamos várias soluções inesperadas para problemas. O pensamento divergente é espontâneo e de fluxo livre. O pensamento convergente, por contraste, é mais linear e acarreta um estreitamento das opções, em vez de expansão. Os pensadores convergentes estão tentando encontrar a resposta correta para uma pergunta. Os pensadores divergentes reformulam a pergunta.

Os resultados, publicados no *Journal of Experimental Psychology*, confirmam que os antigos gregos estavam no caminho certo. Os níveis de criatividade eram "consistente e significativamente" mais altos nos andantes do que nas pessoas sentadas. Curiosamente, não fez diferença se os participantes andassem do lado de fora, no ar fresco, ou do lado de dentro, em uma esteira olhando para uma parede em branco. Eles ainda produziram o dobro de respostas criativas, em comparação com o grupo sedentário. E não foi preciso andar muito para estimular a criatividade, também — de cinco a dezesseis minutos.

Os antigos gregos, vivendo há muito tempo, em uma época anterior à esteira, faziam suas caminhadas do lado de fora. Eles faziam *tudo* do lado de fora. Uma casa era menos um lar e mais um dormitório. Eles só passavam cerca de trinta minutos acordados nela todos os dias. "Só o suficiente para fazer o necessário com suas esposas", disse Aristóteles, enquanto nos aproximamos dos portões da Acrópole. Eles passavam o restante do dia na ágora, o mercado, exercitando-se no *gymnasium* ou na *palaistra*, o local de lutas, ou talvez passeando pelas colinas que rodeavam a cidade. Nenhum desses passeios eram considerados extracurriculares porque, ao contrário de nós, os gregos não diferenciavam as atividades físicas das mentais. A famosa Academia de Platão, a mãe da universidade moderna, era tanto uma instalação esportiva quanto intelectual. Os gregos viam o corpo e a mente como duas partes inseparáveis do todo. Uma mente saudável não grudada em um corpo saudável tornava ambos incompletos, de certa maneira. Pense no *Pensador* de Rodin e terá o ideal grego: um homem sarado perdido em pensamentos.

Enfim, a Acrópole. Literalmente "cidade alta", não é uma construção, e sim um lugar, e sua localização — no alto de um planalto, com fontes naturais nas proximidades — não é nada acidental. Os gregos tinham um senso de localização altamente refinado. Sócrates, por exemplo, enaltecia os benefícios da exposição ao sul dois milênios antes dos corretores de imóveis de Nova York. Os prédios não eram meramente entidades físicas; eles possuíam uma alma, aquele *genius loci*, ou espírito do lugar. Os gregos acreditavam que o lugar em que você estava influenciava o que você pensava, e pelo menos uma das escolas de filosofia mais conhecidas deve seu nome a um estilo arquitetônico. Os estoicos têm esse nome por causa das estoas, colunatas elegantes, sob as quais eles filosofavam.

Nós caminhamos um pouco mais antes de chegar ao topo, onde o Partenon, provavelmente a estrutura mais famosa do mundo antigo, reside com toda aquela confiança silenciosa de um rei saudita ou um juiz do Supremo Tribunal. A estabilidade faz isso. Seu status é bem merecido, Aristóteles me garante. O Partenon representa uma proeza da engenharia sem precedentes. Para começar, os operários tiveram que transportar milhares de blocos de mármore das redondezas. O projeto empregou carpinteiros, moldadores, bronzeiros, marmoreiros, tingidores, pintores, bordadores, gravadores, fabricantes de cordas, tecelões, sapateiros, construtores de estradas e mineiros. Surpreendentemente, o Partenon foi concluído no prazo e abaixo do orçamento, marcando a primeira e última vez que qualquer projeto de construção conseguiu isso.

"Dá uma olhada nas colunas", diz Aristóteles. "Como elas te parecem?"

"Lindas", eu digo, imaginando onde ele quer chegar.

"Elas parecem retas?"

"Sim."

Aristóteles dá um sorriso maroto. "Elas não são nada retas." Ele pega uma ilustração do Partenon em sua mochila.

O que parece o epítome do pensamento linear, o pensamento racional congelado em pedra, é uma ilusão. A construção não tem uma única linha reta. Cada coluna se dobra para um lado ou para o outro. No entanto, ao olhar para o Partenon, como explica o escritor francês Paul Valéry, "ninguém se dá conta que a sensação de felicidade que ele sente é causada por curvas e dobras que são quase imperceptíveis, mas imensamente poderosas. O espectador não tem noção de que está reagindo a uma combinação de regularidade e irregularidade que o arquiteto escondeu em sua obra".

Quando leio essas palavras — "uma combinação de regularidade e irregularidade" —, elas me chamam a atenção. Desconfio que elas podem explicar mais do que uma engenharia inteligente. Toda a antiga Atenas exibia essa combinação do linear e do curvo, do ordenado e do caótico. Dentro das muralhas da cidade, você encontraria tanto um código penal bem definido e um mercado frenético, estátuas milimetricamente esculpidas e ruas que não seguiam nenhuma ordem perceptível. Nós pensamos nos gregos como um povo sensato, os pensadores rigorosos originais, e eles eram, mas também possuíam um lado irracional, e uma espécie de "sabedoria maluca" prevalecia na Atenas clássica. As pessoas eram guiadas pelo *thambos*, "aquele terror reverencial e respeito provocados pela proximidade de qualquer força sobrenatural ou ser que se perceba", como explica o historiador Robert Flacelière. Os gregos temiam a loucura, mas também a reconheciam como "um presente dos deuses".

A desordem está embutida no mito grego da criação, onde no começo não havia luz, e sim o caos. Isso não era necessariamente uma coisa ruim. Para os gregos — e, como eu descobriria mais tarde, para os hindus também — o caos é a matéria-prima da criatividade. Será que isso explica por que os líderes de Atenas resistiam aos chamados de "regularizar" o traçado desordenado da cidade? O raciocínio deles era parcialmente prático — as ruas sinuosas confundiriam os invasores — mas talvez eles também desconfiassem que a bagunça estimula o pensamento criativo.

Nada disso significa que os gregos eram preguiçosos, diz Aristóteles, comparando-os com outra civilização extraordinária. "Os egípcios atingiram o que eles consideravam a perfeição e pararam ali. Os gregos sempre quiseram fazer mais. Eles sempre quiseram ser os melhores." Essa busca pelo perfeito era tão obsessiva que os artesãos gregos dedicavam tanto tempo e esforço às costas de suas estátuas quanto à frente. O Partenon também representava outra coisa: uma tentativa explícita de arrasar com as outras cidades-Estados. Ictinus, o arquiteto que desenhou o Partenon, tinha visto o Templo de Zeus em Olímpia e estava decidido a superá-lo. "Era sempre esse senso de competição que os impulsionava", diz Aristóteles. Será que esse empenho competitivo poderia explicar sua genialidade?

A ciência da genialidade em desenvolvimento vem investigando essa mesma questão. Em um importante estudo, a psicóloga da Universidade de Harvard Teresa Amabile examinou o efeito que uma promessa de recompensa tem sobre o pensamento criativo. Ela dividiu um time de voluntários em dois grupos. Pediu-se a cada grupo que criasse uma colagem. Foi dito a um grupo, contudo, que seu trabalho seria avaliado por um painel de artistas e que quem produzisse as colagens mais criativas receberia um prêmio em dinheiro. Ao segundo grupo disseram, essencialmente, para se divertirem.

Os resultados não chegaram nem perto. Por uma ampla margem, aqueles que não foram nem avaliados, nem observados produziram as colagens mais criativas (como foi decidido por um painel de professores de arte). Em muitos estudos subsequentes, Amabile e seus colegas tiveram resultados similares. A expectativa de uma recompensa ou avaliação, *até uma avaliação positiva*, esmagou a criatividade. Ela chama esse fenômeno de teoria da motivação intrínseca. Em termos simples: "As pessoas são mais criativas quando se sentem motivadas essencialmente por interesse, prazer, satisfação e o desafio do próprio trabalho — não por pressões externas". Ela alerta que muitas escolas e empresas, ao darem tanta ênfase a recompensas e avaliações, estão inadvertidamente reprimindo a criatividade.

É uma teoria convincente, e que intuitivamente faz sentido. Quem nunca se sentiu criativamente livre escrevendo em um diário particular ou desenhando em um caderno, sabendo que ninguém jamais veria aqueles rabiscos bobos?

A teoria, porém, nem sempre condiz com o mundo real. Se nós somos motivados apenas pelo puro prazer de uma atividade, por que atletas têm desempenho melhor no calor da competição do que durante os treinos? Por que Mozart abandonou obras em andamento quando seu pagamento foi cancelado? Por que o Prêmio Nobel motiva tantos cientistas? James Watson e Francis Crick, os primeiros cientistas a descreverem a estrutura do DNA, disseram de antemão que seu objetivo era ganhar o prestigioso prêmio — e ganharam, em 1962. E na antiga Atenas, esse aspecto acirrado da vida claramente levou algumas pessoas a patamares elevados. "Sempre se sobressaia e seja melhor que os outros", instou Homero, e se os gregos obedeciam a alguém, era a Homero.

Alguns estudos recentes põem em dúvida a teoria da motivação intrínseca. Jacob Eisenberg, professor de administração da University College de Dublin, e William Thompson, psicólogo da Universidade Macquarie, constataram que músicos experientes improvisavam mais criativamente quando seduzidos por prêmios em dinheiro e divulgação. Esses resultados parecem um tapa na cara da teoria da motivação intrínseca. Será que a teoria é falha ou o estudo?

Nenhum dos dois, na verdade. O que importa, desconfiam Eisenberg e Thompson, é o tipo de pessoas envolvidas nos estudos. Os participantes de Amabile tendiam a ser novatos, sem experiência em arte, enquanto os de Eisenberg eram músicos veteranos, com pelo menos cinco anos de experiência. A competição aparentemente motiva criadores experientes, mas inibe os inexperientes.

Uma teoria em desenvolvimento sugere que o ideal é uma combinação das motivações intrínseca e extrínseca. Algumas pessoas, por exemplo, podem a princípio ser motivadas pela promessa de uma recompensa externa (dinheiro, status etc.), mas depois de imergirem no trabalho elas entram em um estado psicológico chamado de fluxo. Elas se esquecem de qualquer pressão externa e até perdem a noção do tempo. Foi isso que Watson e Crick disseram que aconteceu com eles. Eles queriam desesperadamente ganhar o Nobel, mas depois que mergulharam na pesquisa, o prêmio recuou para o fundo de suas mentes.

Uma pergunta crucial não é se alguém é competitivo, mas sim pelo que (ou por quem) estão competindo. Na antiga Atenas, a resposta era clara: pela cidade. Os atenienses antigos gozavam de uma relação profundamente íntima com a cidade, do tipo que mal podemos imaginar. O termo mais próximo que temos para descrever esse sentimento é *dever cívico*, mas ele carrega o peso da obrigação e não soa nem um pouco divertido. O que os atenienses praticavam era mais um *prazer cívico*. O fato de acharmos a justaposição dessas palavras estranha diz muito sobre o abismo que nos separa dos antigos.

A vida cívica, todavia, não era opcional, e Aristóteles me conta que os atenienses tinham um nome para aqueles que recusavam a participar dos assuntos públicos: *idiotes*. É de onde vem nossa palavra *idiota*. Não existia nenhum ateniense apático, distante, pelo menos não por muito tempo. "O homem que não tinha nenhum interesse nos assuntos do Estado não era um homem que cuidava de seus próprios interesses, mas sim um homem que não devia nem estar em Atenas", disse o grande historiador Tucídides. Nossa. E pensar que eu resmunguei feito uma criança petulante quando tive que servir de júri por duas semanas.

Aristóteles e eu encontramos uma pedra e nos sentamos. Daqui dá para ver Atenas toda. Em todos os sentidos, até onde minha vista alcança, ela é implacavelmente urbana. Um mar interminável de prédios de apartamentos baixos, escritórios, trevos de rodovias, torres de micro-ondas. Aqui eu me deparo com uma verdade muito inconveniente: a Atenas de hoje não é a Atenas de 450 a.C. A Atenas moderna tem água encanada e manifestações ao ar livre. A Atenas moderna tem trânsito, falência, iPhones, Frontal, tevê a cabo e carne processada.

O passado, já disseram, é um país estrangeiro. Eles fazem as coisas de maneira diferente lá. Sim, fazem, e infelizmente esse país estrangeiro específico, conhecido como Grécia Antiga, tem controle de fronteira extremamente rígido. Eles não veem intrusos como eu com bons olhos. Mas se eu quiser resolver o Mistério Ateniense, o passado é exatamente onde eu preciso estar. O que fazer?

"Aperte os olhos." Esse foi o conselho que um amigo me deu quando falei de meus planos de visitar Atenas. Na hora eu ri, mas agora percebo que é na verdade uma tática inteligente. Às vezes enxergamos mais estreitando o campo de visão do que o expandindo. A lente de zoom revela tanto quanto a grande angular, e às vezes mais.

"Não aperte demais", alerta Aristóteles. Se eu pudesse viajar no tempo até Atenas por volta de 450 a.C., provavelmente ficaria decepcionado. A grande Atenas, berço da civilização ocidental, onde nasceram a ciência, a filosofia e tantas outras coisas que prezamos, era uma espelunca. As ruas eram estreitas e sujas. As casas, construídas com madeira e barro seco, eram tão frágeis que os ladrões ganhavam acesso apenas cavando (a palavra do grego antigo para ladrão significa "aquele que cava túneis nas paredes"). Como viajante no tempo, eu com certeza repararia no barulho — ambulantes apregoando suas mercadorias na ágora, um alaúde tocando desafinado —, mas o que prenderia minha atenção e não soltaria seria o fedor. As pessoas se aliviavam nos quintais das próprias casas, ou até bem no meio da rua, onde aquela sujeira ficava até um escravo jogar uma água por cima. As condições eram tais que, como disse o historiador Jacob Burckhardt, "nenhuma pessoa sensata e pacífica dos dias de hoje iria querer viver nelas". E ele escreveu essas palavras no século XIX!

Vamos fazer um balanço do que temos até agora. Uma cidade pequena e suja, situada em uma terra inclemente, rodeada por vizinhos hostis e habitada por um povo "que, quando vamos aos fatos, nunca limpava os dentes, nunca usava lenços, limpava os dedos nos cabelos, cuspia por toda a parte sem se importar, e morria às pencas de malária ou tuberculose", como nos lembrou o historiador Robert Flacelière. Não é exatamente a receita para um lugar de genialidade. Ou é?

Uma das percepções mais equivocadas sobre lugares geniais, estou descobrindo, é que eles são parecidos com o paraíso. Não são. O paraíso é antitético à genialidade. O paraíso não faz exigências, e o gênio criativo surge ao atender a demandas de maneiras novas e imaginativas. "Os atenienses amadureceram porque foram desafiados em todas as frentes", disse Nietzsche, numa variação de sua famosa tirada "o que não mata, fortalece". A criatividade é uma resposta ao nosso ambiente. A pintura grega foi uma resposta à luz complexa (o pintor grego Apolodoro foi o primeiro a desenvolver uma técnica para criar a ilusão de profundidade), a arquitetura grega uma resposta à paisagem complexa, a filosofia grega uma resposta aos tempos complexos e incertos.

O problema com o paraíso é que ele é perfeito e, portanto, não requer resposta nenhuma. É por isso que pessoas e lugares ricos muitas vezes ficam estagnados. Atenas era ao mesmo tempo rica e pobre; ela era, para virar do avesso a observação de John Kenneth Galbraith sobre os Estados Unidos nos anos 1960, um lugar de opulência pública e miséria privada. As casas dos ricos eram indistinguíveis das dos pobres; ambas eram igualmente ruins. Os atenienses desconfiavam profundamente da riqueza particular, e as peças de Ésquilo são repletas de histórias sobre o sofrimento que ela causa. Quase todo mundo, de artesões a médicos, recebia o mesmo salário. As leis limitavam quanto dinheiro podia ser gasto em enterros e proibia as mulheres de levarem mais de três vestidos em uma viagem. Na antiga Atenas, como nota o grande urbanista Lewis Mumford, "a pobreza não era vergonha: aliás, os ricos é que eram suspeitos".

Essas políticas tinham seu lado ruim — esqueça aquele lindo relógio d'água que você ficou de olho na ágora —, mas também significava que os atenienses estavam livres do peso das aquisições e consumismo frenéticos. "A beleza era barata e as melhores mercadorias dessa vida, além da própria cidade, estavam ao alcance de um pedido", diz Mumford.

Quando se tratava de projetos públicos, no entanto, os atenienses esbanjavam e, se possível, com o dinheiro dos outros. Eles pagaram o Partenon e outros projetos gloriosos usando os fundos acumulados por algo chamado Liga de Delos. Era a OTAN da época, uma aliança formada para rechaçar um inimigo comum, os persas. Deu certo, e então os atenienses basicamente disseram: *Muito obrigado. Vamos pegar esse dinheiro e fazer coisas incríveis com ele.* Ninguém nunca disse que os lugares geniais eram legais.

Cheia de dinheiro dos outros, Atenas de repente virou o lugar bacana da antiguidade, explica Aristóteles enquanto rodeamos o Partenon. "Então, se você fosse engenheiro, arquiteto, escultor ou filósofo, aqui era o lugar que você deveria estar."

Isso é o que eu chamo de Teoria da Genialidade Magnética. Lugares como a antiga Atenas ou o Vale do Silício atualmente são criativos porque atraem pessoas inteligentes e ambiciosas. Eles são ímãs de talento. Isso é verdade, mas um pouco conveniente demais, e circular. Lugares criativos são criativos porque todas as pessoas criativas se mudam para lá. Sim, mas qual foi a atração inicial? Como foi que o ímã se tornou magnetizado?

O *timing* é importante, e Péricles, o grande líder ateniense, tinha um *timing* excelente. Durante boa parte de sua história, Atenas estava ou se preparando para guerra, em guerra, ou se recuperando da guerra. Mas no espaço entre as guerras da Pérsia e do Peloponeso, de 454 a 430 a.C., Atenas estava em paz, e foi nesse momento que Péricles acelerou os projetos culturais como o Partenon. Um dos pré-requisitos para uma era de ouro é a paz.

Mas espere aí, você diz, os tempos de guerra não produziram toda a sorte de inovações — o motor a jato, o radar e tantos outros? Sim, a guerra pode desencadear algumas inovações, mas elas têm o foco restrito — uma arma melhor, um avião mais rápido. E embora esses avanços às vezes gerem usos civis, o resultado final da guerra, como concluiu Dean Simonton após uma exaustiva pesquisa, é negativo, e "o efeito negativo vale para todas as formas de criatividade, até mesmo para a tecnologia".

Aristóteles e eu estamos sentados em uma placa de pedra antiquíssima, com o sol mediterrâneo caindo sobre nós, os turistas aglomerados como vespas raivosas, quando eu pergunto na lata o que ele acha. Por que Atenas? O que havia no ar?

Aristóteles não tem uma resposta pronta, nenhuma ilustração em sua mochila para tirar, nenhuma tirada engraçadinha. As pessoas normalmente não lhe fazem essa pergunta. A grandeza ateniense é simplesmente aceita. Ele pensa por um bom tempo antes de finalmente falar.

"Só pode ser o sistema político. Em primeiro lugar, havia liberdade de expressão e debate aberto, algo que as outras cidades-Estados não tinham. Na assembleia, você precisava ficar de pé no palanque do orador e se dirigir a uns 7 mil homens, quarenta vezes por ano. Nenhum tópico era proibido. Se você tivesse alguma ambição de se tornar um político, precisava ter a habilidade de falar em público, e precisava se educar. Além disso, era preciso energia. Eles ficavam lá do nascer ao pôr do sol e começavam com questões mundanas, como a distribuição de água ou de grãos, e depois passavam a questões de maior peso.

"Então, sim", diz Aristóteles, com a certeza em sua voz chegando ao auge, "foi a democracia."

Eu não estou tão certo. Para começar, há o velho problema do ovo e da galinha. Será que Atenas era criativa porque era democrática, ou será que era democrática porque era criativa? E depois há aquela voz em minha cabeça, a de Dean Simonton, que novamente faz os cálculos e diz que não existe nenhuma correlação entre as épocas de ouro e a democracia. É necessário liberdade, e não democracia, ele me disse. Não é a mesma coisa. "É possível haver autocratas iluminados. A China nunca teve democracia, mas teve autocratas iluminados." Alguns psicólogos vão mais além, sugerindo que as oligarquias podem na verdade promover *mais* criatividade do que as democracias, já que, com menos controle social, as pessoas ficam mais dispostas a se envolverem em projetos arriscados ou "desnecessários". Portanto, por mais que eu deteste discordar de alguém chamado Aristóteles, eu não acho que a democracia por si só explique a grandeza de Atenas. Preciso continuar cavando.

Estamos novamente em movimento, desta vez, como me garante Aristóteles, indo para o coração da antiga Atenas. Não é, como muitas pessoas (inclusive eu) supõem, a Acrópole. Nós já deixamos esse local sagrado para trás. Alguns minutos depois, passamos por um portão e espalhada à nossa frente está uma coleção de ruínas, algumas quase intactas, outras pouco mais que tocos de pedra. "Aqui está", diz Aristóteles, com um floreio verbal.

A ágora. Significa literalmente "lugar onde as pessoas se reúnem", mas era muito mais que isso. Quando os atenienses se puseram a reconstruir a cidade depois de ter sido saqueada pelos persas, eles não começaram pelos templos da Acrópole, como você poderia esperar. Começaram aqui, com o verdadeiro coração da cidade.

Esse lugar confuso e caótico era repleto de sons de comerciantes vendendo seus produtos, sofistas vendendo seus serviços de oratória. Também havia um ar de ameaça. Frequentemente surgiam discussões, e às vezes brigas. Os atenienses amavam sua ágora, mas os outros não viam qual era a graça. O rei persa Ciro disse que não respeitava um povo que tinha um lugar especial "onde podiam se reunir para trapacearem uns aos outros e contar mentiras sob juramento".

A ágora ateniense foi a primeira loja de tudo. Tudo que existia no mundo antigo era possível encontrar à venda na ágora. Como enumerou o poeta cômico Êubulo, os itens disponíveis incluíam "figos, testemunhas para intimações, cachos de uva, nabos, peras, maçãs, prestadores de depoimentos, rosas, mingau, favos de mel, grão de bico, processos, pudins de colostro, murta, máquinas de sorteio (para seleção aleatória de júri), íris, carneiros, relógios de água, leis, acusações". Tudo tinha seu lugar. Existiam seções separadas para frutas frescas e secas, peixes defumados e não defumados, especiarias e perfumes, calçados e cavalos. Havia até mesmo a ágora dos *cércopes*, o mercado dos ladrões, onde as mercadorias roubadas eram vendidas.

Ninguém gostava mais da ágora do que Sócrates. Ele vinha aqui para negociar com os comerciantes, ficar sabendo das últimas fofocas e discutir a natureza da beleza. Dizem que ele ficava horas sem fazer nada na loja de um sapateiro chamado Simon. Ninguém sabe ao certo, porém. Toda vez que os arqueólogos acham que encontraram traços do velho Sócrates — um copo de barro, por exemplo, com o nome SIMON escrito nele —, acaba sendo uma pista falsa. Posso ouvir Sócrates gargalhando através dos séculos. "Estou aqui; não, estou ali. Pegue-me se puder." Ele foi um homem que se recusava a ser rotulado — na vida e na morte.

Está ficando tarde. Aristóteles e eu estamos prestes a nos despedir quando ele para e se vira. Ele vem pensando sobre minhas geografias da genialidade, minha tentativa de determinar uma espécie de receita, e não está otimista. "Para ser sincero", diz ele, com fios de cabelo avermelhado caindo sobre o rosto, as mãos atipicamente paradas, "eu acho que você nunca irá encontrar uma fórmula para esses lugares geniais." Suas palavras batem em mim e saem rolando colina abaixo, até caírem com um baque nas ruínas antigas e duras da ágora."

Nós nos despedimos e saímos em sentidos opostos. O sol severo da tarde se abrandou em um carmim agradável, e embora o Tony's Hotel seja bem longe, eu decido andar, como Sócrates.

A GENIALIDADE É SIMPLES: ATENAS

"Sócrates era o Cara."

As palavras são ditas com grande certeza, sem nenhum vestígio de ironia. Eu não sei como responder. A essa altura, eu sei alguma coisa sobre Sócrates. Eu sei que ele é um dos fundadores da filosofia ocidental, que ele gostava de fazer muitas perguntas e que ele foi, infelizmente, executado pela cidade que amava, acusado injustamente de impiedade e "corrupção de menores". Ser o cara, contudo, era novidade para mim. Talvez eu tivesse entendido mal.

"Sócrates era o Cara", ouço novamente, dessa vez com ainda mais convicção. As palavras são ditas por Alicia Stallings, poeta, moradora de Atenas há muito tempo e gênio certificado. Ela é ganhadora do cobiçado (e lucrativo) Prêmio MacArthur, informalmente conhecido como prêmio de gênios. Se alguém pode explicar a genialidade de Atenas, certamente é Alicia. Pelo menos era o que eu pensava até ela começar com essa história do cara.

Mais cedo ela havia sugerido que nos encontrássemos em um café no bairro dela. "É perto do Templo de Zeus", disse-me ela, como se essa fosse a referência mais normal do mundo. É isso que eu amo nas instruções gregas, elas são tão mais *interessantes* que em casa. "Procure o Templo de Zeus" soa mais profundo, é mais carregado de história do que "vire à esquerda no Starbucks". Os atenienses não estão sendo pretensiosos quando mencionam os deuses. Eles estão simplesmente usando o que têm. O Templo de Zeus. McDonald's. Todos fazem parte da mistura.

E aqui estou eu, de vinho na mão, tentando enfiar na cabeça essa teoria de Sócrates como o cara. Alicia está claramente usando *cara* [*dude*] no sentido de *O Grande Lebowski*, que é o melhor sentido, mas ainda assim, comparar um dos maiores pensadores da história com um personagem bebedor de White Russian e maconheiro de um filme dos irmãos Coen? Não sei. Parece errado.

Veja os fatos, diz Alicia, sentindo meu ceticismo. Enquanto o mundo girava ao redor dele, Sócrates permanecia uma ilha de calmaria. Uma rocha. Esse é um comportamento muito do Cara. Durante sua longa e satisfatória vida, Sócrates nunca escreveu uma única palavra. Ele estava ocupando demais sendo o Cara. E depois vem isso: na hora de sua execução, pouco antes de beber a cicuta que pararia seu enorme coração, Sócrates implorou a seus seguidores: "Peço a vocês que pensem na verdade, e não em Sócrates." Essa declaração não só é admiravelmente parecida com o Cara em seu altruísmo — não tem a ver comigo, tem a ver com a verdade —, mas também é interessante notar que

Sócrates falou sobre si mesmo na terceira pessoa. Não dá para ser mais o Cara do que isso.

Sim, Sócrates era o Cara, mas mais que isso, ele era um cara ateniense. *O cara ateniense*. Nunca, nem antes, nem depois, um homem e uma cidade combinaram de maneira tão perfeita. Ele amava Atenas e jamais cogitaria viver — ou morrer — em qualquer outro lugar. Ele podia ter evitado a execução fugindo de Atenas, mas rejeitou essa proposta de imediato. Ele tinha um contrato com a cidade e iria cumprir com sua parte.

Excêntrico, descalço e adoravelmente teimoso, Sócrates ocupava aquela posição perigosa que todos os gênios ocupam — empoleirado entre os privilegiados e os excluídos. Distante o bastante da maioria para ver o mundo com um olhar novo, mas próximo o suficiente para que essas novas perspectivas repercutam com os outros.

A genialidade é muitas coisas, mas linda não é uma delas. Sócrates era um homem extremamente feio. "Barbudo, cabeludo, com um nariz achatado e largo, olhos proeminentes e esbugalhados e lábios grossos", diz o historiador Paul Johnson. Sócrates, no entanto, não se incomodava nem um pouco com sua aparência e frequentemente brincava com isso. No *Simpósio* de Xenofonte, Sócrates desafia Critóbulo, um belo jovem, em um concurso de beleza. Critóbulo aponta para o nariz elefantino de Sócrates como prova de sua feiura. Alto lá, retruca o grande filósofo. "Deus fez o nariz para cheirar, e suas narinas são viradas para baixo, enquanto as minhas são largas e viradas para cima, podendo receber cheiros de todas as direções. Quanto a meus lábios descomunais", continuou Sócrates, "eles concedem beijos mais doces e suculentos que os seus."

O que faltou a Sócrates em matéria de beleza física, ele compensou com um *timing* perfeito. Ele nasceu em um momento propício da história da humanidade, durante a época de Péricles, apenas nove anos depois da morte do filósofo chinês Confúcio. Sócrates tinha doze anos quando o padre hebreu Ezra saiu da Babilônia para Jerusalém, levando consigo uma versão recém-transcrita do Pentateuco, os primeiros cinco livros da Torá. Durante esse período, conhecido como Era Axial, velhas ordens estavam desmoronando, e as novas ainda não haviam se consolidado. Havia rachaduras e, como já foi dito, são as rachaduras que deixam a luz passar. A genialidade também.

Sócrates, como todos os gênios, beneficiou-se do "encaixe *zeitgeist*". Isso não significa necessariamente que ele se encaixasse feliz no espírito de sua época. O que distingue os gênios não é uma adaptação perfeita a seu tempo, mas sim o que o psicólogo Keith Sawyer chama de "capacidade de conseguir explorar uma inadequação aparente". Com certeza foi esse o caso com Sócrates; ele extrapolou os limites do discurso aceitável — e se safou, até ser pego. Suas ideias repercutiam ao mesmo tempo em que aborreciam. Geralmente é assim com os gênios. Eles se encaixam em sua época da mesma forma que uma pérola se encaixa em uma ostra. Desconfortável, porém essencial. Um irritante útil.

Sócrates é lembrado como um grande filósofo, mas antes de mais nada ele era um conversador. Antes de Sócrates, as pessoas falavam, mas não conversavam. Elas tinham monólogos alternantes, especialmente se uma pessoa tivesse posição mais alta que a outra. Sócrates apresentou a conversa como uma forma de exploração intelectual, de questionar suposições, aquelas tão profundamente arraigadas que sequer sabemos que as temos.

Conversar, eu percebo, é também um veículo para o tipo de genialidade grupal que estou investigando. Às vezes as ideias são o resultado deliberado de uma conversa, mas muitas vezes também elas chegam como um subproduto inesperado, mas não menos agradável. Henry James relembra como seu romance *Os Espólios de Poynton* surgiu a partir de "meras partículas flutuantes na correnteza de uma conversa". Sócrates entrou muitas vezes nessa correnteza, encantado por ela nunca ser a mesma novamente, assim como ele nunca era o mesmo Sócrates.

Quando a garçonete traz outra garrafa de vinho, Alicia me conta como ela contraiu o vírus grego em uma idade precoce. "Os autores antigos são mais modernos do que o que está sendo escrito agora", diz ela, deliciando-se com a contradição aparente. "A escrita deles tem um imediatismo."

Bebo meu vinho e penso em suas palavras. Elas explicam muito. Explicam por que Alicia fala dos antigos gregos no presente. Elas também explicam o que distingue um bom trabalho, até mesmo um ótimo trabalho, de uma verdadeira obra de gênio. Um bom poema ou quadro fala com as pessoas de uma determinada época. Uma obra de gênio, no entanto, transcende essas barreiras temporais e é redescoberta novamente por gerações sucessivas. A obra não é estática. Ela se dobra e é dobrada por cada novo público que a encontra. Como disse Pablo Picasso: "Não existe passado ou futuro na arte. Se uma obra de arte não conseguir viver sempre no presente, ela não deve ser nunca considerada arte. A arte dos gregos, dos egípcios, dos grandes pintores que viveram em outros tempos não é uma arte do passado, talvez ela esteja mais viva hoje do que jamais esteve".

Se eu quiser entender a mente grega, Alicia me diz, preciso dar um passo atrás e me colocar no lugar deles. Os gregos não tinham uma palavra para "criar", pelo menos não da maneira como a usamos. Se você perguntasse a um poeta grego o que ele estava fazendo, ele diria que estava empenhado em *poiesis*, literalmente "fazer", uma palavra que se aplicava igualmente a fazer um poema, uma fogueira ou uma bagunça. "Eles não estavam tentando *criar* poesia ou *ser* criativos", diz Alicia. Os gregos criaram muito do que hoje nós consideramos arte, mas, assim como vimos com os vasos, eles não colocavam isso em um pedestal. A arte pairava de maneira tão grande na vida cotidiana que nem se percebia. A arte era funcional. A beleza era um bônus.

Esse tipo de beleza embutida é, na minha opinião, o melhor tipo. Hoje, nós fazemos um esforço enorme para que o mundo puro da arte nunca se encoste em nossas vidas sujas e prosaicas. Declaramos a arte "especial", e assim a pusemos fora do alcance.

Alicia conhece algumas coisas sobre a interseção da arte e da vida. Um dia, não faz muito tempo, ela estava em casa com seu filho de oito anos. Seu marido estava no dentista. O telefone tocou.

"Você está sozinha?", perguntou a pessoa ao telefone.

Alicia achou a pergunta estranha. "Bom, meu filho está brincando no outro quarto, mas fora isso estou sozinha. Por quê?"

Foi quando a pessoa lhe disse que ela havia sido selecionada pela Fundação MacArthur. Isso vinha com um prêmio em dinheiro de 500 mil dólares, além do título não oficial de "gênio".

Alicia desligou o telefone. Disso ela se lembra. Tudo que veio depois é um borrão. Se os gênios são os deuses do mundo secular, Alicia estava agora sentada no topo do Monte Olimpo, olhando para os mortais embaixo. A vista lá de cima é bonita, porém, a divindade não vem só com benefícios, mas também com responsabilidades. Por um tempo ela não conseguiu respirar. Depois, ela conseguia respirar, mas não dormir. Essa fase durou duas semanas. Ela se levantava à noite animada, mas também preocupada. Preocupada com um exército de poetas invejosos a atacando. Preocupada com as consequências inesperadas de sua notoriedade recente. Sua repentina genialidade "foi algo a ser navegado", ela diz, como se descrevesse um trecho de águas turbulentas, ou uma rua de Atenas durante a hora do rush. "Às vezes eu me sinto um gênio. Quero dizer, as palavras estão fluindo. Outras vezes escrevo uma coisa e penso: quero publicar isso? Isso não é uma obra de gênio. É uma porcaria de poema."

Finalmente, com a hora avançada e a cabeça tonta de vinho, resolvo fazer a Alicia uma pergunta de viagem no tempo. Se ela pudesse se transportar a Atenas por volta de 450 a.C., com quem ela gostaria de dividir uma garrafa de vinho? Eu espero totalmente que ela diga Sócrates. O Cara.

"Aspásia", diz Alicia.
"Quem era esse?"
"Ela. Aspásia era a consorte de Péricles."
Entre os clássicos, pouco ouvimos falar das mulheres de Atenas, e o que ouvimos não é exatamente positivo. O melhor que uma mulher podia conseguir, dizia-se, era não ser vista nem ouvida.

Esse anonimato não era para Aspásia, no entanto. Ela foi vista e definitivamente ouvida. Há rumores de que ela escreveu alguns discursos de Péricles, incluindo seu famoso Discurso Fúnebre. Aspásia era feminista cerca de 2.400 anos antes do feminismo e a heroína esquecida do florescimento de Atenas. Como eu descobriria mais tarde, esses ajudantes invisíveis são essenciais a uma era de ouro. São pessoas que trabalham nos bastidores, às vezes de maneira bastante heroica, para que a genialidade aconteça.

"As pessoas de Atenas tinham medo dela", diz Alicia, com o tom de voz dando a impressão de que, na opinião dela, isso é uma coisa positiva. Uma coisa muito positiva.

Na manhã seguinte meu alarme toca e eu amaldiçoo Platão. Ele era um filósofo brilhante, um dos maiores pensadores de todos os tempos, mas também inventou o relógio de água, um dispositivo engenhoso, mas diabólico, que usava a pressão da água para soar um alarme. O relógio de Platão também era usado para medir o tempo de reuniões políticas, daí a queixa comum de oradores verborrágicos que faziam discursos de "nove galões de duração".

O relógio de água de Platão representa um raro exemplo da tecnologia grega. Atualmente, associamos a inovação quase exclusivamente à tecnologia, mas não era esse o caso na Grécia Antiga. Eles tinham escravos para desempenharem tarefas domésticas e, portanto, pouco incentivo para inventar dispositivos que ganhassem tempo. Buscar novas tecnologias era considerado "trivial e indigno", diz Armand D'Angour, um classicista da Universidade de Oxford. Ser um latoeiro ou um inventor na antiga Atenas era ser relegado ao degrau mais baixo da escada social, e a labutar anonimamente.

O *kleroterion*, por exemplo, era um dispositivo engenhoso, usado para selecionar júris aleatoriamente, e no entanto em nenhum lugar é possível encontrar uma menção ao nome do inventor, muito menos algum folclore à la Steve Jobs em torno dele. Se algum tecnólogo do Vale do Silício de repente se materializasse na antiga Atenas, ele seria tratado como qualquer outro artesão, com um salário pífio, nenhum reconhecimento e, ao virar as costas, um risinho de escárnio. Ele estava trabalhando com as mãos, fazendo *coisas*; não era um guerreiro, um atleta, nem um pensador. Um Steve Jobs na antiga Grécia teria morrido sem um tostão e esquecido.

Desligo o botão de soneca — uma função que nunca ocorreu ao gênio Platão — e desço até o Bridge, onde pego uma mesa, peço um café e planejo meu ataque do dia ao Grande Mistério Ateniense. Sócrates, começo a desconfiar, tem a chave. Ele não almejava nem sabedoria, nem seguidores. Tudo que ele fazia era perguntas irritantes. Igual a mim, penso eu, e sorrio. Sim, uma conversa me parece apropriadamente socrática, mas com quem?

Brady. *Você precisa ligar para o Brady*. Isso é o que todo mundo diz. Se você quer entender Sócrates e Atenas, antiga ou atual, Brady é o cara, eles me garantem.

Toda cidade tem um Brady. Geralmente, Brady é um expatriado, mas nem sempre. Às vezes, Brady é da região. De um jeito ou de outro, Brady absorveu de tal maneira os nervos e a medula de um lugar, inalou sua essência de maneira tão completa que é impossível distinguir onde o lugar termina e o Brady começa. Para alguém como eu, que está tentando compreender um lugar tão complexo e confuso como Atenas, um Brady é indispensável.

Então eu ligo para o Brady, que calhou de ser um ex-diplomata norte-americano, e uma espécie de gênio também. Ele me convida a seu apartamento para um simpósio. Está bem, é um jantar, mas já que esse jantar em particular irá acontecer no famoso bairro Plaka de Atenas e não no Brooklyn, por exemplo, eu prefiro chamar de simpósio porque, verdade seja dita, *simpósio* soa bem mais intrigante que *jantar*. Certamente soa mais grego.

O *simpósio* — literalmente "beber junto" — era uma peça central da vida na velha Atenas, e Sócrates era presença constante. Comida era servida, mas isso quase não vinha ao caso. A atração principal era o entretenimento, que consistia em "qualquer coisa, desde uma boa conversa e quebra-cabeças intelectuais até música, dançarinas e excitações similares", observa o historiador Robert Flacelière. Nenhum simpósio, porém, estava completo sem vinho, e em grandes quantidades. Os gregos tinham umas ideias engraçadas a respeito do álcool, assim como tinham com muitas outras coisas. Aristóteles acreditava que consumir vinho demais fazia você cair de cara, enquanto cerveja demais o fazia cair para trás. E, por razões que não são imediatamente claras, os gregos sempre diluíam seu vinho — cinco partes de água para duas partes de vinho, misturadas em uma grande tigela chamada de cratera.

O que nos leva a uma possível explicação para a genialidade ateniense: a bebida. Não é tão absurdo quanto parece. O álcool e a criatividade há muito tempo andam juntos no imaginário popular, e no imaginário de escritores e artistas inebriados através dos tempos. William Faulkner dizia que não conseguia encarar a página em branco sem uma garrafa de Jack Daniel's. Muitos pintores, de Van Gogh a Jackson Pollock, gostavam de um gole ou quatro enquanto trabalhavam. Winston Churchill alegou que não poderia ter escrito *The World Crisis* [*A Crise Mundial*], suas memórias em cinco volumes, sem sua musa, a bebida. De fato, alguns chamam essa produtividade regada a álcool de "o gene Churchill". Não há provas de que tal gene realmente exista, mas pesquisadores identificaram uma variação genética, chamada de variante G, que faz o álcool agir em algumas pessoas mais como uma droga opioide, como a morfina. Teoricamente (e isso é apenas uma teoria), essa peculiaridade genética lubrifica as engrenagens do pensamento criativo em alguns indivíduos, mas não em outros. Ou, como disse Mark Twain, "meus vícios me protegem, mas matariam você!".

Você poderia pensar que existe um monte de pesquisas analisando a ligação entre o álcool e o gênio criativo, dado o enorme interesse no assunto, sem falar na infinidade de voluntários dispostos. No entanto, consegui encontrar surpreendentemente poucas pesquisas empíricas. Todavia, alguns pesquisadores corajosos foram até o laboratório.

Para entender a significância da pesquisa, precisamos voltar e examinar os quatro estágios do processo criativo: preparação, incubação, iluminação e verificação. O álcool afeta cada uma dessas etapas de maneira diferente. Um estudo, pelo psicólogo sueco Torsten Norlander, constatou que o consumo de álcool facilita o estágio de incubação — isto é, quando você não está ativamente tentando solucionar um problema, mas sim permitindo-o marinar, deixando seu inconsciente fazer uma tentativa —, mas prejudica o estágio de verificação. Em outras palavras, você pode ter ideias brilhantes, mas não será capaz de reconhecê-las.

Em outro estudo, psicólogos da Universidade de Illinois serviram a vinte voluntários uma quantidade moderada de álcool, vodca e suco de cranberry. Eles paravam quando o nível de álcool no sangue dos voluntários chegava a 0,075%, logo abaixo do limite legal para dirigir. Esses voluntários moderadamente bêbados, junto com um grupo de controle de vinte participantes sóbrios, receberam um teste que mede o pensamento divergente — novamente, um aspecto importante da criatividade.

Os resultados, publicados no periódico *Consciousness and Cognition*, são suficientes para fazer você pegar uma bebida. Os homens sóbrios levaram, em média, 15,4 segundos para apresentarem uma resposta criativa, mas os bebedores de vodca precisaram apenas de 11,5 segundos. Depois, os pesquisadores perguntaram aos voluntários (supostamente depois que eles ficaram sóbrios) qual o método utilizado na tarefa. O grupo inebriado tendeu a descrever sua abordagem como "intuitiva", enquanto o grupo sóbrio usou palavras como "analítica". O estudo fornece a primeira evidência empírica de uma coisa que há muito tempo suspeitamos: o álcool diminui a inibição e, pelo menos para alguns, abre canais criativos normalmente fechados.

Duas perguntas importantes, porém, permanecem sem respostas: quais pessoas, e quanto de álcool? O que os pesquisadores não fizeram foi conduzir o mesmo experimento, mas dessa vez com o dobro ou o triplo de álcool consumido. Sou capaz de apostar que eles teriam resultados diferentes, que o aumento de criatividade visto com níveis menores de consumo de álcool evaporaria.

Os antigos gregos certamente pensavam assim. Eles não só diluíam seu vinho, mas também o serviam em taças rasas, feitas para estimular pequenos goles, em vez de virar tudo.

Finalmente, atravesso as ruas de pedra do bairro Plaka e, após alguns caminhos errados, encontro o apartamento de Brady. É aconchegante e bastante usado. Coleções de livros em várias línguas, vivas e mortas, ocupam espaço privilegiado em cada recinto, inclusive no banheiro. Brady é inteligente. De assustar. Ele começa frases com "eu estava lendo Lísias esta manhã no original grego". Minhas frases não começam assim. É mais provável que elas comecem com "eu estava atualizando meu Facebook esta manhã, no inglês original".

Os convidados chegam e nosso simpósio acontece exatamente como os de antigamente, só que sem as dançarinas nem os escravos servindo comida e diluindo o vinho. Esse último detalhe se mostra crucial, pois sem alguém para diluir o vinho (ou o mojito ou o gim-tônica), um simpósio pode rapidamente descambar para uma bagunça embriagada. De fato, é precisamente isso que acontece. Muitas conversas profundas podem ter acontecido naquela noite, mas eu não

A GENIALIDADE É SIMPLES: ATENAS

me lembro de absolutamente nenhuma. Exceto a luz. Alguém disse: "A luz é diferente aqui em Atenas", e todos assentiram. Alguém também mencionou Sócrates. Ou teria sido Platão? Como eu disse, ninguém estava diluindo o vinho, então a noite pode muito bem ter acontecido inteiramente em grego antigo.

Na manhã seguinte, depois de adequadamente hidratado, ligo para Brady e ele concorda em me encontrar novamente, dessa vez sem álcool. Sentado em um café perto da casa dele, agradeço pelo céu estar inesperadamente nublado, com uma leve chuva caindo. Ressacas e a forte luz ateniense não se misturam. Também agradeço por essa segunda chance com Brady e sua inteligência. Estou esperando encontrar respostas para perguntas, ou pelo menos perguntas melhores, como diria Sócrates.

O café, embora não seja nenhum Bridge, é agradável ainda assim. A maioria das mesas está disposta do lado de fora sob um grande toldo, imbuindo todo o ambiente com um acordo tácito: *Venha, viajante cansado. Peça um café, só um basta, e sente-se o dia todo.*

Brady explica que sua primeira paixão foi a arqueologia. Isso faz sentido. Já dá para ver que ele é naturalmente tímido, mais confortável entre ruínas antigas do que pessoas vivas. A arqueologia é a profissão perfeita para pessoas como Brady e Aristóteles. Pedras e restos de esqueletos contam histórias, às vezes histórias incríveis, mas não fazem contato visual nem conversa fiada, nem perguntam o que vai fazer terça à noite.

Eu conto a Brady sobre minha pesquisa pelas circunstâncias da genialidade. Ele toma um gole de seu expresso e olha ao longe, ignorando os turistas passando por nós em seus Segways, seguindo seu guia como um bando de gansos com capacetes.

Será que Brady acha que estou no caminho certo ou sou um idiota completo (na acepção moderna, não na da Grécia Antiga)? Ele não diz, e seu rosto não revela nada. Igual a Sócrates, que era famoso por disfarçar suas expressões e admirado por isso.

Abro a mochila e mostro a Brady alguns livros que estou lendo. Ele acena com a cabeça, sem aprovar nem censurar, apenas reconhecendo que sim, esses são os suspeitos habituais. Eu lhe mostro um livro, no entanto, chamado *The Greeks and the New*. "Esse eu não conheço", diz ele, e eu sinto uma pontada de vitória. Surpreendi Brady. Sei disso porque a expressão no rosto dele permanece completamente inalterada.

Brady já morou em Israel, em Marrocos e na Armênia, aprendendo línguas da mesma maneira que nós aprendemos bobagens.

Atenas, contudo, roubou seu coração. Como poderia ser diferente? Em Atenas, o passado está mais próximo do que em outros lugares, e Brady nunca se cansa dessa proximidade. Ele ainda visita museus ocasionalmente, diz.

Confesso que tenho um problema com museus. Não gosto deles. Nunca gostei. Grandes e intimidadores, eles parecem feitos para invocar sensações de inadequação: fábricas de culpa disfarçadas de instituições culturais. Brady compreende: "É preciso muito tempo para apreciar museus. Primeiro você precisa estudar arqueologia durante muito tempo, depois você precisa esquecê-la por muito tempo. E aí você pode ir a um museu".

Isso é, percebo, uma coisa muito grega de se dizer. Os antigos acreditavam que o conhecimento era bom, mas reconheciam os perigos de seu acúmulo imprudente, indiscriminado. Eles possuíam uma "ignorância brilhante", como Alicia chamava. Nenhuma era mais brilhante que a de Sócrates. "A única sabedoria verdadeira é saber que não se sabe de nada", disse ele.

Uns 2.500 anos depois que Sócrates proferiu essas palavras, cientistas sociais começaram a investigar se ele estava no caminho certo. Um pesquisador se concentrou em uma rara condição neurológica conhecida como anosognosia, em que uma pessoa que sofre de uma deficiência — paralisia, tipicamente — permanece totalmente inconsciente de sua deficiência. Se você puser um copo de água na frente da mão direita de pessoas com anosognosia e pedir a elas que o peguem, elas não farão isso. Se você perguntar o porquê, elas dirão que estão cansadas ou não estão com sede. O dano cerebral que causou a paralisia também os deixa inconsciente dela.

David Dunning, psicólogo da Universidade Cornell, usa a anosognosia como metáfora para explicar a pesquisa que ele fez sobre a ignorância. Em uma série de estudos, ele e seu colega Justin Kruger testaram um grupo de universitários em habilidades como raciocínio lógico, gramática e humor. Em seguida, mostraram a cada participante seus resultados e pediram a eles que estimassem como haviam se saído em comparação aos outros. As pessoas que foram bem nos exames avaliaram sua classificação adequadamente. Nenhuma grande surpresa aí. O que surpreendeu foi que aqueles que foram mal nos exames estavam convencidos do contrário. Eles não estavam sendo dissimulados. Eles simplesmente eram incapazes de avaliar sua competência, ou como disse Dunning, em uma entrevista com o cineasta Errol Morris: "Nós não somos muito bons em saber o que não sabemos".

Isso acontece porque as habilidades de que precisamos para solucionar um problema são as mesmas de que precisamos para perceber que não podemos solucioná-lo. É o equivalente intelectual da anosognosia, e este fenômeno, agora conhecido como efeito Dunning-Kruger, explica muita coisa. Ele explica por que a maioria das pessoas se considera motoristas acima da média, o que é impossível estatisticamente (*alguém* precisa estar abaixo da média). Também explica, eu acho, por que mais pessoas não são gênias. O primeiro passo de qualquer descoberta é perceber que uma descoberta é necessária, perceber que seu conhecimento é imperfeito. Aqueles que possuem essa "ignorância altamente consciente", como disse o físico escocês James Clerk Maxwell, estão mais propensos a alcançar avanços criativos do que aqueles que estão convencidos de que entenderam tudo.

Brady e eu ficamos no café, desfrutando de nossos assentos e nossa prosa, e a conversa era tão pouco linear quanto as colunas do Partenon. E tudo bem. Aqui, diferente lá de casa, não há um ponto de interrupção mutuamente acordado, nenhum sinal implícito de "acho que devemos ir embora" trocado entre nós. Isso é Atenas. Ela existe há pelo menos 4 mil anos e não está indo embora. Por que nós deveríamos? Todo esse passado à nossa volta, embaixo de nós, faz o presente parecer um pouco menos precário. Talvez seja por isso que os gregos de hoje tenham desistido de andar e prefiram tanto ficar sentados. Eles gostam da sensação de toda essa história tranquilizadora debaixo de seus bumbuns, estabilizando-os contra o presente cruel.

Pedimos mais dois expressos, depois almoçamos, depois duas cervejas, e finalmente mais dois expressos. "Para equilibrar", explica Brady. Eu entendo. Toda a minha estadia na Grécia, ao que parece, consiste em alternar álcool e cafeína, procurando o equilíbrio. Ao fazer isso, me deparei com um segredinho sujo a respeito do conceito grego de "nada em excesso". É mentira. Os antigos gregos defendiam a moderação de maneira entusiasmada, mas raramente a praticavam. Os gregos encaravam a moderação como um fim, não um meio. Vá a extremos suficientes, pensavam eles, e no fim um anula o outro e você estará em perfeita moderação de fato (essa é a teoria, pelo menos). Eles eram extremistas enrustidos, "aventureiros além de suas forças, e ousados além de seu juízo", como disse Tucídides. Talvez cada lugar genial seja igualmente cuidadoso em excesso. Talvez seja por isso que eles nunca duram muito tempo.

Será que as pessoas, eu me pergunto, davam valor ao esplendor da época? Será que sabiam que estavam vivendo em tempos especiais, ou será que um veredicto desses só é possível em retrospecto? Vasculhando os textos antigos, me deparei com provas de que os atenienses sabiam que estavam arrasando. Vejam este trecho de jactância do poeta cômico Lísipo: "Se você nunca viu Atenas, é um tolo; se a viu e não foi atingido por ela, é um asno; se está contente de ir embora, é um cavalo de carga".

Essa declaração é altamente reveladora. Para começar, ela nos diz que na antiga Atenas, a pior coisa que se podia ser, a pior de todas, era um cavalo de carga. Em segundo lugar, ela expõe uma confiança que beira a arrogância. Péricles foi ainda mais longe quando notoriamente chamou Atenas de "a escola da Grécia". Supostamente isso relegava os espartanos, os corintianos e todos os outros gregos à condição de aluno, o que é meio caminho para explicar por que os atenienses eram tão amplamente detestados. No entanto, essa confiança raramente descambava para a arrogância completa. Por quê?

"*Húbris*", diz Brady, que até agora estava só escutando, sem expressão, como Sócrates.

Ah, sim, *húbris*, orgulho excessivo.

"Sim, mas tenha cuidado com a *húbris*", diz ele, como se estivesse falando de uma espécie especialmente perigosa de roedor, ou talvez uma péssima escolha de ações. "Os gregos não utilizavam a palavra como nós. A *húbris* não era apenas uma questão de orgulho excessivo. Era um insulto aos deuses. "E se a Grécia Antiga nos ensina uma coisa é que enfurecemos os deuses por nosso próprio risco."

A deusa específica encarregada de punir os insolentes era Nêmesis. Seu nome, explica Brady, significa literalmente "ir além de suas atribuições". Isso faz sentido. Húbris é uma forma de ganância. Você não está contente com o que os deuses lhe deram, então pega mais. O fato de isso ser um crime contra os deuses (não um pecado, veja bem; o pecado — um conceito cristão — só seria inventado quinhentos anos depois) garantia que a autoconfiança dos gregos não se tornasse arrogância, pelo menos não com tanta frequência.

Para os gregos, explica Brady, a virtude e a genialidade eram inseparáveis. Você podia ser o maior poeta ou arquiteto do mundo, mas ninguém acharia isso se você fosse um babaca arrogante. Eu fico admirado como isso difere da nossa visão moderna de genialidade. Nós não apenas estamos dispostos a ignorar falhas de caráter, se o caráter em questão produz brilhantismo, mas também passamos a *esperar* isso de nossos gênios. Pense em Steve Jobs e sua famosa personalidade rabugenta. Somente um verdadeiro gênio, concluímos, podia escapar disso impunemente. Não é assim que os gregos encaravam. Um homem era julgado não só pela qualidade de seu trabalho, mas também pelo seu caráter.

Duas outras cervejas Mythos chegam, cortesia da gerência. Elas ameaçam desequilibrar nossa suada moderação, mas estamos dispostos a correr esse risco. Sinto, porém, que estamos roendo minha questão pelas beiradas, então vou direto ao ponto: "Por que Atenas? Como é que uma cidade pequena, suja, cheia, rodeada de inimigos e banhada em azeite de oliva conseguiu mudar o mundo?".

A resposta, sugere Brady, está na especialidade, ou melhor, na falta dela. A antiga Atenas não tinha políticos profissionais, nem juízes, nem sequer padres. Todo mundo fazia de tudo. Soldados escreviam poesia. Poetas iam para a batalha. Era estritamente um show de amadores, e isso, na opinião dos gregos, era algo positivo. Eles viam com desconfiança a especialização, pois a genialidade deles era a da simplicidade.

Todos os avanços intelectuais, diz Brady, da teoria da evolução de Darwin à teoria da relatividade geral de Einstein, tornaram o mundo um pouco mais simples. "Existe uma bagunça caótica de dados aparentemente desconexos lá fora, e aí alguém diz: 'Espere, é assim que tudo se encaixa'. E nós gostamos disso."

Os matemáticos, por exemplo, falam reverencialmente de uma "prova elegante". Uma prova elegante não é meramente correta, mas altamente eficiente. Nada é irrelevante e nada está faltando. Uma prova elegante agrada à mente da maneira que um design elegante agrada aos olhos. Os gregos sempre procuraram as soluções mais elegantes para qualquer problema. Invariavelmente, isso significava encontrar ligações, pois como disse a historiadora Edith Hamilton, "ver qualquer coisa com relação a outras é vê-la de maneira simplificada".

Brady admite que, apesar de sua inteligência assustadora, ele muitas vezes cai na armadilha da complexidade. Ele não consegue evitar. No fundo, ele é um acadêmico, e a complexidade é o que o meio acadêmico encoraja e recompensa.

Quando o presidente George H.W. Bush visitou Atenas, Brady foi incumbido de fazer as traduções. O presidente estava prestes a discursar para o parlamento grego e achou que seria legal abrir seus comentários com algumas palavras em grego.

"Como se diz 'vida longa à Grécia' em grego?", perguntou o presidente Bush a Brady.

"Bem, senhor presidente, na verdade não existe uma resposta simples para essa pergunta, porque há pelo menos duas maneiras de dizer 'vida longa à Grécia', cada uma com uma conotação bem diferente. Por exemplo, se você disser..."

Brady levantou a cabeça. O presidente Bush havia desaparecido. Ele saiu para perguntar a outra pessoa como se dizia "vida longa à Grécia" em grego.

Estou digerindo minha história, com a mente parecendo um redemoinho de cafeína e álcool, quando Brady faz uma coisa que não vi ninguém em Atenas fazer antes. Ele olha para seu relógio. Ele precisa ir.

Ele começa a sair, mas de repente para e se vira. "Tudo é uma questão de feedbacks que se entrelaçam."

Quê? Espere, Brady. O que isso significa? Mas é tarde demais. Brady se foi, engolido por um mar reluzente de luz grega, agora em toda a sua glória vespertina.

Vou pegar meu garfo, mas ele não está ali. Nem meu guardanapo ou, o mais alarmante de todos, meu café. Para onde eles foram? Eles não existem ainda. Não na Atenas de 450 a.C., que é onde estou agora. Estou jantando em um restaurante chamado Archeon Gefsis, ou Sabores Antigos. Ele tenta recriar a experiência de jantar na Atenas dos tempos de Sócrates. Isso me parece o lugar perfeito para explorar a conexão entre comida e criatividade, uma área cheia de conceitos românticos, como o do artista morto de fome. Isso é bobagem, é claro. Um artista que realmente está passando fome não cria nada além de seu próprio sofrimento. Nós precisamos de comida para poder criar, mas quanta, e de que tipo? Será que os gregos chegaram à genialidade pela comida?

O restaurante fica escondido em uma ruazinha de um bairro predominantemente de imigrantes, bem longe dos caminhos turísticos batidos. Quando entrei, um garçom, vestido com as roupas soltas da época, tipo uma toga, me entregou uma cópia do *Notícias Antigas*, que serve de cardápio. Uma graça. O interior é todo de paredes de pedra, iluminação fraca e cadeiras cobertas com um tecido branco que parece ser o mesmo da roupa do garçom.

Minha companhia do jantar é Joanna Kakissis, correspondente da National Public Radio — a rádio pública dos EUA — em Atenas. Criada em Dakota do Norte, ela voltou a sua terra ancestral alguns anos atrás. Gosto da Joanna, e além disso comer sozinho na antiga Atenas era considerado uma barbárie, e eu faço questão de não ser um bárbaro.

A GENIALIDADE É SIMPLES: ATENAS

Nos sentamos e folheamos o *Notícias Antigas*. Meus olhos são atraídos a uma citação de Epicuro: "A origem de todos os prazeres é a satisfação do estômago". Um belo sentimento, mas enganoso. Os atenienses não eram gourmands. Longe disso. A maioria das pessoas, não importa sua posição social, satisfazia-se com um pedaço de pão, duas cebolas e um punhado pequeno de azeitonas. A refeição ateniense típica consistia em dois pratos, "o primeiro uma espécie de mingau e o segundo uma espécie de mingau", brincou o historiador Alfred Zimmern. Até a comida servida durante festivais religiosos era sem-graça feito papelão. Claramente a genialidade grega não se estendeu até a cozinha.

Os atenienses simplesmente não ligavam para o que comiam, e nem para a quantidade. A ingestão de calorias deles era admiravelmente baixa. Aristófanes, o satirista, atribuiu à escassa alimentação ateniense o fato de seus corpos se manterem magros e as mentes afiadas.

Volto ao meu cardápio. Alguns itens — azeitonas e grão de bico, por exemplo — parecem familiares. Outros, como o leitão recheado e pernil de cabrito, nem tanto. Nenhum prato contém batatas, nem arroz, nem tomates. Os antigos gregos não tinham nada disso. Eles tinham vinho, ainda bem, e o *Notícias Antigas* traz esse trecho de sabedoria de Sófocles: "A embriaguez alivia a dor". Isso não se discute. Pedimos um jarro de tinto, e fico feliz em relatar que chegou não diluído.

Peço uma salada de romã e peixe defumado. Não é ruim. *Inofensivo* é a palavra que me vem à mente. Joanna acha o mesmo de seu pernil de cordeiro. E posso atestar que os garfos são superestimados. Eu me saio muito bem com minha faca e colher.

Nós tentamos distrair nossas mentes da comida insossa conversando. Agora que estou pensando a respeito, talvez seja por isso que os gregos fossem tão eloquentes: era um mecanismo para lidar com aquilo, algo para se distrair da comida terrível. Enquanto cisco minha salada, penso que, se a culinária da Grécia Antiga tivesse sido melhor, talvez eles não tivessem inventado a democracia, a filosofia ou nenhuma outra de suas realizações.

Não é tão absurdo quanto parece. Nós temos uma quantidade limitada de energia criativa; podemos canalizá-la para a filosofia ou suflês, esculturas ou trufas. Sim, reconheço que cozinhar pode ser um ato criativo, e Julia Child era sem dúvida um gênio culinário, mas cada atividade que fazemos vem com um custo de oportunidade, como nos lembram os economistas. O tempo que se gasta no trajeto do trabalho é um tempo que não é passado com os filhos. O tempo gasto debatendo os méritos relativos da couve em comparação com a rúcula é um tempo que não se passa discutindo a natureza da beleza e da verdade. Olho para meu prato de gororoba sem graça com um novo respeito.

Eu tenho outro motivo para encontrar Joanna, um que vai além da gastronomia. Estou curioso para saber como ela, uma greco-americana, se sente a respeito do peso da história. Normalmente, nós pensamos nesses fardos em termos de guerras e calamidades diversas, mas épocas de ouro também podem deixar cicatrizes. Gerações futuras sentem a dor da comparação, e em nenhum lugar a distância entre a glória passada e a ignomínia atual é maior do que em Atenas.

"As pessoas sentem que não vão conseguir fazer jus aos antigos, então para que tentar?", diz Joanna, mordendo um pedaço borrachudo de cordeiro. É por isso que tão poucos atenienses visitam a Acrópole, diz ela. Não é a familiaridade do lugar, mas sim sua grandeza que os detém. *Olhem o que tivemos no passado, o que* fizemos. A Acrópole olha de cima para a Atenas moderna em mais de um sentido.

Mas será que esse fardo da história recai de maneira igual sobre todos os gregos? Uma coisa é ser um taxista ou um físico nuclear grego. Essas profissões não existiam na Grécia Antiga. Mas filósofo com certeza sim. Qual é a sensação de viver e trabalhar debaixo daquela sombra? Tomo um gole de vinho e depois explico a Joanna que estou procurando um filósofo grego.

"Bem, tem Sócrates, claro, ou Aristóteles. Ah, você pode tentar Tales também, mas ele foi pré-socrático."

"Não, estou procurando por um filósofo grego atual. Um *vivo*."

Joanna franze a sobrancelha. Esse não é um pedido típico. A maioria dos visitantes na Grécia prefere seus filósofos mortos. A filosofia é como vinho. Há safras boas e ruins, mas, de modo geral, quanto mais velho, melhor.

"Eu conheci um filósofo... Deixa pra lá."

"O quê? Estou aceitando qualquer coisa."

"Ele morreu. Cometeu suicídio."

Olho para minha comida antiga, pensando silenciosamente por que a filosofia, desde sua origem, andou de mãos dadas com o sofrimento.

"Espera", diz Joanna, empertigando-se de repente. "Eu conheço um filósofo. Vivo. O nome dele é Platão. Mas ele viaja muito. Deixa eu verificar com ele e te dou um retorno."

Primeiro Aristóteles. Agora Platão. Acho que agora a qualquer momento vou encontrar um Sócrates.

A GENIALIDADE É SIMPLES: ATENAS

Mordiscamos nossa comida um pouco mais e depois, de maneira generosa e tipicamente grega, Joanna paga a conta. Ela paga com cartão de crédito, que o garçom felizmente aceita. É a única concessão do restaurante ao século XXI.

Platão pede desculpas. Ele está em uma viagem de negócios e não poderá se encontrar comigo. Por que esses filósofos gregos são tão difíceis de conseguir? Joanna esgotou sua lista de filósofos vivos e tenta outra vez me empurrar um morto, mas eu me oponho. Pergunto em outros lugares, até que me deparo com um filósofo grego vivo de verdade. Seu nome é Nikos Dimou, e ele é uma pequena celebridade na Grécia. Nos anos 1970, ele escreveu um ensaio chamado "Sobre a Infelicidade de Ser Grego". Ele tocou um nervo quando foi publicado pela primeira vez e continua tocando vários nervos gregos conforme a nação vai minando reservatórios cada vez mais profundos de infelicidade.

Nikos mora em um subúrbio distante ao norte de Atenas, então sugere que falemos por telefone. Ligo para ele na hora marcada, agradavelmente surpreso que o telefone de Tony funciona. Nikos é amigável, mas soa um pouco estressado. Ser um filho de Sócrates não é tudo o que parece ser, diz ele. "Todos nós temos muito orgulho de nossos ancestrais e amamos dizer que a filosofia e o drama nasceram aqui, mas nunca lemos realmente nenhum livro filosófico ou peça. É horrível — não só ser incapaz de superar o trabalho de seu antepassado, mas também não ser capaz de entendê-lo."

Nikos, contudo, entende. Como eu disse, ele é filósofo, e dos bons. "Qual é a sensação de ser um filósofo grego no século XXI?", pergunto.

"Fome. A sensação é de muita fome." Ele está brincando. Mais ou menos. Os sofistas da antiga Atenas podem ter ganhado muito dinheiro, mas na Atenas de hoje a filosofia não paga bem, e enquanto isso os fantasmas de Platão e Sócrates assombram os corredores acadêmicos.

Nikos fica ainda mais consciente desse "fardo terrível", como ele colocou, quando participa de seminários fora do país. "Se você diz que é grego, eles dizem 'ah, então você vem da terra que criou a filosofia', então é melhor você ser bom. Se você for bom, ótimo, mas se não for bom, é péssimo", diz ele, filosoficamente.

Os filósofos da antiga Atenas — ao contrário, por exemplo, dos farmacêuticos da antiga Atenas — ainda têm muito a nos ensinar. "Cada grande filósofo é como um monumento à parte, e eles nunca envelhecem", diz ele. "Você pode ler Platão e ele está tão vivo hoje quanto há dois mil anos. Mas na verdade eu não leio Platão. Não gosto dele."

Opa. Será que ouvi bem? Você não gosta de Platão? Você é um filósofo grego e não gosta do próprio rei da filosofia? Isso não é igual a ser um músico erudito e não gostar de Mozart, ou ser nova-iorquino e não gostar de *bagels*?

Nikos ri, com a voz crepitando do outro lado da linha. Está claro que ele não tem medo do fantasma de Platão. "Platão era um bom escritor, mas não um ótimo filósofo. Ele era aristocrata e odiava a democracia. Além disso, ele separava o corpo da alma. Não, não gosto de Platão."

Essa é uma vantagem, uma das poucas, de ser um filósofo grego no século XXI. Você pode dizer coisas como "eu não gosto de Platão" e sair impune. A herança tem seus fardos mas também seus privilégios.

Antes de nos despedirmos, fico curioso sobre uma coisa. A filosofia é uma grande árvore com muitos galhos. No que Nikos se especializou?

"Nos céticos", responde ele. "Minha tese de doutorado foi sobre os céticos."

Lógico, penso eu, desligando o telefone. Lógico.

Na manhã seguinte eu me vejo precisando de inspiração, quando descubro que não muito longe do Tony's Hotel existe um lugar chamado Colina das Musas. Gosto de como isso soa. Que escritor não gostaria? A maioria dos gregos considerava as musas divindades inferiores, mas não os poetas. Para os poetas e outros "tipos criativos", as musas eram definitivamente divindades primordiais. Elas determinavam não só quando se escrevia, mas também *o que* se escrevia. Homero foi o primeiro escritor do mundo e também, como se vê, o primeiro escritor com bloqueio criativo. Ele começa a *Odisseia* agradecendo às musas. Como todos os autores, Homero almejava a legitimidade. Hoje em dia isso é alcançado com a crítica do *New York Times* e com o Goodreads. Na época de Homero, era com as musas. As validadoras originais.

Nós podemos ter superado muitas práticas gregas infelizes, como a escravidão, mas quando se trata do processo criativo, ainda somos muito gregos. Nós ainda convocamos nossas musas. Podemos não acreditar que elas sejam seres de verdade, mas essas forças permanecem tão misteriosas e inconstantes quanto as ninfas que brincavam nas Colina das Musas. É impossível compreender a criatividade grega, dizem meus amigos, sem entender essas divindades. Elas falam uma língua confusa, no entanto. Melhor levar um intérprete.

O meu é Robert Pitt. Robert é epigrafista. Ele lê as inscrições nas paredes. Nas cerâmicas e estátuas também. Foi altamente recomendado, não só por seu domínio da língua antiga, mas também por sua habilidade de dar vida a ela e, de maneira verdadeiramente grega, simplificá-la de tal modo que até um cretino como eu possa entender.

Robert é um homem elegante e esguio que aparenta ser consideravelmente mais velho que seus trinta e poucos anos. Mas nada nele é nem um pouco geriátrico, diga-se. Ele é apenas uma dessas pessoas que já nasceu com meia-idade. Como os antigos, Robert acredita no poder do lugar. É por isso que ele vive em Atenas, não em Oxford ou Boston. Para realmente conhecer os gregos, ele me diz, "você precisa conhecer sua topografia, suas montanhas, sons e cheiros".

Enquanto caminhamos pelo caminho sinuoso que leva ao alto da Colina das Musas, Robert me conta que se apaixonou pelos antigos gregos quando era menino na Inglaterra. "Eu me lembro de ler a *Ilíada* e ficar fascinado com aquilo, com a habilidade e com a história, e com o imediatismo dela. "Uma história de três mil anos com imediatismo? Eu percebo que para os Roberts, Bradys e Alicias do mundo, o passado não é uma terra tão distante assim. Para eles, desconfio, o presente é que é estranho.

Ainda é cedo, mas o sol mediterrâneo já está cruel. Sugiro descansarmos um pouco. Encontramos duas pedras em formato de banco e nos sentamos. "Sócrates pode ter se sentado aqui", diz Robert com naturalidade. É isso que eu amo em Atenas. O passado está sempre esbarrando em você, com possibilidades tão tentadoras quanto "Sócrates pode ter se sentado aqui".

Eu pergunto a Robert sobre o papel da língua no milagre grego.

As palavras importavam aos antigos gregos, ele diz, de maneiras que mal podemos imaginar. Para eles, "falar era o sopro da vida". Eles tinham um nome para aqueles que não falavam grego: *barbaros*. É de onde vem nossa palavra bárbaros.

"Era uma língua extraordinariamente poética, mas ao mesmo tempo incrivelmente precisa e sutil", diz ele. Não satisfeitos meramente com as vozes ativa e passiva, os gregos inventaram uma voz intermediária, algo que nenhuma outra língua tinha.

Sempre dispostos a sintetizar, os atenienses combinaram seu amor pela língua com seu amor pela bebida. O resultado foi um jogo em que os participantes tentavam superar os versos uns dos outros. Robert viu essa prática preservada em cerâmica. "Nós temos muitos vasos dos simpósios onde as pessoas rasuravam os versos e gritavam 'Ai, pensei em um ótimo'."

O amor pela língua era infundido desde cedo. As crianças eram desmamadas à base de Homero, e esperava-se que memorizassem todas as 27 mil linhas. Não dá para enfatizar suficientemente a influência de Homero nos gregos dessa época. Pense em Shakespeare, Freud, Mark Twain e John Grisham juntos, e você tem uma pequena ideia da importância de Homero no imaginário grego.

Mais que o imaginário, na verdade. Em um estudo fascinante, o psicólogo David McClelland encontrou uma ligação direta entre as realizações gregas e a proeminência de "temas de sucesso" na literatura da época. Quanto maior a quantidade de literatura inspiradora, maior eram as realizações do "mundo real". Reciprocamente, quando a frequência de literatura inspiradora diminuiu, as conquistas fizeram o mesmo.

A princípio, isso pode parecer estranho. Ao contrário. Nós acreditamos que o pensamento molda a linguagem, não o inverso. Primeiro pensamos, depois exprimimos. Ou não?

Pense na cor azul. Na nossa língua temos uma palavra para a cor azul. Podemos modificá-la ao descrever uma coisa como azul-claro, azul-escuro, azul-celeste ou azul-bebê. Mas azul é azul. Não em russo. Esse idioma tem duas palavras distintas para azul: *goluboy* para azuis mais claros e *siniy* para azuis escuros.

Algo interessante acontece quando você mostra cartões coloridos para um grupo de russos e norte-americanos. Os russos não só conseguem descrever mais tons de azul, como também conseguem *enxergar* mais tons. Nos anos 1930, os linguistas Benjamin Whorf e Edward Sapir deram prosseguimento a uma teoria inicialmente sugerida por pensadores do século XIX chamada relatividade linguística. A linguagem, de acordo com a teoria, determina não só como descrevemos o mundo à nossa volta, mas também como *percebemos* esse mundo. A linguagem não reflete simplesmente o nosso pensamento, ela também o molda. Os gregos usavam palavras não apenas para registrar a grandeza, mas para fabricá-la também.

Então talvez não seja surpresa que Robert, um amante das línguas, mortas ou não, escolha Tucídides, "o Shakespeare de sua época", como a figura história que mais gostaria de conhecer. "Ele era um gênio", diz Robert com uma certeza tranquila. "Estava literalmente inventando a língua. Era linguista e psicólogo. Ele não só descrevia os acontecimentos, ele via por que eles aconteciam. Foi realmente o primeiro a investigar por que as pessoas fazem as coisas que fazem e quais são os padrões, quais são as relações entre as palavras e os atos. Ele basicamente inventou toda essa área, e fez isso de uma maneira que, até hoje, após ser estudado por 2 mil anos, ainda vemos livros e artigos sendo escritos sobre ele, e aí você pensa: 'Meu Deus, mas é claro. Aqui está mais uma camada de genialidade por baixo de todas essas outras camadas'."

Tucídides, como tantos gênios, foi uma figura trágica. Exilado de Atenas, morreu esquecido, e sua obra-prima, *História da Guerra do Peloponeso*, inacabada. É brilhante assim mesmo, Robert me garante, e recomenda uma tradução.

Chega de ficar sentado. Retomamos nossa caminhada até a Colina das Musas, subindo cada vez mais alto. Quando finalmente alcançamos o topo, Robert diz maliciosamente: "Você queria saber o que fez de Atenas, Atenas. Bem, aí está".

Espalhado abaixo de nós, como um manto azul, está o Mar Egeu, brilhando com a luz forte da tarde. A uns dezoito quilômetros de distância, as águas encontram uma ponta de terra. O porto de Pireu.

Sem esse porto, não haveria a Atenas clássica, diz Robert, e cita Péricles: "Por causa da grandeza de nossa cidade, os frutos de toda a terra fluem até nós". Atenas foi a primeira cidade global do mundo. Os atenienses, grandes construtores de navios e marinheiros, viajavam até o Egito, a Mesopotâmia e além, e traziam de volta todos os produtos imagináveis. Junto desses produtos vinham alguns passageiros clandestinos: ideias. Isso acontece frequentemente. As ideias se inserem nas fibras das mercadorias e ficam ali dormentes até um observador cuidadoso libertá-las. É por isso que regimes autoritários que acreditam ser capazes de abrir suas economias, mas não suas políticas, estão se enganando. Pode demorar um pouco, mas no fim essas ideias subversivas, embutidas em uma lata de sopa de tomate ou em um par de Crocs, acabam escapando.

Os gregos rapidamente "pegaram emprestadas" essas ideias estrangeiras, se você estiver se sentindo generoso, ou as "roubaram", se não estiver. Aqui eu me pego olhando para uma conclusão desconfortável, mas inevitável: os antigos gregos não inventaram quase nada. Eles eram, na verdade, tremendos aproveitadores. Pegaram o alfabeto dos fenícios, a medicina e a escultura dos egípcios, a matemática dos babilônios e a literatura dos sumérios. Eles não sentiam a menor vergonha de sua pilhagem intelectual. Os atenienses, com todos os seus muitos defeitos (vide escravidão e o tratamento das mulheres), não sofriam do complexo do Não Foi Inventado Aqui. Eles reconheciam isso, como disse Goethe: "É uma presunção inconsciente não admitir francamente que se é um plagiador".

Parece um sacrilégio, eu sei. Einstein era um plagiador? Bach? Picasso? Sim, no sentido de eles tomarem emprestado livremente dos outros. Picasso foi largamente influenciado por Velázquez e Van Gogh, assim como pela arte africana. Bach, por Vivaldi e hinos luteranos. É claro, eles pegaram essas ideias emprestadas e imprimiram sua própria marca nelas. Atenas também fez isso. Eles "atenizaram" tudo que roubaram, ou como disse Platão, com bem mais que um toque de arrogância: "Os gregos aperfeiçoam o que tomam dos estrangeiros".

Pense na cerâmica. Os coríntios inventaram essa arte, mas nunca variavam dos frisos com padrões de animais. Era um trabalho competente, sim, mas estático e enfadonho. Os atenienses acrescentaram cores mais ricas e narrativas inteiras: um casal se abraçando, uma criança brincando, homens bebendo e recitando poesia. Do mesmo modo, os egípcios inventaram a estatuária milênios antes. Elas eram representações duras e sem vida, no entanto. Os atenienses as animaram, libertando a forma humana do bloco de pedra.

Essa disposição de pegar emprestado, roubar e embelezar distinguia Atenas de suas vizinhas. Os atenienses eram mais abertos a ideias de fora e, em última análise, mais mente aberta. Nos simpósios, apreciavam a poesia de forasteiros tanto quanto a local. Eles incorporavam muitas palavras estrangeiras a seus vocabulários e começaram até a usar roupas importadas. Atenas era ao mesmo tempo grega *e* estrangeira, da mesma maneira que Nova York é uma cidade norte-americana e não é.

Atenas adotava não só produtos e ideias de fora. Ela também acolhia os próprios estrangeiros. Eles eram livres para perambular pela cidade, mesmo em tempos de guerra, uma política assumidamente arriscada, já que, como o próprio Péricles reconheceu, "os olhos de um inimigo podem ocasionalmente se beneficiar de nossa liberalidade". Os espartanos, em comparação, isolavam-se do mundo lá fora, e nada mata a criatividade mais rápido que um muro.

Esses estrangeiros que viviam em Atenas eram chamados de *metecos* (hoje, nós os chamaríamos de residentes legais), e contribuíam enormemente com a cidade. Alguns dos sofistas mais conhecidos, por exemplo, haviam nascido no exterior. Atenas os recompensava com tudo, desde uma simples coroa de flores até refeições vitalícias pagas com o dinheiro público.

Em nível individual, psicólogos identificaram essa "abertura a experimentar" como a característica mais importante de pessoas excepcionalmente criativas. O mesmo vale para sociedades, como mostra a pesquisa de Dean Simonton. Ele examinou um país que, historicamente, figura entre as sociedades mais fechadas do mundo: o Japão. Observando um longo período de tempo, de 580 até 1939, Simonton comparou o "influxo cultural extra" do país (viagens ao exterior, imigração etc.) com suas realizações nacionais em campos como medicina, filosofia, pintura e literatura. Ele encontrou uma correlação consistente: quanto maior a abertura do Japão, maiores suas realizações, especialmente nas artes. Isso é válido, acredita ele, para todas as culturas; cada salto a frente é precedido por uma exposição a ideias estrangeiras.

Não são as ideias em si, porém, que impulsionam a inovação. É que elas lançam uma luz forte sobre esse mar geralmente invisível chamado cultura. As pessoas percebem a natureza arbitrária de sua própria cultura e abrem suas mentes, de fato, para a possibilidade da possibilidade. Uma vez que você percebe que há outra maneira de fazer X ou de pensar sobre Y, todo tipo de novos canais se abrem para você. "A consciência da variedade cultural ajuda a libertar a mente", diz Simonton.

Os atenienses eram tolerantes não só com estrangeiros estranhos, como também com excêntricos criados ali mesmo, e havia muitos deles. Hipódamo, o pai do planejamento urbano, era conhecido por seus cabelos compridos, joias caras e roupas baratas que ele nunca trocava, fosse inverno ou verão. Os atenienses zombavam de Hipódamo por suas excentricidades, mas mesmo assim lhe encarregaram do trabalho crucial de construir sua cidade portuária, Pireu. Atenas tolerava até figuras como Diógenes, que morava em um barril de vinho e constantemente ridicularizava os famosos e poderosos (após Platão descrever o homem como animal racional, uma espécie de ave sem penas, Diógenes depenou uma galinha e a jogou por cima de um muro, gritando: "Atenção. Aí vem um homem de verdade"). Também havia o filósofo Crátilo, que estava tão determinado a não se contradizer que ficou reduzido a se comunicar apenas através de gestos simples. Atenas acolhia todos eles.

Naquela noite, de volta ao Tony's Hotel, acato o conselho de Robert e me aninho com Tucídides. Não, isso não está certo. A gente não se aninha com Tucídides. A gente batalha com Tucídides, engata os chifres com ele. Não há nada de aconchegante no general. Ele é todo arestas duras e fatos frios. Estou tentando *sacá-lo*, ver o que Robert Pitt vê nele, mas está difícil, e me consolo com as palavras da historiadora Edith Hamilton, que concluiu: "Não existe alegria nas páginas de Tucídides". Amém.

Alegria talvez não, mas vários *insights*. Tucídides foi o primeiro historiador e jornalista do mundo (desculpe, Heródoto). Seu capítulo sobre a grande praga de 430 a.C. capta não só os detalhes médicos, mas também o incrível sofrimento que assolou Atenas. Tucídides descreve como "pessoas perfeitamente saudáveis de repente começaram a sentir uma queimação na cabeça; seus olhos ficaram vermelhos e inflamados [...] em seguida o estômago era afetado com dores e vômitos de todos os tipos de bile que tinham nome na profissão médica". Essa profissão, da maneira que era na época, ficou impotente perante a doença e "igualmente impotentes eram as orações feitas nos templos, consultas a oráculos e assim por diante", acrescentou Tucídides.

Isso é praticamente tudo que Tucídides tem a dizer sobre os deuses. Zeus, Apolo, Atena e todos os outros não aparecem em suas páginas. Isso não é coincidência. Ele não podia dizer que os deuses não existiam — isso seria impiedade e poderia lhe trazer problemas do tamanho dos de Sócrates —, então ele espertamente escolheu simplesmente ignorá-los. Às vezes o que distingue um trabalho genial não é o que está incluído, mas o que foi omitido.

Continuo lendo e descubro que, página após página, Tucídides reconta, em muitos detalhes, várias formas de morte e de sofrimento. Os atenienses antigos tinham profunda consciência de sua mortalidade, e percebo que essa consciência, estranhamente, contribuiu para seus avanços criativos.

Os psicólogos Christopher Long e Dara Greenwood recentemente investigaram a conexão entre a consciência da morte e a criatividade. Eles pediram a um grupo de universitários para escreverem legendas engraçadas para cartuns da *New Yorker*. Alguns desses estudantes, no entanto, primeiro foram "preparados" com mensagens subliminares de morte. Esses estudantes produziram cartuns que foram julgados mais criativos e mais engraçados.

O que poderia explicar essa descoberta? Será que é simplesmente uma questão de rir perante a morte? Ou será que existe algo mais?

Armand D'Angour, um classicista que também estudou psicoterapia, acredita que essa capacidade de processar a tristeza na verdade ajuda a explicar o milagre grego. "A incapacidade de reconhecer e lamentar a perda tende a levar a um desligamento dos impulsos criativos vitais... somente a resolução da perda permite um recomeço e um acesso renovado a fontes de criatividade", diz ele em seu livro *The Greeks and the New*. Essa é uma declaração notável. Ele está sugerindo que o luto, o encontro plenamente consciente com a perda, é vital não só para nossa saúde mental como também para nossas vidas criativas.

Essa dinâmica pode explicar por que um número desproporcionalmente grande de gênios, de qualquer época, perdeu o pai ou a mãe, geralmente o pai, ainda jovem. Um estudo com cerca de setecentas figuras históricas feito pelo psicólogo J.M. Eisenstadt constatou que 35% perdeu um familiar até os quinze anos, e quase metade, 45%, até os vinte anos. A lista inclui Dante, Bach, Darwin, Michelangelo, Dostoiévski, Mark Twain e Virginia Woolf. Esses gênios possuíam não só uma capacidade de se recuperar do sofrimento, mas também de transformar esse sofrimento em canais produtivos e criativos. Winston Churchill, que também perdeu o pai quando jovem, disse: "Árvores solitárias, se conseguirem crescer, crescem fortes; um garoto privado dos cuidados do pai geralmente desenvolve, se escapar dos perigos da juventude, uma independência e força de pensamento que pode compensar no futuro a grande perda do passado".

Esse é um grande *se*, contudo. O psicólogo Robert Sternberg analisou os dados e concluiu: "Os únicos outros grupos que sofreram aproximadamente a mesma proporção de traumas infantis causados pela perda de um pai ou mãe foram os delinquentes e depressivos suicidas. "A questão é por que algumas pessoas que perdem um familiar se tornam gênios, enquanto outras se tornam delinquentes ou suicidas. Talvez, penso eu, dobrando o canto da página de Tucídides e pegando uma taça de uzo, o que marca os gênios não é que eles *tenham* sofrido, mas *como* sofreram. Carl Jung definiu a neurose como "um substituto para o sofrimento legítimo". Os gregos não eram neuróticos. Eles sofriam de maneira legítima e autêntica. Sabiam que, como disse John Adams uns 2 mil anos depois, "a genialidade é filha da tristeza".

Acordo na manhã seguinte com uma ressaca de Tucídides horrível. Os sintomas incluem dor de cabeça, boca seca e vontades frequentes de bater em um espartano. O que Sócrates faria? Ele sem dúvida iria me fazer um monte de perguntas irritantes, mas contundentes, fazendo-me analisar suposições que eu nem sabia que tinha até eu finalmente perceber, em um lampejo de compreensão, que a verdade estava bem na minha frente o tempo todo.

Ok, o que *mais* Sócrates faria? Ele iria dar um passeio. Sim, é isso que ele faria, e é isso que eu vou fazer. Vou andar. Como Sócrates. Ao contrário de Sócrates, meu passeio não será sem rumo; tenho um destino em mente, e apesar de meu preconceito, é um museu. Brady me recomendou esse, na ágora, garantindo que iria me causar uma quantidade mínima de culpa e insinuando que pistas importantes para o Grande Mistério Ateniense seriam encontradas lá.

Eu desço as escadas e vejo Tony gritando com sua TV. Não é a poesia que atiça os gregos modernos, e sim o futebol. Informo meus planos a Tony e ele diz que é a favor das caminhadas, embora, julgando pelo tamanho de sua pança em expansão, essa aprovação não se estenda além da teoria. A barriga de Tony diz mais sobre a diferença entre a antiga Atenas e a atual do que uma biblioteca inteira de livros. Eles passaram de uma cidade de andadores e pensadores para uma de sentadores e preocupadores.

Subo uma rua íngreme perto do hotel até chegar a um caminho de terra que circunda a Colina das Musas. Sim, penso eu, isso é bom. Dá para ver por que os antigos gregos gostavam tanto de andar. Andar aquieta a mente sem silenciá-la por completo. Com o volume mais baixo, podemos nos ouvir novamente.

Passo por algumas pessoas correndo, bufando com o exercício, e um pequeno bando de passeadores de cães. Pouco tempo depois, eu me vejo em outra Atenas, esta aqui sanitarizada para seu conforto. Bondinhos pintados como trenzinhos de brinquedo circulam, com seus ocupantes tirando fotos de relíquias antigas como se estivessem em um safári. Aí vem uma mulher vendendo balões, e sim, um deles é o Mickey. A transformação está completa. A antiga Atenas foi Disneyficada.

Passeio pela via Panteísta, a Broadway de sua época, até passar por baixo de um arco e entrar no pequeno Museu da Ágora. Em uma sala, fico olhando para uma coleção de minúsculas garrafas atrás do vidro do expositor. Que gracinha. O que será que elas são? Aperto os olhos e leio a pequena placa: "Frascos de remédios, esmaltados de preto, talvez usados para armazenar cicuta — utilizada em execuções". Pensando bem, talvez nem tão gracinha assim. Passo para uma coleção de moedas atenienses. Elas são admiráveis, com desenhos detalhados e complicados que põem nossas moedas no chinelo. Mais uma vez, fico impressionado como os antigos infundiam beleza em objetos cotidianos. Nós não. Nós segregamos a forma e a função. Ocasionalmente, aparece alguém e junta as duas coisas, e nós o chamamos de gênio.

Viro uma esquina e lá está, a pista que estava procurando: várias dúzias de cacos de cerâmica avermelhada. Letras brancas estão gravadas em cada um, ainda claramente legíveis após todos esses séculos. Estes não são cacos comuns. São chamados de óstracos, a origem de nossa palavra *ostracismo*. Eles são objetos de votação. As letras brancas são nomes. Este não era um concurso que se queria ganhar, no entanto, como explica a plaqueta: "Cada votante riscava ou pintava em um caco o nome do homem que achasse mais indesejável". O "vencedor" era exilado por dez anos. É muito tempo. Considerando a inflação e a longevidade limitada, era ainda mais tempo naquela época.

A GENIALIDADE É SIMPLES: ATENAS

O que poderia fazer com que um cidadão ateniense fosse expulso por votação? Questionar a existência dos deuses poderia ser uma. Foi isso que aconteceu com Protágoras, o Richard Dawkins de sua época. Vaidade excessiva também. Fídias, um pintor, foi exilado por enfiar um retrato de si mesmo em uma estátua de Atena, o que equivale a uma forma primitiva de *photobomb*. Esses casos são compreensíveis. O que é mais misterioso é por que os atenienses também exilaram alguns de seus cidadãos mais bem-sucedidos, muitas vezes por acusações banais.

Nós podemos ter uma ideia melhor com esse comentário de um cidadão ateniense: "Entre nós ninguém deve ser o melhor; mas se alguém for, então que vá para outro lugar e fique entre outros". Em outras palavras, as pessoas eram expulsas por serem *boas demais*. Para os gregos, o banimento era uma forma de manter a competição justa, uma maneira de proporcionar, como disse Nietzsche, "proteção contra o gênio — um segundo gênio".

Quando eu li isso pela primeira vez fiquei perplexo. Um segundo gênio? O que isso significa? E se existe um segundo gênio, quem (ou o que) é o primeiro gênio? A resposta é a própria Atenas. Por mais competitivos que os atenienses fossem, eles não competiam por glória pessoal, como vimos, mas pela glória de Atenas. Qualquer um que se esquecesse disso corria o risco de ser exilado.

O ostracismo, no entanto, serviu a outro propósito construtivo, apesar de não ser intencional. Alguns desses atenienses banidos fizeram seus melhores trabalhos durante o exílio. Tucídides, por exemplo, escreveu sua obra-prima após ter sido banido, por estragar ostensivamente uma campanha militar. Será que a rejeição impulsiona algumas pessoas à grandeza?

Sharon Kim, professora da faculdade de administração John Hopkins Carey, conduziu uma série de experiências concebidas para estudar a relação entre a rejeição e a criatividade. Os resultados foram surpreendentes. As pessoas que se sentiram rejeitadas tiveram resultados melhores em um teste de pensamento criativo do que as outras. Isso foi especialmente verdade para as pessoas que haviam se descrito como "independentes" em um questionário. Para essas pessoas, diz Kim, a rejeição "confirma o que já sentem sobre si mesmas, que elas não são como as outras", e essa confirmação na verdade as impulsiona a serem mais criativas.

As descobertas levantam algumas questões intrigantes sobre políticas públicas. Hoje em dia, todas as escolas e corporações de qualquer lugar pregam a importância da inclusão. Será que em vez disso elas deveriam fazer uma rejeição seletiva? Como nós identificamos quem poderá se beneficiar com a rejeição e quem será prejudicado por ela?

Os gregos não tinham a vantagem de estudos como esse, mas eles entendiam claramente o poder da rejeição e de sua prima próxima, a inveja. Eles acreditavam que as pessoas são naturalmente invejosas, e que *isso é uma coisa boa*. À primeira vista, isso parece absurdo. A inveja, afinal, é um dos sete pecados capitais — e, como aponta o ensaísta Joseph Epstein, o único sem nenhuma qualidade redentora.

Para as respostas nós devemos, como sempre, recorrer aos deuses. Neste caso, Éris, a deusa da discórdia. Ela tinha dois lados bem diferentes. "Um você acolheria, quando cruzasse com ela; o outro é odiável", escreve o poeta Hesíodo. A Éris boa, disse ele, alçava os homens a grandes alturas, "atiçando-os a trabalhar" e a superar seus compatriotas. Essa inveja boa possibilitava aos gregos transformar a competição de uma força tóxica em uma produtiva. De alguma maneira, eles extraíam o sumo motivacional da inveja (eu quero superar meu vizinho) sem sucumbir a seu lado mais sombrio (eu quero esganar meu vizinho). Como eles alcançavam isso? E se eles conseguiam, por que nós não conseguimos?

Ao caminhar de volta pela Colina das Musas, passando pelos trens de brinquedo e os balões do Mickey, passando as lojas de suvenir vendendo calendários de filósofos (Sócrates é o Sr. Novembro), passando pelos corredores e passeadores de cães, viro e reviro a pergunta em minha mente, girando-a como os espetos de cordeiro que vejo nas carrocinhas de *souvlaki* por toda a parte.

Eu ando e penso, penso e ando, inconscientemente reencenando um ritual tão antigo quanto essa colina. Quando dou por mim, porém, estou entrando no saguão do Tony's Hotel, revigorado por meu passeio, mas sem respostas, apenas com perguntas melhores. *Muito bem*, ouço Sócrates dizer. *Continue perguntando. A estrada da sabedoria é feita com boas perguntas.*

Em meu último dia em Atenas, vou até o Bridge para um último expresso e uma boa sentada. Acomodado em minha mesa favorita, pego meu caderno e desenho uma interrogação.

Por que Atenas? De todos os livros que li sobre esse povo estranho e maravilhoso, uma frase, de Platão, se destaca: "O que é reverenciado em um país será cultivado nele". Fico maravilhado com sua simplicidade, como ela transmite algo ao mesmo tempo óbvio e profundo. Nós temos os gênios que queremos e merecemos.

O que os atenienses reverenciavam? Eles reverenciavam a natureza e o poder da caminhada. Eles não eram gourmands, mas apreciavam um vinho, contanto que fosse diluído o suficiente. Eles levavam a sério suas responsabilidades cívicas, mas não sua higiene pessoal. Amavam as artes, embora não teriam expressado dessa maneira. Viviam simplesmente e simplesmente viviam. Muitas vezes, a beleza aparecia, e quando isso acontecia eles prestavam atenção. Prosperavam com a competição, mas não para a glória pessoal. Eles não recuavam diante de mudanças, nem mesmo da morte. Utilizavam as palavras de maneira precisa e poderosa. Eles viam a luz.

Os gregos viveram em tempos profundamente inseguros, e, em vez de se retirar atrás de muros, como fizeram os espartanos durões, ou debaixo de um manto macio de luxos e comidas sofisticadas, como outras cidades-Estados, os atenienses abraçaram essa incerteza, com espinhos e tudo, permanecendo abertos de todas as maneiras, até quando a prudência pudesse dizer o contrário. Essa abertura foi o que tornou Atenas, Atenas. A abertura a mercadorias estrangeiras, a pessoas diferentes, a ideias estranhas.

Os atenienses acertaram em tanta coisa, mas sua época de ouro foi, como eu disse, surpreendentemente breve. O que deu errado? De certo modo, nada.

Em 1944, um antropólogo chamado Alfred Kroeber publicou um livro pouco conhecido chamado *Configurations of Culture Growth* [*Configurações do Crescimento Cultural*]. Apesar do título horrível, essa obra ambiciosa e fascinante almejava nada menos do que mapear os altos e baixos das realizações humanas. Kroeber acreditava que a cultura, não a genética, explicava aglomerações de gênios tais como Atenas. Ele também teorizou por que essas eras de ouro invariavelmente terminam. Cada cultura, disse ele, é como um chefe de cozinha. Quanto mais ingredientes à sua disposição ("configurações culturais", como ele chamava), maior o número de pratos possíveis que ele pode criar. No fim das contas, porém, até a cozinha mais abastecida se esgota. Foi isso que aconteceu com Atenas. Na época da execução de Sócrates, em 399 a.C., a despensa da cidade estava vazia. Suas "configurações culturais" haviam se exaurido; tudo o que ela podia fazer agora era plagiar a si mesma.

Os atenienses aceleraram seu declínio, no entanto, cometendo vários deslizes, e sucumbindo ao que um historiador chama de "uma vaidade rastejante". Eles praticavam a democracia em casa (para alguns), mas não no exterior. Perto do fim de seu reinado, Péricles reverteu sua política de portas abertas e afastou os estrangeiros. Ele também subestimou a determinação da inimiga de Atenas, Esparta, e, por fim, em um caso clássico de ir longe demais, Atenas (sob um novo líder) cometeu o erro da expedição à Sicília, o Vietnã de Atenas.

A podridão vinha de dentro também. As casas ficaram maiores e mais ostentosas. As ruas ficaram mais largas, a cidade menos íntima. As pessoas desenvolveram gostos sofisticados (se a proliferação de gourmands pressagia o declínio de uma civilização, então a batata da América está assando). A diferença entre ricos e pobres, cidadãos e não cidadãos, ficou maior, enquanto os sofistas que vendiam suas acrobacias verbais ficaram mais influentes. O meio acadêmico passou a ter menos a ver com a busca da verdade e mais com analisá-la. A vida urbana, antes vibrante, degenerou-se em um ambiente de circo, "com malucos profissionais, contorcionistas e anões usurpando os lugares antes ocupados por cidadãos com respeito próprio", explica Lewis Mumford.

Todo lugar de genialidade contém as sementes de sua própria destruição. Os gregos, penso eu, estavam cientes disso. Embora não soubessem exatamente quando seu dia chegaria, com certeza sabiam que, assim como "a felicidade humana nunca fica muito tempo no mesmo lugar", como disse Heródoto, o mesmo acontece com a genialidade humana.

Dito e feito, após a queda de Atenas, a genialidade voou milhares de quilômetros ao leste, onde floresceu uma era de ouro muito diferente, mas não menos brilhante.

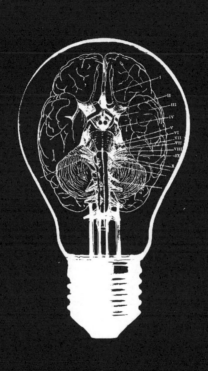

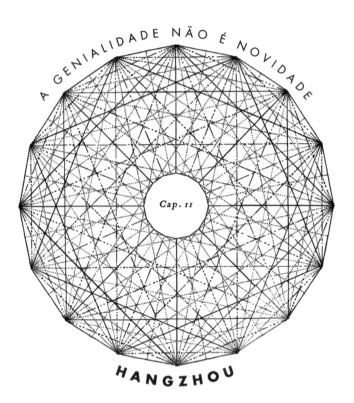

É possível que uma xícara de chá chegue ao nível da genialidade?

Não tenho certeza, mas esse chá específico que estou tomando em um café de Hangzhou, na China, chega bem perto. Ele é servido em um bule de vidro, com botões de crisântemo flutuando na água quente como lírios em um lago de Vermont.

Eu sirvo com cuidado, manuseando o bule com o tipo de vigilância excessiva tipicamente reservada a instrumentos cirúrgicos ou crianças muito pequenas. Lentamente, tomo um gole. Tem sabor de beleza. A genialidade pode aderir a qualquer objeto, não importa quão mundano. A genialidade — este tipo específico de genialidade — é como uma propriedade que flutua livremente, esperando pelo hospedeiro certo, seja ele uma pessoa, um lugar, ou uma xícara especialmente boa de chá.

Uma vez eu conheci um ex-viciado em café que me contou que estava tomando seis, sete xícaras por dia quando alguma coisa nele deu um estalo e ele decidiu parar de vez. Chega de café. Só chá. "O café me fazia pensar mais rápido, mas o chá me fez pensar mais profundamente", disse ele com a convicção dos convertidos. Agora, sentado aqui segurando essa xícara de chá perfeito neste pequeno café perfeito de Hangzhou, percebo que ele pode estar certo e me pergunto se isso pode explicar a diferença entre a genialidade chinesa e a ocidental. Nós no Ocidente queremos a sacudida rápida da cafeína e seus lampejos rápidos de percepção, enquanto no Oriente eles bebem sua cafeína mais lentamente, e assim têm uma visão ampla. Essa, eu logo descobriria, é uma das muitas maneiras como o Oriente e o Ocidente lidam diferentemente com a criatividade.

O café se chama Taigu, que significa "lugar antigo". Não antigo no sentido de decrépito, inferior ao novo, mas antigo como enraizado. Sólido. Minha mesa parece habitar seu próprio universo. Com suas luminárias Tiffany e almofadas macias, ela me faz lembrar daqueles vagões ornamentados de trens do século XIX.

Tudo isso intensifica o prazer que eu sinto com cada gole de meu chá. Ele é, como eu disse, pura genialidade, e é por isso que eu vim a Hangzhou. Pela genialidade. O Ocidente pode ter inventado a palavra, elevando-a a um estado quase religioso, mas nós não temos monopólio sobre o conceito. Há tantos sabores de genialidade quanto há de felicidade ou de sorvete, e eu estou ansioso para provar a variedade chinesa.

Em particular, eu me ative à Dinastia Song, que foi de 969 a 1276 d.C., uma época de grande florescimento. A capital dinástica, Hangzhou, era a cidade mais rica e mais populosa do mundo. Também era a mais inovadora. Quando os europeus estavam ocupados tirando piolhos dos cabelos e se perguntando quando a Idade Média *finalmente* acabaria, os chineses estavam ocupados inventando, descobrindo, escrevendo, pintando e, em geral, melhorando a condição humana.

Essa época de ouro teve características distintamente asiáticas: uma genialidade grupal marcada não por descobertas repentinas, mas por desenvolvimentos gradativos. Uma época inovadora que, de maneira tipicamente chinesa, apoiava-se firmemente sobre a base da tradição. Um florescimento menos cafeinado do que o encontrado no Ocidente, mas não menos notável. O que faltava a Hangzhou em termos da seriedade filosófica de Atenas, ela compensava com arte, poesia e principalmente tecnologia. A velha Hangzhou mudou a forma como navegamos pelo mundo, tanto literal quanto figurativamente.

Se você é como eu, provavelmente sabe que os chineses inventaram a pólvora e os fogos de artifício. Você provavelmente não sabe, porém, da extensão e da profundidade das realizações chinesas. Os chineses inventaram tudo, desde a bússola e a xilografia até relógios mecânicos e papel higiênico (uma invenção genial, aliás). Avanços médicos também foram feitos durante a época de ouro, e como o cientista político Charles Murray destaca: "Se você fosse ficar doente [no século XII] e pudesse escolher entre morar na Europa ou na China, não existe dúvida sobre a decisão correta".

De quase todas as maneiras — saúde, saneamento, educação, alfabetização — a China superava o Ocidente. Os chineses produziam os artigos têxteis e as porcelanas mais finas do mundo e apresentaram ao mundo o primeiro papel-moeda. Eles fizeram avanços pioneiros na tecnologia náutica também. Enquanto os europeus ainda estavam utilizando minúsculas galés impulsionadas no braço, os chineses estavam navegando em navios enormes, seccionados, chegando a ter quatro deques, uma dúzia de velas e até quinhentos homens. Eles também publicaram alguns dos primeiros mapas náuticos e astronômicos do mundo, e foram pioneiros no campo da arqueologia. Enquanto isso, usando avanços em máquinas de carvão e hidráulicas, eles produziram uma quantidade impressionante de mercadorias, de arados a estátuas budistas.

A dinastia Song também foi uma época de grande genialidade filosófica e espiritual. A mistura de pensamentos budistas e confucionistas rendeu uma atmosfera notadamente tolerante. De fato, a tecnologia que abasteceu a era de ouro da China — a impressão xilográfica — foi primeiro aperfeiçoada em monastérios budistas, onde foram publicados alguns dos primeiros livros do mundo. Essa era também produziu uma safra de grandes pensadores, que não sofreu com o tipo de melancolia que tipicamente acompanha a filosofia europeia. "Nada é mais estranho para a criatividade chinesa do que a angústia e a ansiedade metafísicas", diz o historiador Jacques Gernet, que escreveu extensivamente sobre a dinastia Song.

Por fim, o período viu uma explosão na produção artística, rendendo poesia e pintura suficientes para encher muitos museus. As pessoas eram talentosas não só nas belas artes, mas também na arte da conversação, levando Gernet a concluir que elas foram "alguns dos seres humanos mais cultos que a civilização chinesa já produziu". Que *qualquer* civilização já produziu. A dinastia Song foi a Renascença da China, e Hangzhou, sua Florença.

Disso nós sabemos. Além disso, há apenas neblina e perguntas. O que exatamente havia no ar naquela época — e, um enigma ainda maior, para onde foi? Qual é a resposta da Grande Questão de Needham?

Joseph Needham foi um cientista e sinólogo britânico que, no início do século xx, descobriu e registrou o incrível e até então desconhecido florescimento da ciência e tecnologia na China antiga. Sua Grande Questão era: por que a China, na época anos-luz à frente do Ocidente, de repente perdeu a liderança e ficou para trás durante os próximos séculos?

Tomando meu chá genial, reflito sobre esse enigma chinês, mas percebo que não farei grande progresso hoje. Ainda estou grogue do longo voo. Cheguei de madrugada, e para mim nada é mais desorientador do que aterrissar em uma cidade estranha no meio da noite. Eu me juntei a outros viajantes de olhos sonolentos no ponto de táxi do aeroporto novinho de Hangzhou e, no trajeto até a cidade, fui despertado abruptamente pela rodovia ultramoderna, torres de apartamentos e complexos de escritórios, todos de vidro, aço e uma ambição crua à Ayn Rand. Eu ouvia as vozes dos amigos, aqueles que passaram anos estudando a China. *Você não vai encontrar o passado na China*, alertaram eles. *O presidente Mao destruiu tudo. Vai perder seu tempo.* Eu temi que eles pudessem ter razão.

Meu motorista saiu da rodovia e logo nos afunilamos em uma rua estreita e sinuosa; estávamos fazendo uma curva quando os faróis do táxi iluminaram rapidamente um bando de farristas boêmios saindo de um bar, risonhos e sorridentes. Alguma coisa no gestual deles, nas poças da chuva cintilando à luz da lua, soltou as amarras do presente e, por um instante, um lampejo, e fui transportado para Hangzhou por volta do ano de 1230. Essa não foi uma sensação meramente intelectual. Foi mais que isso. Eu pude, por uma fração de segundo, *sentir* aquela época. O passado é assim. Ele está ausente e de repente não está mais ausente. Quando isso acontece, quando o passado chega sem ser convidado, nós o saudamos não com choque, mas com reconhecimento. Sim, é claro, pensamos nós. O presente não substitui o passado; ele o oculta, como uma camada de neve fresca. A neve derrete e nós enxergamos o que sempre esteve ali.

Meu hotel, colado a uma concessionária Ferrari de um lado e uma concessionária Aston Martin do outro, fez um ótimo trabalho em ocultar o passado, recusando terminantemente a reconhecer sua existência. O saguão do hotel Crystal Orange é mobiliado escassamente com poltronas de couro giratórias, luminárias cromadas e gravuras de Andy Warhol. Os funcionários têm uniformes pretos combinando com expressões irônicas e contemporâneas. Meu quarto tem comodidades modernas como persianas automáticas e configurações de iluminação classificadas como NEW YORK e PARIS (eu jamais perceberia a diferença). O único sinal da herança cultural da China é, estranhamente, um peixinho dourado, que avisto dando voltas em cima do frigobar. "Não olhe para mim, cara", diz ele. "Eu também não faço a menor ideia do que estou fazendo aqui."

Na manhã seguinte, volto ao café Taigu, peço um bule de chá genial e avalio onde estive e para onde preciso ir. Atenas e Hangzhou. Esses dois lugares geniais, separados por 1.500 anos e uns 8 mil quilômetros, não têm em comum raízes culturais nem linguísticas, mas quanto mais eu cavo, mais semelhanças eu vejo. As duas cidades foram abençoadas com líderes esclarecidos. Atenas com Péricles e a China com uma sucessão de líderes esclarecidos conhecidos como imperadores-poetas. Admito que essa não é uma combinação que vemos todos os dias. Para deixar claro, esses líderes não eram diletantes. Eles não escreviam poesia como Harry Truman tocava piano ou Bill Clinton o sax. Eles eram realmente talentosos. Imperar era o que eles faziam por fora.

Hangzhou, como Atenas, era uma cidade comercial. Em seus mercados fervilhantes, podia-se comprar de tudo: chifres de rinoceronte da Índia, marfim da África, além de pérolas, cristal, sândalo, cânfora, cravo-da-índia e cardamomo. Hangzhou, como Atenas, ficava em uma encruzilhada de mercadorias e ideias, um destino de visitantes de toda a China e de fora dela.

Uma atração era as "áreas de prazer" da cidade (não, não é isso que você está pensando, embora houvesse muito disso também, na velha Hangzhou). Eram lugares onde você podia aprender a tocar a flauta transversa chinesa, fazer uma aula de teatro ou simplesmente admirar o circo perene que se desdobrava diante de seus olhos: andadores na corda bamba, malabaristas, engolidores de espada, comediantes, lutadores, formigas performáticas. Hangzhou era uma cidade de "constante pandemônio", escreve Gernet, e eu me lembro instantaneamente da ágora movimentada de Atenas. Estou sentindo um padrão aqui. Lugares de genialidade precisam de um nível de incerteza, talvez até de caos.

Atenas e Hangzhou diferiam de maneiras importantes, no entanto. Ao contrário de Atenas, Hangzhou adotava novas tecnologias. Como eu disse, a tecnologia principal foi a impressão por xilogravura. Era a internet da época. Como a internet, ela removeu barreiras de acesso. O que antes era um monopólio controlado por um grupo seleto, os escribas e seus clientes abastados, de repente ficou disponível para quase todo mundo.

Como todas as tecnologias bem-sucedidas, a xilogravura chegou na hora certa e satisfez uma necessidade, mesmo que fosse uma que as pessoas nem soubessem que tinham. Neste caso, a necessidade era de informação. Um grupo cada vez maior de pessoas — membros da florescente classe de comerciantes — procurou se aprimorar lendo os clássicos, Confúcio e Lao-tzu. Eles devoravam essas obras como nós devoramos histórias sobre nossos fundadores. Logo, milhares de títulos, sobre todo tipo de assunto, foram publicados a cada ano. Uma biblioteca apenas, no Palácio Imperial, abrigava cerca de 8 mil pergaminhos.

Nem todos os avanços tecnológicos pegavam, no entanto. Quatrocentos anos antes de Gutenberg, artesãos chineses desenvolveram uma prensa mecânica. Ela afundou sem deixar rastros.

Esse fato desmente um dos maiores mitos sobre a inovação: que não se pode parar o progresso. Na verdade, nós paramos o progresso o tempo todo. Se não fizéssemos isso, seríamos soterrados por uma enxurrada de novas tecnologias — algumas úteis, a maioria não. Se não pudéssemos parar o progresso, com certeza você conheceria o nome Cornelis Drebbel.

Drebbel foi um inventor holandês do século XVII, um homem bonito de voz baixa e caráter gentil. Ele inventou telescópios, microscópios e instrumentos que tocavam sozinhos. Desenvolveu novos métodos de refrigeração e incubação. Suas máquinas de movimento perpétuo encantaram pelo menos dois monarcas europeus. Ele foi, de várias maneiras, o Thomas Edison de sua época.

Em 1620, Drebbel concluiu o que esperava ser sua maior invenção: um submarino totalmente funcional. Ele podia abrigar doze marinheiros, que guiavam a embarcação com remos e podiam ficar debaixo d'água por longos períodos, graças ao oxigênio puro que Drebbel engarrafou e instalou a bordo. O submarino, testado com sucesso no Tâmisa, foi um fracasso. Foi visto como uma curiosidade, não uma inovação útil. A reputação de Drebbel despencou. Falido, ele passou os anos seguintes trabalhando em um pub. Hoje, seu nome mal é mencionado nos livros de história. A inovação que não repercute não é inovação nenhuma. A genialidade, como tantas outras coisas na vida, é uma questão de *timing*.

Toda cidade tem pelo menos uma comporta para o passado. Em Hangzhou, é Xi Hu, ou Lago do Oeste, tão querido hoje quanto foi no século XII. Antes de eu chegar, amigos chineses elogiaram o lago entusiasmadamente, falando dele em tom de reverência, como se fosse uma espécie de celebridade ou divindade. Ao longo dos séculos, cerca de 25 mil poemas foram escritos sobre o lago. Canções de amor, todas elas. Até Richard Nixon, que não era nenhum romântico, ficou encantado. "Lindo lago, cidade desprezível", disse ele ao visitar Hangzhou em 1972, uma observação que, com a China acabando de sair da Revolução Cultural, não estava tão equivocada.

Que conexão, eu me pergunto, tem o lago com a genialidade que foi Hangzhou? A genialidade, como eu disse, é um fenômeno principalmente urbano, mas as pessoas criativas claramente recebem inspiração da natureza. É por isso que grandes cidades nunca se divorciam totalmente do mundo natural. Elas sempre conservam direitos de visitação. O Central Park de Nova York. Os bosques de Viena. Os Jardins Imperiais de Tóquio. Uma cidade completamente separada da natureza é um lugar morto, e não muito criativo.

Um dos primeiros fãs do Lago do Oeste era Marco Polo. O explorador italiano visitou Hangzhou no século XIII e ficou claramente apaixonado — pelo lago e pela cidade. Em seu diário, depois publicado como *As Viagens de Marco Polo*, ele dedica umas vinte páginas às maravilhas de Hangzhou, "sem dúvida a melhor e mais esplêndida do mundo". A população de Hangzhou era de pelo menos 1 milhão (algumas estimativas chegam a 2,5 milhões), tornando-a de longe a maior cidade do mundo, e fazendo a amada Veneza de Marco Polo, com uma população de cinquenta mil, parecer um vilarejo. De fato, Polo teve dificuldade de convencer os europeus céticos que Hangzhou era real, e não o resultado de uma imaginação fértil.

Polo era um observador atento da vida cotidiana, e dedica uma boa quantidade de tinta louvando a boa higiene dos habitantes. "É costume deles [banharem-se] todos os dias, e jamais se sentam para uma refeição sem primeiro se lavarem."

Ok, talvez isso não impressione nos padrões de hoje, mas para Polo, vindo da Europa esfarrapada e doente, esse era o ápice da vida asseada.

Lendo as descrições infalivelmente elogiosas de Polo, no entanto, eu imagino se ele talvez não tenha exagerado no famoso vinho de arroz de Hangzhou. De que outra maneira se explicariam suas visões de peras gigantes, "pesando cinco quilos cada", ou um "peixe cabeludo" de trinta metros de comprimento?

Lembre-se que Polo estava longe de casa, viajando em uma época muito distante, antes do Skype. Ele estava com saudades de casa. Então, na hora que ele deve ter se resignado a esse tipo específico de tristeza, se depara com uma cidade linda em um lago, cortada por canais que as pessoas usavam como ruas. Ele não acreditou no que estava vendo. Lá estava uma cidade igualzinha a Veneza. Ele se sentiu em casa.

Muitas coisas em Hangzhou fascinaram Polo, mas nada prendeu sua atenção como as mulheres. "Muito delicadas e angelicais", escreve ele, notando que elas possuíam partes iguais de beleza e astúcia. "Essas moças são altamente proficientes e talentosas no uso de agrados e carícias, com palavras adequadas e adaptadas a todo tipo de pessoa, para que os estrangeiros que as apreciarem uma vez fiquem tão fora de si, cativados por sua doçura e charme, que nunca poderão esquecê-las."

Leio isso e fico com a nítida impressão de que Polo está falando por experiência própria. Será que ele conhecia os pecadilhos sexuais da época? Será que sabia que a masturbação masculina era desencorajada, mas que a feminina era fortemente incentivada, ou que, como o historiador (e biógrafo de Polo) Laurence Bergreen nos conta, "brinquedos sexuais criados para auxiliarem as mulheres a atingir o orgasmo eram comuns [em Hangzhou] e amplamente discutidos e descritos em manuais sexuais populares"?

Nenhum manual foi mais popular do que o clássico *A Biografia do Imperador Wu, da Dinastia Han*. Ele já tinha mil anos quando Polo chegou à China, mas — como *Os Prazeres do Sexo* — nunca saiu de moda. O livro contém descrições explícitas de posições sexuais como o Dragão Giratório, a Fênix Esvoaçante e a intrigante e possivelmente dolorosa Escamas de Peixe Sobrepostas. Deixarei os detalhes à sua imaginação; basta dizer que o espírito criativo de Hangzhou obviamente chegava até o quarto.

Polo é menos elogioso aos homens de Hangzhou, que ele considera quase como eunucos e "por serem tão mimados e bem-tratados por seus reis [...] não têm a menor habilidade no manuseio de armas e não possuem nenhuma em suas casas". Ora, Marco, armas não eram necessárias. Hangzhou, como Atenas sob o comando de Péricles, estava basicamente em paz durante seu período de ouro.

Nas duas cidades, porém, a paz tinha um preço — sangue, no caso de Atenas, e tesouro no caso de Hangzhou. Os imperadores chineses sabiam que não conseguiriam afastar seus poderosos inimigos militarmente, então os subornavam com contribuições. A paz era cara e, portanto, valorizada.

Tempos de paz não devem ser confundidos com tempos enfadonhos. A velha Hangzhou não tinha nada de chata. Lugares de genialidade nunca são, como ressaltou Graham Greene em seu comentário mordaz sobre a Suíça: "Eles tinham o amor fraternal, quinhentos anos de democracia e paz, e o que produziram? O relógio cuco!". Na verdade, nem mesmo isso. O relógio cuco é uma invenção alemã.

Em sua pesquisa de épocas de ouro, Dean Simonton constatou que lugares com intrigas políticas, tumultos e incerteza floresciam criativamente. "É como se os conflitos que assolam o mundo político encorajassem as mentes jovens em desenvolvimento a considerarem visões de mundo mais radicais", diz ele. Aquela velha expressão chinesa, "que você viva em tempos interessantes", aplica-se ao mundo criativo tão bem quanto ao político.

Acordo com o céu escuro e uma garoa constante. Tomo um banho, dou um sorriso para o peixinho dourado e sigo até o lobby, onde encontro Dana. Como muitas chinesas, ela adotou um nome ocidentalizado, aparentemente para o benefício de nós, estrangeiros, mas eu acho que os chineses fazem isso para eles mesmos, para que não precisem nos ouvir destroçar seus nomes.

Encontro Dana sentada em uma poltrona giratória debaixo de uma lata de sopa de tomate de Andy Warhol, parecendo tensa e deslocada com seus óculos grossos e um sensato cabelo chanel. Conheço Dana de viagens anteriores à China e espero que ela possa mais uma vez me ajudar a preencher a grande lacuna linguística, e talvez a temporal também.

Caminhamos, e uma cortina de silêncio rapidamente cai sobre nós. Dana, ao contrário de meus amigos norte-americanos tagarelas, só fala quando tem algo a dizer. Eu preencho o silêncio com conversa fiada sobre o tempo.

Que porcaria de dia, eu digo.

Não, diz Dana. A chuva não é ruim. Na China, um dia bom é um dia chuvoso. Chuva significa vida.

Bem, então, penso eu, ao atravessarmos poças que vão até os tornozelos, este deve ser um dia realmente bom.

Já estou em Hangzhou há mais de 24 horas e ainda não vi o lago, informa-me Dana, como se isso fosse um crime. Ela insiste que nós vamos para lá agora, atiçando-me com a possibilidade de encontrarmos um dos gênios de Hangzhou lá, um poeta-governador chamado Su Tungpo.

O lago não decepciona. Cercado em três lados por montanhas verdes exuberantes e salpicado com inúmeros pagodes e templos, ele emana uma beleza tranquila. Após alguns minutos, chegamos a uma estátua. Banhada a ouro e perfeita em todos os aspectos, ela se eleva sobre nós. É Su Tungpo, governador de Hangzhou, poeta, pintor, escritor de viagens e engenheiro. Todo mundo em Hangzhou hoje em dia o conhece e o ama. Todos sabem recitar seus poemas, reconhecem seus quadros num piscar de olhos. Existe até um prato em homenagem a ele, uma saborosa iguaria de porco coberta de molho, uma ironia deliciosa, considerando-se que Su era vegetariano.

"Muitas pessoas são escravas da vida, eu acho", diz Dana enquanto admiramos a estátua. "Mas Su entendia a vida e sabia aproveitá-la."

Nós cruzamos uma pequena ponte — uma daquelas pontezinhas chinesas pitorescas que já havia visto em quadros e filmes de Jackie Chan, mas não sabia que ainda existiam — e entramos em um pequeno museu dedicado ao homem. Lá dentro, alguns poemas de Su ficam expostos, com sua caligrafia característica espalhada em dúzias de pergaminhos brancos, surpreendentemente bem preservados. Às vezes ele dispensava o papel e escrevia seus poemas em árvores, pedras ou paredes. Assim era a natureza de sua arte, e de sua época, muito espontânea, quase descuidada.

Se a impressão xilográfica foi a internet de sua época, a poesia foi o Twitter. As pessoas se comunicavam em missivas curtas que condensavam muito significado em apenas alguns caracteres. Ao contrário de eras anteriores, quando a poesia se limitava a assuntos divinos, a poesia da era Song, como as mídias sociais de hoje, abordava todos os tópicos existentes, desde minas de ferro até piolhos do corpo. Em Hangzhou, como em Atenas, as artes não se separavam da vida cotidiana.

É difícil superestimar o papel que a poesia em particular desempenhava na época. As pessoas podiam comprar vinho e chá com cópias dos poemas mais celebrados do momento. Competições regulares eram realizadas. Até crianças se envolviam, como a prodígio de sete anos que foi convidada à corte real para compor este poema sobre a partida de seus irmãos:

No pavilhão da separação, de repente foram sopradas as folhagens.
Na estrada da despedida, de súbito abriram-se as nuvens.
Ah! Que pena não serem os homens como gansos selvagens
Que saem em seu caminho juntos.

Nada mal para sete anos. Ou para 47 anos, pensando bem. Como eu disse, todo mundo escrevia poemas, mas ninguém escrevia de maneira mais sublime do que Su. Um poema específico, "Viajando à Noite e Olhando as Estrelas", chama a minha atenção:

Veja as coisas de perto e talvez aprenda sua forma verdadeira,
mas julgadas à distância elas parecem de outra maneira.
Grandeza como essa está além da compreensão —
tudo o que posso fazer é suspirar com infinita admiração.

Este é um tema recorrente em sua obra, essa sensação de admiração que Su, assim como os gregos, acreditava estar no cerne de toda a pesquisa científica, da vida em si. Uma sensação profunda e permanente de admiração é um aspecto indispensável da genialidade. Muitos dos maiores físicos — Max Planck, Werner Heisenberg, Hans Bethe — dizem que encontraram inspiração não no laboratório, mas olhando para os enormes Alpes ou, como Su, um céu estrelado. Todos eles possuíam o que Max Weber chamou de "capacidade de se admirar". Todos os gênios, não importa de que área, têm essa capacidade e sabem que, como observou o filósofo britânico Alan Watts, uma sensação de admiração "diferencia os homens de outros animais, e pessoas inteligentes e sensíveis de idiotas".

Su também era pintor, como eu disse, e algumas de suas obras evocativas e impressionistas são exibidas aqui. Seu método era heterodoxo. Com alguns rápidos e animados esguichos de tinta, ele terminava um quadro em minutos. "Às vezes ele se sai bem, às vezes fracassa", explica seu biógrafo, "e se fracassa, ele amassa o papel, faz uma bolinha, joga no lixo e começa tudo de novo."

Quando historiadores de arte usam tecnologia de fluorescência ultravioleta para examinar obras de qualquer época, eles geralmente encontram camadas de tentativas anteriores ocultas na tela. Os gênios possuem uma determinação ferrenha, uma disposição para começar e recomeçar novamente que, embora não se encaixe em nossa ideia romântica de criação sem esforço, ainda assim é crucial. O que distingue o gênio dos outros não é necessariamente quantas vezes ele tem sucesso, mas quantas vezes recomeça.

O psicólogo da música Gary McPherson conduziu um estudo revelador, no qual perguntou a crianças quanto tempo elas pretendiam tocar seus instrumentos. Depois ele apurou quanto elas praticavam e avaliou se tocavam bem. Ele constatou que o maior fator determinante no desempenho delas não era quanto tempo praticavam nem qualquer habilidade nata, mas simplesmente o grau de compromisso em longo prazo. Quem estava pensando em longo prazo tocou melhor do que quem não estava, *mesmo que os de curto prazo praticassem mais que os outros*. Quando os comprometidos em longo prazo praticaram bastante, melhoraram *400%* a mais que os de curto prazo.

Fico impressionado com o comprometimento de Su e com a quantidade de pinturas dele. Deve haver várias dúzias expostas aqui. "Isso não é nada", diz Dana, e ela tem razão. Cerca de 2.400 poemas dele foram preservados, bem como inúmeras pinturas. Nisso ele tem algo em comum com os gregos e, de fato, com a maioria dos gênios ao longo dos tempos: eles eram extremamente prolíficos. Bach compunha em média vinte páginas por dia. Picasso produziu mais de 20 mil obras durante sua carreira, Freud umas 330 publicações. (Van Gogh abrigava em um único homem as duas características comuns a muitos gênios, diligência e insanidade. Ele continuou a trabalhar até o dia em que se matou.)

Além de ser poeta e pintor, Su foi um governador adorado e um engenheiro talentoso. Seu projeto mais famoso é uma calçada que atravessa o Lago do Oeste e existe até hoje. Su foi um homem renascentista trezentos anos antes da Renascença.

Quando Dana e eu saímos do museu, com o céu claro, eu me pergunto por que não há mais pessoas assim hoje em dia. Por que devemos separar nossas ambições? Respondo a minha própria pergunta ao imaginar o que aconteceria se um polímata como Su chegasse ao campus de uma universidade atual.

Está interessado em literatura, sr. Su? Então por favor dirija-se à Faculdade de Ciências Humanas. Ah, é pintor? Por favor, vá ao Departamento de Belas Artes. Como? É engenharia que desperta seu interesse? Temos uma ótima escola para isso também.

Mas eu quero fazer tudo.

Lamento, sr. Su. Não podemos ajudá-lo nisso. Por favor, volte quando tiver decidido seus objetivos de carreira. Enquanto isso, se quiser, posso orientá-lo aos Serviços de Saúde Mental.

Nós não questionamos com frequência o sentido das especializações. "É claro que havia menos especialização naquela época", disse um amigo durante um jantar. "O mundo era menos complicado." Sim, era. Mas eu argumentaria que o mundo era menos complicado *porque* havia menos especialização. O especialista é estimulado, recompensado, a dividir o ramo de sua escolha em pedacinhos cada vez menores, e a erguer muros altos em torno deles. É natural que isso resulte em uma visão estreita.

Nós lamentamos a morte do homem renascentista, sem perceber o fato gritantemente óbvio de que o matamos e continuamos a matá-lo todos os dias nas universidades e nos escritórios corporativos por toda a parte.

Escrever um livro é um ato criativo. Ler um livro também. Mas as duas atividades nem se comparam à criatividade necessária para conseguir um manuscrito raro da China antiga. Sou forçado a utilizar minha capacidade máxima de me humilhar para poder pôr as mãos em um livro, uma importante peça do quebra-cabeças chinês.

Ele foi escrito por Shen Kuo, um gênio do século XI que fez contribuições importantes a muitas áreas, mas que talvez seja mais conhecido por seu trabalho com a bússola magnética. Shen foi o Leonardo da Vinci chinês e, como Leonardo, anotou seus diversos e brilhantes pensamentos em cadernos. Os cadernos de Shen ficaram perdidos durante séculos, foram finalmente recuperados e só recentemente traduzidos para inglês.

Encontrar uma cópia, no entanto, não foi fácil. A princípio, isso me irrita. Vivemos em um mundo onde qualquer coisa — certamente qualquer livro — está apenas a um clique de distância. Depois eu respiro fundo e consigo um pouco de perspectiva. Não é assim que as coisas aconteciam na maior parte da história humana. Livros eram bens valiosos

— tesouros, metaforicamente *e* literalmente. Era preciso suar para pôr as mãos em um deles, portanto, o momento em que seus dedos acariciavam as páginas pela primeira vez era muito mais encantador.

O livro de Shen Kuo se chama *Conversas de Arbustos no Riacho dos Sonhos*, e estou decidido a encontrar uma cópia, impulsionado pelo título intrigante e um enorme desejo de conhecer esse Leonardo chinês. Imploro a amigos, a amigos de amigos e a estranhos completos. Meus esforços compensam, e um bibliotecário chamado Norman (pelo menos esse é seu nome ocidental) entrega a mercadoria em meu hotel, com todo o esquema furtivo de uma compra de drogas ou uma transação da CIA.

Os dois volumes pesam em meus braços. Olho para eles com deleite e descrença, em silêncio, como se fossem visitantes de outro mundo. Estou ansioso para mergulhar fundo, mas este não é o tipo de texto que se devora em um estado pré-cafeinado, e por mais que eu tenha passado a gostar do chá genial de Hangzhou, às vezes só o café resolve.

Vou até uma cafeteria próxima que chamou minha atenção. Chamada Hanyan, ela fica no meio de um punhado de galerias de arte e lojas de antiguidades. Perfeito.

Eu me sento, peço meu café e me surpreendo ao encontrar Uma Thurman me encarando. Ela está fumando um cigarro, esparramada em um sofá de couro, parecendo tão *cool* em *Pulp Fiction*. Depois, no banheiro, eu pego Robert De Niro, o De Niro de *Taxi Driver*, olhando para mim. Guitarras elétricas e instrumentos tradicionais de Yunnan — parecidos com guitarras — estão pendurados nas paredes, ao lado de bonecos de madeira e discos de vinil. Felizmente, o visual entulhado é compensado por sons agradáveis — jazz suave, o leve ruído de uma máquina de expresso, uma gostosa risada dos chineses incompreensíveis — criando um efeito final surpreendentemente tranquilo.

Então é aqui, nesta serenidade inesperada, que abro *Conversas de Arbustos no Riacho dos Sonhos* (vol. 1) pela primeira vez. Hesito, parando para pensar no pequeno milagre que o livro representa. Durante duzentos anos após a morte de Shen, a única cópia apodrecia em algum lugar. Em 1305, algumas cópias foram feitas e caíram nas mãos de colecionadores particulares. Em seguida a trilha desaparece — por mais de seiscentos anos — até os anos 1940, quando um renomado colecionador de livros, Chen Chengzhong, levou em mãos uma cópia, muito provavelmente a única sobrevivente, até Hong Kong. Lá, um bibliófilo chamado Hu Daojing passou a carreira inteira compilando e revisando o livro, traduzindo-o em chinês moderno e, por fim, na edição em inglês que estou segurando agora.

Abro o livro, avaliando seu peso em minhas mãos, sentindo a curva de sua lombada protuberante, o acabamento suave das páginas. Abro uma ilustração de Shen. Ele está usando as roupas de seda tradicionais da época e um chapéu preto anguloso. Ostenta a indispensável barba entalhada e o bigode caído de Fu Manchu, olhando para o horizonte, como se algo incrivelmente interessante tivesse chamado sua atenção. Um leve sorriso cruza seus lábios. Ele parece bastante simpático, mas não dá para dizer que o compreendo de verdade. Para isso, terei de cavar mais fundo.

Não sei se eles tinham cartões de visita naquela época, mas se tivessem, o de Shen devia ser enorme. Ele era matemático, astrônomo, meteorologista, geólogo, zoólogo, botânico, farmacologista, agrônomo, arqueólogo, etnógrafo, cartógrafo, enciclopedista, diplomata, engenheiro hidráulico, inventor, chanceler de universidade e ministro de finanças. E esses eram apenas seus trabalhos diurnos! Em suas horas vagas, ele escrevia poesia e compunha música. Foi o primeiro a identificar as origens marinhas de certas rochas e fósseis. Ele produziu o primeiro mapa topográfico do mundo. Foi o primeiro a observar o processo de sedimentação. Teorizou (corretamente) que os climas mudavam gradualmente ao longo do tempo. Talvez sua maior contribuição tenha sido sua observação de que uma agulha magnética irá apontar na direção dos polos, embora não diretamente. Ela está sempre deslocada alguns graus, com esse desvio aumentando conforme você se aproxima do polo norte ou sul. Chamada de declinação magnética, é uma descoberta que Cristóvão Colombo só faria quatrocentos anos depois, e que até hoje é crucial para uma navegação bem-sucedida. Não é à toa que Joseph Needham chamou Shen Kuo de "talvez o personagem mais interessante de toda a história científica chinesa".

Durante boa parte da história, Shen era conhecido (se é que era conhecido) como poeta. Somente mais tarde, graças a Needham, ele foi reconhecido por suas descobertas científicas. Isso não é incomum. A reputação dos gênios tem altos e baixos, subindo e descendo de posicionamento relativo, mas também no campo em que os exaltamos. Goethe tinha mais orgulho de seu trabalho científico, mas hoje é bem mais lembrado como uma figura literária. Sir Arthur Conan Doyle se considerava um escritor sério de ficção histórica, mas é lembrado por sua série com Sherlock Holmes.

Quando jovem, a grande chance de Shen surgiu quando ele gabaritou o exame mais difícil da época. Chamado *jinshii*, o teste exigia o domínio de uma dúzia de clássicos de Confúcio. Esses exames, hoje temidos por estudantes chineses, na realidade representaram um grande avanço na época e ajudam a explicar o período de ouro. O objetivo era substituir um sistema nepotista por uma meritocracia e, pelo menos por um tempo, deu certo. Já não dava mais para progredir só porque você tinha um pai ou um tio poderoso. Era preciso conquistar sua posição no governo.

A concorrência era enorme. Um grupo seleto com os melhores candidatos fazia o exame final no Palácio Imperial. Precauções elaboradas eram tomadas para evitar colas. Cada candidato era minuciosamente revistado antes de fazer a prova, seus papéis recebiam números em vez de nomes, e seus exames eram copiados para impedir que os juízes reconhecessem a caligrafia.

A vida acadêmica de Shen podia ser brilhante, mas a pessoal era uma bagunça. Ele estava em um casamento infeliz. Dizem que a esposa batia nele. Como muitos gênios criativos, ele direcionou seu descontentamento para o trabalho. O ano de 1075 foi o mais sofrido para ele pessoalmente, mas o mais produtivo profissionalmente, seu *annus mirabilis*, ou "ano milagroso". Foi nesse ano que ele fez a descoberta sobre as propriedades da agulha magnetizada.

Leio mais sobre Shen Kuo e sorrio à medida que os séculos e os quilômetros, mais uma vez, diminuem. Como Tucídides, Shen foi exilado, despachado para um posto longínquo do império após ter interpretado mal as direções políticas, e acusações forjadas foram feitas contra ele. Como aprendi em Atenas, a rejeição pode estimular o gênio criativo, pelo menos nos pensadores mais independentes entre nós.

Foi exatamente isso que aconteceu com Shen. Humilhado e esquecido, ele se estabeleceu em sua fazenda na vila de Runzhou. Ele chamou o lugar de Riacho dos Sonhos porque lhe fazia lembrar da paisagem idílica que aparecera para ele nos sonhos da infância. Lá, resignado a sua solidão, ele escreveu sua obra-prima, *Conversas de Arbustos*.

Viro a página e imediatamente descubro que este é um livro sem narrativa, sem enredo, sem tema principal. Nesse aspecto, ele me lembra o famoso caderno de Leonardo da Vinci, o *Codex Leicester*, que atualmente descansa confortavelmente no escritório de Bill Gates (ele pagou 30,8 milhões de dólares pelo manuscrito em 1994). Como o *Codex*, o livro de Shen é uma coletânea de pensamentos aleatórios, observações, divagações e digressões, uma janela para o funcionamento de uma mente inquieta e brilhante.

O livro é dividido em 609 itens numerados, que variam em comprimento, de uma única frase a uma página inteira. Os títulos indicam a extensão dos interesses de Shen. Um deles se chama "Palavras Usadas na Divinação de Casco de Tartaruga". Outro: "Um Rico Idiota". E há o intrigante "Autópsia via Luz Vermelha".

Shen nem sempre é simpático nessas páginas. Ele podia ser detalhista — vide a enjoada seção chamada "Erros Encontrados em Livros" — mas muitas vezes era generoso e certeiro, como em "Curtindo as Coisas que Fazemos para os Outros" e "A Mesma Gentileza Retribuída com Resultados Diferentes". Também há muito senso comum nas páginas, como "conhecimento médico não pode ser adquirido apenas em livros", além da observação de que "neste mundo, as coisas muitas vezes não saem como esperamos". Você não faz ideia, Shen.

Shen possuía muitos talentos, mas em última análise, acho que a genialidade dele consistia na observação. Não um tipo qualquer de observação, que fique claro, mas o tipo que leva a uma compreensão instantânea — o que o autor Robert Grudin chama de "a beleza de enxergar repentinamente". O tipo de observação dele era o que Charles Darwin tinha em mente quando alertou: "É uma falha fatal raciocinar enquanto se observa". Darwin defendia a observação livre de suposições e expectativas. *Veja o que está à sua frente, a coisa em si. Analise depois.*

Cada grande descoberta, cada invenção revolucionária, cada teorema ousado começou com o simples ato de observar. O gênio olha para o que todo mundo está vendo e enxerga algo diferente. O mundo vê mais uma dona de casa vienense sofrendo de histeria; Freud vê indícios de algo mais profundo. O mundo vê duas espécies não relacionadas de passarinhos; Darwin vê uma conexão, e uma possível explicação sobre como os humanos progrediram. As grandes teorias — do inconsciente e da evolução, respectivamente — viriam depois, mas suas sementes já haviam sido plantadas através da simples observação.

Só que, claro, não é tão simples assim. Nós nos acostumamos ao nosso ambiente, de modo que não o enxergamos mais. As pessoas criativas são capazes de evitar essa dormência da percepção e "estranhar o que é familiar".

Consideremos o caso de William Harvey. Harvey foi um médico na Inglaterra do início do século XVII. Na época, as pessoas pensavam que o sangue fluía do coração para o corpo da mesma maneira que as marés sobem e descem. Harvey acreditava nisso também, até que um dia ele observou o coração de um peixe, ainda batendo após ter sido exposto. O coração batendo fez Harvey se lembrar de uma bomba que havia visto uma vez, e ele postulou, corretamente, que nossos corações também agem como bombas. Ele foi capaz de fazer isso porque havia "estranhado o familiar", escreve o inventor e psicólogo William Gordon, no *Journal of Creative Behavior*. De acordo com ele, é uma habilidade que todas as pessoas criativas têm.

Para uma pessoa que realizou tanta coisa, Shen não é muito respeitado, nem mesmo em sua terra natal. Quando comento sobre meu interesse nele, as pessoas ou me olham sem expressão ou se perguntam por que eu perderia tempo perseguindo esse relativo desconhecido. Não sei por que ele não é mais conhecido. Talvez porque Shen fosse essencialmente um cientista durante um período mais conhecido por sua pintura e poesia. Talvez porque ele não soubesse se promover.

Shen, no entanto, não ligaria para sua falta de notoriedade. Um homem modesto, ele viveu em uma época em que essa virtude era venerada. Essa profunda e duradoura humildade está no cerne da genialidade chinesa, em sua forma ideal, e explica por que alguns dos clássicos chineses mais importantes permanecem anônimos, assim como os maiores inventores. Nós podemos não saber seus nomes, mas como diz o sinólogo F.W. Mote, eles perduram "em pontes e torres, muralhas e túmulos, canais com suas comportas e represas, cascos de navios afundados, nos inúmeros artefatos da vida comum".

Meu peixinho dourado está me olhando estranho. Quer dizer, se é que é o meu peixinho dourado, não tenho tanta certeza. Ele parece ter engordado um pouco e tem uma marquinha em cima de um olho que não havia reparado antes. Será que a arrumadeira troca o peixe do mesmo modo que troca os lençóis? Receio que possa estar perdendo a noção da realidade, que já não é muita. Viajar pode esclarecer, mas também desorientar. Perturbar. Felizmente, o Crystal Orange fornece não só um peixinho dourado para me agradar, mas também catorze canais de televisão. Ah, sim, penso eu, o narcótico universal, pegando o controle remoto. Esta televisão específica, porém, não é minha droga preferida. Todos os canais, sem exceção, sintonizam a CCTV, a emissora estatal.

É isso ou olhar para um peixinho dourado com problema de atitude. Sintonizo o meio de uma discussão acalorada sobre a Grande Pergunta de Needham, ou "falta de inovação". Essa é a fonte de muitas lamentações. Tudo é feito na China, mas nada é inventado aqui.

"Por que isso acontece?", pergunta a apresentadora, em inglês britânico perfeito. "A China tem os talentos, tem os recursos." Ela franze a testa. "Do que mais ela precisa?"

Há um longo silêncio no painel de convidados. *Digam alguma coisa*, eu grito para a TV, sem dúvida assustando Gary, o peixinho dourado (decidi dar um nome a ele, esperando que isso o acalme). Finalmente, um dos membros do painel se manifesta: "Mais tempo". Os outros convidados pigarreiam concordando. Sim, a China precisa de mais tempo. Além disso, eles dizem, o governo precisa se envolver. Ele precisa "construir" a inovação da maneira que construiu pontes, represas e redes ferroviárias de alta velocidade. Mais pigarros do painel, enquanto todos desviam do fato óbvio que está na cara deles, como um trem-bala se aproximando: ordenar a inovação é uma contradição, talvez não tão absurda quanto "agendar a espontaneidade", mas perigosamente próxima.

Desligo a TV. O programa foi bem insatisfatório. Ele rodeou a pergunta urgente que não foi feita: o que aconteceu com toda aquela ingenuidade da era Song? E, mais claramente, será que a atual cultura chinesa sufoca a criatividade?

Alguns indícios certamente sugerem que sim. Em testes criados para avaliar o pensamento criativo, os participantes chineses se saíram pior que os ocidentais. Pressionados a explicarem suas descobertas, os psicólogos geralmente apontam para o confucionismo, que exige lealdade à tradição e à autoridade, como culpado. Os chineses, afinal, têm uma expressão: "O primeiro pássaro a voar é o que leva o tiro". É semelhante ao ditado japonês "o prego que se destaca é o que leva a martelada".

Como alguém pode ser criativo em um ambiente desses? Um gênio não é, por definição, o prego protuberante, o pássaro voando? Alguns cientistas sociais corajosos abordaram a questão da cultura e da criatividade de frente. É um campo minado desde o início.

Para começar, não existe só uma definição de criatividade, sequer um acordo se a criatividade é boa ou não. Algumas culturas não dão nenhum valor especial à originalidade. Entre os Katanga Chokwe da África, "os artistas trabalham incessantemente em uma tarefa repetitiva, como confeccionar máscaras Mwana Pwó, e nunca se cansam disso", escreve Arnold Ludwig no *American Journal of Psychotherapy*. Da mesma forma, os samoanos toleram atividades repetitivas sem ficarem entediados.

Em algumas culturas, a criatividade é vista como algo semelhante a uma doença, uma compulsão perigosa que deve ser contida a qualquer preço. Os fazedores de máscaras Golan, do oeste da Libéria, supostamente possuem habilidades sobrenaturais, mas de acordo com Ludwig são vistos como "irresponsáveis, vaidosos, inconstantes e desonestos". Os pais liberianos não encorajam seus filhos a entrarem nesse ramo, por medo da vergonha que isso irá causar à família. Alguns tentam tirar essas inclinações artísticas de seus filhos à força, mas muitos entalhadores persistem, impulsionados por um desejo que não conseguem identificar, muito menos controlar. "Eles entalham porque precisam", conclui Ludwig.

A GENIALIDADE NÃO É NOVIDADE: HANGZHOU

Nós no Ocidente consideramos a criatividade — e certamente o gênio criativo — competência de um grupo seleto. Mas isso não vale para todas as culturas. A antropóloga Marjorie Shostak entrevistou membros da tribo !Kung San, no Deserto do Kalahari, situado na África Austral, conhecidos por suas tramas com miçangas, histórias e músicas. Quando perguntaram a eles quem eram os membros mais criativos de sua tribo, eles invariavelmente responderam: "Todos". Em sociedade primitivas, a maioria das pessoas participa de atividades criativas. Nas mais "avançadas", a criatividade se torna algo especial e assim uma opção para cada vez menos gente.

As culturas asiáticas, principalmente as confucionistas, como a China e a Coreia, abordam a criatividade de maneira bem diferente do Ocidente. Os ocidentais tendem a se preocupar unicamente com o resultado da criatividade. O produto, por assim dizer. Os asiáticos se preocupam tanto com o processo, a jornada, quanto com o destino.

Além disso, as culturas ocidentais igualam criatividade e novidade; para que nós consideremos alguma coisa, *qualquer coisa*, criativa, ela deve representar uma ruptura radical da tradição. Não em países confucionistas como a China. Os chineses estão menos interessados na novidade de uma invenção ou ideia, e mais em sua utilidade. A questão não é se a invenção é nova e surpreendente, e sim se é útil. Na China, a criatividade não representa uma quebra de tradição, e sim uma continuação circular dela.

Por que abordagens tão diferentes? Nossos conceitos de criatividade e genialidade estão profundamente enraizados em nossos mitos sobre a criação. Esses mitos são extremamente poderosos. Mesmo que você não seja nem um pouco religioso, é bem capaz que os tenha internalizado. "No começo, Deus criou o Céu e a Terra." O impacto dessas palavras, tanto sobre os religiosos quanto sobre os seculares, é enorme. Na tradição judaico-cristã, é possível — admirável — criar algo *ex nihilo*, do nada. Foi isso que Deus fez ao criar o mundo, e é isso que nós humanos pretendemos fazer também. Nesta cosmovisão, o artista (ou arquiteto, engenheiro de software) cria algo do nada, algo que não existia antes. O ato criativo, como o próprio tempo, é linear. O criador começa em X e progride — aos trancos e barrancos, com várias pausas para o café — até alcançar Y.

Na cosmologia chinesa, porém, o universo, o Tao, não tem começo e nem há um criador. Sempre houve *algo* e sempre haverá. O ato criativo, portanto, não é de invenção, e sim de descoberta. A visão chinesa é *creatio in situ*. Criação em contexto. O próprio Confúcio disse "eu transmito, mas não crio", e alertava as pessoas a se afastarem do novo e do incomum, para que não caíssemos na armadilha das "doutrinas estranhas".

Faz certo sentido, mas eu me pego resistindo a essa ideia chinesa de seguir adiante olhando para trás. Quando os chineses dizem "nós podemos ser criativos e ainda honrar a tradição", isso é só um jogo de palavras, como dizer "eu posso comer uma dúzia de donuts glaceados e ainda honrar minha dieta"?

Aí eu leio T.S. Eliot. Em seu brilhante ensaio "Tradição e Talento Individual", ele argumenta que o novo precisa do antigo; nenhum poeta ou artista existe no vácuo. "Não se pode dar valor a ele sozinho; é preciso colocá-lo, por contraste e comparação, entre os mortos." Uma pessoa verdadeiramente criativa, diz ele, percebe não só "o passado do que passou, mas também sua presença". A tradição não é algo do qual pessoas e lugares inovadores devem fugir. É algo que eles devem — *precisam* — acolher.

Foi exatamente isso que os gênios chineses da era Song fizeram. Eles encaravam cada inovação em potencial dentro do contexto da tradição. Se ela representasse uma extensão natural daquela tradição, era adotada. Se não, era abandonada. Isso não era um retraimento do espírito de inovação, mas um reconhecimento de que, como colocou o historiador Will Durant uns oitocentos anos depois, "nada é novo a não ser o arranjo". Os chineses não se desesperavam, ao contrário de nós, com a perspectiva de passar a vida inteira reorganizando as coisas. Eles sabiam que é possível achar muita beleza no arranjo. Até mesmo genialidade.

Isso ajuda a explicar por que a época de ouro da China, ao contrário da Renascença italiana, por exemplo, não foi definida por saltos repentinos (e rompentes), mas sim por um progresso gradual e constante. Isso a torna menos extraordinária? Eu acho que não. Toda inovação é evolucionária. A diferença está no marketing. No Ocidente, temos a habilidade de fazer até os menores ajustes *parecerem* revolucionários. Montadoras de automóveis e fabricantes de computadores (para citar apenas dois culpados) estão sempre lançando modelos *novos e melhores*, que frequentemente não são nem uma coisa, nem outra. Eles sabem disso. Nós sabemos disso. No entanto, entramos no jogo, cúmplices na propagação da falsa novidade.

Tudo isso seria inofensivo, até divertido, se não fosse levado tão a sério. Mas todos os dias, nos Estados Unidos, consultores de criatividade aparecem em empresas problemáticas e informam aos pobres trabalhadores que tudo que aconteceu até agora não importa. O passado será demolido e um novo e brilhante futuro será erguido em seu lugar, sem a menor semelhança com o que veio antes, criado *ex nihilo*, do nada.

Não é nisso que os antigos atenienses acreditavam. Não é nisso que os chineses da dinastia Song acreditavam. E enquanto caminho pelas margens do Lago do Oeste, com suas águas reluzindo no sol da tarde, da mesma maneira que fizeram na época de Marco Polo, chego à conclusão de que não é nisso que eu acredito também.

Estou começando a desconfiar de que a falta de inovação da China, como tantas coisas neste país, é uma ilusão. Será que os chineses modernos são realmente menos criativos do que os ocidentais, ou eles são simplesmente criativos de uma maneira diferente? Espero que Dana, por ser ao mesmo tempo moderna e chinesa, possa ter algumas respostas.

Nos encontramos novamente, desta vez em uma de suas cafeterias favoritas. Dentro dela há uma variedade de cores vivas e tecidos. Acolhedor à maneira chinesa. Peço um café e em seguida pergunto a ela sobre o suposto déficit de inovação. Ela faz uma pausa antes de responder.

"Pode ser que haja alguma verdade nisso", ela diz por fim. "Nós temos mais limites, de nossa vida familiar e da tradição." Ela diz que nunca lhe passaria pela cabeça desobedecer seus pais em *nada*, e não entende como as crianças norte-americanas conseguem se safar.

A juventude chinesa enfrenta outro obstáculo: a língua. O mandarim escrito consiste em milhares de caracteres ou ideogramas. A única maneira de aprendê-los é decorando-os. Começando aos seis anos, as crianças chinesas são obrigadas a aprender cinco novos caracteres *todos os dias*. Com tanto espaço cerebral necessário para reter todos esses caracteres, talvez os chineses simplesmente tenham menos neurônios livres para o pensamento criativo. E, ao contrário do inglês ou do francês, por exemplo, a língua chinesa não se presta a improvisações ou jogos de palavras. O ideograma é o ideograma. Ponto. Que diferença da antiga Atenas, percebo eu, onde o idioma não atrapalhava a criatividade, e sim a impulsionava.

Um pouco mais tarde, no almoço — um banquete de tofu crocante, peixe frito e bok choy boiando em molho de alho —, mudo de assunto e pergunto a Dana sobre o senso de humor chinês. O humor pode ser um mecanismo importante de criatividade. Estudos constataram que as pessoas que são "preparadas" com humor, ouvindo um comediante de stand--up, por exemplo, têm melhor desempenho em exercícios de pensamento criativo do que um grupo de controle que não ouviu o comediante.

O humor foi muito apreciado durante a dinastia Song. Su Tungpo, por exemplo, possuía uma "incorrigível propensão a fazer piadas às custas de seus inimigos, amigos e de si mesmo", relata seu biógrafo Lin Yutang. Não estou tão certo de que esse toque cômico tenha influência atualmente, no entanto. Pelo menos um estudo recente constatou que os chineses não valorizam o humor tanto quanto os ocidentais, e que eles não relacionam humor com criatividade. Pergunto a Dana sobre isso. É verdade?

"Não. Não é verdade. Nós valorizamos o humor." Uma longa pausa se segue e dá para ver pela expressão distante em seus olhos e pela maneira que seus pauzinhos paralisaram no ar, pairando sobre o tofu, que ela tem mais a dizer. "Mas."

"Sim?"

"Precisa ser um humor sensato. *Sensato* é uma palavra muito importante para os chineses."

Humor sensato? A princípio, isso me parece absurdo. O humor não é o oposto da sensatez? O humor não é a sensatez de férias?

Então eu me lembro de Arthur Koestler. Em seu livro *The Act of Creation*, o autor e jornalista dedica vários capítulos ao tema do humor e da criatividade (não é uma leitura fácil; mais uma prova de que nada é menos engraçado do que a análise da graça). Koestler argumenta que o humor e a criatividade utilizam os mesmos músculos cognitivos, em um processo que ele chama de "choque bissociativo". Nós achamos algo engraçado quando é inesperado, mas ainda hermeticamente lógico. Como exemplo, ele cita a velha piada sobre o capitalismo e o comunismo.

"Diga aí, camarada, o que é o capitalismo?"

"A exploração do homem pelo homem."

"E o que é o comunismo?"

"O contrário."

Ok, provavelmente era mais engraçada na época de Koestler, mas a questão, de acordo com ele, é que o humor depende da lógica. O comediante brinca com nossas mentes racionais e produz "uma fusão momentânea entre duas matrizes normalmente incompatíveis". O fim da piada é uma surpresa, mas faz perfeito sentido. O estalo repentino da lógica torna uma piada engraçada; o humor é sensato. Alguém com um senso de lógica altamente desenvolvido dificilmente terá um bom senso de humor também.

Mas não é só o humor que ajuda a aumentar a criatividade. Um senso de brincadeira também é importante. Crianças brincalhonas de jardim de infância se saem melhor em tarefas de pensamento divergente do que crianças que brincam menos, apontam estudos. Isso também

A GENIALIDADE NÃO É NOVIDADE: HANGZHOU

vale para adultos, como os gênios da velha Hangzhou sabiam bem. Su Tungpo uma vez descreveu sua técnica de pintura como "brincar com tinta" e, de acordo com seu biógrafo, "segurava sua pena [de poeta] quase como se fosse um brinquedo".

Como um sinal de esperança para o futuro criativo da China, eu vejo indícios de que esse espírito brincalhão persiste ainda hoje. Como as duas mulheres que avisto perto de meu hotel, uma delas usando um colete imitando pele de leopardo, jogando uma partida de badminton na calçada — no auge da hora do rush. Ou o jogo de fliperama que experimento um dia, chamado de *Jogo de Atirar Sacos de Areia da Dinastia Song* (o nome é mais atraente em chinês, Dana me garante).

E há uma história de uma brincadeira muito famosa. Durante um tempo, uma empresa de ônibus de Hangzhou tinha uma rota chamada K155. A combinação de letras e números parece a palavra *kiss*, e é assim que todo mundo chamava. O Ônibus Kiss. As pessoas pegavam o Ônibus Kiss até se não estivessem indo naquela direção, uma atitude incrivelmente pouco prática em um país cada vez mais prático. Até que, um dia, suspenderam a linha. O Ônibus Kiss acabou. As pessoas ficaram indignadas. Elas escreveram carta aos editores dos maiores jornais. Tragam o Ônibus Kiss de volta, exigiam elas. Não há final feliz aqui, infelizmente. As autoridades não cederam.

Eu devo ser a única pessoa neste país, de 1 bilhão e meio, que não consegue acessar o Facebook, penso eu, batendo no teclado de frustração. Sou vítima do Grande Firewall da China, a tentativa atrapalhada e basicamente inútil do governo de controlar o que as pessoas podem acessar na internet.

Nós consideramos essas restrições impostas pelo governo chinês um impedimento à criatividade, e tenho certeza de que são, se forem suficientemente draconianas. Regimes autoritários podem sufocar a criatividade (vide a Coreia do Norte), mas também podem estimulá-la, embora involuntariamente. Estou pensando nos engenhosos alemães orientais que se contorciam nos porta-malas dos carros, ou até mesmo embaixo deles, para atravessar o Muro de Berlim.

Dizem que a melhor maneira de estimular a criatividade é remover todos os obstáculos, mas existem provas consideráveis do contrário. Em um estudo, o psicólogo Ronald Finke pediu aos participantes para criarem um projeto de arte. Algumas pessoas receberam uma grande variedade de materiais, outras menos. Ele constatou que as obras mais criativas foram feitas pelas pessoas com menos escolhas. Ou considerem a diferença entre o estilo de pintura ocidental e o chinês. A pintura chinesa é "vertical". Isto é, alguns elementos da pintura são obrigatórios, enquanto outros ficam a critério do artista. A pintura ocidental, por outro lado, é "horizontal"; é possível inovar em todas as direções. Como os artistas chineses trabalham sob limitações maiores do que os ocidentais, sua criatividade é canalizada em um espaço menor.

A mesma dinâmica, que eu chamo de Poder das Limitações, ocorre na música. Pense na guitarra elétrica, um instrumento que, como apontou Brian Eno, é extremamente estúpido. Mas ela consegue fazer algumas coisas bem, então os guitarristas direcionaram sua energia criativa para essas poucas coisas. O músico é restringido, limitado por seu instrumento, e isso o torna mais criativo, não menos.

Uma vez Robert Frost comparou escrever poemas de verso livre a jogar tênis sem rede. Sem limites, nós nos perdemos. É por isso que as pessoas verdadeiramente criativas precisam deles e, se eles não existirem, os constroem.

Nos anos 1960, um romancista e matemático francês fundou um movimento literário experimental chamado Oulipo, que levou o Poder das Limitações ao extremo. Raymond Queneau, cofundador do grupo, descreveu os oulipianos como "ratos que constroem o labirinto do qual tentam escapar". Um membro, Georges Perec, escreveu um romance de trezentas páginas sem usar a letra *e*.[1]

Você pode até achar que isso é para chamar a atenção ou concluir, como fez o crítico Andrew Gallix no jornal *Guardian*, que "os oulipianos curtem *bondage* literário". Talvez, mas os seguidores desse estranho movimento estão no caminho certo, penso eu. Eles ajudaram a enfraquecer um dos maiores mitos sobre a criatividade: que as limitações são algo a se evitar. Na verdade, "nós podemos comprometer a criatividade se tornarmos as coisas fáceis ou confortáveis demais para pessoas de potencial criativo significativo", concluem os psicólogos Robert Sternberg e Todd Lubart.

Esse fenômeno menos-é-mais vale não só para indivíduos, mas também para nações inteiras. Um bom exemplo é a "maldição do petróleo", também conhecida como o paradoxo da abundância. Países ricos em recursos naturais, principalmente petróleo, tendem a estagnar cultural e intelectualmente, como até uma rápida visita à Arábia Saudita ou ao Kuwait revela. Os cidadãos desses países têm tudo, portanto não criam nada.

---

[1] Chama-se *La Disparition* (1969) e foi publicado no Brasil como *O Sumiço* (Autêntica, 2015). Trad. Zéfere. [Nota do Editor]

A China é bem diferente. As pessoas encontram maneiras criativas de driblar o Grande Firewall, por exemplo, ou simplesmente de chegar ao fim do dia. Às vezes isso significa utilizar a mais poderosa arma chinesa. Esqueça a pólvora. Estou falando de *guanxi*.

A palavra geralmente é traduzida como "conexões", mas isso não transmite toda a sua importância. "Preciso encontrar um pouco de *guanxi*", dizem as pessoas, como se fosse um recurso natural, como o petróleo, escasso, porém absolutamente essencial. Os chineses estão constantemente procurando novas e inexploradas fontes de *guanxi*.

Então dá para imaginar minha alegria quando eu, um estrangeiro inepto, topo com um verdadeiro poço de *guanxi*. É que um amigo de um amigo conhece Jack Ma, um dos homens mais ricos da China e do mundo. Ma fez sua fortuna através de uma *startup* de internet chamada Alibaba e frequentemente é chamado de "Steve Jobs chinês". Jack Ma pode ser ou não um gênio, mas aposto que ele tem algumas ideias sobre a criatividade chinesa do passado e do presente.

Um dia, de manhã, recebo uma mensagem de texto de meu fornecedor de *guanxi*. Devo me encontrar com Jack no saguão do hotel Hyatt às cinco da tarde. Eu devo ser pontual. Devo ir sozinho. Ok, ele não disse essa última parte, mas ficou subentendido.

Chego quinze minutos antes e ando pelo lobby ornamentado, mas nada inspirador. Não deu outra: exatamente às 17 horas, um homem pequeno e franzino entra pelas portas giratórias. A primeira coisa que percebo é que ele está usando uma calça de moletom. Sério? Calça de moletom? Essa é uma das vantagens de ter 3 bilhões de dólares, presumo: você pode usar calça de moletom quando bem entender. O único indício de que estou apertando a mão de uma das pessoas mais ricas da China é a presença etérea de um jovem de terno e gravata que paira discretamente ao fundo, sempre a postos com um cartão de visita, telefone celular ou praticamente qualquer outra coisa que Jack Ma precise ou queira.

Nós nos sentamos e instantaneamente percebo que estão olhando para nós. Bem, para ser mais preciso, estão olhando para Jack. Nascido e criado em Hangzhou, ele é o menino da região que deu certo. Uma legítima celebridade. Surge uma garçonete. Jack pede chá, e sigo seu exemplo. Melhor para pensamentos profundos.

Conto a Jack sobre minha busca quixotesca e global pelos locais onde nascem e florescem os gênios. Mas chega de falar sobre mim. Quero ouvir a história de Jack Ma, o menino da região que virou bilionário. É um pedido injusto da minha parte, eu sei. Já não era suficiente ele ser incrivelmente, ridiculamente rico? Talvez fosse no passado, mas não mais. Não, hoje em dia é preciso ser incrivelmente, ridiculamente rico *e* interessante. O público exige isso. Todo bilionário precisa de uma história por trás. Sem ela, sem uma história de dificuldades homéricas, de superar obstáculos impossíveis, o dinheiro não vale nada. Bom, tudo bem, não é que não valha *nada*, mas vale menos.

Jack Ma tem uma boa história por trás, preciso admitir. Ele cresceu pobre — não paupérrimo, mas pobre o bastante. Atingiu a maioridade quando a China estava abrindo as portas para os primeiros turistas ocidentais. O jovem Jack ficava na frente do hotel Shangri La, fascinado por aquele povo estranho de tamanho e dinheiro exagerado. Ele se autodeclarou guia turístico, oferecendo seus serviços de graça em troca de aulas improvisadas de inglês. Jack aprendia rápido. Uma língua nunca é culturalmente neutra, no entanto. Os valores se inserem não só nas coisas, mas também nas palavras. Assim, conceitos estranhos — ideias diferentes sobre liberdade, oportunidade e correr riscos — enfiaram-se no cérebro do jovem Jack até que, um dia, ele percebeu que estava pensando diferente. Ele ainda era chinês, mas parte dele havia se tornado norte-americana. Então quando a internet chegou à China, Jack estava pronto. Ele começou o Alibaba e blá-blá-blá, ele vale 3 bilhões de dólares.

Essa história não aconteceu em um lugar qualquer, no entanto. Ela aconteceu na famosa Hangzhou, uma cidade que produziu um grande contingente de gênios ao longo dos séculos. E ela aconteceu — onde mais? — nas margens do Lago do Oeste, o mesmíssimo lago que inspirou gente como Shen Kuo e Su Tungpo tantos séculos atrás. Ma explica que quando o Alibaba estava nos primórdios e não tinha um escritório próprio, os empregados usavam o lago como sala de conferências, procurando um pedaço de gramado em volta das margens e fazendo as reuniões ali.

Jack Ma insiste que é "100% feito na China", mas sua história de sucesso, na minha opinião, é híbrida. O respeito chinês às tradições aliado à iniciativa norte-americana.

Então por que não há outros Jack Ma na China? Será que é medo de correr riscos?

"Não. Preste atenção à maneira que os chineses se comportam em cassinos ou nas estradas. Os chineses gostam de apostar." Ele tem razão. A forma como eles dirigem certamente revela uma disposição a correr riscos, com suas próprias vidas e as dos outros também.

Não, diz Jack, é o sistema educacional — e principalmente os temidos e atormentadores exames — que está esmagando a criatividade chinesa. Esses exames, que tiveram um papel tão importante na formação da época de ouro da China, hoje são um dos maiores culpados

por trás da falta de inovação. Os exames são uma fonte de sofrimento interminável para os estudantes chineses e, de maneira nada insignificante, um destruidor de criatividade. Vejam este relato:
"Você tinha que enfiar todas aquelas coisas na cabeça para os exames, gostasse ou não. Essa coerção teve um efeito tão paralisante sobre mim que, após passar no exame final, eu não conseguia considerar qualquer tipo de problema científico durante um ano inteiro."

Essas não são as palavras de Jack Ma ou de um estudante chinês infeliz, e sim de Albert Einstein, relembrando os efeitos de exames semelhantes a que foi submetido na Alemanha. Percebam que não era o material que intimidava Einstein nem os exames em si, mas sim a *coerção*. Até as atividades mais agradáveis se tornam uma tarefa maçante se feitas sob pressão, e as escolas chinesas hoje em dia têm tudo a ver com pressão.

Isso explica em parte a atual falta de inovação da China, mas na opinião de Jack, há um outro motivo, mais insidioso. "Eu diria que a China perdeu sua cultura, e perdeu sua religião."

Eu quase cuspo meu chá. Já passei tempo suficiente na China ao longo dos anos para saber que religião é um assunto perigoso, e que deve ser abordado com extrema cautela, se é que deve ser abordado. Jack Ma, porém, está protegido por uma grande quantidade de dinheiro. A China moderna possibilita muita liberdade de expressão para aqueles que puderem pagar. Ele continua: "Aqueles ensinamentos religiosos contêm muitas ideias inspiradoras, ideias que têm usos muito práticos com relação ao pensamento criativo".

Quando peço a ele um exemplo, ele cita uma das maiores religiões da China, o taoísmo ou "o Caminho". Entre goles de chá, Jack explica que o taoísmo o ajudou a levar o Alibaba a alturas olímpicas. "Quando estou competindo com o eBay ou com quem quer que seja, nunca uso a maneira ocidental. Sempre uso o taoísmo."

"Taoísmo contra o eBay? Como assim?"

"Quando você me empurra aqui", ele aponta para seu plexo solar, "eu não empurro de volta. Em vez disso, eu combato você aqui e aqui. Onde você não espera. A ideia é usar a sabedoria, lutar de maneira inteligente, sempre manter o equilíbrio. "A abordagem ocidental, que Jack passou a esperar de seus competidores, é a do boxeador. A abordagem de Jack é a do surfista."

Sua história me lembra o artista que conheci alguns dias antes. Eu perguntei a ele sobre a destruição criativa. Os chineses adotam esse conceito com o mesmo entusiasmo que nós do Ocidente? Ele respondeu a minha pergunta desenhando uma árvore, chamada de *long su*, encontrada no sul da China. As raízes, em vez de estarem enterradas no solo, pairam no ar. Quando estão longas o bastante elas tocam o chão, e às vezes uma nova árvore nasce. A nova árvore não destrói a antiga. Uma cresce ao lado da outra. Uma raiz pode se transformar em uma nova árvore, mas ainda está ligada à árvore antiga. Algo novo é criado, mas nada antigo é destruído.

Jack Ma não vê nenhum futuro para o gênio criativo da China sem um resgate desse tipo de filosofia e cultura atemporais. Do contrário, "somos apenas uma cópia. Nós copiamos, tomamos conhecimento, copiamos. Esse método não vai durar". Mas há esperança, diz ele, e essa esperança está na internet. Ele está convencido de que a China irá se reconectar com seu passado através da internet moderna, uma tecnologia que possibilita que as pessoas escapem das escolas paralisadoras e das propagandas do governo. "Espero que, em trinta anos, se tivermos sorte, tenhamos uma geração que possa juntar o confucionismo, o taoísmo e o cristianismo. Por causa da internet." Exatamente como essa confluência religiosa impulsionaria outra renascença chinesa não ficou claro. Ma tem dinheiro suficiente para não precisar preencher as lacunas.

Após Jack e eu nos despedirmos, decido caminhar de volta até o hotel e refletir sobre nossa conversa. O sol começou a se pôr sobre o Lago do Oeste, com a luz suave e dourada.

Não sei bem o que pensar sobre a receita dele para a criatividade chinesa. Será que realmente é uma abordagem diferente da ocidental, ou isso é um monte de bobagem de *Karatê Kid* que ele conta para os norte-americanos ingênuos?

À medida que caminho, me lembro de um estudo que parece justificar o otimismo de Jack Ma. Robert Sternberg e seu colega psicólogo Weihua Niu pediram a um grupo de estudantes universitários norte-americanos e chineses para produzirem uma obra de arte, que depois foi avaliada por um painel independente de julgadores (dos dois países). A arte norte-americana foi julgada mais criativa. Não é um resultado surpreendente, como vimos. O que é surpreendente é o que aconteceu quando os pesquisadores repetiram a experiência, mas desta vez deram instruções explícitas para serem criativos. O trabalho dos norte-americanos melhorou apenas ligeiramente, enquanto os chineses fizeram um grande progresso. Talvez o motivo pelo qual os chineses não pensem de maneira mais criativa é que ninguém disse a eles que podiam.

Os chineses são bons no jogo de seguir o líder, como me contou um acadêmico. Se seus líderes são tiranos, eles agem tiranicamente. Se são poéticos, agem poeticamente. Na época, isso me pareceu uma simplificação exagerada. Agora eu não tenho tanta certeza. Se a criatividade é contagiosa, como sugere a pesquisa, então faz sentido que em uma sociedade hierárquica como a China o "contágio" comece necessariamente de cima e vá descendo. É improvável que o país retorne ao imperador-poeta, mas será que é possível haver uma liderança esclarecida de outro tipo?

Respostas definitivas terão de esperar. Estou ansioso para voltar ao santuário do Crystal Orange, com suas gravuras de Andy Warhol, pilhas de livros e um peixinho dourado que neste exato momento com certeza está se perguntando onde diabos eu estive.

É mais fácil explicar finais do que começos. Assim, embora a origem da era dourada da China permaneça nebulosa, as razões de sua derrocada são bastante claras. Da parte científica, pensadores como Shen Kuo, por mais brilhantes que fossem, não conseguiram costurar suas diversas observações em teorias abrangentes. Os imperadores-poetas de Hangzhou, enquanto isso, acabaram se mostrando melhores poetas do que imperadores. Eles cometeram uma série de mancadas na política externa que abriram as portas para a invasão mongol de 1279. Como aprendi em Atenas, porém, épocas de ouro raramente entram em colapso só por causa de influências externas; há sempre algo de podre por dentro, e esse foi o caso na China. O sistema de exames, antes uma fonte de inovação, transformou-se em uma disputa sem sentido por poder e prestígio.

"Os pontos fortes do sistema acabaram sendo inseparáveis dos fracos", diz Mote, o sinólogo. Essa declaração poderia se aplicar a todos os grandes lugares. No fim, eles desmoronam sob o peso de sua própria grandeza.

Será que o visitante mais famoso de Hangzhou, Marco Polo, previu o fim? Ou será que foi ofuscado pelas glórias da lendária cidade? Seus relatos eram tão fantásticos que os céticos em sua terra apelidaram seu diário de *Il Milione*, "o milhão". Para um milhão de mentiras. Mas até mesmo em seu leito de morte, pressionado por amigos para se retratar e assim restabelecer sua reputação, Polo não cedeu.

"Amigos", disse ele, "eu não escrevi metade das coisas que vi."

Enquanto faço as malas, dou um sorriso quando percebo que estou prestes a fazer o inverso de Polo. Estou indo para a terra natal do grande viajante, um lugar que conheceu uma prosperidade ainda mais magnífica, e menos provável, do que a de Hangzhou. A genialidade, mais uma vez, estava mudando de lugar, e eu também.

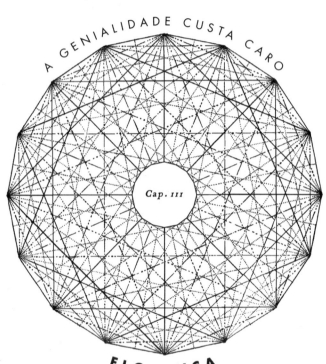

ONDE NASCEM OS GÊNIOS
ERIC WEINER

Mentes brilhantes não pensam necessariamente de maneira semelhante, mas acabam juntando-se umas às outras, atraídas por alguma força poderosa e desconhecida. Consideremos a incrível reunião que aconteceu em uma sala de Florença, na Itália, em 25 de janeiro de 1504. Mais de vinte dos maiores artistas da Renascença — de qualquer época — estavam presentes. Leonardo da Vinci estava lá, assim como um jovem em ascensão de sobrenome Buonarroti, embora mais conhecido por seu primeiro nome, Michelangelo. Também estavam Botticelli, Rosselli, Filippino Lippi e Piero di Cosimo, entre outros. Juntas, suas obras encheriam um museu, e de fato enchem; hoje, a icônica Galeria dos Ofícios (Uffizi) fica apenas a alguns metros do salão onde esta reunião se realizou.

O objetivo da reunião era escolher um local, "conveniente e corajoso", para exibir a última obra-prima da cidade, o *David* de Michelangelo, uma obra tão grande, em todos os sentidos da palavra, que os florentinos se referiam a ela simplesmente como o Gigante. A reunião aparentemente cordial também estava palpavelmente repleta de rivalidades e hostilidades borbulhantes, como uma panela de massa à *puttanesca*. Florença deu à luz não só montes de gênios, mas também o conceito de gênio individual, além de seu comparsa desagradável, o *enfant terrible*. Naquela sala, naquele dia, nós reconheceríamos instantaneamente 29 versões do gênio tempestuoso. Seria insuportável. E irresistível.

Desde Atenas uma cidade não produzia tantas mentes brilhantes e boas ideias — e em um período tão curto. Sabemos o que foi a Renascença (literalmente "nascer de novo") e temos a arte para comprovar, mas *por que* ela aconteceu permanece um mistério. Foi a descoberta dos antigos textos gregos e romanos? A liderança relativamente esclarecida? Outra coisa?

Um mistério ainda maior, no entanto, é *onde* ela aconteceu. Florença nem de longe era um lugar natural para uma explosão tão extraordinária de genialidade. A cidade era pantanosa, malárica e propensa a focos regulares de incêndios, enchentes e peste bubônica. Ela não tinha porto e era cercada por vizinhos rancorosos e ocasionalmente belicosos. Algumas dessas outras cidades-Estados eram maiores (Veneza tinha uma população três vezes maior que a de Florença) ou, como Milão, mais fortes militarmente. No entanto, o Renascentismo brilhou mais forte em Florença, não nesses lugares. Por quê? Para responder a essa pergunta, dou um passo para trás, até Platão. *O que é reverenciado em um país será cultivado nele*. Atenas reverenciava a sabedoria e teve Sócrates. Roma reverenciava o poder e conquistou um império. O que Florença reverenciava?

Uma pista importante está em um minúsculo objeto, do tamanho da unha do polegar. De toda a arte que surgiu na Florença renascentista, esta peça está muito acima das outras e ajuda a explicá-las. Sem ela, esses gênios não existiriam, e muito provavelmente a Renascença não teria acontecido.

Entretanto, é bem possível que você nunca tenha contemplado sua importância. Você provavelmente nem a considera arte. Mas é arte. Feita de ouro maciço, ela contém a figura de João Batista gravada em um lado e um lírio no outro. É o florim, símbolo da riqueza florentina, de seu bom gosto e de sua forma única de pragmatismo descuidado. Reconhecido instantaneamente do Cairo a Londres na época, ele foi a primeira moeda internacional do mundo. Outros tentaram imitá-lo, mas fracassaram. Alguns o odiavam, inclusive um de Florença mesmo, Dante, que escreveu sobre a "flor maldita" e mandou os prestamistas ao sétimo círculo do Inferno, onde definhariam eternamente em meio a vapores tenebrosos, olhando para os sacos de dinheiro pendurados em seus pescoços. Mas sem essa moedinha de ouro e tudo que ela representava, nós não teríamos o *David* de Michelangelo, a *Mona Lisa* de Leonardo e nem a cúpula de Brunelleschi. E já que a Renascença não foi apenas uma revolução artística, mas também filosófica e científica, é bem possível que sem essa "flor maldita" o mundo moderno não existisse.

A história de Florença é sobre dinheiro e genialidade. Duas palavras, é preciso admitir, que normalmente não são ditas na mesma frase.

A GENIALIDADE CUSTA CARO: FLORENÇA

Achamos que a genialidade ocupa um ar rarefeito e intocado pelo mundo sórdido do dinheiro, de transferências bancárias ou — Deus nos livre — de tabelas atuariais. A genialidade está acima de tudo isso. Ela é pura. A genialidade certamente não pode ser comprada.

É uma bela ideia. Mas está errada. Dinheiro e genialidade estão interligados, tão inseparáveis quanto dois jovens amantes.

Mas qual é exatamente a conexão entre dinheiro e genialidade? É verdade que, como disse D.H. Lawrence de maneira tão viva, toda cultura é baseada no "estrume profundo do dinheiro"? Em outras palavras, será que Florença teve uma Renascença porque podia pagar por ela? Ou a relação entre dinheiro e genialidade é mais complicada que isso? Estou decidido a responder a essa pergunta, e tenho um plano. Ele envolve leituras profundas, pesquisa de campo e um historiador de arte com um cachorro.

O nome dele (do historiador de arte, não do cachorro) é Eugene Martinez. De todos os guias turísticos, historiadores de arte, estudantes geniosos de pós-graduação e diversos outros que ganham a vida mamando nas tetas da cultura florentina, Eugene Martinez chamou minha atenção — a princípio digitalmente e depois no mundo analógico, ou como gosto de dizer, no mundo real.

Eugene, apropriadamente, é meio um homem renascentista — guia turístico, especialista em arte, gourmand, amante de cães. Sua empresa de turismo se chama Ars Opulenta, "arte opulenta" em latim. Eu gosto do som disso, tão luxuosamente decadente e repleto de coisas boas. O que realmente me fez decidir por Eugene, porém, foi seu cachorro. Enquanto os outros sites mostravam homens e mulheres sisudos, fazendo poses sérias de "arte não é para rir" na frente da Uffizi, do Bargello ou de algum outro marco florentino, o site da Ars Opulenta me saudou com uma foto de Eugene e um cão de raça indeterminada. Os dois estão sorrindo, com o telhado vermelho e o pináculo dourado brilhante do Duomo quase invisíveis ao longe. A importante construção é quase um adendo, um pano de fundo para o que Eugene considera o verdadeiro propósito de toda essa arte gloriosa: prazer. "Curta o curtir", diria Eugene mais tarde. Essa foi a essência de Florença e ainda é.

Eugene cresceu à sombra dos Cloisters, em uma Nova York ainda suja, uma cidade cheia de limpadores de para-brisa, casas de strip-tease e dívidas. Ainda jovem, as artes visuais o chamaram, e Eugene atendeu. Ele se formou em história da arte na New York University (NYU) e, se por algum acaso do destino esse diploma não o levasse pelo caminho do dinheiro fácil, ele também estudou design gráfico. Seu primeiro trabalho foi em uma agência de publicidade, desenhando anúncios para um banco. Não era exatamente arte erudita, mas pagava as contas. Seu segundo emprego foi na revista *Beaver*, que era arte ainda menos erudita, mas também pagava as contas.

Ele não durou muito, porém. Apaixonou-se por um italiano, e em seguida pela Itália. Mudou-se para lá para ficar seis meses. Isso foi há trinta anos. No início, como todos os recém-chegados à Itália, fez papel de bobo. Ele pediu um cappuccino às duas da tarde, e todos no café olharam para ele como se fosse um idiota, ou possivelmente norte-americano. Nenhum italiano respeitável jamais pediria um cappuccino depois do meio-dia. *Jamais*. Em pouco tempo, Eugene navegou por esses campos minados culturais, aprendeu italiano e dominou a arte de curtir o curtir.

Ele abriu a Ars Opulenta, sua empresa de turismo, e logo percebeu que seu cachorro era bom para os negócios. As pessoas confiam em um historiador de arte que tem cachorro. Isso faz sentido. Cães confortam, tranquilizam, enquanto toda essa arte, essa *genialidade*, intimida. E se nós não a entendermos? E se dissermos algo bobo que exponha nossa ignorância? E se — e isso vai direto no cerne de nosso encontro com a grandeza — não formos dignos? Uma presença canina sorridente deixa as pessoas à vontade.

Estou indo a pé conhecer Eugene agora, um trajeto curto que requer navegar em um mar de turistas. Não sou Moisés e esse mar não se abre, então me acotovelo para atravessar, passando pelas *gelaterias* e caricaturistas, pelos ambulantes vendendo retratos de Bob Marley e pelos acordeonistas, até achar o pequeno café onde havíamos combinado de nos encontrar.

Eugene veio sozinho. Sem cachorro. Gostei dele mesmo assim. Apesar de suas três décadas na Itália, primeiro em Roma, depois em Florença, ele não perdeu seu jeito objetivo de andar e a franqueza cativante de Nova York. Não muito alto, ele está com alguns quilinhos a mais e tem um estilo de se vestir que é mais South Bronx do que sul da Itália.

Eugene pede um café do tamanho de um dedal; eu, ainda no clima da China, opto por um chá verde. Nós pegamos uma mesa e conversamos.

Eugene está confortável com o que ele sabe e o que não sabe. Sua genialidade, se puder chamá-la assim, é a genialidade do forasteiro. Ele é um hispano-americano morando na Itália, um homem gay em um mundo hétero, que vai direto ao ponto em uma área famosa por confundir. Eugene conhece a história e a arte, mas não se sente na obrigação de enfeitá-las com a linguagem pretensiosa e essencialmente impenetrável dos historiadores de arte.

Durante nosso papo no café, eu me atrapalho com todos aqueles nomes italianos complicados, então Eugene cria apelidos em inglês para mim. Michelangelo vira Mike. Leonardo da Vinci vira Leo; Lorenzo Ghiberti, Larry; Filippo Brunelleschi, Phil. A princípio, isso me parece um sacrilégio, como se referir a Moisés como Mo, mas eu logo me acostumo com a ideia. Ela tira esses gênios majestosos dos Céus e os traz de volta à Terra, ao lugar a que pertencem. Apesar dessa mitologia teimosa, gênios não são deuses, e fazemos um enorme desserviço, a eles e a nós mesmos, ao fingirmos que são.

Gosto da maneira que Eugene diz coisas loucas e blasfemas como "eu não gosto da Renascença". Isso me parece não só heresia, mas suicídio profissional também. Eugene é guia turístico; ele ganha a vida com a Renascença. É o equivalente a um meteorologista que não gosta muito do clima, ou um comediante que não suporta o som de risadas.

"O quê?", digo. "Você não gosta do Renascimento?"

"Não. É bonito demais para mim." Estou pensando no que ele quer dizer, quando ele fala: "Espere alguns dias. Você vai ver o que quero dizer".

Eu prometo que esperarei.

Explico a ele minha busca quixotesca pelos locais onde nascem e florescem os gênios. Eugene ouve atentamente. Ele não ri, o que só me faz gostar mais ainda dele. Vocês se surpreenderiam com quantas pessoas riem. O mito do gênio solitário está cristalizado de maneira tão profunda que qualquer outra explicação para o brilhantismo humano parece absurda para muita gente.

Nosso plano é sentar e conversar, fortalecermo-nos com cafeína e em seguida cruzar o rio Arno como um exército invasor de duas pessoas. Isso não acontece, pelo menos não hoje. O famoso sol da Toscana sumiu do mapa, substituído por uma chuva fria e constante. O café é quente e aconchegante, um universo à parte, e Eugene e eu temos alguns séculos para percorrer. O mundo lá fora, do outro lado do Arno, pode esperar.

Por onde começar a dissecar o Renascentismo? O ponto de partida óbvio é pelos artistas e poetas, certo?

Não, de acordo com Eugene. Florença era uma cidade de comerciantes e banqueiros. Ao andar pelas ruas de pedra da cidade até o Mercato Vecchio, o mercado velho, você veria trabalhadores sentados em longas mesas de madeira, trocando dinheiro, arranjando empréstimos, fazendo acordos (quando um banco falia, sua banca era quebrada; é daí que vem a palavra *bancarrota* para designar falência). No início do Renascimento, Florença ostentava quase oitenta bancos.

Um deles, porém, elevava-se muito acima dos outros: o banco dos Médici. A família possuía uma enorme influência sobre Florença, do século XII em diante, e por um período de cerca de cinquenta anos a governou de fato. Como seu nome sugere, os Médici eram originalmente boticários — seu brasão parecia-se com seis pílulas dispostas em um círculo —, e de certo modo foi esse o papel que desempenharam. Eles aceleraram o metabolismo de Florença, como uma dose de cafeína. Como muitas drogas, o remédio Médici vinha com efeitos colaterais e um risco real de dependência. Mas no geral era um bom remédio, e os pacientes prosperavam.

Os Médici eram grandes patronos das artes. Mas o que isso significa? Antes de chegar a Florença, eu só tinha uma ideia muito vaga. Eu imaginava socialites ricos, com mais dinheiro do que gosto, encomendando artes caras da mesma forma que nós pedimos uma pizza. E quem pode me culpar? A própria palavra *patronagem* cheira a elitismo presunçoso. Os patronos viram patrões.

Não os Médici, explica Eugene. A patronagem deles era de um tipo bom, que visava não só a satisfazer seus próprios desejos de beleza, mas também os do público. Eles se importavam com o que o florentino comum pensava sobre as obras que encomendavam. Talvez essa fosse a maneira deles de se manterem favoráveis e assim garantirem sua posição no topo. Quem se importa? Todos se beneficiavam. Nesse aspecto, o mundo das artes era mais democrático na Florença renascentista do que hoje, em que o julgamento da qualidade da arte fica nas mãos de alguns críticos e donos de galeria. Nós separamos o mundo da arte do mundo.

Os bons patronos fazem mais do que assinar cheques. Eles inspiram. Eles desafiam. Os Médici encorajavam ativamente os artistas da cidade a correr riscos e faziam enormes apostas que, apesar de parecerem inteligentes hoje, na época eram absolutamente imprudentes.

Os Médici não só toleravam a inovação. Eles a exigiam, explica Eugene. "Essas pessoas tinham mais dinheiro do que Deus. Elas queriam o melhor do melhor do melhor. E quando elas já tinham o melhor do melhor do melhor, elas queriam algo diferente, então mandavam as pessoas inventar." Os Médici, em matéria de gosto, não eram nada diferentes dos outros florentinos, apenas mais ricos e, portanto, mais capazes de reunir aquilo que o humanista Matteo Palmieri chamou de *per bellezza di vita*, "todas aquelas coisas necessárias para embelezar a vida". Esqueça *la dolce vita*. Em Florença, a vida não era doce. Ela era (e é) bonita.

Os Médici não eram colecionadores de arte sem noção, fazendo isso pelo prestígio. Eles *manjavam* de arte. Qualquer um que faça a observação, como fez o patriarca do clã, Cosme de Médici, de que "todo pintor pinta a si mesmo" é claramente uma pessoa que tem uma profunda compreensão da criatividade. Uma relação curiosa, baseada na intuição, desenvolveu-se entre Cosme e os artistas da cidade. Cosme não precisava pedir uma determinada estátua ou pintura; os artistas, como Donatello, "adivinhavam pela menor indicação tudo o que Cosme desejava".

Cosme foi o Bill Gates de sua época. Passou a primeira metade da vida ganhando sua fortuna e a segunda metade distribuindo-a. Ele achava a segunda metade muito mais gratificante, e uma vez confidenciou a um amigo que seu maior arrependimento era não ter começado a distribuir sua riqueza dez anos antes. Cosme reconhecia o que o dinheiro é: energia em potencial, com um prazo de validade limitado. Gaste-o ou veja-o diminuir lentamente, como o balão do aniversário de ontem.

Sob o fluxo constante da patronagem dos Médici, os artistas tinham liberdade para buscar suas paixões sem se preocupar com dinheiro. Isso valia especialmente para os favoritos da família, como Donatello, que guardava seu dinheiro em um cesto em cima de seu estúdio e dizia a seus assistentes e amigos para servirem-se à vontade. Poucos cederam à tentação. A Renascença proclamou o nascimento do artista morto de fome. Michelangelo levava uma vida quase de monge. Mesmo após alcançar riqueza e fama extraordinárias, ele sobrevivia à base de uma única casca de pão e jarra de vinho por dia. Ele raramente se lavava e frequentemente dormia de botas. Renunciando às amizades e ao amor romântico, ele viveu por sua arte e nada mais.

"Dinheiro, o dinheiro em si, a posse do dinheiro, não tinha sentido nenhum para ele", conta Eugene entre goles do que já é seu terceiro expresso. "Ele não ligava para dinheiro. Quando morreu, encontraram uma caixa debaixo de sua cama com dinheiro suficiente para comprar Florença inteira." Michelangelo foi o primeiro artista atormentado do mundo. "Minha alegria é a melancolia", disse ele, uma declaração que mais tarde se tornaria o lema não oficial de inúmeras gerações de artistas taciturnos que só se vestem de preto.

Na verdade, quando se trata da relação entre a genialidade pessoal e riqueza pessoal, a Oração de Agur dá o melhor conselho: "Não me dê nem pobreza, nem riqueza". Ao longo da história, a grande maioria dos gênios saiu das classes média e média-alta. Eles tinham dinheiro suficiente para irem atrás de suas paixões, mas não tanto que caíssem em complacência.

Nós chegamos ao auge de nossa inovação quando temos algo que nos contrarie. A criatividade não requer condições perfeitas. Na verdade, ela prospera em condições imperfeitas. O bloco de mármore no qual Michelangelo esculpiu sua obra de arte, o *David*, havia sido rejeitado por outros artistas. Eles o consideraram defeituoso, e estavam certos. Mas Michelangelo viu esse defeito como um desafio, não um impedimento. E embora a maioria dos gênios não tenha crescido com falta de comida ou necessidades básicas, um pouco de pobreza ajuda; ela nos força a flexionar novos músculos mentais. Ou, como exclamou o médico Ernest Rutherford: "Nós não temos dinheiro, então teremos de pensar!".

Mas por que os Médici gastaram uma parte tão grande de sua fortuna em arte? Será que eles eram simplesmente pessoas melhores que nós — ou existe alguma outra explicação? É útil pensar em uma época de ouro como a cena de um crime. Tudo se resume a oportunidade e motivo. Os Médici certamente tinham oportunidade de sobra: eram cheios da grana. Qual era seu motivo?

A resposta, mais uma vez, está naquela moedinha de ouro, diz Eugene. Os florentinos idolatravam os antigos gregos, mas achavam algumas de suas ideias inconvenientes. Platão, por exemplo, não aprovava a usura, assim como Aristóteles, que afirmava que o dinheiro, por ser um objeto inanimado, não deveria se reproduzir. No entanto, foi exatamente dessa maneira que os Médici acumularam sua fortuna. Eles multiplicavam dinheiro. Sem dúvida eles sentiam pontadas de culpa sobre isso e temiam que pudessem passar a eternidade no Inferno. Naquela época, o Inferno não era um medo abstrato, uma metáfora para uma situação ruim ou um dia excepcionalmente quente. Era um lugar muito real, e você não iria querer passar nem um fim de semana lá, muito menos a eternidade. O que fazer? Felizmente, a Igreja ajudou com um novo arranjo: o Purgatório. Durante o expresso de número quatro, Eugene explica:

"Chama-se indulgência. Um dia, a Igreja anuncia: 'Estamos vendendo indulgências. Faremos um acordo. Banque toda essa linda arte e arquitetura e nós veremos o que podemos fazer sobre esse negócio de eternidade no Inferno. Vamos começar fazendo as contas. Vamos ver. Vocês constroem um lindo altar. Pelos nossos cálculos, podemos tirar 80 mil anos da sua temporada no Inferno e passar vocês para o Purgatório.'"

"Parece um ótimo negócio. Onde eu assino?"

"Exatamente. Então o Purgatório foi um dos motivos pelos quais essas coisas foram construídas."

Para ser justo, não foi o único motivo — como eu disse, os Médici apreciavam de verdade a beleza por si só —, mas não dá para ignorar a força do Purgatório. A família mais rica da Itália, quiçá do mundo, mostrou-se exímia em "perfumar uma fortuna com o sopro da arte", como colocou o historiador Will Durant de maneira tão maravilhosa. Era a arte como penitência. O Renascentismo, como todas as grandes realizações humanas, foi impulsionada em parte pela mais antiga e poderosa das forças: culpa.

A dinastia Médici chegou ao ápice com o neto de Cosme, Lourenço, mais conhecido como Lourenço, o Magnífico. Ele realmente fazia jus a seu nome exagerado. Lourenço cuidava dos assuntos de Estado de maneira habilidosa, mas seus verdadeiros amores eram a arte e a filosofia. Ele também era um ótimo poeta, bem parecido com os poetas-governantes da velha Hangzhou. Acima de tudo, porém, ele era um caça-talentos como nenhum outro.

Um dia, Lourenço está observando os artesãos no jardim dos Médici, um centro de treinamento para novos talentos, quando um garoto de no máximo catorze anos chama sua atenção. O garoto está esculpindo um fauno, um deus romano que é metade homem e metade cabra.

Lourenço fica impressionado com o refinamento do trabalho, especialmente para um entalhador tão jovem. O menino, trabalhando a partir de um modelo antigo, havia criado uma réplica perfeita. Ele até deu ao fauno uma risada maliciosa e abriu sua boca, revelando um monte de dentes ferozes.

"Você fez este fauno muito velho, porém o deixou com todos os dentes", provoca Lourenço. "Você não sabe que os velhos sempre têm dentes faltando?"

O menino fica arrasado. Como ele pôde deixar passar um detalhe tão importante assim? E isso ter chamado a atenção do homem mais poderoso de Florença, ainda por cima. Assim que Lourenço foi embora, o menino se pôs a trabalhar. Ele tirou um dente superior, perfurando a gengiva para dar a impressão de cárie.

Lourenço voltou no dia seguinte e riu de felicidade. Ele ficou impressionado — não só com o talento óbvio do menino, mas também com sua determinação de "acertar". Lourenço convidou o garoto para morar em sua residência, para trabalhar e aprender junto com seus próprios filhos. Essa decisão, explica Eugene, foi simplesmente extraordinária.

"Ele é um menino, apenas um menino. Um zé-ninguém. E Lourenço diz: 'Olhe, garoto, acho que você leva jeito. O que quer fazer? Quer ser pintor? Ok, aqui está um bloco e aqui está o lápis. Desenhe. Quer ser escultor? Aqui tem um pedaço de pedra. Tome aqui o martelo e o formão. Aqui está uma escultura romana para aprender. E aqui estão os melhores professores.' É como se o menino tivesse ganhado o *X Factor*."

A generosidade de Lourenço foi muitíssimo recompensada. O garoto, Michelangelo Buonarroti, realmente iria longe.

O que essa história nos diz sobre a genialidade que aconteceu em Florença? Hoje, Michelangelo é mais famoso que seu benfeitor, mas talvez Lourenço mereça a maior parte do crédito. Se ele não tivesse parado para examinar o trabalho de um jovem entalhador, "um zé-ninguém", se não tivesse reconhecido o gênio incipiente naquele garoto, e se não tivesse agido de maneira ousada para cultivá-lo, nós não conheceríamos o nome Michelangelo.

Jamais saberemos o que teria acontecido se Lourenço tivesse escolhido outro menino em vez de Michelangelo. A genialidade é como uma reação química. Ao mudar uma única molécula, tudo muda. O que sabemos é que os gênios de Florença não apareceram por acidente. Eles foram o resultado natural de um sistema — um sistema informal, às vezes caótico, mas ainda assim um sistema — que reconhecia, cultivava e, sim, reverenciava o talento. Esse sistema não era restrito a patronos abastados como os Médici. Ele se estendia profundamente até o mundo bagunçado e sujo de um estabelecimento fundamentalmente florentino: a *bottega*.

Bottega significa, literalmente, oficina, mas a palavra não faz jus ao papel que ela desempenhou na Renascença. A *bottega* era onde novas técnicas eram testadas, novas formas de arte eram criadas e, crucialmente, novos talentos eram desenvolvidos.

Dezenas, senão centenas, de *bottege* surgiram na Florença renascentista. Nenhuma, porém, foi tão notável quanto a de um homem rechonchudo de nariz largo chamado Andrea del Verrocchio. Um artista sem brilho, Verrocchio ainda assim foi um mentor e negociante esplêndido. Se alguém sabia como converter dinheiro em genialidade era Andrea del Verrocchio. Sua oficina tinha, entre seus clientes, os estratos mais altos da sociedade florentina, inclusive os próprios Médici. Mas a concorrência era forte, e Verrocchio, cujo nome significa "olho verdadeiro", estava sempre à procura de novas técnicas e novos talentos.

Toda era de ouro tem seus multiplicadores. São pessoas cuja influência supera em muito sua própria produção artística. Cézanne influenciou montes de pintores parisienses, muito embora seu próprio trabalho não fosse amado pelo público. Lou Reed é um exemplo mais contemporâneo de multiplicador. O álbum de estreia de sua banda, o Velvet Underground, vendeu apenas 30 mil cópias. Mas, como disse Brian Eno, exagerando só um pouquinho, "todo mundo que comprou um desses 30 mil discos começou uma banda". A influência de Reed na cena musical não pode ser medida apenas por vendagem de discos.

Verrocchio foi o Lou Reed da Renascença. Sua oficina explica mais sobre essa época incrível do que todas as obras na Uffizi. Foi entre as paredes espirradas de tinta da oficina que alguns dos maiores artistas de Florença começaram, inclusive um jovem interiorano canhoto, desajustado e promissor chamado Leonardo da Vinci.

Peço a Eugene para me ajudar a encontrar Verrocchio, ou pelo menos o local de sua antiga oficina. Tenho esperanças de que alguma coisa da essência do local ainda permaneça. Isso acaba sendo mais difícil do que eu imaginava. A oficina de Verrocchio não foi transformada em um museu-butique. Ao contrário de Michelangelo, ele não tem uma salada ou um perfume com seu nome. Não é a primeira vez que eu me admiro com o tanto que cidades históricas como Florença se esforçam para preservar e celebrar os produtos de suas épocas de ouro, mas permitem que as fontes desse ouro definhem, sem registro e sem amor.

Meu mapa de Florença é inútil. Nem o grande Eugene consegue encontrar a oficina de Verrocchio. Paramos em uma pizzaria para pedir informações. A moça atrás do balcão acha que somos loucos. Dá para perceber pela maneira que arregala os olhos. É óbvio que ela nunca ouviu falar de Verrocchio nem de sua *bottega*, e pela maneira que seus olhos esbugalhados estão correndo pelo salão, suplicantes, está claro que ela deseja que façamos nossas perguntas malucas em outra freguesia. Ela tem pizza para servir.

As ideias de Eugene acabaram. Estamos sem saída. Felizmente, um passante escuta nossa conversa e, por altruísmo, ou por pena, oferece ajuda. Desça aquela rua, depois vire à direita, ele diz. É lá que vamos encontrar a oficina de Verrocchio.

Eugene e eu descemos uma rua estreita de pedra, passando por ambulantes vendendo tripa, uma iguaria local, e um aglomerado de bares e cafés, cada um mais perfeito que o outro. Pela primeira vez, eu não aperto os olhos. Não é preciso. A Florença de hoje não é tão diferente da Florença da época de Verrocchio. Claro, naquela época havia mais verde e menos ônibus de turismo. Também não havia café nem pizza. Esses dois itens básicos da vida italiana moderna ainda não tinham chegado. Havia muitas lojas e bares de vinho, porém. Verrocchio e seus aprendizes eram fregueses frequentes desses estabelecimentos, às vezes tomando quatro ou cinco copos antes do desjejum. É de se admirar que conseguiam trabalhar.

As instruções que recebemos acabam sendo inúteis. Perambulamos mais um pouco, entrando em uma rua sem saída após a outra, até finalmente desistirmos. De certo modo, diz Eugene, o local exato do prédio não importa. Naquela época, a oficina de Verrocchio não se destacaria. Seria apenas mais uma loja suja, enfiada entre um açougue e um sapateiro. Um estabelecimento térreo que se abria diretamente para a rua, para o caos de crianças brincando, cachorros latindo e animais variados vagando livremente. A entrada era estreita, mas depois de entrar você perceberia como o prédio era fundo. (Até hoje os florentinos gostam de dizer que sua arquitetura reflete sua personalidade: entradas estreitas que dão para interiores profundos.)

"Como era do lado de dentro?", pergunto. "O que veríamos?"

"Você consegue imaginar o ateliê de um artista em Paris ou Nova York?", pergunta Eugene.

"Tá. Imaginei."

"Ótimo. Agora apague essa imagem da sua mente. A oficina de Verrocchio não tinha nada a ver com isso. Era uma fábrica."

Uma fábrica? Eu achava que esses eram lugares de arte elevada, de genialidade. Eugene trata logo de me desiludir dessa ideia.

As oficinas eram barulhentas. O barulho dos martelos na madeira ou na *pietra serena*, a pedra cinza da Toscana, misturava-se ao das galinhas cacarejantes, pois seus ovos eram necessários para fazer a têmpera usada como tinta, antes do advento da tinta a óleo. As salas eram abarrotadas de enormes tábuas de madeira — principalmente álamo, mas também as castanheiras caras para projetos especiais. A madeira precisava ser tratada para não empenar e depois poder ser colada. A cola para essa tarefa vinha de coelhos, então acrescente coelhinhos a esse zoológico. E alguém precisava limpar a sujeira desses bichos todos. Esse trabalho nada invejável recaía sobre os novatos, tal como um jovem aprendiz chamado Leonardo da Vinci.

Na verdade, a *bottega* se parecia mais com uma fábrica exploradora do que com ateliê de artistas. O pior de tudo é que os aprendizes não eram pagos. Eles é que tinham que pagar aos donos da *bottega* pelo privilégio de serem explorados ali.

"Não consigo acreditar", digo a Eugene. "Isso não é escravidão?"

"Hoje em dia nós os chamamos de estagiários." Como em um estágio moderno, as *bottege* proporcionavam uma entrada na carreira, de acordo com Eugene. "Se você demonstrasse talento, subia de posto. Parava de limpar o galinheiro para recolher os ovos, depois para quebrar os ovos. Em seguida você podia se tornar o cara que mistura as cores." Quem trabalhasse duro e mostrasse talento era promovido.

Pergunte a Verrocchio, contudo, se ele estava no ramo de produção de gênios e ele com certeza riria. Gênios? Ele estava no ramo dos negócios. O que seus clientes quisessem — uma máscara mortuária ou mais uma Madona (o auge da breguice nas igrejas) — Verrocchio e seus lacaios fariam. O que não quer dizer que aceitassem cada trabalho com o mesmo entusiasmo. Eles prefeririam clientes com bom gosto, mas negócios eram negócios.

Nada era ensinado na oficina de Verrocchio, mas se aprendia muita coisa. Era educação por osmose. Imersão total. O jovem aprendiz muitas vezes morava no mesmo prédio que seu mestre, fazia suas refeições com ele e às vezes até recebia seu sobrenome.

Os protegidos de Verrocchio não aprendiam "pensamento criativo". A genialidade não existe de forma abstrata, assim como o amor não existe de forma abstrata. Essas inclinações humanas precisam de um objeto para a sua atenção, algo a que possam se devotar. "A criatividade não é um simples resultado de tipos especiais de pensamento", escreve o psicólogo Richard Ochse. "Ela requer que se pense sobre conteúdos especiais, sobre questões importantes."

O problema com muita coisa que chamam de "treinamento de criatividade" em retiros corporativos hoje em dia é que eles começam com a suposição de que a criatividade é uma habilidade avulsa que pode ser ensinada sozinha. Não pode, assim como não se pode ensinar esporte. Você pode ensinar tênis. Pode ensinar basquete. Não dá para ensinar esporte.

É aí que mentores como Verrocchio entram em cena. Eles são uma peça muito importante da criatividade. Até as mentes mais brilhantes precisam de modelos para seguir, gigantes em cujos ombros possam se apoiar. Em um extenso estudo com 94 ganhadores do Nobel, a socióloga Harriet Zuckerman descobriu que a maioria atribuía seu sucesso a um importante mentor em suas vidas. Mas quando perguntados de que maneira eles se beneficiaram dessas relações, o conhecimento científico ficou em último lugar. Então o que eles aprenderam com seus mentores?

A melhor resposta é a maneira de pensar. Não as respostas, mas as formas de formular perguntas. Uma espécie de criatividade aplicada. Normalmente, pensamos na criatividade estritamente como solução de problemas. Recebemos um enigma difícil e utilizamos nossas "habilidades criativas" para solucionar o problema. Isso é admirável, mas e se não soubermos qual problema estamos tentando solucionar?

É aí que entra a "descoberta de problemas". Os solucionadores de problemas respondem a perguntas. Os descobridores de problemas descobrem novas perguntas, e *depois* as respondem. São essas novas perguntas, mais até do que as respostas, que diferenciam o gênio. É por isso que Picasso uma vez brincou: "Computadores são idiotas. Eles só dão respostas".

Talvez o melhor exemplo de descobridor de problemas seja Darwin. Ninguém chegou para ele e disse: "Charles, por favor, invente uma teoria da evolução". Ele *descobriu* o problema — semelhanças inexplicadas entre espécies diferentes — e o solucionou com uma teoria unificadora. Tudo isso aconteceu dentro do campo escolhido, a biologia, não em um exercício solto de pensamento criativo.

Você não precisa ser Darwin para desenvolver a habilidade de descobrir problemas. Em um importante estudo, o psicólogo Jacob Getzels e um colega observaram 31 estudantes de arte fazendo uma tarefa aberta: desenhar com um determinado grupo de objetos. Só isso. Eles não receberam mais nenhuma instrução. Getzels notou que alguns artistas passavam mais tempo explorando — manipulando os objetos, testando novas configurações. Esses artistas, empenhados em profundas descobertas de problemas, produziram os trabalhos mais criativos. Continuando o estudo dezoito anos mais tarde, Getzels constatou que esses mesmos artistas, os descobridores de problemas, tiveram mais sucesso que os solucionadores de problemas. Os problemas que descobrimos por conta própria são os que nos motivam mais.

Leonardo da Vinci era um descobridor de problemas. Os problemas também o encontravam. Ele era um "filho ilegítimo", nascido fora do casamento de um tabelião chamado Ser Piero. Um número impressionante de artistas da Renascença era ilegítimo, incluindo Alberti e Ghiberti. Para eles, assim como para Leonardo, isso foi ao mesmo tempo uma maldição e uma bênção. Se tivesse nascido "legitimamente", Leonardo provavelmente teria seguido os passos de seu pai e se tornado tabelião ou advogado. Mas as associações dessas profissões proibiam a entrada de filhos ilegítimos. Leonardo não poderia se tornar médico ou farmacêutico, nem frequentar a universidade. Aos treze anos, a maioria das portas já estavam fechadas para ele. Obstáculos foram colocados, e ele reagiu a eles. Mais uma vez, o Poder das Limitações em ação.

Mas Leonardo tinha algumas coisas a seu favor. Ele foi criado como filho único, e pesquisas mostram claramente que filhos únicos têm mais probabilidades estatísticas de se tornarem gênios. Os psicólogos não sabem ao certo o porquê, mas desconfiam que seja porque os pais dão mais recursos a eles e tendem a tratá-los como pequenos adultos, não crianças indefesas.

Felizmente, também, o pai de Leonardo tinha algumas conexões em Florença. Uma delas era Verrocchio. Um dia, Ser Piero mostrou a ele alguns desenhos de Leonardo, pensando que não tinha nada a perder. Verrocchio, reza a lenda, ficou sem palavras, "impressionado com o início promissor, e pressionou Piero a deixar o menino estudar arte", relata Giorgio Vasari, o grande biógrafo dos artistas renascentistas. E assim foi feito.

O adolescente Leonardo, ainda não testado e de linhagem suspeita, sem dúvida encontrou vários obstáculos na oficina de Verrocchio. Por ser o empregado mais recente, ele foi relegado às tarefas ingratas de limpar os galinheiros e varrer o chão. Ele deve ter feito bem essas tarefas, pois logo foi promovido a trabalhos mais desafiadores como colar madeira ou misturar pigmentos. Sua ascensão na escada da *bottega* não parou por aí.

"Deixa eu te mostrar uma coisa", diz Eugene. Estamos agora sentados em um de seus cafés favoritos, bebendo vinho e curtindo o curtir. Ele abre uma foto em seu iPad, uma pintura de Verrocchio chamada *Tobias e o Anjo*. Ela mostra um anjo, com auréola e asas, e um menino chamado Tobias de mãos dadas, e Tobias olhando admiradamente para o anjo.

"Muito bom", digo, e logo percebo que isso deve ter soado bastante idiota. Não foi exatamente a crítica de arte mais cheia de nuances.

"Sim, mas preste atenção no peixe."

Eu não havia reparado antes, mas lá estava, Tobias carregando um peixe, recém-pescado e pendurado em uma linha. Eu olho mais de perto e, até para meus olhos amadores, o virtuosismo é óbvio. O peixe é pintado de maneira especial; cada escama com detalhes de uma precisão incrível.

"Uau", digo, em mais uma bela demonstração de erudição. "Isso é bom."

"É, sim. Bom demais para Verrocchio."

Talvez ele estivesse em um dia especialmente bom, eu digo. Acontece. A jogadora da 300ª posição desconcerta a Serena Williams. Um escritor dado a clichês solta uma passagem de prosa shakespeariana.

Não, diz Eugene. O peixe parece bom demais para Verrocchio porque *é* bom demais. Ele não o pintou. Foi seu jovem assistente Leonardo da Vinci que, na época, estava com dezoito anos.

Vamos parar e contemplar isso por um instante. Verrocchio era um homem de negócios, mas também era artista e bastante orgulhoso.

Entretanto, ele concordou em permitir que essa criança jovem e sem comprovação, de um pequeno vilarejo, pintasse uma figura importante em seu quadro. Por quê? É claro que Verrocchio reconheceu o talento florescendo no jovem Leonardo. Então ele deixou de lado seu ego e deixou seu protegido contribuir com sua obra — não segurando seus pincéis nem pegando uma taça de vinho, mas sim metendo o pincel na madeira (a tela de lona ainda estava a anos de distância).

Vamos fazer uma pausa e considerar a magnitude desse gesto. Você consegue imaginar Hemingway deixando seu assistente escrever algumas frases curtas para *O Velho e o Mar*? Ou Mozart deixando um subalterno compor alguns compassos do *Réquiem*? No entanto, esses esforços colaborativos eram comuns nas oficinas de Florença.

O Renascentismo foi muito mais um trabalho em equipe do que pensamos. Sim, algumas estrelas brilharam mais, mas eram parte de uma constelação muito maior, e de um céu grande. A arte era uma empreitada coletiva; ela pertencia a todos. Nenhum artista florentino, nem mesmo o egocêntrico Michelangelo, criava apenas para si mesmo. Os artistas criavam para a cidade ou para a Igreja, ou para a posteridade. A verdadeira genialidade nunca é um negócio totalmente privado. Ela é sempre pública. Ela é sempre maior que si mesma.

Leonardo e seus companheiros não entenderiam termos como *criação em equipe*, mas essencialmente é isso que estavam fazendo. Ao contrário do ambiente corporativo moderno, porém, o processo que se desdobrava na oficina de Verrocchio era totalmente orgânico. Vivendo e trabalhando amontoados, era inevitável que eles se conhecessem. Eles não estavam sendo criativos. Eles só estavam existindo.

Um emprego em uma oficina, assim como um estágio hoje em dia, não durava para sempre. Tipicamente, um aprendiz seguia seu próprio caminho após alguns anos, supondo-se que fosse bom o suficiente. Leonardo era evidentemente bom o suficiente, mas escolheu ficar na oficina de Verrocchio por mais dez anos. Por quê? Esse é um dos grandes mistérios da Renascença. Será que ainda estava aprendendo? Será que ele e Verrocchio eram amantes, como defendem alguns historiadores? Talvez Leonardo, apesar de seu talento óbvio, não fosse nenhum rebelde. (Os contemporâneos de Leonardo o descrevem como um "aluno perfeitamente dócil".) Talvez ele tenha ficado simplesmente porque estivesse confortável.

Eugene e eu nos mudamos para uma daquelas *trattorias* perfeitas que havíamos avistado antes. Tomando uma jarra do Chianti da casa, ele revela sua própria teoria sobre Leonardo ter ficado na oficina.

"Era porque ele era muito inteligente e disperso. Ele atirava para tudo que é lado. Não terminava as coisas. Se tivesse saído por conta própria, teria morrido de fome. Ele era um péssimo homem de negócios. Não sabia como conseguir trabalho e, se conseguisse, não saberia como terminá-lo, porque começaria a pintar e depois, de repente, sairia para estudar outra coisa. Ele tinha transtorno de déficit de atenção com hiperatividade (TDAH) renascentista."

Os cadernos de Leonardo confirmam esse diagnóstico. Eles revelam um homem com tendência à distração e a dúvidas debilitantes. "Diga-me se alguma coisa já foi alcançada; diga-me... diga-me se eu já fiz qualquer coisa que...", escreveu ele, diversas vezes, enquanto testava uma nova pena ou quando a melancolia batia. A oficina fornecia a Leonardo estrutura e disciplina, qualidades que lhe faltavam. De certo modo, Verrocchio é que era o verdadeiro homem renascentista, não seu aprendiz. Ele possuía todas as qualidades que fizeram a época de ouro: diligência, sagacidade nos negócios, dotes artísticos. Ele tinha tudo. É verdade que não atingia as mesmas notas que seu protegido, mas tinha as habilidades empresariais que faltavam a Leonardo. Ele e Leonardo foram *cogênios*. Por um tempo.

Por mais importante que o mentor seja para a criatividade, é um papel ingrato. O mentor é como o catalisador de uma reação química. Crucial, sim, mas pouco valorizado, como qualquer químico pode constatar. Uma vez que as moléculas se rearranjaram, nenhum resquício do catalisador é detectado. Então não posso dizer que foi uma enorme surpresa descobrir que, entre as milhares de páginas dos cadernos de Leonardo da Vinci, o nome de Andrea del Verrocchio não aparece nem uma vez sequer.

Estou me sentindo insatisfeito com meu progresso. Sim, fiz alguns avanços significativos. Aprendi que mentores são importantes, assim como dinheiro (de preferência de outras pessoas) e limites. Mas as questões incômodas continuam a, bem, incomodar. O que exatamente fez essa cidade pantanosa, alagadiça e infestada de peste brilhar como nenhuma outra? Será que foi "riqueza e liberdade", os dois ingredientes que Voltaire julgou indispensáveis para qualquer era de ouro? Ou será que existe algum outro componente, algum molho secreto, que deixei passar?

Eugene pensa um instante. Dá para saber que ele está pensando porque não está falando. Com Eugene só existem essas duas coisas, falar e pensar. Nunca os dois ao mesmo tempo. Finalmente, ele diz: "*Sprezzatura*. Florença tinha muita *sprezzatura*".

"Que pena. E eles não tinham antibióticos na época."

Não, diz Eugene com um sorriso. *Sprezzatura* é uma coisa boa. Significa, literalmente, um "esguicho de algo a mais". *Sprezzatura* é o que separa uma boa comida de uma que será lembrada pelo resto da sua vida. *Sprezzatura* é o que diferencia o jogador da décima quinta posição e Roger Federer. E *sprezzatura* é o que separou Florença de Siena, Pisa, Flandres e todos os outros centros europeus da época. Sim, o dinheiro ajudou, mas "sem esse jato de algo a mais o dinheiro não vai te levar a lugar nenhum", de acordo com Eugene.

Eu gosto dessa *sprezzatura*. Tem algo meritocrático nela. Nós acreditamos que os gênios são fundamentalmente diferentes do restante das pessoas. Deuses que desceram dos Céus para nos agraciar com seus dons raros. Mas talvez isso não seja verdade. Talvez tudo que nos separe deles seja muito trabalho duro e um pouco de *sprezzatura*. Mas como é que uma cidade inteira acabou inundada por isso? Eugene timidamente insinua que eu encontrarei as respostas em um lugar chamado Palácio Pitti, e depois se serve mais uma taça de Chianti.

O palácio fica a poucos metros do meu hotel. Passei por ele várias vezes e me perguntei que monstruosidade é essa? Enquanto a maioria dos prédios de Florença é um exemplo de sofisticação recatada, o Palácio Pitti é enorme e extravagante. Um *emoticon* arquitetônico.

O palácio foi construído para o banqueiro Luca Pitti, um caipira arrogante, de acordo com todos os relatos. Pitti tinha quase tanto dinheiro quanto Cosme de Médici, mas nem de longe o mesmo bom gosto. Não é surpresa que os dois homens se odiavam. Cosme, em uma carta sucinta a seu rival, sugeriu que eles se evitassem, "como dois cachorros grandes, que se cheiram quando se encontram, mostram os dentes e depois seguem seus caminhos". Pitti não acatou o conselho de Cosme e continuou tentando derrubá-lo. Ele não conseguiu.

Mas seu palácio persiste, um monumento ao excesso. Subo um lance de escadas de mármore, passo por tetos abobadados e entro em um salão quase do tamanho de um campo de futebol. É acarpetado e completamente sem mobília. Pendurados no teto estão cerca de uma dúzia de lustres exagerados; nas paredes há frisos enormes de cupidos, águias e leões, intercalados aleatoriamente com espelhos de seis metros de altura e molduras douradas. Ao passar por um corredor, admirando as imitações de *David*, passando os ladrilhos decorados e as tapeçarias enfeitadas, finalmente percebo o que Eugene quis dizer quando falou que o Renascentismo era bonito demais para ele. Ele quis dizer no sentido de rebuscado demais, exagerado.

Também entendo o que ele quis dizer com seu pronunciamento ainda mais blasfemo de que "muita merda foi produzida durante o Renascentismo". Na hora eu protestei, mas Eugene não recuou. A era que consideramos o ápice da criatividade humana também produziu um monte de arte ruim e ideias ruins.

Isso vale para muita gente que hoje é celebrada como genial. Edison tinha 1.093 patentes, a maioria para invenções totalmente inúteis. Das 20 mil obras de Picasso, a maioria estava longe de ser uma obra-prima. Quanto à literatura, W.H. Auden observou: "Durante o curso de sua vida, o grande poeta escreverá mais poemas ruins do que o poeta inferior".

O motivo disso é simples. Quanto mais você tenta acertar o alvo, mais probabilidades terá de atingir o centro, mas acumulará mais erros também. Os acertos acabam em museus e estantes das bibliotecas, não os erros. O que, se pensarmos a respeito, é uma pena. Isso alimenta o mito de que os gênios acertam de primeira, que eles não cometem erros, quando, na verdade, eles erram mais que o restante de nós.

O que Aristóteles me disse lá em Atenas? "Arqueólogos amam erros. Eles revelam o processo." Ele tem razão. Uma estátua perfeitamente trabalhada não diz nada aos arqueólogos sobre como foi feita. Os erros lançam luz sobre o confuso mundo do gênio criativo e desmentem o mito do artista imaculado: o escritor que bate um primeiro rascunho perfeito, o pintor que, com uma taça de vinho numa mão e pincel na outra, joga um pouco de tinta na tela e — *voilà!* — uma obra-prima. Mentiras, todas elas.

O que o mundo precisa, decido eu, é de um Museu das Merdas. Ou, se preferir algo mais censura livre, um Museu dos Erros. Uma instituição dessas prestaria um serviço valioso de utilidade pública. Os visitantes poderiam ver um salva-vidas do *Titanic*, a espada real que Napoleão usou na batalha de Waterloo, uma lata original de New Coke, além de uma Betamax restaurada com carinho. As possibilidades da lojinha são infinitas. Camisetas repletas de erros de digitação, cartuchos de fita, uma coleção completa de álbuns do Michael Bolton. É claro que eu posso estar errado sobre o Museu dos Erros, mas minha própria crença errônea podia se tornar uma das exibições. É essa a beleza do Museu dos Erros: ele abrange tudo.

Até meu museu ser construído, terei de me conformar com o Palácio Pitti. Ele é berrante, mas instrutivo. Eu olho para as pinturas com mais atenção e noto algo que não percebera antes. Os retratos mostram pessoas, mas também uma quantidade enorme das coisas delas. Agora estou vendo a arte pelo que ela realmente é: uma desculpa mal disfarçada para exibir as posses dos donos. As primeiras inserções de produtos do mundo.

Um bom exemplo é a *Anunciação com Santo Emídio* de Crivelli. Aparentemente a pintura mostra uma cerimônia religiosa, mas como ressalta a historiadora de arte Lisa Jardine, na verdade é uma celebração de bens preciosos de lugares remotos. "Eis aqui um mundo que reúne alegremente tapetes de Istambul, quadros de tapeçaria da Espanha islâmica, porcelana e seda da China e tecidos de Londres."

Nós pensamos no Renascimento como uma época altiva, marcada por arte sublime e pensamentos profundos. Mas, ao contrário da antiga Atenas, também foi uma época incrivelmente materialista. A Renascença nos deu não só os primeiros gênios modernos do mundo, mas também os primeiros consumidores modernos. Esses dois fatos estão ligados.

Florença não foi um império no sentido tradicional — ela não tinha um exército efetivo nem frota naval. Era um "império de coisas", para usar uma frase de Henry James. Coisas lindas. "Aquele que não tem posses é considerado um mero animal", era uma expressão comum em Florença. Os florentinos eram incrivelmente materialistas, mas não eram — e esta é uma distinção crucial — materialistas grosseiros. Eles cuidavam de seus pertences de um jeito que nós não fazemos. Como salienta o filósofo Alan Watts, a nossa não é uma época genuína de materialismo porque "não tem o menor respeito pelo material. E o respeito, por sua vez, é baseado na admiração".

Os florentinos não viam nenhum conflito entre a busca de posses e a busca de conhecimento e beleza, pois não concordavam com nossas ideias equivocadas sobre a relação entre genialidade e o mundo material. Nós acreditamos que os gênios são necessariamente alheios ao mundo ao seu redor, e o professor distraído é a personificação desse conceito. Mas os gênios são mais ligados a seu ambiente que o restante de nós, não menos. Eles percebem coisas que nós não percebemos.

A criatividade não acontece quando nos afastamos no mundo material, e sim quando interagimos com esse mundo e toda a sua bagunça, de maneira mais autêntica e mais profunda do que estamos acostumados. Para as pessoas criativas não importa se seus arredores são bons ou ruins; elas tiram inspiração das duas coisas, sentem sabor em todas as coisas. Tudo é uma faísca em potencial.

A GENIALIDADE CUSTA CARO: FLORENÇA

Os florentinos não acumulavam objetos tanto quanto os celebravam. Eles ainda são notoriamente criteriosos (ou enjoados, se for menos generoso), com uma sensibilidade bem afinada para o que é diferente e requintado e um desdém visceral para o malfeito e o comum. Nada ofende mais suas sensibilidades do que algo que seja um pouquinho estranho. Um florentino prefere errar por um quilômetro do que por um centímetro.

Com certeza, penso eu, deve ter existido alguma coisa na cultura florentina que nutria suas sensibilidades estéticas. Mas o quê?

Encontro a resposta nas paredes. Todos os aposentos do Palácio Pitti são forrados com papéis decorativos marrons e turquesas, com uma sutil padronagem floral. Ninguém percebe o papel de parede, e por que deveriam? É apenas papel de parede, certo?

Errado. Nada disso existiria sem o papel de parede. Nenhuma das obras de arte luxuosas que enchem esse palácio, nem qualquer outro palácio ou museu espalhado pela cidade. Também não existiria Leonardo nem Michelangelo. Nem a Renascença. O império de beleza de Florença foi construído com base no papel de parede. Para ser mais exato, foi construído baseado no comércio de tecidos, a fonte de riqueza da cidade.

E daí?, você diz. *Que diferença faz como Florença ficou rica? Dinheiro é dinheiro.*

Na verdade, não é. Como uma nação acumula riqueza é mais importante do que quanto ela acumula. Serra Leoa é rica em diamantes, mas isso acabou sendo mais uma maldição do que uma bênção. Nações ricas em recursos naturais não são inovadoras por uma simples razão: elas não precisam ser. Florença não tinha diamantes nem petróleo, nem qualquer outra coisa, então as pessoas tinham de se valer de sua inteligência e iniciativa. Eles não tinham dinheiro, então tinham de pensar.

O comércio de tecidos não era uma escolha natural para Florença. Ela precisava importar todas as matérias primas — tecidos da Inglaterra, corantes do Afeganistão. Os comerciantes de Florença viajavam para toda parte procurando pelos materiais mais finos, visitando depósitos e bancos. Suas viagens os expuseram a estranhas ideias novas, e essas ideias os acompanhavam de volta para casa, junto com os tecidos e os pigmentos.

Um toscano chamado Leonardo Bonacci, trabalhando na cidade de Bugia, na Ásia Menor, foi o primeiro a ficar sabendo dos números arábicos (na verdade, de origem indiana). Os florentinos, que, como a maioria dos europeus, ainda estavam usando os algarismos romanos, rapidamente adotaram o novo sistema e dominaram os cálculos exatos. Essa paixão pela precisão logo ganhou força. O Renascentismo italiano trouxe ao mundo não só obras-primas da arte e da literatura, mas também a contabilidade das partidas dobradas e o seguro marítimo. Essas inovações não foram coincidências históricas, separadas do mundo da arte. Elas estavam tão interligadas quanto a trama de uma fina echarpe de seda.

Os florentinos não segregavam os mundos da arte e do comércio. As habilidades adquiridas em um ramo se espalhavam para o outro. Até algo tão prosaico quanto um documento fiscal era exprimido em prosa floreada, com o auditor descrevendo as colinas ondulantes de uma fazenda ou o temperamento desagradável de um camponês grosseiro. Os contêineres para transporte não eram padronizados, então os comerciantes florentinos, por necessidade, dominaram a arte da medição — primeiro, medindo a capacidade de um contêiner; depois, medindo o realismo de uma pintura ou as proporções de uma estátua. A propensão do contabilista para a exatidão se transformou nas representações precisas do artista.

No entanto, apesar dessa queda pela precisão, os florentinos também eram ótimos jogadores. Eles jogavam jogos de azar nas ruas, desafiando abertamente tanto a Igreja quanto as autoridades. Até o ramo de seguros, que normalmente não é dos mais excitantes, era cheio de riscos e intrigas. Os agentes não tinham estatísticas ou tabelas atuariais para se fiar. Era uma aposta, pura e simplesmente.

Essa tradição de correr riscos se espalhou para o mundo da arte. Patronos ricos apostavam em cavalos improváveis. Um bom exemplo é Michelangelo e a Capela Sistina. Quinhentos anos depois, ele parece o homem perfeito para o serviço. Mas não na época. Michelangelo era mais conhecido como escultor, não pintor. Sim, ele tinha feito algumas pinturas, mas basicamente peças pequenas — pouca coisa de afrescos e nada nessa escala. No entanto, o Papa Júlio II escolheu Michelangelo para o trabalho. O papa estava aderindo à filosofia Médici de patronagem: escolha alguém que seja obviamente talentoso e lhe dê uma tarefa impossível — faça isso mesmo se ele parecer inadequado, *especialmente* se ele parecer inadequado.

Pense em como essa abordagem é diferente da nossa hoje. Nós só contratamos os candidatos para trabalhos após determinarmos que eles são a escolha perfeita. Só delegamos tarefas para aqueles que já demonstraram que podem fazer exatamente aquela mesma tarefa. Não tratamos o risco como algo nobre, uma dança com o universo, e sim como algo a ser evitado a qualquer custo, ou pelo menos reduzido a uma fração. E queremos saber por que não estamos vivendo em outra Renascença?

Risco e gênio criativo são inseparáveis. Às vezes, o gênio arrisca ser ridicularizado profissionalmente, e às vezes muito mais que isso. Marie Curie trabalhou com níveis perigosos de radiação até sua morte, e estava bem ciente dos riscos. A genialidade sempre vem por um preço. Algumas pessoas e alguns lugares estão mais dispostos a pagar esse preço do que outros.

Estou a fim de explorar mais a fundo esse estranho conceito de correr riscos com prudência, então pedi a Eugene para me encontrar no Museu Bargello. Logo nos vemos perdidos em um mar de beleza. Ele me garante que é uma beleza com propósito definido. Acho esse um conceito difícil de digerir. A beleza não é desproposital, e não é exatamente esse despropósito que achamos tão atraente?

Não, diz Eugene. A arte da Renascença, assim como a de Atenas, era funcional. Ela evoluiu para algo mais que isso, mas no começo ela era encomendada para um propósito definido: promover o cristianismo e, mais especificamente, a Igreja Católica. Ok. Faz sentido. A Igreja era uma instituição poderosa e, como todas as instituições poderosas, preocupava-se secretamente com sua imagem pública. Mas por que a arte?

"A maioria das pessoas era analfabeta, então como é que a Igreja poderia alcançá-las? Como ela poderia, por exemplo, descrever o nascimento de Jesus? Legendas não adiantam. É preciso transmitir sua mensagem apenas com símbolos visuais. Ou seja, com pinturas repletas de simbolismo."

Eu penso nisso, tentando afastar a inevitável e incômoda conclusão: a arte renascentista — amplamente aclamada como o ápice da realização humana — começou como simples propaganda.

"Há, sim, com certeza", diz Eugene, como se fosse a coisa mais óbvia do mundo.

Eu ressalto que a arte soviética também era propaganda, mas você não vê ninguém em enormes filas para vê-la.

"É porque era feia", diz Eugene.

Sim, lógico. A genialidade da Renascença não tinha nada a ver com conteúdo e tudo a ver com estilo, com forma. Não era *o quê*, e sim *como*. Os grandes artistas de Florença nos séculos XV e XVI não se afastaram da iconografia religiosa previsível — São Francisco pregando para os passarinhos, por exemplo —, mas retrataram esses antigos sucessos de uma maneira completamente nova.

"Eles começam a posar e a se mover como as pessoas reais", diz Eugene, apontando como o *David* de Donatello, nu e afeminado, faz uma pose perfeitamente natural, ao contrário das estátuas rígidas e inumanas dos tempos medievais. "Eles ainda usavam pedaços de pedra, mas de repente o pedaço de pedra se movia. Ele estava vivo", diz Eugene.

Esse foi um dos maiores saltos estéticos que a humanidade já fez. Mas como foi que isso aconteceu? Escultores como Michelangelo de repente acordaram um dia com uma compreensão inata da anatomia humana? Mike era extremamente talentoso, com um ótimo olho para as sutilezas da forma humana, mas não era nenhum super-herói. Ele não tinha visão de raio x. Não, só havia uma maneira de compreender o corpo humano: dissecando-o. Mas a "mutilação" de cadáveres era estritamente proibida pela Igreja. Michelangelo tinha um problema. Porém, essa era Florença, onde os problemas eram saudados não como visitantes indesejados, mas como amigos de longa data. As soluções estavam no ar, contanto que você soubesse onde procurar.

Um bom lugar para começar, Eugene havia sugerido, é a Basílica do Espírito Santo, e no dia seguinte vou andando até lá. Situada do lado "errado" do Arno, distante dos pontos principais, sua fachada cor de creme transmite uma simplicidade tranquila. Ela não é muito bonita.

Abro uma pesada porta de madeira e olho maravilhado para o teto abobadado, admirando a maneira como ele magicamente amplia a luz do sol que entra, fazendo todo o interior se acender. A arquitetura renascentista é, em seu âmago, um enorme foda-se ao estilo gótico opressivo que dominou a Idade Média. Construções góticas, pesadas e escuras, nos diminuem. A arquitetura renascentista, leve e arejada, eleva.

Um padre me orienta até uma pequena sala, a sacristia. Na parede há um grande crucifixo de madeira, quase em tamanho real. Na Itália, crucifixos são tão comuns quanto sorvete, mas este é diferente. Ele é — e por favor me perdoem pelo uso do termo técnico — melhor. Na maioria dos crucifixos, Jesus está virado de frente. Neste aqui, porém, o corpo parece se contorcer, "como se reagisse a um espírito interior", como colocou um historiador de arte.

O crucifixo que estou admirando quase se perdeu na história. Coberto com uma camada grosseira de tinta, obra de um artista desconhecido, ele apodreceu em um depósito durante décadas. Depois, nos anos 1960, uma historiadora de arte alemã chamada Margit Lisner viu algo naquele crucifixo descartado que os outros não perceberam. Lisner notou que a obra era mais antiga do que se pensava, e que muito provavelmente era magistral. Novos testes comprovaram que foi esculpido pelas mãos do jovem Michelangelo.

A GENIALIDADE CUSTA CARO: FLORENÇA

O que é mais fascinante no crucifixo não é seus méritos artísticos, mas sim sua finalidade. Ele foi um presente, uma nota de agradecimento. O jovem Michelangelo — ele não devia ter mais do que vinte anos — queria expressar sua gratidão à Igreja do Espírito Santo e em particular a seu dirigente, um padre chamado Nicholaio Bichellini. Por quê?

Cadáveres. Michelangelo precisava deles. A Espírito Santo tinha. O padre, correndo o risco de ser excomungado ou coisa pior, permitiu que Michelangelo fizesse suas dissecações à noite. Era um troço desagradável ("nojentas" foi como Eugene descrevera essas dissecações da madrugada. "Muito nojentas.").

Por que o padre deu permissão? Para que um oficial respeitado da Igreja se arriscaria tanto? Assim como os lendários comerciantes de Florença, ele deve ter feito alguns cálculos. Ele com certeza sabia que os florentinos, até nas melhores épocas, praticavam um cristianismo desanimado, e essa não era uma das melhores épocas. Ele com certeza também considerou o surgimento dos humanistas. Eles eram intelectuais seculares e pensadores livres, armados com textos antigos e perigosas ideias novas.

Por ser um homem prático, Bichellini também sabia que Michelangelo era protegido de Lourenço de Médici, o homem mais poderoso de Florença e benfeitor da Espírito Santo. Isso certamente entrou em seus cálculos. Finalmente, e o mais importante, como muitos florentinos o padre tinha um faro para talento. Ele deve ter percebido algo especial no jovem artista de comportamento grosseiro. Não necessariamente uma genialidade, ainda não, mas alguma coisa. No fim, ele correu o risco. Calculado, sim, mais ainda assim um risco.

O que a história de Michelangelo e os cadáveres da Espírito Santo nos dizem sobre a natureza da genialidade? Para começar, ela nos lembra que a genialidade é suja. Você precisa estar disposto a sujar as mãos. Não há substituto para a observação direta da natureza, e isso vale não só para as partes lindas, mas também para as nojentas.

Quanto a Bichellini, ele foi, assim como Aspasia de Atenas, um ajudante invisível. Mais uma vez, são pessoas que, embora não sejam geniais em si, facilitam o trabalho daqueles que são. Uma socialite que une pessoas de interesses díspares. Um dono de galeria de arte que aposta em um novo talento. E um padre respeitado disposto a botar tudo a perder para ajudar um jovem escultor que praticamente jorrava *sprezzatura*.

Onde há dinheiro, a concorrência nunca está distante, e a Florença renascentista não era exceção. Sim, os artistas colaboravam em alguns projetos, mas em meio a uma rivalidade feroz. Artistas competiam com artistas, patronos com patronos. Acima de tudo, Florença competia com suas vizinhas: Milão, Pisa, Siena e outras. Às vezes, essas rivalidades chegavam a guerras convencionais, mas na maioria das vezes elas se expressavam fora do campo de batalha. As cidades-Estados italianas brigavam pelo título de "mais culta", marcando uma das poucas vezes na história da humanidade em que uma referência diferente do poder militar ou econômico ditava as regras.

Uma dessas batalhas culturais deflagrou o próprio Renascimento. Pisa estava superando Florença em matéria de beleza, e os florentinos estavam decididos a fazer algo a respeito. A Renascença, um dos pontos altos da civilização ocidental, uma guinada histórica que criou tudo que consideramos moderno e bom, começou com uma picuinha da melhor espécie.

O ano era 1401, que não foi um bom ano para Florença. A cidade havia acabado de sair de mais um surto de peste bubônica. Tropas milanesas, enquanto isso, haviam fechado o cerco à cidade e estavam reunidas a apenas quinze quilômetros de suas muralhas. A economia da cidade estava em recessão. Por tudo isso, poderíamos pensar que este seria um bom momento para se preparar e fazer estoque de produtos congelados.

Mas não foi isso que Florença fez. Não, eles decidiram que seria o momento perfeito para se esbaldar com um pouco de arte. Especificamente, um conjunto de portas de bronze trabalhadas para o Batistério da Santa Maria del Fiore, a igreja mais importante da cidade e símbolo de suas aspirações culturais.

A cidade organizou um concurso para encontrar os melhores artistas para o serviço, descrevendo as regras em muitos detalhes. Os participantes deveriam retratar uma cena bíblica — Abraão sacrificando seu filho Isaac — em bronze e dentro de um quadrifólio, uma moldura quadrada com mais ou menos o tamanho de um jogo americano de mesa. O vencedor receberia o lucrativo contrato das portas do batistério, além da adoração de uma cidade agradecida.

Pense por um momento na audácia que isso foi. Aqui estava uma cidade em seu ponto mais vulnerável, abatida pela peste, ameaçada por invasores, arrasada economicamente, e no entanto seus cidadãos escolhem esse exato momento para realizar um concurso de talentos. Não um concurso para ver quem poderia criar a melhor catapulta ou vacina para a peste, mas um cujo objetivo declarado era algo inusitadamente nada prático, como a beleza.

O concurso chegou a dois finalistas, Lorenzo Ghiberti e Filippo Brunelleschi, dois jovens rapazes, ambos prematuramente calvos, mas que não poderiam ser mais diferentes em sua história e disposição. Brunelleschi era filho de um respeitado funcionário público e um ourives qualificado, cujos primeiros trabalhos foram bastante promissores. Ghiberti não tinha absolutamente nenhuma conexão política e praticamente nenhuma experiência como artista. Deveria ter sido moleza para Brunelleschi, mas não foi.

Os juízes se dividiram meio a meio. Então, à maneira de Salomão, eles propuseram que Brunelleschi e Ghiberti trabalhassem juntos no projeto. Brunelleschi, no que provavelmente foi o primeiro caso de artista arrogante decidido a fazer as coisas à sua maneira, não queria nem saber. Ou trabalhava sozinho ou não trabalhava. Tudo bem, respondeu a comissão, e entregou o contrato a Ghiberti. Assim começava uma rivalidade que continuou por toda a vida, e que levaria os dois homens a criar algumas das maiores obras de arte e arquitetura que o mundo já viu: no caso de Ghiberti, os Portões do Paraíso, e para Brunelleschi, o Duomo.

Florença estava cheia de rivalidades e rixas durante o Renascimento. Os dois gigantes da época, Leonardo e Michelangelo, não se suportavam. Talvez fosse inevitável. Michelangelo, 23 anos mais novo que Leonardo, era uma estrela em ascensão, e nas mentes de muitos florentinos era agora o artista superior. Essa nova realidade certamente irritava Leonardo.

Um dia, essa animosidade borbulhante transbordou. Leonardo estava atravessando a Piazza Santa Trinita quando um grupo de homens o parou e perguntou sua opinião sobre alguns versos obscuros de Dante. Michelangelo calhou de passar por ali. "Aí vem Michelangelo", disse Leonardo. "Ele explicará a vocês."

O escultor, achando que estava sendo zombado, respondeu nervoso: "Explique você, que fez um modelo de cavalo que nunca conseguiu moldar em bronze e acabou desistindo, para sua vergonha". Depois ele se virou e saiu, mas não sem antes gritar um insulto final sobre o ombro: "E os idiotas de Milão levaram fé em você?", uma referência às encomendas da cidade rival de Florença a Leonardo.

Os insultos de Michelangelo com certeza magoaram. Leonardo da Vinci, apesar de sua reputação quase endeusada hoje em dia, era um tremendo fracasso. Seu plano de tornar o rio Arno navegável fracassou, assim como suas tentativas de voar. As horas e dias que passava fazendo cálculos matemáticos e geométricos não deram em nada. Ele deixou muitas obras inacabadas, inclusive a *Batalha de Anghiari*, uma importante encomenda da cidade de Florença, à qual dedicou três anos de sua vida.

O que mais me impressiona em seu bate-boca é a mesquinhez, a insegurança revelada. A genialidade, aparentemente, não nos inocula contra essas emoções mesquinhas. Goethe detestava Newton, tanto como cientista quanto como pessoa. Schopenhauer dispensou a obra de seu colega filósofo Hegel como sendo "um trabalho colossal de mistificação que dará à posteridade mais uma fonte inesgotável de risadas". Nossa. Não sei se essa maldade faz eu me sentir melhor ou pior sobre os gênios da história. Por um lado, isso revela o quanto eles eram humanos. Por outro, revela o quanto eles eram humanos.

Um dos maiores mistérios da Renascença florentina é o papel que a educação formal desempenhou — ou melhor, o papel que *não* desempenhou. Florença, ao contrário por exemplo de Bolonha, não tinha uma universidade decente. Como pode? A educação não é um ingrediente essencial da genialidade?

Vamos analisar as evidências. Bill Gates. Steve Jobs. Woody Allen. Todos largaram a faculdade (uma das matérias em que Allen foi reprovado na NYU foi cinema). A dissertação de doutorado de Einstein foi rejeitava duas vezes. O também físico Michael Faraday nunca frequentou a faculdade. Thomas Edison largou a escola aos catorze anos (ele depois teve aulas em casa com sua mãe. Muitos gênios estudaram em casa ou eram autodidatas). Enquanto alguns gênios — Marie Curie, Sigmund Freud — foram alunos brilhantes, a maioria não foi.

Dean Simonton, em uma pesquisa de trezentos gênios criativos, constatou que a maioria só chegou até a metade do que se considerava uma educação moderna na época. Mais do que isso, ou menos, era prejudicial. Portanto, um pouco de educação é essencial para o gênio criativo, mas depois de certo ponto ela não aumenta as chances de genialidade, e sim diminui. O efeito debilitador da educação formal se manifesta surpreendentemente cedo. Psicólogos identificaram o ano exato em que as habilidades de pensamento criativo de uma criança estagnam: o quarto ano do ensino fundamental.

Isso nos leva a uma descoberta impressionante. Embora a quantidade de diplomas emitidos e teses científicas publicadas tenha crescido exponencialmente nos últimos cinquenta anos, o "ritmo em que surgem trabalhos verdadeiramente criativos permaneceu relativamente constante", diz o sociólogo J. Rogers Hollingsworth, escrevendo para a revista *Nature*. Estamos vendo uma enxurrada de perícia e até de talento, mas nenhum impacto em avanços criativos.

Um dos culpados, como eu disse, é a especialização. Nós dividimos o mundo em pedacinhos cada vez menores. E também há o enorme volume de informação que existe em todas as áreas atualmente. Se a genialidade exige que primeiro se domine o conjunto de conhecimentos na área escolhida para só depois dar sua contribuição, então boa sorte. Um médico ou biólogo poderia passar a vida inteira analisando o trabalho dos outros e ainda assim avançaria muito pouco.

Leonardo da Vinci era um péssimo aluno. Ele já estava na meia-idade quando aprendeu um latim aceitável, o idioma das elites e dos intelectuais. Leonardo, no entanto, tinha pouca paciência para a sabedoria popular e com certeza teria concordado com o psicólogo Edwin Boring, que disse, uns quinhentos anos depois: "É útil ser ignorante em conhecimentos ruins". Nesse aspecto, a falta de uma universidade em Florença foi uma bênção. Ela salvou a cidade de "uma camisa de força acadêmica", como colocou o urbanista Peter Hall.

O que nos traz de volta a Filippo Brunelleschi. Ao perder o concurso das portas do batistério, ele decidiu se entregar à sua paixão secreta, a arquitetura. Foi para Roma, com seu amigo Donatello a tiracolo, para examinar ruínas antigas. Não era uma viagem fácil, e a Roma daquela época não era nada como a Roma de hoje. Muito menor do que Florença, era "uma cidade cheia de cabanas, ladrões, com animais daninhos e lobos rondando a vizinhança da antiga Basílica de São Pedro", como escreve o autor Paul Walker.

Os habitantes locais não sabiam o que pensar desses dois jovens olhando para arcos e colunas. "Caçadores de tesouro", como os chamaram, e estavam certos, embora procurassem um tipo diferente de tesouro. Os florentinos curiosos estavam procurando o prêmio do antigo conhecimento. Brunelleschi media colunas e arcos meticulosamente. Ele ficou especialmente fascinado pelo Panteão; a cúpula, com 43 metros de diâmetro, era a maior do mundo antigo. A inspiração bateu. Por que não cobrir a igreja de Santa Maria del Fiore em sua terra natal com uma cúpula parecida? Ela estava lá descoberta, exposta ao clima, havia séculos. Outras cidades-Estados estavam começando a falar mal. Era constrangedor.

Então foi exatamente isso que Brunelleschi se propôs a fazer. As pessoas disseram que era impossível construir uma cúpula daquele tamanho sem nenhum meio externo de apoio, mas esse pessimismo só o encorajou, e ele teve um sucesso glorioso.

Um dia, decido visitar o Duomo e ver em primeira mão o motivo de tanta confusão. Ao subir as escadas circulares, maravilhado com a genialidade impossível daquele projeto, me pego pensando sobre a lei das consequências inesperadas. Nós geralmente encaramos as consequências inesperadas de maneira negativa. Alguma tecnologia nova ou desenvolvimento científico não sai como esperado e volta para nos assombrar. Trens de metrô com ar-condicionado elevam a temperatura das plataformas em até cinco graus. Pacientes de hospitais são infectados por micróbios durante sua estada. Usuários de computadores desenvolvem síndrome do túnel cárpico. "Efeitos de vingança" é como o jornalista científico Edward Tenner chama esses fenômenos. A lei das consequências inesperadas é uma via de mão dupla, no entanto. Às vezes, o desastre tem benefícios inesperados, e às vezes o que parece uma derrota na verdade é uma vitória disfarçada.

Todos nós podemos agradecer por Brunelleschi não ter ganhado o concurso das portas do batistério. A vitória o aprisionaria. Ele teria passado a vida inteira naquele projeto, como Ghiberti de fato passou. Brunelleschi nunca teria viajado a Roma e nunca teria construído a cúpula que até hoje é a marca de Florença. Mais que isso, ela inspirou inúmeros arquitetos na Europa e fora dela. Da próxima vez que você visitar um palácio de justiça ou uma antiga agência postal, ou olhar admirado para a grandiosidade do Capitólio dos Estados Unidos, pense no velho Filippo Brunelleschi e na lei das consequências inesperadas.

Consideremos, mais uma vez, a situação em Florença no início do Renascimento. A Igreja estava enfraquecida, não só financeiramente, mas moralmente também. Os frades não tinham mais o monopólio da virtude. Ninguém tinha. Todas as épocas de ouro, como vimos em Atenas e Hangzhou, contêm um elemento de vale-tudo, uma brecha no tempo em que a velha ordem ruiu e uma nova ordem ainda não se consolidou. É uma situação indefinida, e é aí que o gênio criativo prospera, quando tudo fica em aberto. Mas como é que essas épocas de transição ocorrem?

Eugene me garantiu que encontraria a resposta, ou pelo menos *uma* resposta, em um pequeno museu chamado La Specola. Ele fica, literal e figurativamente, à sombra do berrante Palácio Pitti. Dá um pouco de trabalho encontrá-lo. Topei com alguns becos sem saída — becos italianos, então são estilosos e interessantes — até descobrir o museu escondido entre um café e uma tabacaria. Esquecido e de aparência triste, o Specola recebe poucos visitantes.

Sou recebido por uma estátua gigante de Evangelista Torricelli, inventor do barômetro e natural de Florença. Subo a escadaria coberta de poeira e a emoção que sinto me pega de surpresa. Eu não sabia que museus como esse ainda existiam. Animais empalhados expostos atrás de jaulas sujas de vidro. Guepardos e hienas, morsas e zebras, todos com a mesma expressão paralisada, uma mistura de choque e tranquilidade, como se não fizessem ideia de como foram parar ali, mas mesmo assim se resignaram a seu destino. É tudo muito século XIX. Eu quase espero que Charles Darwin apareça a qualquer momento.

Não estou aqui pela taxidermia, porém. Após algumas voltas e um encontro bem próximo com um gorila impressionantemente realista, eu me vejo frente a frente com a obra de um artista pouco conhecido chamado Gaetano Giulio Zumbo. Ele foi o pioneiro na arte subestimada dos dioramas de plástico. A obra de Zumbo inclui trabalhos com títulos que soam terríveis, como *Decomposição do Corpo* e *Os Efeitos da Sífilis*.

Uma peça, no entanto, se destaca. Ela é intitulada simplesmente *A Peste*. É um painel horrível, com pequenas estátuas de cera, feito em grandes detalhes: corpos de homens, mulheres e crianças espalhados como madeira caída. Um crânio repousa no chão como uma espécie de ornamento macabro.

É difícil para nós imaginar o horror que foi a peste. Em meses, a doença matou cinco em cada oito florentinos — chegando a duzentas pessoas por dia. Corpos formavam pilhas altas nas ruas e, como relembra Boccaccio, um escritor que viveu na época, "um homem morto não tinha mais importância do que teria uma cabra morta hoje". A doença se espalha através de pulgas contaminadas em ratos ou gerbilos. Mas eles não sabiam disso na época, então suas tentativas de medidas preventivas — colheradas de água de rosas adoçada com açúcar, por exemplo — agora parecem pateticamente fúteis. Eles também rezavam, lotando as igrejas às centenas, o que só acelerou a propagação da doença.

Tempos horríveis, sim, mas o que isso tem a ver com a Renascença? Muita coisa. Apenas duas gerações após a Peste Negra, como a epidemia de 1348 agora é conhecida, a Renascença desabrochou em Florença. Esses dois fatos são mais do que coincidência.

A peste, por mais devastadora que tenha sido, sacudiu a ordem estabelecida. A condição social foi instantaneamente embaralhada. Portas anteriormente fechadas de repente se abriram, porque a pessoa do outro lado da porta agora estava morta. A peste produziu um dos ingredientes essenciais para uma era de ouro: instabilidade.

Mais uma vez, o dinheiro levanta sua cabeça brilhante. A peste também gerou um "efeito herança". Com mais da metade da população dizimada de repente, o dinheiro da cidade agora estava em menos mãos. As pessoas precisavam fazer alguma coisa com aquele dinheiro extra. Mas o quê? Os comerciantes estavam compreensivelmente relutantes em investir em novos negócios. O que eles fizeram, por motivos que permanecem um mistério, foi investir em cultura. De repente, a grande arte e livros raros se tornaram "a senha mágica que admitia a entrada de um homem ou país em um grupo de elite", escreve o historiador econômico Robert Lopez. A cultura agora era a aposta segura. O equivalente a colocar seu dinheiro em títulos do tesouro.

Patronos e artistas reagiram a essa nova realidade encomendando e criando arte que, séculos depois, ainda nos faz perder o fôlego. Enquanto isso, a Igreja, sem conseguir conter o avanço da doença, perdeu grande parte de sua legitimidade moral, abrindo espaço para os humanistas, de mentalidade mais secular, preencherem. Nada disso teria acontecido sem a Peste Negra. Nem a era de ouro ateniense teria acontecido se os persas não tivessem primeiro saqueado Atenas, queimando-a totalmente e abrindo caminho para a ambiciosa reconstrução de Péricles. É a lei das consequências inesperadas em grande escala.

Os Médici sabiam bem como tirar proveito de oportunidades inesperadas. Eles eram comerciantes habilidosos e prolíficos de todos os produtos imagináveis — seda da China, especiarias da África. O que eles mais valorizavam, no entanto, eram os antigos manuscritos da Grécia e de Alexandria. Será que a descoberta desses clássicos perdidos ajuda a explicar a genialidade de Florença?

Lugares geniais sempre acolhem novas informações, novas ideias. Florença, porém, não era a única cidade-Estado com acesso a essa informação. Outras também tinham, mas isso não as inspirou da mesma maneira que os florentinos. Por quê? O que os florentinos viram nesses pergaminhos amarelados e caindo aos pedaços que os outros não viram?

Para encontrar respostas, decido visitar a fonte: a grande Biblioteca Laurenciana, construída para — quem mais? — os Médici.

Desenhada por Michelangelo, ela foi, como a maioria de seus projetos, uma dor de cabeça para todos os envolvidos. Com apenas uma parede terminada, ele se debandou para Roma, deixando que seus subalternos supervisionassem a construção. Mas o prédio, repleto de "ousadia e elegância", como disse Vasari, é puro Michelangelo.

"É uma loucura. Um absurdo. Os historiadores de arte vão à loucura com isso", diz a historiadora da arte Sheila Barker, com os olhos arregalados, esperando por mim na entrada.

"Loucura boa ou ruim?", pergunto.

"As duas."

Sheila, pelo menos em aparência, senão disposição, é o oposto exato de Eugene: roupas devidamente passadas, cabelos rigorosamente contidos, formação avançada obtida eficientemente. Eu a encontro através de uma empresa chamada Context Travel, uma das poucas na Itália que prometem uma passagem para esse país desconhecido chamado passado.

Como Eugene, Sheila é louca por história, mais à vontade no passado do que no presente. Na manhã que nos encontramos, ela está toda animada. No dia anterior, enquanto vasculhava alguns arquivos, ela descobriu uma carta de Galileu. Nenhum outro ser humano — além do próprio e do destinatário, um amigo — havia posto os olhos nela. *Nunca*. A carta não tinha nada de extraordinária — o telescópio de Galileu estava quebrado, informou ele a seu amigo, então não podia trabalhar naquele dia —, mas isso não diminuiu o choque elétrico de felicidade que atravessou Sheila quando se deparou com ela. Na verdade, a banalidade da carta, seu conteúdo cotidiano, tornou sua descoberta ainda mais preciosa. "Nem se eu chegar aos 99 anos vou esquecer de ter encontrado essa carta", diz ela, e não duvido disso.

Nós entramos na biblioteca e, por um momento, acho que estamos no lugar errado. Este lugar se parece mais com uma igreja. Em seguida, vejo os livros, manuscritos frouxos acorrentados a fileiras de bancos, como eram na época de Michelangelo.

Hoje, muita gente adora livros. Nós damos a eles lugar de destaque em nossas casas. Consideramos nossos livros preciosos, mas se perdermos um ou fizermos a besteira de emprestá-lo a um amigo não muito confiável, sempre podemos substituí-lo ou baixá-lo novamente em nosso Kindle. Não era esse o caso no século xv. Cada livro era único, copiado à mão por frades de olhos turvos.

"Quantos carros você tem?", pergunta Sheila.

"Hã? O que isso tem a ver com..."

"Quantos carros você tem?"

"Um. Mal e mal."

"Bem, no século XV um livro custava tanto quanto um carro hoje, em termos relativos. Então você pode imaginar o que significava ter uma biblioteca, uma coleção de, digamos, cem livros. Era como ter cem carros hoje em dia. Quando alguém na Renascença tinha cem livros, ficava conhecido como um acadêmico."

"Só por ter os livros?"

"Só pela virtude de ter os livros. Porque, para adquiri-los, para tomar essa decisão de qual livro adquirir em seguida, era preciso conhecer alguma coisa sobre o valor."

Agora entendo por que os livros ficavam acorrentados. Os humanistas acreditavam que eles continham nada menos do que o segredo da vida, e a chegada de um novo manuscrito era recebida com o mesmo entusiasmo que temos com o lançamento da última versão do iPhone.

Cosme de Médici, se não foi o primeiro colecionador de livros do mundo, foi certamente o mais ambicioso. Sua biblioteca foi inspirada na Biblioteca do Vaticano, e quando se tratava de ampliar sua coleção ele não poupava esforços. Por que ter todo esse trabalho e despesa?

Sheila responde à pergunta me entregando um maço de papel. Não é grosso, talvez umas cinco ou seis folhas. Mas essas páginas mudaram o mundo. Chama-se *Discurso sobre a Dignidade do Homem*. Este documento, mais que qualquer outra coisa, expõe a ideia subjacente que impulsionou o Renascimento. Foi o manifesto da época.

Escrito pelo filósofo Pico della Mirandola, o *Discurso* começa de maneira bem inofensiva. Pico explica a hierarquia dos seres vivos. Deus está no topo, seguido por anjos. Animais e plantas estão na base. Anjos, por estarem tão perto de Deus, têm acesso preferencial. Porcos e minhocas? Nem tanto. Quanto ao homem, continua Pico, Deus não lhe deu assento marcado. Teologicamente falando, o homem se encontra em uma situação como em um voo da Southwest Airlines: um vale-tudo que pode resultar em espaço extra para as pernas ou o temido assento do meio.

"O homem pode tanto afundar em grandes profundezas ou subir a enormes alturas", diz Sheila, incorporando Pico. "Quando se torna mau, ele é muito, muito mau. Mas quando se enaltece em sua grandeza, seu conhecimento e sua pureza, ele se torna melhor que os anjos e", essa é a parte perigosa do texto, "se torna divino. Como Deus."

"Posso estar enganado, mas isso não é sacrilégio?"

"É, sim. Isso deveria estar queimando em suas mãos."

"Na verdade, está mesmo meio quente."

Ignorando minha piada idiota, Sheila continua: "Florença podia dizer, 'agora o filho superou o pai. Estamos tomando o lugar de Roma. Temos o poder de dirigir o mundo, de influenciar o mundo, de ser a luz guia'".

É uma coisa forte. Isso tudo teria dado em nada se os florentinos não tivessem reconhecido o valor daqueles velhos livros bolorentos de longe e em seguida multiplicado esse valor.

Estamos prestes a sair da biblioteca, mas alguma coisa está me importunando, algo que não me parece muito certo. Os italianos eram tão inovadores, e de tantas maneiras diferentes, mas não quando se tratava de tecnologia. Claro, eles nos deram o paraquedas e meios cada vez mais sofisticados de navegação, mas o avanço tecnológico da época, a prensa mecânica de tipos móveis, foi inventada por um ferreiro alemão, não florentino. Por quê?

Os florentinos não ligavam para a tecnologia por si só, da mesma maneira que os atenienses. Eles viam a tecnologia como mais efêmera que a arte, e portanto menos valiosa. Qualquer invenção, por mais engenhosa que seja, sempre pode ser suplantada por algo mais novo e melhor. A versão 2.0.

Sugiro a Sheila — e nisso percebo que estou me envolvendo em minha própria heresia — que o mesmo pode valer para a arte. Talvez, sugiro delicadamente, possa surgir alguém com um *David* mais novo e melhor. Um *David 2.0*.

"Isso não é possível", retruca Sheila, não com raiva, mas com aquele mesmo tom de voz usado ao se dirigir a um aluno do quinto ano que simplesmente não entende. "Nunca, na história da arte, nós vimos qualquer coisa como o *David*. Foi a expressão mais perfeita do que deveria ser. Os florentinos imediatamente reconheceram isso. Eles sabiam que o *David* era a primeira obra de arte que superava os antigos, e eles encaravam os antigos como o ápice. Não, jamais haverá outro *David*.

Talvez esta seja a melhor definição de uma obra genial: algo que torne qualquer ideia de aprimoramento boba e fútil.

Suficientemente repreendido, mudo de assunto e faço a Sheila a pergunta da viagem no tempo. Se ela pudesse viajar para a época da Renascença por uma hora, quem ela gostaria de conhecer? Ela morde o lábio, um sinal de que está pensando.

"Michelangelo, não", diz ela definitivamente. Um artista brilhante, mas excêntrico demais. "Talvez Lorenzo." Dá para ver nos olhos dela que ela partiu para o século xv. "Eu não dispensaria Lorenzo. Lorenzo era o cara."

Não, eu quase digo, Sócrates era o Cara, mas Sheila já seguiu em frente.

"Já sei! Jorge Gemisto."

"Quem?"

Jorge Gemisto foi um acadêmico grego que, a convite dos Médici, viajou até Florença. O Império Bizantino estava desmoronando, e de repente vários acadêmicos gregos estavam sem trabalho (como hoje, se pararmos para pensar). Os Médici atraíram os melhores até Florença, em mais uma jogada oportunista.

Não havia ninguém melhor que Gemisto. Uma figura barbuda e estimulante, ele se proclamou o novo Platão. Ele era, na opinião de Sheila, a expressão plena do conceito renascentista de buscar a verdade a todo custo. Fazia coisas malucas e irresponsáveis. Ele invadiu uma reunião de líderes religiosos e lhes deu um sermão sobre as virtudes de Platão. Não é exatamente prudente, mas é justo isso que Sheila admira nele.

"Ele tinha uma espécie de destemor", diz ela, confirmando outra vez que o risco, mais do que o dinheiro, é o que era reverenciado na época. Não para nós, diz Sheila. "Hoje em dia, não há risco. Não um risco real. Você sempre pode declarar falência e começar de novo. As instituições sociais nos protegem. Na Florença renascentista não havia nada, *nada*. Você poderia morrer de fome se fracassasse. Se você se destruísse, destruiria sua família por gerações."

"Isso não parece tão atraente. Mas e se você tivesse sucesso?"

"Nesse caso, diziam que seu sucesso seria lendário. E a ambição não era só ficar rico ou ser feliz por um dia. O objetivo era a glória eterna, estar nos livros ao lado de Júlio César, de Cícero. De Platão. Os Médici estavam almejando a glória eterna, em proporções que nem podemos imaginar."

Em silêncio, eu me pergunto o que nós estamos almejando. O que consideramos a maior manifestação do espírito humano? Pelo que nós arriscaríamos tudo?

Quando Sheila e eu saímos da Biblioteca Laurenciana para a *piazza* molhada de chuva, eu me entristeço com a resposta que me vem à mente: a IPO [sigla em inglês para Oferta Pública Inicial, quando uma empresa vende ações para o público pela primeira vez]. Com certeza, penso eu, pegando meu guarda-chuva, podemos fazer algo melhor que isso.

Um dia, perto do fim de minha estada em Florença, Eugene e eu estamos perambulando pelos salões de mais um museu quando sou tomado por uma espécie de vertigem renascentista. É tanta arte, tanta arte *boa*. É demais. *Eu não mereço*. E me sinto tonto.

Respire, diz Eugene, parecendo mais um professor de ioga do que um historiador de arte. Eu respiro, e o mundo se endireita.

Um pouco mais tarde, estamos admirando mais um *David*, ou talvez uma *Madona*, não me lembro, quando Eugene menciona, quase como um adendo, "a presença duradoura dessas pessoas". Ele tem razão. Elas realmente persistem. Os fantasmas de Michelangelo, Leonardo, Botticelli e todos os outros pairam no ar, como a neblina de San Francisco. Poderíamos pensar que isso já teria sumido a essa altura, quinhentos anos depois, mas não. A meia-vida da verdadeira genialidade é inesgotável.

Imagino como deve ser para os artistas de Florença hoje em dia. Será que eles sofrem o mesmo destino que os filósofos modernos de Atenas? Será que toda essa beleza, toda essa genialidade inspira ou intimida?

Alguns dias depois, tenho a chance de fazer essa pergunta a eles. Fui convidado para um jantar, e os convidados, todos artistas, passaram anos vivendo Florença. Quando chego, todo mundo já está à vontade na pequena sala de estar, bebendo prosecco, beliscando antepastos e, de modo geral, curtindo o curtir. Menciono a temporada turística e todo mundo fica tenso, como se fossem cervos e eu tivesse mencionado a temporada de caça. "É uma invasão", diz uma mulher. Todos concordam silenciosamente. Mais prosecco é servido.

"Então", digo, pisando com cuidado, "como é ser artista em Florença?"

"O passado", diz outra mulher, "é como um peso em nossos ombros", e quando ela diz isso, seus ombros visivelmente caem. Todos acenam com a cabeça outra vez. Alguém reclama da falta de um único museu de arte moderna em Florença. Mais acenos. Mais prosecco.

"Não gosto de Michelangelo", diz um arquiteto de cabelos grisalhos, alongando suas palavras, saboreando a deliciosa blasfêmia da qual só um florentino nativo pode sair ileso, assim como só um filósofo grego pode declarar seu desprezo por Platão.

O consenso é claro. É tão difícil ser um artista na Florença atual quanto ser filósofo em Atenas hoje. O passado pode educar e inspirar. Ele também pode aprisionar.

Poucos dias depois, estou conversando com um jovem criativo chamado Felix. Estamos andando na via Bergossi. Está um dia radiante. O sol toscano finalmente saiu da toca e a luz reflete no Arno. Movimentando o braço, Felix observa a imagem e pergunta: "O que está vendo?".

"Bem, estou vendo uma bela arquitetura, a ponte Vecchio e..."

"Não. Está olhando para uma prisão. Pode não parecer, mas é isso que Florença é. Uma linda prisão."

A conclusão inevitável, não dita, pairou no leve ar da primavera: prisões lindas são as mais cruéis de todas.

Eugene e eu vamos nos encontrar uma última vez e decidimos nos deliciar com uma pizza. Pedimos uma com mozarela, manjericão e uma dose extra de *sprezzatura*. Enquanto comemos como animais famintos, percebo que esqueci de fazer minha pergunta da viagem no tempo a Eugene. Se ele pudesse passar uma hora conversando com alguém do Renascentismo em Florença, quem seria?

"Michelangelo", ele diz sem hesitar. "Ele era muito maluco. Não podia fazer nada da maneira normal. Essa é uma das coisas que eu adoro nele. Ele era meio porra-louca."

"Você não ia querer jogar conversa fora com Leonardo?"

"Eu gostaria de sair para beber com Leonardo. Ele era divertido, um verdadeiro dândi, mas gostaria de sentar e conversar com Mike. Eu não iria para uma festa com Mike. Seria deprimente. Ele provavelmente iria querer me dar um soco no nariz. Ele não era uma pessoa muito legal. Ele era interessante."

Isso me faz pensar. E se invertêssemos a experiência da viagem no tempo? O que Michelangelo diria se voltasse para a Florença de hoje?

"Ele diria: 'O que diabos vocês têm feito nos últimos quinhentos anos? Estão fazendo a mesma arte de antes'." Eugene ri, mas é claro que tem razão. Os florentinos esgotaram há muito tempo as "configurações culturais" de Kroeber. Sua despensa de criatividade está vazia.

Antes de partir para outra fatia, paro um momento para refletir, para avaliá-la à maneira florentina. Ela é boa, uma das melhores pizzas que já comi, mas por quê? Os ingredientes são mais frescos? Talvez. O chef é mais competente? Pode ser.

O segredo, pelo que percebo, está nas proporções. A quantidade certa de mozarela, molho de tomate e manjericão, nem mais e nem menos. Florença, de maneiras maiores e menores, acerta nas proporções, assim como Atenas acertava, e isso, como sugere Eugene entre mordidas, explica não só a beleza de Florença, como também sua genialidade. Ela não possui necessariamente ingredientes diferentes de outros lugares naquela época, mas atingiu as proporções certas.

"Você não pode simplesmente misturar suco de abacaxi, coco e rum e esperar que saia uma boa piña colada", diz Eugene.

"Embora todas essas coisas sejam necessárias."

"Elas são, mas se alguma coisa estiver um pouquinho fora, pode dar tudo errado. Veja a genética. Se estiver faltando um genezinho, isso muda tudo." Ele está certo. Os genes de humanos e chimpanzés são 99% iguais. Às vezes, 1% faz toda a diferença.

E a pergunta que eu me propus a responder? Será que Florença teve uma Renascença porque podia pagar? Será que o dinheiro compra genialidade?

A resposta é claramente sim. E não. Dinheiro, certa quantidade dele, é indispensável para a criatividade. Pessoas famintas raramente produzem grandes obras de arte ou descobrem novas verdades científicas. Além disso, riqueza traz a possibilidade de fracassar. A riqueza permite recomeçar. Esse foi com certeza o caso na Florença renascentista. O fracasso — às vezes, de maneira espetacular — acontecia regularmente. Isso não dissuadiu as pessoas de correrem riscos; na verdade, só as encorajou ainda mais, quando um novo artista, ou uma nova geração, pretendia acertar *na medida*. Como Atenas e Hangzhou, Florença era um lugar inquieto. Ela nunca dizia "bom o suficiente". O nome Florença (Firenze, em italiano) vem de uma palavra que significa "florescer ou desabrochar". É um verbo, não um substantivo.

Então sim, Voltaire estava certo. Épocas de ouro requerem riqueza e liberdade. Mas ele ignorou um terceiro ingrediente crucial: incerteza. O que Thomas Jefferson disse sobre o mundo político ("uma pequena rebelião de vez em quando é uma coisa boa") se aplica ao mundo criativo também. Tensão, pelo menos um pouco, nos deixa alerta e testa nossa perseverança. Ghiberti completou as portas do Batistério após 25 anos, um período marcado por incríveis agitações políticas e financeiras. Mesmo assim, seus patronos nunca titubearam em seu apoio; eles sabiam instintivamente que essas tensões não dificultariam, e sim ajudariam o jovem artista. Nada mata a criatividade tanto quanto uma coisa certa.

Mas os bons tempos também não duram. A declaração profética de Sylvia Plath — "Eu desejo as coisas que me destruirão no fim" — acabou sendo verdade para Florença também. A cidade morreu da maneira que viveu: nas mãos do todo-poderoso florim. Seu bom materialismo se transformou em consumismo grosseiro. Enquanto isso, para pagar a Basílica de São Pedro, o Papa Leão X, outro Médici, proclamou uma "indulgência" especial. Boa parte do dinheiro que ele arrecadou desapareceu, e a indignação subsequente abriu caminho para a Reforma. Uma nova ordem mundial logo tomou forma, e a energia criativa que estava concentrada em Florença se deslocou para o noroeste, um lugar que, pelo menos no clima, era tão diferente da cidade da Toscana quanto possível.

Alguns meses depois, já em casa, escrevo para Eugene. Tenho algumas perguntas. Na semana seguinte, recebo uma resposta. A princípio, tudo parece normal. Espere. Isso é estranhamente curto para Eugene. Onde está o resto do e-mail? Eu rolo para baixo.

Espaço em branco.

Espaço em branco.

Depois isso:

"Eric. Aqui é Antonio, o companheiro de Eugene. Tenho notícias horríveis. Eugene morreu."

Eu olho para a tela durante muito tempo, esperando que isso seja algum tipo de engano. Uma brincadeira, talvez. Não é. Eugene morreu de um infarto fulminante, no meio do e-mail. As palavras que me vêm à mente não são de Eugene, mas de outro expatriado florentino, E.M. Forster. "A tristeza do incompleto", escreveu ele uma vez. Essa frase se aloja em meu cérebro atordoado, junto com a constatação de que nunca tive chance de conhecer o cachorro de Eugene.

Alguns segundos depois, minha mente desvia novamente, e desta vez as palavras de György Faludy se materializam. Quando lhe perguntaram por que aos sete anos ele decidiu se tornar poeta, Faludy respondeu: "Porque tinha medo de morrer".

Toda arte é, em seu âmago, uma tentativa de atingir a imortalidade. Nós gostamos de acreditar que os gênios, através de suas criações, escapam da morte. Não escapam. Toda vida, não importa o quanto foi bem vivida, infelizmente é incompleta. Até a de Leonardo. Até a de Michelangelo. E certamente a de meu amigo Eugene.

A genialidade traz apenas a ilusão da imortalidade. Mas nós tentamos alcançá-la mesmo assim, do mesmo modo que um homem se afogando tentará pegar até o tronco mais frágil.

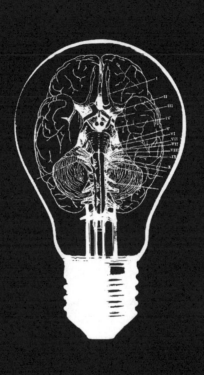

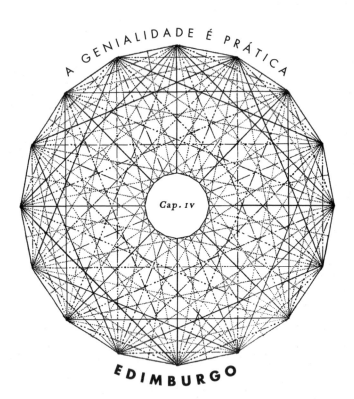

A primeira vez que vejo o Castelo de Edimburgo, brotando do basalto como um gigantesco fantasma de pedra, sou pego de surpresa. Eu já tinha visto imagens dele, lido a respeito e, portanto, já tinha ajustado minhas expectativas, descontado minha reação, como se diz em Wall Street. Ficou claro que meus cálculos estavam errados, pois quando viro a curva e ele de repente se materializa, elevando-se sobre Edimburgo como um dos muitos vulcões extintos da cidade, eu fico atipicamente mudo de tão atônito.

Alguns lugares são assim (o Taj Mahal me vem à mente). Por termos visto tantas imagens deles, temos certeza de que estamos imunes a quaisquer encantos que possam ter. Mas quando batemos os olhos neles, pessoalmente, nosso pulso se acelera e nos sentimos pequenos. *Nossa*, dizemos, quando conseguimos voltar a respirar, *não sabia*.

Edimburgo toda é assim. Ela surpreende, e a surpresa, junto com os fenômenos concomitantes da admiração e do espanto, está no centro de toda a genialidade criativa. Não importa a quantidade de preparação e de trabalho, por mais essencial que sejam, todo avanço criativo aparece meio que de surpresa, às vezes até mesmo para o criador.

A capital da Escócia certamente surpreendeu a si mesma. Como todas as eras de ouro, o momento brilhante da Escócia foi ofuscantemente breve, não chegando nem a cinquenta anos, mas durante esse período a minúscula Edimburgo "dominou o intelecto ocidental", como disse o autor contemporâneo James Buchan. Os escoceses fizeram enormes contribuições às — e em muitos casos inventaram — áreas da química, geologia, engenharia, economia, sociologia, filosofia, poesia e pintura. Adam Smith nos deu a "mão invisível" do capitalismo, e James Hutton um entendimento novo e radical de nosso planeta. Mais para baixo, em Glasgow, James Watt estava ocupado aperfeiçoando sua máquina a vapor, que logo daria força à revolução industrial.

Existe um pouquinho de Escócia em todos nós, quer você saiba ou não. Se você já consultou um calendário ou a *Encyclopaedia Britannica*, pode agradecer aos escoceses. Se já deu descarga em uma privada, usou uma geladeira ou andou de bicicleta, agradeça aos escoceses. Se já recebeu injeção com uma agulha hipodérmica ou fez cirurgia sem sentir nada, agradeça aos escoceses. Talvez as maiores invenções escocesas, no entanto, sejam aquelas que não se pode tocar, pois ocupam o campo da mente. Grandes ideias como empatia, moralidade e bom senso. Mas os escoceses nunca deixaram essas ideias saírem flutuando aos céus, soltas. Eles as amarraram no aqui e agora. Foi esse o tipo de genialidade escocesa: a mistura de ideias filosóficas profundas com aplicações no mundo real. As luzes brilhantes que iluminavam a velha Edimburgo não estavam interessadas em discutir o sexo dos anjos. Elas botaram esses anjos para trabalhar, e o resultado foi o nascimento de tudo, desde a economia moderna até a sociologia e a ficção histórica.

Boas ideias são como crianças. Elas não conseguem ficar quietas por muito tempo. Assim, as boas ideias que estavam fermentando em Edimburgo logo chegaram a outras margens. Elas encontraram plateias receptivas em todo o globo, especialmente nas colônias norte-americanas. Os escoceses ensinaram aos fundadores da América a pensar em felicidade e liberdade e, o mais fundamental, como pensar sozinhos. Benjamin Franklin e Thomas Jefferson foram educados por professores escoceses. Franklin, relembrando uma visita a Edimburgo, a descreveu como "a felicidade *mais densa*" que já havia sentido. Jefferson, escrevendo em 1789, foi igualmente efusivo. "Lugar nenhum no mundo pode sequer fingir competir com Edimburgo."

Por que essa explosão repentina de genialidade? É um mistério que confundiria até o grande Sherlock Holmes, ele mesmo um produto de Edimburgo. Sir Arthur Conan Doyle frequentou a renomada faculdade de medicina da cidade. Na verdade, no início do século XVIII, ninguém poderia prever essa era de ouro. O terreno da Escócia era irregular e escasso, como em Atenas, o clima horrível, o isolamento enorme, a comida intragável. E ainda havia o cheiro que, também como em Atenas, sempre causava uma impressão nos visitantes, como em um pesquisador inglês chamado Edward Burt: "Eu fui forçado a esconder a cabeça debaixo dos lençóis; pois o Fedor de Sujeira, lançado pelos vizinhos no quintal da Casa, adentrava o quarto".

A Velha Fedorenta, ou Velha Fumacenta, como o poeta Robert Ferguson carinhosamente chamava Edimburgo, era uma cidade triste. "Inconveniente, suja, antiquada, alcoólatra, briguenta e pobre", diz Buchan. Os habitantes da cidade, meros 40 mil, também não eram exatamente um bando tolerante. Eles ainda estavam enforcando bruxas e blasfemadores. Assim como em Florença, Edimburgo sofreu uma série de catástrofes, algumas delas autoinfligidas, outras não. Uma tentativa fracassada de estabelecer uma colônia no Istmo do Panamá esgotou boa parte do capital da Escócia (por que a Escócia achou que precisava fazer presença no Panamá é uma incógnita). Veio a fome. Pior, vieram também os ingleses. Eles engoliram a pequena Escócia. Num instante o país perdeu seu rei, seu parlamento e seu Exército. A Escócia havia sido, de fato, politicamente castrada.

Que um florescimento criativo veio logo em seguida não faz nenhum sentido (e é um tapa na cara da lei de Danilevsky, que diz que a soberania é um pré-requisito para que a criatividade floresça). Das muitas ironias deliciosas que encontro durante minha estadia em Edimburgo, nenhuma é mais saborosa que essa: O Iluminismo escocês enfatizou a importância da razão — de fato, às vezes ele é chamado de Era da Razão —, no entanto, ele aparentemente desafia a razão. Uma explosão de genialidade que não deveria ter acontecido, *não poderia* ter acontecido. Mas aconteceu.

Também não espere que os escoceses se expliquem. Todos os gênios, não importa quão brilhantes, compartilham o mesmo ponto cego: eles não fazem a menor ideia da origem de seu próprio brilhantismo. Einstein ficava perdido para explicar o que o tornou Einstein. Freud, que não tinha tendência a se render intelectualmente, fez exatamente isso quando lhe pediram para explicar a criatividade. "Perante a criatividade, o psicanalista deve abaixar as armas", suspirou.

Da mesma forma, as grandes mentes escocesas da época, como o filósofo David Hume, não sabiam explicar o que as tornou tão brilhantes. "Não é estranho que, numa época em que perdemos nossos príncipes, nossos parlamentos, nosso governo independente, até a presença de nossa maior nobreza [...] não é estranho que, nessas circunstâncias infelizes, nós sejamos o povo de maior destaque na literatura da Europa?"

Durante séculos, a origem da época de ouro de Edimburgo se mostrou tão elusiva quanto o monstro do lago Ness — indícios, algumas aparições aqui e ali, mas nada definitivo. Recentemente, porém, estudiosos descobriram pistas intrigantes. Os escoceses, ao que parece, têm muito a nos ensinar sobre a natureza do gênio criativo, e essas lições, à moda tipicamente escocesa, são maravilhosamente estranhas e inesperadas.

Ao caminhar pelas ruas de Edimburgo e me embrenhar em seus arquivos, logo percebo que o sabor da genialidade escocesa é diferente de todas as outras que experimentei até agora. A genialidade escocesa é peculiar, social e informal. Acima de tudo, ela é prática.

Genialidade prática? Admito que seja um conceito estranho. A genialidade não é cerebral e majestosa, você pode perguntar, a antítese da praticidade? É isso que eu achava também, mas os escoceses me fizeram mudar de ideia, e fizeram isso da mesma maneira que vêm mudando as ideias há séculos: com doses iguais de persistência e charme — e algumas doses de puro malte.

Com certeza deve haver um jeito melhor de fazer isto. Esse pensamento simples, mas dissimuladamente subversivo, é o que impulsionou todos os aspectos do Iluminismo escocês, desde a máquina a vapor de James Watt até a descoberta do "tempo profundo" pelo geólogo James Hutton. O Iluminismo escocês foi, em sua essência, a Era da Melhoria, e os escoceses foram os maiores melhoradores do mundo.

Melhoria. Você vê a palavra em toda a parte da Escócia. Ela é empregada não da maneira esbaforida que nós norte-americanos a usamos — *Novo e melhorado!* — mas de uma maneira mais sombria, quase reverencial. "Ouse saber", disse Kant. Os escoceses concordavam totalmente, mas achavam o imperativo de Kant incompleto. Ouse saber e ouse *agir* sobre esse conhecimento. Essa era a maneira escocesa. Essa combinação do prático com o metafísico diferenciou o sabor escocês dos outros que experimentei até agora em minha jornada.

A Era da Melhoria escocesa começou com a terra. Isso faz sentido. A terra é essencial para nossa existência, até hoje. A Escócia não era nenhum Éden. Menos de 10% da terra era arável. As técnicas de cultivo eram rudimentares e ineficientes. *Com certeza deve haver um jeito melhor de fazer isto*, pensou um carpinteiro chamado James Small. Small teve uma grande ideia, e nos anos 1760 inventou um arado radicalmente novo. Isso pode parecer um avanço ínfimo na história da humanidade, mas na verdade foi um tremendo salto à frente — principalmente se você fosse agricultor ou alguém que ingerisse comida de vez em quando. A informação sobre o novo arado de Small se espalhou rapidamente, e em pouco tempo os agricultores se reuniram para discutir outras maneiras de conseguir um pouco mais de comida daquele terreno avarento. Dessas reuniões

A GENIALIDADE É PRÁTICA: EDIMBURGO

informais surgiram sociedades e clubes dedicados ao campo embrionário das ciências agrárias, brotando como muitas flores no deserto.

Os escoceses poderiam ter parado com a agricultura, imagino, mas não é assim que a criatividade funciona. Uma vez lançada, ela adquire um impulso próprio; avanços em um campo inspiram avanços em outros. Quando você vê, está vivendo em uma era de ouro. Não deu outra, a vontade de melhorar dos escoceses — podemos chamá-la de Doutrina do Melhoramento — logo se espalhou para outras disciplinas, incluindo uma que é questão de vida e morte para todos nós.

Estou olhando para uma geringonça, uma coisa, encafifado com sua devida utilização. Toda época de ouro, assim como toda família, tem seus artefatos embaraçosos. Essas relíquias esquisitas, guardadas no sótão nacional, causam incredulidade ou coisa pior. Estou pensando nos escudos dos gladiadores dos tempos romanos, nos cintos de castidade da Inglaterra elisabetana, nas panelas de fondue dos anos 1970 nos EUA. *Como eles eram estranhos naquela época*, pensamos.

Mas eu nunca vi uma relíquia mais estranha do que esta que estou vendo agora. Alojado atrás de um vidro no Museu Nacional da Escócia, este pedaço de madeira em formato de ferradura tem um aro de metal preso no topo. Algum tipo de dispositivo de tortura, talvez? Não me parece muito iluminado da parte dos escoceses. Não, uma plaquinha me informa que estou olhando para uma coleira. Para os mortos.

Não me leve a mal: sou totalmente a favor dos acessórios, mas essas "coleiras de caixão", como eram conhecidas, não estão no alto da minha lista de desejos. Por que diabos alguém faria uma coleira para um cadáver? Olho mais de perto e vejo que ela parece bem pesada, tipo uma algema, como se fosse feita para impedir a saída. Será que era uma espécie de sistema de segurança contra o sobrenatural?

Infelizmente, não. As coleiras de caixão foram projetadas para coibir ladrões de túmulos. Os culpados não eram vampiros nem ladrões comuns. Eram, como Michelangelo, estudantes da anatomia humana. Legalmente, apenas os corpos de criminosos executados poderiam ser usados para dissecações, e simplesmente não havia número suficiente deles. Então os estudantes de medicina, criativos e práticos, entravam sorrateiramente nos cemitérios de madrugada. Era arriscado, esse roubo de cadáveres. Multidões enfurecidas caíam em cima daqueles que fossem pegos no ato.

Pessoalmente, sou grato a esses corajosos ladrões de túmulos por me direcionarem a uma das maiores realizações do Iluminismo escocês:

a medicina. Talvez em nenhuma outra área os escoceses tenham feito tantos avanços, e tão rapidamente. Alguns dos maiores nomes da medicina europeia nasceram e trabalharam a poucos quilômetros e poucos anos de distância uns dos outros, no oeste da Escócia. O médico escocês James Lind descobriu que comer fruta cítrica podia prevenir o escorbuto, uma doença que estava assolando marinheiros em todo o planeta. William Buchan, outro médico, fez a sugestão, radical para a época, de que médicos lavassem as mãos antes de examinar os pacientes, e os escoceses foram pioneiros no uso de anestesia cirúrgica com clorofórmio. Em um piscar de olhos, a atrasada Edimburgo se tornou o epicentro global do ensino médico. Os formados se espalharam pelo mundo, fundando escolas de medicina em Nova York e na Filadélfia, entre outros lugares.

A ciência médica estava com tudo, era a tecnologia digital da época, e Edimburgo seu Vale do Silício. Seus heróis não eram *digerati* como Steve Jobs e Mark Zuckerberg, mas cirurgiões como John Hunter e químicos como Joseph Black.

Mas por que a medicina? E por que Edimburgo? Essas são as perguntas na minha cabeça ao subir as escadas da antiga Enfermaria Real, um prédio de arenito vermelho que cheira a segredos bolorentos, enfiado em uma ala ainda ativa da faculdade de medicina. Passo pelos consultórios e corredores sombrios que parecem não ter mudado desde a época que Arthur Conan Doyle estudava aqui. Sou recebido por uma mulher simpática que, por algumas libras, entrega-me um ingresso para o que é oficialmente conhecido como Museu Surgeons Hall, mas extraoficialmente como Casa dos Horrores.

Assim como aqueles no Vale do Silício, os gênios médicos de Edimburgo deixaram sua marca com instrumentos e procedimentos que hoje, com a dádiva da perspectiva, achamos risivelmente — e assustadoramente — primitivos. Nós olhamos para essas geringonças com presunção. *Veja o quanto evoluímos!* No caso da tecnologia digital, é aquele velho Commodore 64 que evoca esse tipo de nostalgia complacente. No caso da medicina, são instrumentos como a trefina, exposta em uma caixa de vidro aqui. Ela se parece exatamente como um saca-rolhas, com cabo de madeira e tudo. Era usada, a plaquinha me informa de maneira otimista, para aliviar a pressão no cérebro após uma fratura no crânio. Pessoalmente, prefiro me arriscar com o Commodore.

Minha reação é injusta, eu sei. Na época, a pequena faculdade de medicina foi pioneira. Ela ajudou a mudar a recente profissão, da época lamentável do barbeiro-cirurgião (uma das hifenizações mais infelizes

A GENIALIDADE É PRÁTICA: EDIMBURGO

da história), para o que nós (quase) reconheceríamos hoje como medicina moderna.

Eu me aprofundo mais no prédio e aprendo muitas coisas. Aprendo que a justificativa para construir uma faculdade de medicina foi feita com — o que mais? — fundamentos racionais. O fundador, John Munro, argumentou que fazia sentido econômico tratar os doentes e ensinar os cirurgiões em casa, em vez de no exterior. O dinheiro foi arrecadado e logo começou a construção da enfermaria e da faculdade de medicina adjacente. Quando ela abriu, em 1729, o hospital só tinha seis camas. A princípio, os cirurgiões traziam seus próprios instrumentos, como encanadores levam suas próprias ferramentas, mas o hospital e a faculdade logo cresceram e se tornaram instituições de primeira classe. Mais uma vez, houve uma conexão norte-americana. Benjamin Franklin serviu de ligação entre a Escócia e as colônias, fornecendo cartas de apresentação para jovens norte-americanos que desejassem estudar em Edimburgo. Pelo menos um dos formados pela faculdade, Benjamin Rush, mais tarde assinou a Declaração da Independência.

De repente, a medicina era *a área* para se estar, assim dando início a uma longa e neurótica tradição de expectativas maternais. Tudo que as mães escocesas mais queriam era que seus filhos se tornassem médicos. Para muitas, seus desejos foram atendidos. Em 1789, 40% dos estudantes universitários da cidade estavam matriculados na faculdade de medicina.

Quem eram esses novos estudantes? Muitos eram jovens rapazes inteligentes e ambiciosos (as mulheres só teriam permissão para se matricular em 1889), que de outro modo poderiam ter entrado para o clero, mas a popularidade da Igreja estava minguando, e então eles escolheram a medicina, assim como os jovens de hoje que poderiam optar pelo serviço público são atraídos pelo dinheiro e glamour de Wall Street ou do Vale do Silício. Essa dinâmica explica por que vemos picos de profissões em certas épocas e certos lugares. O número de gênios que aparece em qualquer área, em qualquer época, não é produto do grupo de talentos disponíveis, mas da atratividade daquela área. O motivo, por exemplo, de encontrarmos muito menos compositores brilhantes de música clássica hoje do que no século XIX não é porque os compositores sejam menos talentosos, ou por causa de alguma deficiência genética estranha e repentina, mas porque bem menos jovens ambiciosos veem a música clássica como a forma de deixarem sua marca no mundo. *O que é reverenciado em um país será cultivado nele.*

A medicina se mostrou o veículo perfeito para esse tipo exclusivamente escocês de genialidade. Ela é prática, levando melhorias tangíveis à vida das pessoas, mas também tem um componente teórico. Como os habitantes modernos do Vale do Silício, os aventureiros médicos de Edimburgo se viam como pioneiros. E como o Vale do Silício, a Edimburgo médica também foi um caso de genialidade grupal.

Subo as escadas e encontro na parede uma fotografia em preto e branco de uma sala de jantar. Ao lado da fotografia há uma garrafa estilosa de conhaque, com o bico canelado e rolha removível de vidro. Ela está acompanhada pelo retrato de um homem rechonchudo de meia-idade e rosto simpático. James Young Simpson foi obstetra e um médico rebelde — e uma história clássica de sucesso escocês. O sétimo filho de um padeiro da vila, Simpson desde cedo mostrou potencial acadêmico. Ele foi admitido na Universidade de Edimburgo aos catorze anos.

Como muitos inovadores, Simpson foi impulsionado por um enorme desejo de resolver um enigma e, no seu caso, corrigir uma injustiça. Quando era um jovem médico, recém-saído da faculdade, Simpson assistiu a uma mastectomia feita sem anestesia, uma experiência desagradável para todos os envolvidos, especialmente a paciente. Simpson decidiu fazer alguma coisa sobre isso, e se dedicou ao campo embrionário da anestesia.

Uma noite, enquanto dava um jantar, Simpson encheu a garrafa de conhaque com clorofórmio, uma substância química potente sobre a qual se conhecia pouco na época, e a apresentou a seus convidados. Você poderia pensar que eles recusariam aquela bebida incomum do anfitrião, mas isso é a Escócia, onde ninguém jamais recusa uma bebida oferecida, e portanto os amigos de Simpson beberam alegremente. Em pouco tempo, todos ficaram "cada vez mais alegres" e tontos, de acordo com uma testemunha.

Na manhã seguinte, a empregada encontrou todos os convidados desmaiados. Simpson teve sorte. Uma dose maior teria matado seus convidados e ele; uma dose menor teria desencorajado sua intuição de que clorofórmio poderia ser usado como anestésico. Ele acertou as proporções.

Simpson refinou a pureza do clorofórmio, conduziu mais experimentos e em semanas ele já estava sendo usado em cirurgias e partos por toda a Europa. Alguns líderes religiosos e até alguns médicos se opuseram à utilização, argumentando que a intenção de Deus era que o parto fosse difícil ("com dor darás à luz filhos" — Gênesis 3:16), mas quando a rainha Vitória permitiu que o clorofórmio fosse usado no parto de seu filho, príncipe Leopoldo, o caso foi resolvido. James Simpson foi totalmente inocentado e ficou famoso.

A GENIALIDADE É PRÁTICA: EDIMBURGO

Foi um caso clássico de genialidade escocesa em ação: um esforço de grupo, conduzido em um ambiente altamente social e desempenhado de maneira metódica, porém ousada. Simpson demonstrou disposição para arriscar sua própria vida em nome da ciência, sem mencionar a vida de seus maiores amigos, e tudo começou com uma intuição.

Subo as escadas e avisto uma exposição chamada "Primórdios da Oftalmologia". Desvio o olhar. A oftalmologia, assim como a odontologia, é um dos campos no qual eu finjo que não há "primórdios". Vejo a "Exposição da Sífilis", aparentemente de enorme sucesso com o público, mas passo longe dela, assim como da exibição de parasitas, e paro para olhar pela janela. É uma vista maravilhosa. Dá para ver as colinas ao longe, inclusive Arthur's Seat, o antigo vulcão que fica à beira da cidade. Eu olho por um bom tempo, pensando em como a paisagem à minha frente é praticamente a mesma que um jovem estudante de medicina teria visto quase trezentos anos atrás.

Consigo imaginá-lo: desgrenhado, sem dúvida, mas de olhos brilhantes e cheio de energia. Quais eram seus sonhos? Será que queria salvar o mundo ou simplesmente ter uma vida decente e fazer sua mãe feliz? Talvez um pouco das duas coisas?

Ele sem dúvida tinha muito em comum com um jovem programador no Vale do Silício: um otimismo obstinado e uma crença inabalável nos poderes redentores da tecnologia, sem falar no desejo de mudar o mundo, de *melhorá*-lo.

Ele não tinha, porém, o fetiche de novidade do Vale, seu total desdém por qualquer ideia que tivesse mais de cinco minutos. Os escoceses iluminados, tanto na área médica quanto fora dela, tinham um profundo respeito pela história. Eles inventaram a história (desculpe, Tucídides), pelo menos o tipo que se podia ler. "História conjectural", chamaram o gênero, e nós o reconhecemos hoje na obra de escritores como David McCullough ou qualquer trabalho de ficção histórica. Para os escoceses, no entanto, a história não era apenas interessante. Ela era útil. Os escoceses estudavam o passado para entender o presente e, claro, melhorá-lo. Como os antigos gregos e chineses, eles sabiam que quem não tem conhecimento apurado da história está fadado a "permanecer sempre criança na compreensão", como colocou David Hume. A genialidade requer não só um acelerador, mas também um retrovisor.

Deixando a enfermaria, eu saio e encontro um céu cinza-chumbo e um vento forte. Edimburgo é uma cidade compacta, projetada para sapatos, não carros. Passo por alguns bares sujos de estudantes, com nomes que poderiam pertencer a bandas punk dos anos 1980. Pink Olive, Blind Poet. Alguns minutos depois, passo por outro tipo de bar, anunciando *pole dancing*. Isso me faz lembrar que os escoceses não são santos, nunca foram. Lugares de genialidade sempre têm um submundo decadente, um subproduto, desconfio eu, de toda aquela tolerância.

Passo por um pub tradicional. Os únicos postes aqui são os que seguram uma placa de madeira pintada, onde há a imagem do homem que caiu em desgraça e deu nome ao pub: William Brodie, mais conhecido pelo título honorário de diácono Brodie. Na verdade, o pub tem duas placas, pois existiram dois diáconos Brodie. De dia, ele era um bem-sucedido marceneiro e membro respeitado da câmara municipal. De noite, era igualmente bem-sucedido como um hábil ladrão. Secretamente, ele fazia cópias em cera das chaves dos clientes, que depois usava para roubar seus pertences. O diácono Brodie roubava em parte para alimentar seu vício secreto no jogo (além de duas amantes igualmente secretas), e em parte pela emoção.

Ninguém em Edimburgo no século XVIII suspeitava que o bom e decente diácono Brodie estivesse por trás da onda de roubos até que, no fim, as evidências apontando para ele eram incontestáveis. Brodie fugiu, chegando até a Holanda antes de ser extraditado de volta à Escócia e enforcado por seus crimes. Enforcado, reza a lenda, no mesmíssimo tipo de forca que ele inventou.

É uma bela história, com um final satisfatoriamente sombrio e irônico. Mas desconfio que o diácono Brodie seja mais do que uma curiosidade histórica, mais até do que a inspiração para Robert Louis Stevenson escrever *O Médico e o Monstro*. Mas o quê?

O diácono Brodie no mínimo ajuda a explicar por que Edimburgo é chamada de uma cidade "duas caras". Os escoceses, naquela época e ainda hoje, estão em conflito com si mesmos. De um lado, possuem um pessimismo reflexivo, que testemunhei um dia quando escutei um casal andando pela rua. O sol escocês estava fazendo uma pequena aparição, como faz de vez em quando, só para confundir a cabeça das pessoas.

"Belo dia", disse o homem.

"Sim", respondeu sua acompanhante, "e iremos pagar por isso!"

Para um escocês, nenhuma boa ação ficará impune; todos os belos dias têm um preço. Mas eles também possuem um otimismo relutante, uma crença de que tudo é possível, ou pelo menos melhorável. De que outra maneira explicar a decisão dos cidadãos mais reverenciados de Edimburgo, em 1767, de confiar o futuro de sua amada cidade a um arquiteto neófito de 22 anos? E também há Scotty, do seriado *Star Trek*. Ele é engenheiro e, portanto, naturalmente cauteloso. *Não dá para fazer, capitão*, diz ele, após Kirk implorá-lo para dar um pouco mais de gás na *Enterprise*. Não, é impossível. Aí ele vai e faz assim mesmo. Muito escocês.

Volto para o hotel e vou para o "bar de honra". Ele fica no salão, uma linda área comum com lareira, bugigangas escocesas e grandes poltronas de couro que convidam a horas de ócio abençoado. O bar é generosamente equipado com vinho, cerveja e, claro, uísque escocês. Você se serve e em seguida escreve o que bebeu e a quantidade. Que legal, eu penso, que confiança na natureza humana, enquanto me sirvo de outro copo de Macallan doze anos. E honro o bar de honra. Na maior parte. Só no final de minha estada é que percebo não uma, mas duas câmeras de segurança escondidas e apontadas para o bar de honra. É o máximo da genialidade prática.

Passo para o café e investigo as duas caras da Escócia. Cerca de duzentos anos depois que Adam Smith e David Hume caminharam pelas ruas fedorentas de Edimburgo, o psiquiatra Albert Rothenberg, da Escola de Medicina de Harvard, dedicou-se a estudar essas contradições impossíveis que parecem estar no centro da criatividade. Ele cunhou um termo para isso: *pensamento janusiano*. O nome é em homenagem a Jano, o deus romano de duas faces que olham em direções contrárias. Rothenberg definiu o pensamento janusiano como "conceber ativamente duas ou mais ideias, imagens ou conceitos opostos ou antitéticos simultaneamente". Pessoas criativas são especialmente capazes disso, constatou Rothenberg. Para ser claro: o pensamento janusiano não quer dizer sintetizar duas ideias incompatíveis, mas sim viver com essa incompatibilidade. Se Hamlet tivesse adotado o pensamento janusiano, ele nunca teria deliberado aquela maldita pergunta. Ele teria se contentado em ser *e* não ser.

Rothenberg estudou grandes avanços científicos e concluiu que a maioria resultou do pensamento janusiano. Einstein, por exemplo, chegou à sua teoria da relatividade geral ao perceber que alguém que pulasse de um prédio não encontraria qualquer indício de campo gravitacional em sua vizinhança imediata, no entanto sua queda foi causada por essa mesma força. Einstein conseguiu imaginar verdades opostas coexistindo simultaneamente — um objeto que estava ao mesmo tempo em movimento e em repouso — um pensamento que depois ele chamou de "o mais feliz da minha vida".

A intuição do também físico Niels Bohr de que a luz é onda *e* partícula é puro pensamento janusiano. Como é que uma coisa pode ser duas coisas totalmente diferentes ao mesmo tempo? Fazer essa simples pergunta, e não necessariamente respondê-la, é o primeiro passo para um avanço criativo, acreditava Bohr. Quando você faz isso, o pensamento não é acelerado, e sim suspenso, e Bohr especulou que os avanços criativos têm mais probabilidade de acontecer nesse estado de cognição suspensa.

O pensamento janusiano não só representa a criatividade como também a cultiva. Em um estudo, psicólogos dividiram os participantes em dois grupos. Um foi "preparado" para o pensamento janusiano ao ser apresentado a conceitos paradoxais, enquanto o segundo não foi. Em seguida, ambos os grupos receberam um teste criado para avaliar soluções criativas de problemas. O primeiro grupo, o que foi preparado para o pensamento janusiano, mostrou pensamentos mais criativos.

Eu me pergunto se esse amor pelo paradoxo define não só indivíduos criativos, mas lugares criativos também. A Escócia Iluminista era o paraíso dos paradoxos. *Nós somos britânicos e não somos britânicos. Somos uma nação grande e pequena. Somos metidos. Somos inseguros. Somos aventureiros práticos. Pessimistas esperançosos.* Não é de se admirar que foi um psiquiatra escocês que escreveu a obra seminal *O Eu Dividido*. Esta é uma nação de eus divididos, de diáconos Brodies.

Por onde quer que olhe em Edimburgo, no passado e no presente, eu me deparo com contradições. Para cada conclusão, o oposto também é verdade. Ao contrário de Niels Bohr, considero esse paradoxo frustrante, não esclarecedor.

Se existe alguém que pode aliviar meu sofrimento, com certeza é David Hume — ateísta emotivo, socialmente introvertido, um homem de ideias e ações. Eu o encontro, uma estátua, pelo menos, na Royal Mile, a principal via do centro histórico de Edimburgo, parecendo satisfeito, quase angelical, e vestido com trajes da antiga Grécia. Lógico. Os escoceses admiravam os gregos e até hoje gostam de chamar Edimburgo de "Atenas do Norte" (ou, como me disse um engraçadinho local, "Atenas foi a Edimburgo do Sul").

Hume, mais até do que Smith, foi o gênio escocês fundamental. Simultaneamente obstinado e profundamente inseguro, sociável e introvertido, ele foi "o primeiro grande filósofo da modernidade", escreve o historiador Arthur Herman.

Hume entrou para a Universidade de Edimburgo aos doze anos — jovem até para os padrões da época. A princípio ele estudou direito, como sua família queria, mas só de pensar em seguir essa carreira o deixava "enjoado", e logo ele percebeu que tinha "uma insuperável aversão a tudo que não fosse relacionado à filosofia e ao aprendizado em geral". Assim, enquanto sua família achava que ele estava estudando livros jurídicos, ele estava "secretamente devorando" autores como Cícero e Virgílio. Nada estimula mais o intelecto do que aprender escondido.

Hume produziu alguns de seus melhores trabalhos ainda jovem. Ele escreveu seu *Tratado da Natureza Humana* ainda na casa dos vinte anos. O livro foi um fracasso, saindo "natimorto desde a impressão", como Hume relembrou mais tarde. O jovem filósofo persistiu, contudo, como todos os gênios, e logo ganhou notoriedade em toda a Grã-Bretanha e fora dela. Hoje, seu *Tratado* é considerado uma das maiores obras da filosofia.

Hume almejou entender como nós entendemos. De onde obtemos o conhecimento? Após se empenhar em uma série de experiências cognitivas, ele chegou à então radical conclusão de que todo o conhecimento chega através de experiências diretas — através de nossos sentidos e apenas deles. Hume pegou o método experimental de Isaac Newton e o aplicou ao confuso mundo da humanidade. Ele utilizou a si mesmo como laboratório humano, ficando vários dias sem comida, por exemplo, para avaliar a reação da mente à fome. Ele estava tentando criar o que chamou de "a Ciência do Homem".

Ele argumentou que essa era a ciência mais importante de todas, pois como podemos começar a compreender o mundo se não compreendemos a nós mesmos? Hume admitiu que era um objetivo difícil, senão impossível, já que nunca conseguimos nos ver totalmente de fora, assim como uma câmera não consegue se fotografar. O conhecimento, concluiu ele, não é universalmente verdadeiro, mas "algo sentido pela mente".

Hume era um cético. Ele questionava tudo, inclusive suas próprias questões. De maneira nada surpreendente, era um ateu orgulhoso, posição que lhe custou o apoio da Igreja e duas cadeiras de professor, mas, crucialmente, não sua vida.

Hume era racionalista, mas não no sentido frio e robótico da palavra. "Satisfaça sua paixão pela ciência, mas permita que sua ciência seja humana", instou ele. "A razão é e deve ser escrava das paixões." Com essas poucas palavras, ele revirou séculos de pensamento filosófico. A maioria dos filósofos, remontando a Aristóteles, defendia que o que diferenciava o homem dos outros animais era sua capacidade de raciocinar, mas "Hume discretamente ressaltou que os seres humanos não são e nunca foram regidos por suas capacidades racionais", escreve Herman, o historiador. A razão, alegou Hume, não determina *o que* queremos, apenas *como* o obtemos.

Hume causou todo esse rebuliço com um sorriso, pois, ao contrário de muitos de seus colegas de rosto franzido, sentia um prazer autêntico na filosofia. Como escreveu em uma carta a um amigo: "Ler, passear, repousar e cochilar, que chamo de pensar, é minha Felicidade suprema". Hume passava semanas enfurnado em seu escritório, lendo e refletindo, mas depois aparecia de novo, "absoluta e necessariamente decidido a viver, falar e agir como as outras pessoas nas questões comuns da vida". Ele era frequentador das tabernas de Edimburgo e de seus muitos clubes.

Hume não tinha só uma alma social, mas inquieta também. Durante um tempo ele morou em Londres, onde sentia um prazer perverso com sua posição de forasteiro. Como escreveu para um amigo: "Aqui algumas pessoas me odeiam porque sou liberal, outras me odeiam porque sou ateu. Todos me odeiam porque sou escocês". Ele também viveu em Paris. *Le bon* David, como ficou conhecido, frequentou os salões da cidade, onde concorreu com Rousseau, Diderot e outros gigantes intelectuais da época. Ele até cogitou brevemente se tornar cidadão francês, mas não conseguiu dar esse salto e voltou a Edimburgo.

Lá, ele se deleitou com a mistura democrática da cidade, a maneira como ferreiros e professores dividiam o mesmo espaço social, e muitas vezes a mesma garrafa de vinho. Hume acreditava que essa porosidade social ajudou a estimular a genialidade escocesa, pois "a mesma época que produz grandes filósofos e políticos, generais e poetas renomados, geralmente está repleta de habilidosos tecelões e carpinteiros de navios".

Isso não é mera coincidência, acreditava Hume, nem um ato de caridade da parte dos intelectuais. O filósofo precisa do tecelão tanto quanto o tecelão, do filósofo. É por isso que Adam Smith passava tanto tempo conversando com comerciantes quanto enfiado nos livros. Ele estava simplesmente seguindo o conselho de seu amigo David Hume: "Seja filósofo. Mas, em meio a toda sua filosofia, ainda seja homem". Leio essas palavras e sorrio. Os escoceses astutos convertiam até a filosofia em uma tarefa prática.

Nesta latitude, nesta época do ano, as manhãs não são sua amiga. A escuridão e o frio conspiram com seu edredom para imobilizar você. Nesta manhã específica, eu poderia tranquilamente ter dormido até meio-dia, se não fossem as palavras de Robert Louis Stevenson zombando de mim, persuadindo-me a sair debaixo das cobertas. "A grande questão é se mover", disse o nativo de Edimburgo.

Então eu me movo. Primeiro para o chuveiro, em seguida para o café da manhã e depois, ousado, no espírito dos aventureiros através dos tempos, lá para fora. Entro em uma via de pedestres que passa ao longo do canal principal da cidade. É agradável e dizem que ela vai até Glasgow, conectando essas duas cidades antitéticas em uma relação perfeitamente janusiana. Não estou sozinho. Outras pessoas estão seguindo o conselho de Stevenson; elas estão caminhando, correndo e andando de bicicleta, e fazendo tudo isso em trajes — camisetas e shorts — que, para minha cabeça não escocesa, parecem totalmente inadequados considerando o frio de rachar.

A palavra *turrão* me vem à mente. Sim, é isso que os escoceses são. Eles são turrões. Eu não tinha associado a palavra com o gênio criativo antes, mas talvez devesse. Ao acelerar o passo, em uma tentativa fútil de evitar a hipotermia, me dou conta de como essa palavra, *turrão*, define tantas pessoas e lugares que encontrei durante minha viagem. Atenas se recuperando após ser saqueada pelos persas. Florença se recuperando da peste. Su Tungpo se recuperando de seus dois exílios e escrevendo algumas de suas poesias mais extraordinárias. *Turrão*, decido eu, merece uma conotação melhor. *Turrão* não é uma mera intrepidez ou persistência teimosa. Pessoas turronas são engenhosas, determinadas, criativas. Turrão é bom.

"É verdade", diz Alex Renton, um jornalista da região e amigo e de um amigo. "Somos um povo turrão."

Ele me diz isso bebendo cerveja em uma pequena taberna chamada Kay's. Foi meio difícil de achar, pois ela fica escondida em um beco. O barman rechonchudo tem o maior bigode de morsa que já vi na vida, incluindo os de morsas de verdade. Conto a ele sobre minha busca quixotesca dos lugares de gênio, e ele menciona, sem um pingo de falsa erudição, que está lendo uma biografia de David Hume. Tudo isso acontece enquanto ele serve simultaneamente, e habilmente, duas canecas de cerveja.

Alex e eu encontramos duas banquetas vazias e rapidamente nos apropriamos delas.

"Somos os país mais cheio de mitos do mundo todo", proclama ele do nada, enquanto pedimos mais uma rodada para a Morsa. Eu percebi que Alex disse "cheio de mitos" como se fosse uma coisa boa. O que ele quer dizer?

"Os escoceses do Iluminismo acreditavam em seus próprios mitos", diz ele. "De outro modo, não teria havido Iluminismo nenhum."

A princípio isso soa delirante. Mitos, como os definimos atualmente, são falsidades, crenças equivocadas. Mentiras. Eles são irracionais e devem ser evitados a todo custo. No entanto, outra definição de mito, que Joseph Campbell passou a vida esclarecendo, diz que os mitos definem quem somos. Mitos nos inspiram. Mitos são bons. Sem mitos, nem iríamos sair da cama de manhã, quanto menos criar algo que valesse a pena. O designer de aplicativos trabalhando em sua garagem no Vale do Silício, a escritora inédita dando duro em seu minúsculo apartamento no Brooklyn, são estimulados pelo mito do gênio solitário. Como vimos, isso não é verdade, mas é útil.

Pergunto a Alex sobre outro mito da genialidade — a ideia de que coisas grandes acontecem em lugares grandes. Não é verdade; aliás, a genialidade se apega ao pequeno. A antiga Atenas tinha uma população de menos de cem mil habitantes. Florença era menor, e Edimburgo menor ainda. Todavia, essas cidades produziram tanta grandeza, ofuscando rivais muito maiores. Como pode?

"Fácil", diz Alex enquanto pedimos nossa terceira rodada, ou talvez seja a quarta. "Um país pequeno precisa ter grandes colhões."

Com essas sucintas e pitorescas palavras, Alex resume toda a filosofia da pequenez. Lugares pequenos são mais íntimos do que os grandes. Lugares pequenos, por necessidade, têm mais tendência a olharem para fora, e assim mais probabilidade de acumular os estímulos variados que nos tornam mais criativos, como mostram os estudos. Lugares pequenos têm mais chance de fazer perguntas, e são as perguntas que constroem a genialidade. Lugares pequenos se esforçam mais.

Lugares pequenos também são cheios de dúvida. Isso é importante. Nós tendemos a associar genialidade com autoconfiança e certeza desenfreadas. Presumimos que os gênios sabem o que estão fazendo. Não sabem. Como disse Einstein: "Se soubéssemos o que estávamos fazendo, não chamaríamos de pesquisa".

Ninguém expõe essa mentira mais cruelmente que os escoceses. Eles eram inseguros sobre tudo, desde o valor de seu idioma nativo, uma língua chamada scots, até o destino de sua própria nação. Essa dúvida endêmica, em vez de paralisar, deu poder aos escoceses, e eles "demonstraram seu próprio valor a si mesmos e aos outros", escreve o historiador Richard Sher. É assim que a dúvida funciona. Ou ela paralisa ou incentiva. Não existe meio-termo.

Pergunto sobre a seriedade escocesa e a nítida tristeza que detectei, tanto na Escócia do século XVIII quanto na atual. Um dia, na Biblioteca Nacional, vi pessoas fazendo fila para ouvir uma palestra. O que era? Talvez uma poeta da região lendo sua coleção de poemas inspiradores, ou um professor catalogando as realizações escocesas? Só depois que eu me espremi na multidão foi que vi o pôster anunciando que a biblioteca tinha orgulho em apresentar "Contos Dolorosos: Morte e Doença na Índia Britânica".

Como eu disse, tenebroso. "O que está acontecendo?", pergunto a Alex.

"Por um lado", diz Alex entre goles, "é verdade. Nós escoceses somos sombrios, cruéis e autodepreciativos." Ele faz uma longa pausa, deixando eu absorver a enormidade dessa afirmação, admirar quanta negatividade ela comporta em tão pouco espaço.

Estou esperando pelo outro lado. Não dá para contar com muita coisa nesse mundo sombrio, cruel e autodepreciativo, mas na minha experiência, se existe um lado, você pode contar que outro logo virá. Mas nenhum vem. Alex simplesmente fica olhando para sua cerveja, como se estivesse hipnotizado. Receio que ele possa ter adormecido e não sei bem o que fazer.

"Por outro lado...", diz ele finalmente. Meu suspiro é audível. "Por outro lado, nós também temos um otimismo teimoso, uma ousadia de espírito." Apesar de toda sua severidade e fatalismo externo, os escoceses acreditam na "qualidade inata de simpatia e benevolência do homem", como disse um historiador. Todos os gênios, na minha opinião, compartilham dessa crença, pelo menos de alguma forma. Para criar algo importante é preciso possuir uma fé relutante de que sua criação encontrará uma plateia que a aprecie. Criar é ter fé não só no momento, mas nos momentos que ainda virão. É por isso que não ouvimos falar em muitos niilistas que produzam trabalhos criativos.

A Morsa fecha nossa conta, e Alex e eu saímos aos tropeços para a Jamaica Street. O ar está gostoso. Eu me sinto bem. Mais que isso, detecto uma ponta de otimismo brotando em mim. É uma sensação incomum, e que a princípio, como a maioria das sensações incomuns, confundo com indigestão. Mas os fatos estão se acumulando mais rápido que a conta do bar. Eu também sofro com crises de insegurança e incerteza. Também sou um eu dividido e às vezes tenho uma relação tênue com a realidade. Ignorância? Tenho aos montes. Quando Alex e eu nos despedimos, fico feliz em concluir que talvez, apenas talvez, eu tenha as características de um gênio.

Ao voltar para o hotel, porém, a dúvida aparece em minha mente.

Arrá, a dúvida, "outro sinal de genialidade!", afirma um dos meus eus divididos.

"Não", diz meu outro eu, enquanto procuro a chave do meu quarto. "Você não é nenhum gênio."

"Talvez, mas eu posso ser escocês", meu eu unificado decide. Na nossa opinião, isso é quase tão bom quanto.

Quanto mais eu procuro, mais descubro que Alex está certo: os escoceses possuíam uma massa testicular substancial. Eles não estavam satisfeitos em lutar com as questões pequenas. Não, eles entraram de cabeça nos maiores mistérios da época, de *qualquer* época. Por exemplo, que idade tem o tempo?

Hoje, nós sabemos (ou pelo menos temos quase certeza que sabemos) que a Terra tem 4,6 bilhões de anos. Mas no século XVIII a sabedoria popular dizia que a Terra não tinha mais do que 6 mil anos, porque, bem, era o que a bíblia dizia e, na falta de qualquer prova convincente do contrário, era no que as pessoas acreditavam.

A maioria das pessoas, pelo menos. Um polímata de fala mansa chamado James Hutton não tinha tanta certeza. Ele começou a fazer perguntas, coletar evidências. Por fim, com a ajuda de alguns amigos, Hutton sintetizou suas várias descobertas em um livro com o ambicioso título de *Teoria da Terra* e a apresentou a seus colegas, a maioria cética, na Sociedade Real de Edimburgo. Esse ceticismo desmoronaria durante e após a vida de Hutton, e por fim sua conclusão de que a Terra era muito, muito mais velha que 6 mil anos seria aceita pela comunidade científica. Um jovem biólogo chamado Charles Darwin leu o trabalho de Hutton, incorporado através de outro geólogo chamado Charles Lyell, a bordo do navio HMS *Beagle*, a caminho das ilhas Galápagos. As ideias de Darwin sobre evolução foram profundamente afetadas pelas descobertas de Hutton, e alguns historiadores acreditam que, sem Hutton, não teria havido Darwin.

Apesar de suas realizações brilhantes, Hutton é um homem difícil de perseguir, mesmo em sua Edimburgo natal. Não há estátua na Royal Mile para o velho James. Não há museu erguido em sua homenagem, nem pub com seu nome. Finalmente o encontro amuado à beira da cidade. Chama-se Jardim Memorial James Hutton, mas parece mais um depósito de lixo. O chão está cheio de maços de cigarros vazios, latas de atum e papéis de bala. Há poluição auditiva também: barulho de britadeiras e dos carros passando em uma estrada próxima. Hutton não recebe muitos visitantes. Neste dia sou só eu e dois adolescentes fumando sem parar, usando o jardim do grande geólogo como cinzeiro.

Felizmente, os livros de histórias foram mais gentis com Hutton, e nessas páginas eu encontro um retrato mais completo e mais solidário do homem que descobriu o tempo. Em pelo menos um aspecto importante, a infância de Hutton se parece com a de muitos gênios: ele perdeu o pai jovem. Hutton era uma criança pequena quando seu pai, um comerciante, morreu. David Hume também perdeu seu pai quando criança; o pai de Adam Smith morreu antes de Adam nascer. Estou começando a desconfiar que Sartre talvez estivesse certo quando brincou que o melhor presente que um pai pode dar a seu filho é morrer jovem.

Com seu chapéu torto e uma "simplicidade natural", Hutton era uma figura conhecida na cidade. Aqui está outra característica comum aos gênios: uma total falta de autoconsciência. Hutton simplesmente não ligava para o que os outros pensavam dele. Poucos gênios ligam. Pense no nariz de Sócrates. Ou no cabelo de Einstein. Aquele não é o cabelo de alguém que dedicou grande parte de sua considerável massa cinzenta à aparência. E quem pode culpá-lo? Ele não quis pagar o preço da oportunidade. O tempo gasto penteando o cabelo é tempo não gasto contemplando a velocidade da luz.

Hutton era meio uma alma perdida. Um fazendeiro que virou médico que virou advogado, não havia nada que ele gostasse mais do que de escavar a lama e coletar pedras. Hutton acreditava que essas pedras continham pistas importantes sobre o passado. As pedras podiam falar. Sim, a geologia era a verdadeira paixão de Hutton. Só havia um pequeno problema: a geologia ainda não existia.

Então James Hutton fez o que muitos gênios fazem: ele inventou uma categoria. Isso se chama "criação de domínio", e talvez seja a forma mais elevada de genialidade. Uma coisa é compor músicas lindas; outra é inventar uma nova linguagem musical, como fez Gustav Mahler, ou a disciplina da biologia evolutiva, como fez Darwin.

A genialidade de Hutton começou com a simples observação. Ele fazia viagens regulares às montanhas escocesas para observar em primeira mão como o calor subterrâneo criava o granito. Mais perto de casa, ele fazia longas caminhadas na Arthur's Seat, a montanha nos arredores de Edimburgo.

Estou andando a curta distância até ela agora. Mesmo com meus olhos inexperientes, dá para ver por que Hutton foi atraído a ela. A montanha é um país das maravilhas geológicas. Formada há 350 milhões de anos por uma erupção vulcânica, ela já sofreu terremotos e inundações, foi submersa por um mar antigo e finalmente incorporada por uma geleira no período glacial.

Hutton fez medições meticulosas de altitude e temperatura. Arthur's Seat foi o laboratório de Hutton, que "dava lições diárias ao filósofo", diz Jack Repcheck em sua excelente biografia de Hutton.

A maioria de nós olha. O gênio enxerga. Hutton percebia quando algo não parecia muito certo, não encaixava. Em vez de descartar essas incongruências ou explicá-las, ele investigava mais a fundo. Ele questionava. Por quê, por exemplo, uma camada de rochas, chamada Salisbury Crags, era mais escura do que outras da área? O que fósseis de peixe estavam fazendo no alto de uma montanha?

Hutton não conseguia simplesmente deixar essas inconsistências para lá. Elas o importunavam, o assombravam. Ele claramente havia sido enfeitiçado pelo efeito Zeigarnik.

Bluma Zeigarnik foi uma psicóloga russa. Ela estava em um restaurante um dia e percebeu que os garçons registravam perfeitamente os pedidos, mas assim que os pratos chegavam à mesa, eles "deletavam" aquela informação. Ela conduziu uma série de experiências e determinou que nós relembramos informações associadas a tarefas incompletas com muito mais facilidade do que outros tipos de informação. Há alguma coisa em um problema não resolvido que estimula nossa memória e aguça nosso pensamento.

Gênios, desconfio eu, são mais suscetíveis ao efeito Zeigarnik do que o restante de nós. Quando se deparam com um problema não resolvido, eles persistem e não conseguem sossegar até ser solucionado. Essa persistência explica mais sobre o gênio criativo do que aqueles momentos apócrifos de eureca. Ao ser perguntado como descobriu a lei da gravidade, Isaac Newton não mencionou maçãs caindo. Ele respondeu apenas: "Pensando continuamente sobre ela".

James Hutton tinha muito tempo para pensar. Como muitos gênios de Edimburgo, ele foi solteiro a vida toda. O mundo de Hutton consistia em suas pedras e seus amigos. As pedras lhe davam a matéria-prima de que precisava para formular suas teorias; os amigos lhe davam a orientação de que precisava para articular essas teorias.

Essa última parte foi crucial, pois a eloquência não figurava entre os talentos consideráveis de James Hutton. Ele era um péssimo escritor, simplesmente terrível. Hutton precisava de ajuda.

É aí que entra John Playfair, grande amigo de Hutton, um matemático com sensibilidade para a linguagem. Ele renovou a prosa monótona de Hutton, deixando seus trabalhos legíveis, até atraentes.

A articulação de uma ideia, especialmente uma tão revolucionária quanto a de Hutton, é mais importante do que pensamos. Uma coisa é estar certo. Convencer os outros de que você está certo é outra totalmente diferente. Você pode ter todas as ideias brilhantes do mundo, mas, se ninguém puder entendê-las, de que adiantam? O papel que o amigo de Hutton desempenhou foi mais do que um simples relações-públicas, no entanto. A palavra *articulação* vem de um radical que significa "juntar" ou "junto". Articular uma ideia é concretizá-la, cocriá-la. A concepção de uma ideia não pode ser separada da sua expressão.

Raramente, porém, as duas habilidades são encontradas na mesma pessoa. Daí vem a necessidade do que eu chamo de gênio compensatório. Gênio compensatório é quando uma mente brilhante compensa a deficiência de outra. O gênio compensatório pode assumir muitas formas. Às vezes, como com Hutton e Playfair, um gênio compensa ativamente as deficiências do outro. Outras vezes, um gênio reage à obra de outro. Aristóteles reagindo a Platão, Goethe a Kant, Beethoven a Mozart.

Às vezes, o gênio compensatório assume a forma de um grupo de apoio para aqueles que estão trilhando caminhos intelectuais e artísticos desconhecidos. Os impressionistas franceses faziam reuniões semanais, sessões de pintura ao ar livre e outros encontros informais, tudo para fortalecer seus ânimos perante à rejeição regular que eles sentiam nas mãos da velha guarda. Sem esse gênio compensatório, o movimento não teria sobrevivido.

Às vezes o gênio compensatório é invisível. Consideremos o motor a vapor. A invenção mais conhecida da Escócia é uma espécie de mentira. James Watt não inventou o motor a vapor, como se acredita. O que ele *fez* foi enormes melhorias em uma máquina inventada cinquenta anos antes por Thomas Newcomen, transformando-a em algo mais prático. De certo modo, *ambos* inventaram a máquina a vapor. Paul Valéry, o poeta e ensaísta francês, alegou que "precisa-se de duas pessoas para inventar uma coisa". Uma pessoa constrói uma ideia bruta e a segunda a refina, compensando por suas inadequações e inconsistências.

Está ficando tarde. A suposta luz do sol está começando a diminuir. Começo a descer de Arthur's Seat, olhando a vista de Edimburgo lá embaixo, não muito diferente do que James Hutton teria visto tantos anos atrás. De volta ao jardim memorial, os adolescentes ociosos já desaparecidos, percebo uma citação, atribuída a Hutton, gravada em uma pequena placa de mármore: NÃO ENCONTRAMOS NENHUM VESTÍGIO DE INÍCIO — NENHUMA PERSPECTIVA DE FINAL. Essas poucas palavras resumem o trabalho de sua vida, e talvez de toda a criatividade humana.

Não consigo deixar de pensar se o raro lampejo de eloquência de Hutton na verdade saiu da caneta de seu amigo compensatório, John Playfair. Ao virar a rua que leva de volta a meu hotel, com o céu agora suavemente avermelhado, me dou conta de que provavelmente jamais saberei a resposta. Tudo bem. Não precisamos conhecer a fonte de uma luz forte para apreciar seu brilho.

Já foi dito que Edimburgo é uma cidade cheia de surpresas, um lugar que revela seus segredos a contragosto, e somente para aqueles que se esforçarem. A topografia de Edimburgo, com seus "truques teatrais em forma de paisagem", como descreveu Robert Louis Stevenson, alimenta essa sensação de surpresa e de sua prima próxima, a admiração. "Você olha por baixo de um arco, desce escadas que parecem levá-lo a um porão, vira-se para a janela dos fundos de um cortiço sujo em uma rua e — nossa! — se depara com perspectivas distantes e brilhantes", escreveu ele.

Stevenson sabia mais que qualquer um que a criatividade é essencialmente um ato de descoberta. Descobrir é revelar e lançar luz sobre o que há por baixo. Quando isso acontece, você surpreende não só aos outros, mas a si mesmo. Estou pensando no escritor que se depara com uma passagem, admirando sua beleza poética, sua eloquência simples, até perceber que está olhando para suas próprias palavras, escritas anos atrás. Quando o compositor Joseph Haydn ouviu sua obra-prima *A Criação* tocada pela primeira vez, ficou abismado. "Eu não escrevi isso", disse ele, com lágrimas nos olhos.

Quero explorar mais profundamente essa conexão entre a surpresa e a criatividade e não há nada que eu gostaria mais do que de tomar um puro malte com Robert Louis Stevenson, mas ele, inconvenientemente, mora naquela terra estrangeira chamada passado. Então ligo para Donald Campbell. Ele conhece Edimburgo, do passado e do presente, melhor do que ninguém. Dramaturgo e ensaísta, Campbell escreveu uma linda história cultural de Edimburgo que capta a essência da cidade. Quando a li, soube que precisava conhecê-lo.

Não foi fácil encontrá-lo, mas persisti — o efeito Zeigarnik em ação — e agora estou sentado em sua aconchegante sala no centro de Edimburgo. Está frio e nublado lá fora, e aquela provocação de primavera acabou sendo só isso mesmo. Estou bebendo meu chá devagar, ao estilo dos gênios, assim como fiz em Hangzhou, tentando processar o que Donald acabou de me dizer: Edimburgo é uma cidade que, durante séculos, não só foi tolerante com a surpresa, mas prosperou com ela. O que ele quer dizer?

"Bem", ele faz uma pausa para encher minha xícara, "moro em Edimburgo há muito tempo, mas frequentemente encontro coisas e pessoas que não sabia que existiam antes. Eu simplesmente me deparo com elas."

Outro dia, por exemplo, ele estava passeando por uma região chamada Grassmarket quando, ao descer uma passagem e subir um lance de escadas, avistou um restaurante, um bom restaurante, aliás. "Mas não havia absolutamente nada que indicasse que aquilo era um restaurante — nenhuma placa, nada. Eles não fizeram a menor questão de anunciar. É como se eles estivessem se escondendo."

E há também o amigo dele, um colega dramaturgo, que estava fazendo a promoção de um novo espetáculo. "Ele me liga outro dia e diz: 'Nossa peça vai estrear semana que vem, mas não conte a ninguém'." Campbell ri do absurdo de promover uma peça mantendo-a em segredo.

Dou um gole longo e lento em meu chá, esperando que as qualidades terapêuticas comprovadas da bebida me ajudem a compreender o sentido disso. Há duas possibilidades, de acordo com minha percepção. Uma é que os escoceses são malucos, e todo esse lance de Iluminismo foi um engodo, um monstro intelectual do lago Ness. A segunda possibilidade é que eles sabem das coisas. Estou me sentindo generoso — compensatório, digamos — então escolho a segunda opção. Talvez os escoceses intuitivamente saibam há muito tempo que valorizamos mais o escondido do que o exposto. É por isso que Deus inventou o papel de embrulho e a lingerie.

A surpresa e a alegria de descobrir o que antes estava escondido está no centro da criatividade. É Arquimedes gritando "Eureca!". É o físico Richard Feynman, ao ouvir uma única frase sobre a possível natureza do decaimento de nêutrons, dando um pulo e exclamando: "Então eu entendi *tuuuuudo!*".

Vamos descascar mais a cebola. Já vimos como a genialidade sempre começa com a observação. O que distingue o gênio criativo do meramente talentoso não é conhecimento nem inteligência, e sim visão. Como disse o filósofo alemão Arthur Schopenhauer: "O talento atinge um alvo que ninguém mais atinge; a genialidade atinge um alvo que ninguém mais vê". O alvo está escondido, como o restaurante de Donald Campbell. Ou os "truques teatrais" de Robert Louis Stevenson. Ambos descrevem um mundo virado de cabeça para baixo, com imagens incompatíveis se chocando.

É isso que o psiquiatra Albert Rothenberg chama de "pensamento homoespacial", conceber duas ou mais ideias díspares no mesmo espaço mental. Para investigar esse fenômeno, Rothenberg desenvolveu um experimento fascinante. Ele reuniu dois grupos de artistas e escritores. Um grupo viu fotografias incomuns sobrepostas. Por exemplo, uma imagem de uma cama de dossel sobreposta a uma imagem de um pelotão de soldados protegendo-se atrás de um tanque. Um segundo grupo viu as mesmas imagens, mas dessa vez não estavam sobrepostas, e foram apresentadas individualmente. Em seguida, pediu-se aos dois grupos que produzissem algo criativo — uma metáfora, no caso dos escritores, um desenho em pastel, no caso dos artistas. O primeiro grupo — que viu as imagens sobrepostas — produziu os resultados mais criativos. Rothenberg concluiu que "imagens criativas são estimuladas por *inputs* sensoriais aleatórios ou pelo menos incomuns". E escondidos, ele poderia ter acrescentado.

Muitos artistas se envolvem intuitivamente em pensamento homoespacial, mesmo que não saibam que tem esse nome. O pintor surrealista Max Ernst desenvolveu uma técnica que chamou de "frottage". Ele relata ter colocado uma série de desenhos aleatórios no chão e como "fiquei surpreso com a intensificação repentina de minhas capacidades visionárias e pela sucessão alucinatória de imagens contraditórias sobrepostas umas às outras". Lugares criativos como a Edimburgo iluminista encorajam esse tipo de justaposições improváveis.

Enquanto Donald Campbell esquenta outro bule de chá, penso nas implicações dessa cultura da surpresa, no passado e no presente. Eu percebo que dá para dizer muito sobre um lugar por sua relação com a surpresa. Ele celebra as pequenas coincidências da vida ou foge delas? Ele abre espaço para o inesperado? Em suma, milagres são permitidos? Pois "nada reprime o espírito de descoberta de maneira mais eficaz do que a suposição de que os milagres acabaram", observa o escritor Robert Grudin.

Talvez essa afirmação lhe pareça estranha, até mesmo absurda. Talvez você seja bastante cético com relação a milagres, como eu também sou. Mas não podemos esquecer que todo ato genial — desde a invenção da roda ao *Réquiem* de Mozart até a internet — é infundido com insinuações milagrosas. A vida não só é mais interessante em um mundo onde milagres ainda sejam possíveis, mas os avanços criativos têm mais probabilidade de acontecer nesse mundo.

O milagre mais impressionante de Edimburgo é sua simples existência, considerando os desafios impostos por sua topografia e clima. Quando um raio avulso de sol penetra a sala como um raio espacial alienígena, pergunto a Donald sobre isso.

É verdade, diz ele. O que tornou e ainda torna Edimburgo tão criativa não é o fato de ser um lugar legal, mas sim de ser tão difícil. "O bom de ser escocês é ter algo contra o qual lutar. Em vez de ter de fazer jus a alguma coisa, você tem de lutar contra alguma coisa. Isso força você a fazer aquele esforço extra." Essa, pelo que percebo, é uma descrição adequada não só a Edimburgo, mas a todos os lugares de genialidade.

Decido caminhar de volta ao hotel. Caminhar, como aprendi em Atenas, é bom para pensar. Além disso, Edimburgo é uma ótima sala de aula. O eu dividido existe não só na mente escocesa, mas também em suas ruas. Os dois eus de Edimburgo estão refletidos nas duas metades da cidade, a Cidade Nova e a Cidade Velha, representando, como disse um historiador, "elegância e imundície, humanidade e crueldade".

A Cidade Nova é realmente agradável e bem planejada, com sua disposição angulada facilmente reconhecível para nossas sensibilidades modernas (leia-se racionais). Preciso confessar, porém, que prefiro o zigue-zague caótico e a bagunça da Cidade Velha. Aqui posso imaginar como era a vida no auge do Iluminismo escocês, como esses gênios viviam amontoados, o rico e o desamparado no mesmo prédio.

E aqui nos deparamos com a questão complicada da densidade urbana. A suposição de que a densidade é o segredo dos lugares criativos chegou, em alguns lugares, ao nível da verdade aceita. Um grupo de urbanistas, principalmente Richard Florida, criou uma pequena indústria baseado nisso. No centro dessa indústria está um único mantra: "Cidades são lugares onde as ideias vão para fazer sexo". É uma tirada inteligente, mas será que é verdade?

Primeiro precisamos, como os acadêmicos adoram dizer, desconstruí-la. Por trás do mantra da densidade há um cenário presumido. Pegue um bando de pessoas inteligentes, ponha-as na mesma cidade densamente povoada, acrescente restaurantes japoneses, teatro experimental e políticas *gay-friendly*, e observe o gênio criativo acontecer. É uma bela teoria, mas muito vaga. Ninguém explicou ainda como saímos do ponto A (densidade urbana) para o ponto B (criatividade). Quando pressionados, esses teoristas da densidade apontam para "oportunidades de interação". Se toda a criatividade tem a ver essencialmente com moléculas colidindo, então naturalmente quanto mais interações melhor, já que isso aumenta o número de interações que podem resultar em algo brilhante.

Acho essa explicação pouco satisfatória. Para começar, nem todas as interações são igualmente boas, assim como nem todas as ideias são igualmente boas. Prisões são extremamente densas, com muita interação, mas não existe muita criatividade acontecendo ali. Favelas são densas também, e embora as pessoas lá possam se sobressair na arte da criatividade cotidiana, elas geralmente não ganham prêmios Nobel nem inventam novos gêneros de literatura. Não, alguma outra coisa além da densidade precisa estar acontecendo.

Eu me recordo do que Donald Campbell disse quando perguntei o que ele amava em Edimburgo. O que o mantém ali? Ele pensou a respeito antes de responder com uma única palavra: "Intimidade". Não era uma palavra que eu estivesse esperando, mas quando a ouvi alguma coisa deu um estalo. *Agora eu entendi tuuuuudo*, pensei. Lugares de genialidade não só são densamente povoados, eles também são íntimos, e a intimidade sempre inclui um grau de confiança. Os filósofos e poetas gregos reunidos em um simpósio confiavam uns nos outros, portanto um grau de intimidade era estabelecido. Verrocchio confiava em seus artesãos para concluírem as tarefas que lhes foram dadas. Hoje, as cidades e empresas que se destacam criativamente são aquelas onde a confiança e a intimidade são elevadas.

Mas continuamos nos concentrando na densidade como o ingrediente mágico da criatividade. Por quê? Porque ela é mais fácil de medir. Separe um quilômetro quadrado de uma cidade, conte o número de habitantes dentro daquela zona e, pronto, você mediu sua densidade. A intimidade é muito mais difícil de quantificar. Nós somos como a pessoa que procura suas chaves em um estacionamento iluminado, em vez de no beco escuro onde ele de fato as perdeu. Ao perguntarem o porquê, ele responde: "Porque é onde a luz está". Se quisermos desvendar o mistério dos lugares criativos, precisamos passar mais tempo procurando no escuro.

"Por que não nos encontramos em meu escritório?", diz a voz do outro lado da linha. Ele me dá o endereço de uma antiga faculdade de medicina. Isso me parece estranho, já que ele é historiador e não médico, mas está cedo e, além disso, após algumas semanas em Edimburgo eu parei de questionar essas incongruências aparentes. Estou prestes a desligar quando ele acrescenta: "Ah, a propósito, estou no andar um e meio".

Anoto obedientemente essa última informação. Só depois, totalmente cafeinado, é que eu olho para o pedaço de papel com mais atenção. Andar um e meio? É bem parecido com embarcar no trem na plataforma nove e três quartos. É possível. Afinal, J.K. Rowling escreveu os livros de Harry Potter aqui. Completamente sem grana, ela levava seu laptop toda manhã para uma cafeteria local.

O homem no andar um e meio é Tom Devine, historiador, agitador e, de acordo com o *Times* de Londres, o mais próximo que a Escócia tem de um bardo nacional. ("Um bardo *vivo*", esclareceria ele depois.) Devine absorve a história da nação da mesma maneira que outro bebem um uísque muito antigo, lentamente e com uma apreciação profunda que beira a reverência. Em anos recentes, Tom dedicou boa parte de sua considerável potência intelectual a solucionar o enigma que foi o Iluminismo escocês.

Apropriadamente, o prédio pesado e semelhante a um castelo se parece com alguma coisa saída de Hogwarts. Subo as escadas, parando na metade do caminho entre o primeiro e o segundo andar, brevemente preocupado — de maneira irracional, eu sei — que pudesse cair em alguma fenda escocesa no espaço-tempo. Isso não acontece. Eu apenas me vejo em um corredor perfeitamente comum, iluminado com uma fluorescência acadêmica perfeitamente normal, que existe entre o primeiro e o segundo andar. Fico aliviado e um pouco decepcionado.

Tom Devine é um homem bem pequeno, com olhos permanentemente brilhantes. Encurvado sobre sua mesa, ele escreve furiosamente, sem reconhecer minha presença. Sem levantar a cabeça, ele fala, alto e definitivamente com o sotaque escocês mais forte que já ouvi: "Você sabia que o homem que inventou o chá de Ceilão era escocês?".

"Hum, não, professor Devine, não sabia."

"Pois era." Os escoceses adoram soltar essas informações. É uma forma de geografia judaica. *Você sabia que fulano era judeu? Mas era.* Tanto a variação judaica quanto a escocesa desse jogo são dadas a alegações bastante exageradas, e desconfio que as duas venham de uma profunda insegurança tribal, uma necessidade de provar algo ao mundo. *Somos um povo pequeno, um pontinho demográfico, mas estamos em toda a parte, fazendo coisa milagrosas.*

"É um mistério", diz Tom, agora falando do Iluminismo escocês, e dá para perceber pela maneira que ele alonga a palavra *mistério* — estendendo-a, adicionando sílabas, ditongos e outros floreios linguísticos que não consigo identificar — que ele ama, simplesmente *ama*, que tal mistério exista.

Um dos alunos mais famosos da Universidade de Edimburgo, sir Arthur Conan Doyle, com certeza teria gostado do mistério que foi o Iluminismo escocês. Não é tanto um "quem matou?" — isso nós sabemos —, é mais uma questão de motivo e de método. Por que e como essa minúscula cidade no fim do mundo teve "a festa intelectual mais animada da história", como disse meu guia de viagem sem exagerar. É um caso difícil de resolver, e portanto um deleite para pessoas como Tom Devine.

Um dos ingredientes secretos que fizeram de Edimburgo um celeiro de gênios, Tom me diz daquele jeito astuto, como se estivesse revelando segredos de Estado ou o sentido da vida, foi a conversa. Edimburgo, assim como a Atenas de Sócrates, era uma cidade de tagarelas, e é daí que vem sua genialidade.

É uma conclusão tentadora, e Sócrates sem dúvida concordaria com ela, mas estou cético em relação a essa receita de gênios. Jogue um bando de gente inteligente junta, adicione comida e bebida, deixe ferver, mexendo de vez em quando, depois se afaste e deixe as ideias brilhantes fervilharem. Deixe esfriar e aproveite.

Não está me convencendo. Gente inteligente mais conversa não é necessariamente igual a genialidade. Certamente não foi o que saiu do forno quando o presidente John F. Kennedy teve uma série de reuniões a portas fechadas com seus assessores mais próximos e mais inteligentes. Não, o resultado foi a equivocada invasão da baía dos Porcos em Cuba, em 1961. Quase todos os 1.400 exilados cubanos, treinados pela CIA, foram capturados ou mortos. Cuba entrou ainda mais na órbita soviética. Foi uma das piores mancadas de política externa da história dos Estados Unidos. Como ela pôde ter acontecido, considerando a força intelectual reunida naquela sala?

Uma década depois, um psicólogo chamado Irving Janis investigou as reuniões que levaram à fracassada invasão, e concluiu que o enorme erro de julgamento não foi devido à burrice, mas sim a uma peculiaridade da natureza humana. Quando pessoas de origens semelhantes se reúnem, isolando-se de visões dissidentes e tentando agradar a um líder forte, o resultado é um consenso em torno da posição preferida, mesmo que esteja claramente equivocada. Janis criou um termo para essa tendência: pensamento de grupo.

Pensamento de grupo é o lado oposto da genialidade grupal. É o fantasma de toda teoria que celebra as virtudes da inteligência coletiva. O pensamento de grupo é burrice coletiva, e toda cultura é suscetível a ele. A questão é: por que ele aparece em umas épocas e não em outras? Por que quando você reúne um grupo de pessoas inteligentes o resultado é genial, e com outro grupo de pessoas igualmente inteligentes o resultado é pensamento de grupo?

Essa pergunta não tem uma resposta simples, mas psicólogos desconfiam que tem muito a ver com a disposição de um grupo de considerar pontos de vista divergentes. Grupos que toleram divergência produzem mais ideias, e mais ideias boas, do que os que não toleram, constataram estudos. Isso é válido *até se essas visões divergentes estiverem totalmente erradas*. A simples presença da dissidência, mesmo que equivocada, melhora a performance criativa. A maneira como falamos tem tanta importância quanto o assunto sobre o qual falamos. O conflito não é apenas aceitável em um lugar de genialidade. Ele é indispensável.

Como essa verdade se manifestou durante o Iluminismo escocês? Em primeiro lugar, explica Tom, as pessoas não falavam simplesmente sobre qualquer coisa. Um assunto precisava ser digno de conversa, conversável, como disse Hume. Depois que isso acontecesse, tudo era possível.

"Até uma disputa de *flyting*."
"De quê?"
"*Flyting*."
"Nunca ouvi falar."

Flyting, como Tom me informa, é "um ritual de humilhação de seu adversário através de ataques verbais".

Eu encolho os ombros. "Parece cruel."

"Ah, e é mesmo." O brilho nos olhos de Tom se intensifica. Os escoceses são grandes oradores, Tom me conta, demonstrando seu orgulho nacional no meio de sua propriedade acadêmica. Se estiver procurando violência verbal, a Escócia é o lugar certo. Mas — e essa parte é essencial — após uma bela e cruel rodada de humilhação ritual, os adversários iam até o pub da região tomar algumas cervejas. Sem ressentimentos.

Para que uma sessão de *flyting* fosse considerada bem-sucedida, as duas coisas eram necessárias: o ritual de humilhação *e* as cervejas depois. Sem a primeira, a conversa vira uma banalidade sem-graça. Sem a última, é apenas uma briga.

Esse tipo de tolerância permeava a vida na Escócia iluminista, uma permissividade que apareceu surpreendentemente rápido, após a última "bruxa" ser enforcada. Escritores dispararam ataques contra a Igreja, políticos e outros alvos anteriormente blindados, sofrendo apenas "pequenas inconveniências, alfinetadas por seu comportamento irritante", como disse um historiador. Nada era mais celebrado do que o que o poeta Robert Burns chamou de "o homem de mente independente".

Tolerância, porém, é uma daquelas palavras que todos apoiam, mas poucos definem. Tom me diz que a tolerância, tal como a genialidade, vem em diversos sabores. A variante mais comum é uma tolerância passiva; certas transgressões de convenções estão permitidas, mas não necessariamente encorajadas. Edimburgo, por exemplo, era tolerante com seus excêntricos e seus gênios, que convenientemente tendiam a ocupar o mesmo corpo. Adam Smith, por exemplo, frequentemente era visto nas ruas "sorrindo e conversando animadamente com companhias invisíveis", como disse um contemporâneo. Em outra cidade, alguém assim teria sido preso. Em Edimburgo, ele foi celebrado.

Mas Tom Devine descreve outro gosto escocês como uma "tolerância agressiva". Isso me parece uma contradição, mas acho melhor não dizer nada, não aqui na terra do diácono Brodie. Então espero e, não dá outra, Tom esclarece.

"Pegue Adam Smith e David Hume." Os dois filósofos eram melhores amigos, mas brigavam com frequência, especialmente por causa de alguns assuntos, como religião. "Smith não conseguia entender por que Hume deu aquele salto final para o ateísmo absoluto. Hume não entendia como Smith não fez o mesmo." A questão, diz Tom, é que esses debates, apesar de exaltados e cheios de causticidade, nunca eram pessoais. "Era a batalha das ideias que importava."

Eu amo a maneira que Tom Devine fala. Amo a maneira que ele faz até a frase mais trivial parecer poesia, e a sugestão mais gentil — "Vamos tomar um café" — parecer que estava armando uma perigosa conspiração e chamando você para participar. Isto é, se você estiver à altura. Se for homem suficiente. Se for escocês suficiente.

Eu sou, Tom, eu sou. Mas, infelizmente, Tom precisa correr. Encontrar um produtor de TV ou algo assim. Quando você é o bardo nacional da Escócia, o bardo nacional *vivo*, todos querem tirar uma casquinha sua. Estamos caminhando juntos, descendo o corredor frio, as escadas do andar um e meio para o primeiro, e em seguida passando pelas pesadas portas de madeira e saindo para o frio cinzento.

"Venha aqui, venha aqui", diz ele, com seu brilho permanente mais forte um pouco. "Olhe lá. Está vendo aquela van preta?"

Hum, sim, estou. E daí?

"Cadáveres."

O departamento de história, explica ele, é colado com a faculdade de medicina. Os cadáveres para a dissecação costumavam ser trazidos em carros funerários e no meio do dia, ainda por cima, e isso estava apavorando os alunos de história, que estavam a fim de dissecar ideias mortas, não pessoas mortas. Mas os corpos continuavam chegando toda sexta, pontualmente. Foi um problemão. Então Tom pediu à faculdade de medicina para transportar os cadáveres em vans comuns, não carros funerários. A julgar pelo tom exultante em sua voz, Tom nunca se cansa de contar essa história. Histórias escocesas, assim como o puro malte, melhoram com o tempo. Eu queria ouvir mais histórias de Tom, mas ele já foi embora, engolido pelos céus cinzentos e todo aquele passado.

Como aprendi, a forma é importante. Não só o que dizemos, mas como e onde dizemos. Durante diferentes épocas de ouro, o discurso social assumiu formas diferentes. Na Atenas de Péricles, ele se centrou nos simpósios, com seus vinhos diluídos e jogos de palavras. Na Belle Époque de Paris, a vida intelectual girava em torno dos salões. No Iluminismo de Edimburgo, era o *flyting* e o local preferido para essa batalha verbal: o clube.

Quero descobrir mais, então no dia seguinte vou ao agradavelmente antiquado Museu de Edimburgo, onde lembranças desses clubes são orgulhosamente exibidas. Há um emblema do Clube do Um e Oitenta. Sim, era preciso ter pelo menos 1,80 metro de altura para entrar, o que não era nada fácil na época, quando a maioria dos homens não media mais que 1,60 metro. O autor sir Walter Scott, um gigante não só no sentido literário, arbitrava o clube, supervisionando as reuniões que tinham tanto "conversas espirituosas" como "lançamento de martelo de sete quilos". Supostamente, as duas coisas não aconteciam ao mesmo tempo, mas nunca se sabe.

Vejo uma insígnia indefinida para o misterioso Clube Pitt. Uma pequena placa me informa que "não existem informações detalhadas sobre este clube", e prossegue especulando: "Talvez por causa das regras rígidas de tantos clubes, este fez questão de não ter nenhuma". Os escoceses certamente têm uma coisa de serem do contra, na minha opinião. Será que isso é uma marca de genialidade ou simplesmente teimosia? Meu Jano interior sussurra que talvez sejam as duas coisas.

Alguns clubes eram especializados, como o Clube do Espelho (agricultura), o Clube Rankeniano (filosofia), e o Clube Corchallan (literatura). O Clube 7:17 se encontrava uma vez por semana exatamente às 7:17 da noite, e o Clube dos Porcos supostamente se reunia em um chiqueiro. Alguns clubes não eram o que pareciam. O Clube do Poker, por exemplo, tinha esse nome por causa do atiçador da lareira, não o jogo de cartas. Seus membros eram a favor de uma milícia escocesa e, no geral, criavam problemas. Os clubes todos tinham uma coisa em comum: mulheres não eram permitidas. A única exceção era o Clube Jezebel, onde todos os membros eram prostitutas.

Meu favorito é o Clube da Ostra, fundado por Adam Smith e seus dois amigos, o químico Joseph Black e o geólogo James Hutton. Os membros se reuniam às sextas-feiras, às duas da tarde e, como o nome sugere, ingeriam quantidades absurdas de ostras e bebiam quantidades igualmente absurdas de vinho clarete.

Alguns clubes tinham ritos secretos de iniciação e "ocultavam suas atividades dos olhares gerais, assim criando uma aura de exclusividade e mistério", escreve o historiador Stephen Baxter.

Mais mistérios e segredos. Por que essas pessoas tinham tanto fetiche de mistério? O que acontecia exatamente nesses clubes e em seus "jantares eruditos", como eles os chamavam?

Apenas cerca de sessenta quilômetros separam Edimburgo e Glasgow, mas elas podiam muito bem estar em continentes diferentes. Glasgow considera Edimburgo reservada e elitista. Edimburgo considera Glasgow barulhenta e vulgar. A vulgaridade da cidade e sua grosseria cativante fascinavam o gênio Adam Smith, que passava horas conversando com comerciantes e marinheiros nas docas da cidade, reunindo os assuntos que acabaria entremeando em sua obra-prima *Uma Investigação sobre a Natureza e as Causas da Riqueza das Nações*.

Estou a caminho de Glasgow agora para conhecer o sucessor de Smith, Alexander Broadie. Durante quinze anos, ele ocupou a cadeira da Universidade de Glasgow que fora de Adam Smith. Com certeza Broadie sabe o que acontecia por trás das portas fechadas do Clube da Ostra e outros da mesma laia.

À medida que o trem avança, alguma coisa acontece em minha mente. Ao contrário da maioria das coisas que acontecem em minha mente, esta é uma coisa boa. O redemoinho costumeiro de reflexões rudimentares e associações aleatórias que se passam por pensamentos racionais se acalma, não exatamente como um lago espelhado, mais como o rio de *Amargo Pesadelo*, mas para mim isso representa um avanço. Uma melhora, podemos dizer.

Não é nenhuma coincidência que essa clareza inesperada recaia sobre mim em um trem. Há alguma coisa em viagens de trem — o movimento balançante da paisagem que passa, para você admirar ou ignorar — que favorece descobertas criativas. Algumas grandes mentes tiveram suas melhores ideias em um trem, incluindo o físico britânico Lord Kelvin e J.K. Rowling, que sonhou com Harry Potter enquanto estava sentada a bordo de um trem British Rail atrasado.

Não são só os trens. Há alguma coisa no movimento que dispara pensamentos criativos. O início da teoria da evolução de Darwin surgiu quando ele estava viajando em uma carruagem. "Eu me lembro do local exato da estrada [...] quando, para minha alegria, a solução me ocorreu", escreveu ele depois. Lewis Carrol relembrou com clareza semelhante o momento em que, enquanto boiava em um barquinho no lago, ouvindo "o tilintar das gotas que caíam dos remos, vagarosamente oscilando para cá e para lá", idealizou um mundo subterrâneo mágico e uma menina chamada Alice que o visita. Mozart sempre viajava com pedaços de papel enfiados nos bolsos laterais de sua carruagem, "pois é nessas ocasiões que minhas ideias fluem melhor e de maneira mais abundante. *De onde e como* elas vêm, eu não sei; e também não consigo forçá-las".

Infelizmente, nenhuma sinfonia ou submundo mágico se materializa em minha mente, mas penso em perguntas brilhantes para Alexander Broadie. Perguntas, não respostas, pois como aprendi em Atenas, a estrada para a genialidade é feita de boas interrogações. Quero saber exatamente como a propensão escocesa para a genialidade prática se estendia ao clube e à taberna. Como esses lugares encorajavam grandes ideias, e não (só) devaneios embriagados?

Em nossa troca de e-mails, Broadie me pareceu uma pessoa de outro tempo, um retorno à Escócia do século XVIII, quando o país era conhecido como a República das Letras.

Prezado Eric,

Estarei ao teu aguardo quando saíres da cancela de passageiros na estação. Procure por uma pálida criatura shilpit *de jaqueta preta, chapéu e bolsa pendurada no ombro. Antegozo nosso encontro.*

Saudações,
Alexander

Shilpit? A palavra atordoou não só a mim, mas também meu corretor ortográfico, que, em minha experiência, não se abala facilmente. O dicionário Merriam-Webster veio me salvar, informando que *shilpit*, uma antiga palavra escocesa, significa "de aparência abatida e esquálida".

Ao sair do trem, avisto Broadie com facilidade na multidão. Lá está ele, como prometido, em todo seu esplendor *shilpit*. Ele me mostra o caminho de saída da movimentada estação com a confiança tranquila de alguém que criou laços com sua cidade, absorveu sua essência. Enquanto caminhamos, Broadie explica que, embora seja originalmente um "garoto de Edimburgo", aprendeu a gostar de Glasgow e seus encantos da classe operária, e que hoje não moraria em nenhum outro lugar. "Nem dinamite me tiraria desta cidade", diz ele, e eu não duvido.

Apesar de afirmações tão vívidas, Broadie na verdade é uma pessoa de fala mansa e, desconfio, tímida. Atravessamos uma grande praça pública, passando por uma estátua de James Watt, o filho favorito de Glasgow. Um pombo está sentado em sua cabeça e, pelas manchas brancas que cobrem o mármore, não é o primeiro a fazer isso. Pobre James Watt, penso. Tão tipicamente escocês. Falta de respeito.

Quando Broadie me diz que escolheu um restaurante italiano eu sorrio e, mais uma vez, agradeço silenciosamente que a Escócia tenha descoberto a culinária dos outros países. Pedimos — escolho um *fusilli* ao azeite e um Chianti — e em seguida mergulho no assunto em questão. O que acontecia exatamente nesses clubes misteriosos, e que papel eles tiveram no Iluminismo escocês?

Broadie não responde diretamente a minha pergunta, pois não é esse o jeito escocês. Em vez disso, ele diz que eu preciso considerar o tempo. No início do século XVIII, os escoceses repentinamente se viram à beira da extinção cultural. A Inglaterra havia acabado de anexá-los. Isso foi desmoralizante, mas com a política escocesa castrada os intelectuais não precisavam mais se preocupar em escolher o lado errado, pois não havia mais lados. Eles estavam livres para lidar com questões maiores. Às vezes a política pode impulsionar um movimento criativo — como aconteceu nos anos 1960 —, mas às vezes não há nada mais liberador do que um vácuo político.

A velha ordem havia desaparecido e "de repente era preciso pensar por si só", Broadie me diz quando nossas massas chegam. Os escoceses, no entanto, pegaram aquela realidade e, como de costume, a retorceram. Eles pensaram por si só *juntos*, atrás das portas fechadas do Clube da Ostra e de centenas de outros como aquele.

O que tornou essas reuniões tão especiais foi como eles combinaram a camaradagem alcoolizada de um pub com o rigor intelectual de um seminário acadêmico. Os membros seguiam um protocolo rígido para beber. Primeiro, o anfitrião brindava a cada convidado, depois cada convidado brindava ao anfitrião, e depois os convidados brindavam uns aos outros. Faça a conta e veja como isso rapidamente se transforma em uma enorme quantidade de bebida. Isso levanta a desconfortável, mas inevitável pergunta: esses clubes eram simples desculpas para encher a cara? Será que o Iluminismo escocês na verdade foi, como sugeriram algumas pessoas, o Iluminismo do uísque escocês?

Não, diz Broadie. Essa velha acusação — geralmente feita por certos arruaceiros que moram ao sul da Muralha de Adriano — não só é injusta, como também incorreta.

"Sério? Como assim?"

"Eles não bebiam uísque. Eles bebiam clarete", diz ele, como se isso fizesse toda a diferença. Percebendo que achei esse argumento bem pouco convincente, ele acrescenta: "Além do mais, eles bebiam por razões práticas".

Bebedeira prática? Essa deve ser interessante. Prossiga.

"O fornecimento de água não era confiável. Você viveria mais se bebesse clarete."

Então os escoceses, *Homo practicus*, bebiam baldes de clarete. Comerciantes bebiam enquanto faziam negócios. Os juízes bebiam também, muitas vezes chegando para o primeiro julgamento do dia totalmente bêbados. Em jantares, os convidados eram rotulados como homens de duas ou três garrafas, dependendo de quanto vinho eram capazes de consumir. (Aparentemente, homens de uma só garrafa não eram convidados para jantares.)

Os escoceses podiam estar bêbados, mas não eram bobos. Como seus heróis, os antigos gregos, eles sabiam que um pouquinho de álcool deixa as pessoas mais criativas, mas muito as derruba. Então, assim como os gregos, eles bebiam vinho diluído, bem mais fraco do que o nosso hoje em dia. Além disso, Broadie me conta que, nessas reuniões, a bebida era apenas um desvio, embora agradável, a caminho do verdadeiro destino.

"Que era qual?", pergunto.

"Estimulação cerebral mútua."

Paro no meio do *fusilli*, intrigado e bastante impressionado. Com meras três palavras, a frase de Broadie transmite ao mesmo tempo erudição e perversão. Uma combinação vitoriosa e raríssima, na minha opinião.

"Em que consistia essa estimulação cerebral mútua?"

"Bem, é uma pessoa produzindo faíscas na outra. Alguém faz um comentário, por exemplo, um empresário, e daí alguém de um ramo muito diferente acrescenta algo àquilo, levando-o a uma direção completamente diferente."

Refletindo sobre isso, enquanto simultaneamente espeto um parafuso solitário, duas coisas me vêm à mente. Primeiro, que Broadie e eu não estamos apenas discutindo a estimulação cerebral mútua, mas estamos *neste exato momento* participando dela. Muito "meta". A segunda epifania é que a era de ouro de Edimburgo — e *toda* era de ouro — foi interdisciplinar, e todos os avanços criativos foram resultado do que Arthur Koestler chama de "fecundação mental cruzada entre disciplinas diferentes". Veja James Hutton. Antes de se dedicar à geologia, ele estudou medicina. Sua especialidade era o sistema circulatório. Mais tarde, ele aplicaria seus princípios a um sistema circulatório muito maior: a Terra. Mais uma vez, não é o conhecimento nem a inteligência que faz o gênio, e sim a habilidade de ligar linhas de pensamento aparentemente díspares. "Filósofos morais" como Hume e Smith faziam isso regularmente, cobrindo uma enorme faixa de território intelectual: relações internacionais, história, religião, estética, economia política, casamento e família, ética — disciplinas que, hoje, pouco conversam umas com as outras, e quando conversam, não é com suas vozes interiores.

Os gênios de Edimburgo não tinham paciência para papo furado, Broadie me conta. "Não estamos falando da conversa como forma de entretenimento. Estamos falando da conversa como acúmulo de premissas que levam a uma conclusão. Estamos falando da conversa que leva uma questão adiante, a conversa como forma de chegar a algum lugar."

"Mas você não sabe necessariamente que destino é esse, não é?"

"Não, não sabe. É preciso estar disposto a viver com um grau de incerteza. Perguntaram a Picasso se ele sabia como um quadro seria antes de começar a pintá-lo, e ele disse: 'Não, claro que não. Se soubesse, nem perderia meu tempo'." Estudos constataram que pessoas criativas têm uma tolerância especialmente alta para a ambiguidade. Desconfio que isso valha também para lugares de genialidade. Cidades como Atenas, Florença e Edimburgo criaram atmosferas que aceitavam e até celebravam a ambiguidade.

Já não estou mais em Glasgow, pelo menos minha mente não está. Ela está de volta à Califórnia, no escritório apertado de Dean Simonton, com música clássica tocando baixinho ao fundo, enquanto ele me fala sobre uma coisa chamada variação cega e retenção seletiva. É uma teoria da criatividade que Simonton vem desenvolvendo nos últimos 25 anos, e que está diretamente ligada aos gênios de Edimburgo. Ele acredita que a genialidade criativa envolve "superfluidez e retrocessos". Superfluidez é a disposição de seguir intuições que podem acabar em becos sem saída. O retrocesso é quando você volta a esses supostos becos sem saída e dá uma segunda olhada neles. Os gênios, como vimos, não têm uma média maior de acertos do que o restante de nós; aliás, eles erram com mais frequência, mas — e isso é essencial — são capazes de lembrar exatamente onde erraram e por quê. Os psicólogos chamam isso de "indicadores de fracasso". São como marcadores de livros mentais, e os gênios os colecionam voraz e metodicamente.

"Cuidado", diz Broadie rispidamente, trazendo-me de volta ao presente. Por um segundo eu penso que meu guardanapo pode estar pegando fogo ou coisa pior, mas depois percebo que ele está falando metaforicamente. Preciso ter cuidado para não confundir o clima jovial dos clubes com docilidade. "Se você tivesse uma ideia e fosse uma besteira completa, ela seria destruída. Totalmente destruída", diz ele, espetando uma tira de linguine como se quisesse sublinhar sua afirmação.

Ao participar desse tipo de duelo intelectual, "descobrimos não só o que os outros pensam de nossas ideias, mas também o que nós pensamos sobre elas", diz ele. As pessoas reagem às nossas ideias e nós reagimos à reação delas. "Elas contestam e eu aprimoro." O *flyting*, como estou percebendo, é mais do que um esporte bruto; é como os escoceses afiavam suas ideias.

Essas explosões intelectuais aconteciam não só na taberna e no clube, mas também, surpreendentemente, na sala de aula. Como vi em Florença, a educação formal e a criatividade têm muito pouca relação. Na verdade, as limitações de um currículo tendem a restringir a imaginação.

Edimburgo foi diferente. As salas de aula não eram sufocantes, e sim inspiradoras. Por quê? O que havia nas universidades escocesas para transformá-las em fábricas de gênios e não, como vi em tantos outros lugares, abatedouros de criatividade?

Talvez, eu penso em voz alta, eles fossem excelentes transmissores de conhecimento?

Sim, até certo ponto, diz Broadie. Mas conhecimento não é o mesmo que genialidade, e chega até a impedi-la. Os gênios que mais admiramos atualmente não eram necessariamente os que tinham mais conhecimento em suas áreas. Einstein, por exemplo, sabia menos de física de que muitos contemporâneos seus. Ele não era um sabe-tudo. Ele era um enxerga-tudo. Se o gênio criativo é caracterizado pela habilidade de fazer conexões inesperadas e importantes, então o que importa é claramente a amplitude de conhecimento, não a profundidade.

Outra maneira que as universidades escocesas se destacaram foi que o aprendizado fluía nos dois sentidos, não só de professor para aluno, mas também de aluno para professor. Era uma versão mais formalizada e de base mais ampla do que o que acontecia na oficina de Verrocchio. Os professores escoceses viam a sala de aula não só como fonte de renda (eles ganhavam por comissão; quanto mais alunos atraíam para suas aulas, mais dinheiro ganhavam), mas também como laboratório. Era lá que eles testavam suas ideias malucas mais recentes. Adam Smith apresentou sua *Riqueza das Nações* primeiro como uma série de palestras para seus alunos. A média de idade? Catorze anos.

Ao pedirmos dois expressos — uma decisão prática, tomada para contrabalançar todo aquele vinho —, me dou conta de que essas duas linhas do Iluminismo escocês, essa ênfase dupla em aprimoramento e sociabilidade, estão ligadas. Toda aquela socialização, todos aqueles clubes — e sim, toda aquela bebedeira — tinha um objetivo prático: o aprimoramento.

Faço a Broadie minha pergunta da viagem no tempo. Se ele de repente se visse na Escócia de 1780, com quem ele gostaria de tomar uma taça de clarete? Estou esperando a resposta óbvia — Adam Smith —, mas Broadie, de maneira verdadeiramente escocesa, me surpreende.

"Adam Ferguson."

Ferguson, que pode ser considerado o pai da sociologia, foi tão brilhante quanto Smith e Hume. Ele resumiu de maneira excelente o tempo em que viveu, em que todos nós vivemos: "Cada época tem seus sofrimentos e seus consolos". Ferguson tinha uma relação especial com o destino, pois era um ministro ordenado, um fato que me aponta para uma direção totalmente nova e inesperada.

Estou caminhando pela Royal Mile um dia, sentindo-me satisfeito com meu progresso, quando vejo uma igreja. Chamada de Santo Egídio, ela impressiona por seu pináculo em forma de coroa, entalhes elegantes, vitrais complexos e teto altíssimo. Mas é uma igreja, e na Europa as igrejas são quase tão comuns quanto os bares. Se estiver procurando espaço, no entanto, é melhor ir a uma igreja do que a um bar. Hoje em dia, a religião não tem a menor utilidade para a maioria dos europeus.

Normalmente, nem para alguém como eu, seguindo o rastro o gênio criativo. Nos lugares que visitei até agora, a religião teve pouca relação com o surgimento da genialidade. Aliás, as instituições religiosas tendiam a reprimir a inovação. Isso não é surpresa. Existia uma tensão básica. A Igreja (ou mesquita, sinagoga) era a guardiã da tradição; a criatividade, pelo menos na concepção ocidental, representa uma quebra de tradição. É a receita do conflito.

Às vezes, o melhor que a religião pode fazer é sair do caminho. Foi isso que a Igreja Católica fez, pelo menos em parte, durante o Renascimento. Em Hangzhou, a religião era questão solta, flexível o suficiente para permitir experimentações e "doutrinas estranhas". Antes do advento do islã, os povos árabes constituíam uma estagnação cultural. Com exceção da poesia, não contribuíam praticamente nada à civilização mundial, ao contrário de seus vizinhos — os egípcios, os sumérios, os babilônios e os persas. O islamismo mudou tudo isso. Logo após seu advento, os árabes se destacaram em campos que iam da astronomia à medicina e filosofia. A era de ouro muçulmana se estendeu do Marrocos à Pérsia e atravessou muitos séculos.

Da mesma forma, a Igreja Presbiteriana escocesa, conhecida como Kirk, teve um grande papel, embora involuntário, no Iluminismo. Para contar essa história, é preciso dar um passo gigantesco para trás, para o começo.

No começo, havia a Palavra. A Palavra era boa, mas quase ninguém podia ler a Palavra, ou *qualquer* palavra. Isso era frustrante para todos. Ser analfabeto no século XVIII era como ter uma conexão discada no século XXI. Você é inundado por um mar de informação, mas pouca coisa chega até você, e o que chega leva uma eternidade para baixar.

A Igreja escocesa sabia que precisava fazer alguma coisa, e assim lançou uma grande campanha de alfabetização. Isso superou todas as expectativas. Em menos de um século, quase toda paróquia tinha uma escola. De repente, a Escócia, a nação mais pobre de toda a Europa Ocidental, ostentava a maior taxa de alfabetização do mundo. Agora as pessoas podiam ler a Palavra. Até aí, tudo bem.

O que a Igreja não previu, porém, era que as pessoas podiam ler também outras palavras. É assim que novas tecnologias funcionam. Uma vez lançadas, elas não podem ser contidas. A Igreja ensina as pessoas a ler para que possam ter acesso à Bíblia, e quando você vai ver elas estão lendo Milton e Dante. Um grupo de cientistas nerds inventa uma rede de computadores para poderem compartilhar informações técnicas. Quando você vai ver, está comprando cueca on-line.

Os escoceses, assim como os florentinos, apaixonaram-se pelos livros, mas com uma diferença significativa. A essa altura, a imprensa de Gutenberg era largamente utilizada. Livros não eram mais artigos de luxo. Pessoas comuns podiam comprá-los, mas essas pessoas comuns não liam livros comuns. Seu gosto era consideravelmente mais erudito. A obra em seis volumes *História da Inglaterra*, de David Hume, de leitura nada leve, foi um enorme best-seller na Escócia.

Como as autoridades da Igreja escocesa reagiram a essa onda de leitura secular? Permitindo que ela chegasse ao auge, e alguns ministros entraram na onda. Não só Adam Ferguson, mas também homens como John Home, outro ministro, que escreveu a peça mais popular da época. Uma nova espécie de gênio, simultaneamente secular e religioso, brotou no solo duro da Escócia.

Na minha última manhã em Edimburgo, saio para uma caminhada final pelo canal. Está um dia quase totalmente nublado, ou, na cabeça dos escoceses, ensolarado. Eu sei que não vai durar. A chuva está vindo, e o vento, e sabe lá Deus o que mais. Nada dura. Isso é válido para todos os lugares, mas parece mais verdadeiro, é sentido com mais força aqui na Escócia. Enquanto caminho, levantando a gola de meu casaco contra o rosto, me lembro de como essa natureza passageira da vida despertou a genialidade em Atenas. Faz sentido. Nós ficamos mais criativos quando confrontados com limites, e o tempo é a maior limitação.

Os escoceses espertos, no entanto, criaram uma solução para contornar isso também. David Hume, defendendo uma escola filosófica chamada de empirismo, disse que é um erro supor que todos os homens *vão* morrer só porque até agora todos os homens *morreram*. De fato, quando seu amigo Adam Smith estava em seu leito de morte, em 1790, ouviram-no murmurando para as pessoas reunidas a seu lado: "Creio que precisamos transferir essa reunião para outro lugar".

Então, estranhamente, foi isso que fizeram. O Iluminismo escocês nunca terminou realmente. Ele simplesmente mudou de lugar. Como disse, as ideias escocesas chegaram a muitas margens distantes, incluindo os jovens Estados Unidos. Em nenhum outro lugar as ideias escocesas floresceram de maneira mais magnífica e inesperada, porém, do que no subcontinente indiano, em uma cidade lotada e malárica que, durante um tempo, iluminou o mundo.

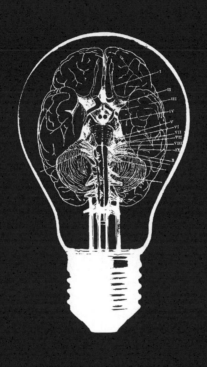

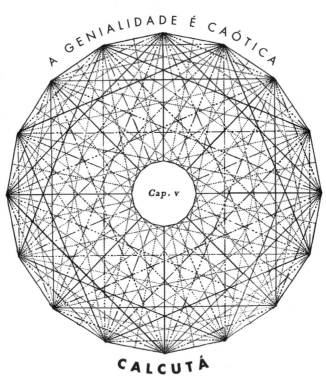

"A possibilidade de coincidência é maior aqui do que em outros lugares."

As palavras pairam no ar pesado, misturando-se ao som dos copos tilintando, uma risada vinda de uma mesa próxima e o trânsito abafado da rua Sudder, antes de finalmente se alojarem em meu cérebro como um hóspede indesejado. *A possibilidade... de coincidência... maior aqui... do que em outros lugares.* Que absurdo, penso, e se aprendi alguma coisa em minhas viagens, é que é preciso levar esses absurdos a sério, pois eles podem acabar sendo verdade.

Quem diz esse absurdo possivelmente profundo é um fotógrafo irlandês rosado, alegre e eternamente falido que atende por T.P. Calcutá é seu segundo lar. Ele sempre volta, ano após ano, década após década. Calcutá não é uma cidade fácil em nenhum sentido da palavra, mas isso não desanima T.P. nem um pouco. Coincidência é uma coisa valiosa. Você aceita onde consegue obtê-la.

Estamos sentados no bar ao ar livre do hotel Fairlawn, ele mesmo um produto do acaso. Um oficial britânico. Uma noiva armênia. Uma cidade no precipício de um império agonizante. Todos esses fatos aparentemente aleatórios convergiram para dar vida ao Fairlawn. Ele existe desde a década de 1930 e, com exceção do wi-fi fraco e do ar-condicionado temperamental, não mudou muito de lá para cá. Ele é despudoradamente pós-colonial — ou melhor, *pró*-colonial. De acordo com o Fairlawn, o controle britânico nunca terminou. No saguão — apenas algumas cadeiras de vime e uma mesa com jornais amassados espalhados — os visitantes são recebidos por fotos do príncipe William e Kate, junto com outros bricabraques da realeza. As pessoas não vêm aqui pela nostalgia, porém. Elas vêm pela cerveja e pelo jardim silvestre onde é servida. Com suas mesas baratas de plástico e garçons agradavelmente indiferentes, é uma pausa na loucura que está a poucos metros de distância, *lá fora*.

Como todos os lugares legais, o Fairlawn é uma encruzilhada, um território neutro onde mundos paralelos convergem brevemente: voluntários fervorosos do Lar dos Moribundos, de Madre Teresa, moradores locais relaxando após um longo dia no escritório, viajantes relativamente endinheirados querendo se misturar, mochileiros duros querendo esbanjar. E aí há os recém-chegados, de olhos arregalados, tremendo, sofrendo o tipo de trauma de viagem que só a Índia pode causar.

Calcutá, a "cidade da noite apavorante" de Kipling, é um choque para os sentidos, sempre foi. Isso vale tanto para quem está visitando a Índia pela primeira vez quanto para quem, como eu, fez do país um hábito para a vida toda. Do ponto de vista pessoal e gastrointestinal, esses abalos são lamentáveis, mas para a criatividade eles são bons. Avanços criativos quase sempre exigem um solavanco de algum tipo, uma força externa que aja sobre nossos corpos em repouso.

Calcutá ainda consegue sacudir T.P. após todos esses anos, ele me conta, tomando sua cerveja Kingfisher e continuando a falar sobre essa suposta *possibilidade de coincidência*. Eu escuto educadamente, mas me pergunto em silêncio se o calor pré-monção de Calcutá nessa época do ano (os "meses podres", como eles chamam) está mexendo com o cérebro celta de T.P. Coincidência não é por definição aleatória, e portanto sua possibilidade não seria nem mais, nem menos provável em Calcutá do que em outro lugar?

Quando sugiro diplomaticamente que ele pode estar ficando maluco, T.P. responde me mostrando algumas fotografias suas: um cachorro se equilibrando impossivelmente em uma pilha de latas, uma sala simples onde os símbolos das três maiores religiões da Índia — cristianismo, islamismo e hinduísmo — estão milagrosamente alinhados, como se tivessem sido arrumados pela mão invisível de Adam Smith. O sucesso do fotógrafo depende de sua relação e proximidade com a coincidência. Conforme vejo no trabalho de T.P., essas sobreposições inesperadas, a maneira como as partes móveis do tempo e espaço momentaneamente entram em posição, enchem uma fotografia de significado e de beleza.

Na noite seguinte, sentado no Fairlawn, bebendo outra Kingfisher, reflito sobre o papel da coincidência — e de seus primos, a aleatoriedade e o caos — e que função eles podem ter não só na fotografia, mas em

A GENIALIDADE É CAÓTICA: CALCUTÁ

todos os esforços criativos. Aqui estou eu, procurando uma base lógica e empírica para os lugares de genialidade, uma espécie de fórmula. Será que eu me esqueci desse ingrediente óbvio, o acaso?

A palavra *chance*, através do francês antigo, vem do latim *cadere*, que significa "cair", e o que é mais natural do que cair, como uma maçã da árvore, permitindo que a gravidade cumpra sua função? Será que os gênios simplesmente estão mais antenados com essa verdade do que o restante de nós? Será que eles, e por tabela os lugares que habitam, são simplesmente mais sortudos do que nós?

Não é tão absurdo quanto parece. Quando o psicólogo Mihaly Csikszentmihalyi perguntou a centenas de pessoas altamente criativas, incluindo vários ganhadores do Prêmio Nobel, qual era a explicação de seu sucesso, uma das respostas mais frequentes foi a sorte. "Estar no lugar certo na hora certa é uma explicação quase universal", concluiu Csikszentmihalyi. Eu também me lembro do que Dean Simonton havia me dito na Califórnia. Os gênios, disse ele, são bons em "explorar a chance". Na hora isso fez tanto sentido quanto as possibilidades de coincidência de T.P., mas agora percebo que, como sempre, Simonton está no caminho certo.

Se existe algum lugar que pode esclarecer a relação entre chance e genialidade, é esta "cidade monstruosa, atordoante e cheia" como o grande cineasta Satyajit Ray chamou sua querida cidade. Calcutá, cidade da alegria, cidade das causas perdidas e das segundas chances e, por um momento breve, porém glorioso, cidade da genialidade.

Admito que, atualmente, as palavras *gênio* e *Calcutá* não são ditas com frequência na mesma frase. Aliás, a cidade hoje é sinônimo de pobreza desoladora e governo incompetente. Miséria do terceiro mundo, para resumir. Não faz tanto tempo, contudo, que a história era bem diferente.

Entre aproximadamente 1840 e 1920, Calcutá era uma das grandes capitais intelectuais do mundo, centro de um florescimento criativo nas artes, literatura, ciência e religião. A cidade deu ao mundo um ganhador do Prêmio Nobel (o primeiro da Ásia), um vencedor do Oscar, um enorme volume de literatura que não era nem oriental, nem ocidental (mais livros foram publicados em Calcutá do que em qualquer outro lugar do mundo, exceto Londres), e uma maneira totalmente nova de conversar (chamada de *adda*). E isso foi apenas o começo.

Os expoentes da era de ouro de Calcutá incluíram escritores como Bankim Chattopadhyay, balconista de dia e romancista de noite, que injetou vida nova em uma cultura antiga, e Henry Derozio, que durante sua "vida terrivelmente curta" não só escreveu poesia sublime, como também encabeçou todo um movimento intelectual chamado Movimento Jovem de Bengala. Houve um místico chamado Swami Vivekananda que, em 1893, viajou para Chicago e apresentou a norte-americanos uma tradição espiritual totalmente nova; e houve Jagadish Bose, um físico que fez avançar o recente campo da tecnologia de rádio e, em uma carreira surpreendentemente variada, nos mostrou que a linha entre a matéria viva e a inanimada não é tão nitidamente definida quanto pensávamos. Houve mulheres também, como Rassundari Devi; analfabeta até vinte e poucos anos, ela escreveu a primeira autobiografia no idioma bengali e inspirou mulheres de todos os cantos.

Na época, as pessoas sentiam que estavam vivendo um momento especial, mas não tinham nome para ele. Agora nós temos: Renascimento bengalês, em homenagem ao principal grupo étnico de Calcutá. O despertar indiano, assim como seu primo italiano, surgiu inesperadamente das cinzas de uma catástrofe: não a peste bubônica, mas os britânicos. Outra vez. Como você se lembra, a Escócia também prosperou logo depois que os ingleses invadiram o país deles. Em todos os lugares que os ingleses vão, aparentemente, eles só trazem problemas e genialidade. "Sem o Ocidente, esse despertar não teria acontecido", diz Subrata Dasgupta, nascido em Calcutá e cronista dos dias de glória de sua cidade. "Sem o Ocidente, não teria havido um Renascimento."

Isso não quer dizer que o Renascimento bengalês foi simplesmente uma exportação britânica — como os Beatles ou cerveja quente — e que os indianos simplesmente engoliram essa lavagem indiscriminadamente. Ele foi muito mais que isso. Mas como me disse um acadêmico calcutaense, usando linguagem apropriadamente vívida, os britânicos "inseminaram o pensamento indiano com ideias ocidentais", e essas ideias depois ganharam vida própria. Mais uma vez, uma sacudida no sistema. Só que dessa vez foi mais que uma sacudida. Foi um terremoto.

As falhas geológicas desse terremoto passam por uma igreja pequena e simples chamada São João. Chego cedo. O portão ainda não está aberto, então aguardo, cozinhando no sol que já está forte, até que o *chowkidar*, o guarda, fica com pena de mim e faz sinal para eu entrar. Passo por um estreito caminho de tijolos, atravessando os jardins bem-cuidados e, após uns cem metros, vejo um monumento de mármore branco. Ele homenageia Job Charnock, um capitão inglês do século XVII e pai de Calcutá. O inseminador original. Está gravado na pedra:

A GENIALIDADE É CAÓTICA: CALCUTÁ

ELE FOI UM VIAJANTE QUE, APÓS PASSAR MUITO TEMPO EM UMA TERRA QUE NÃO ERA A SUA, RETORNOU A SEU ETERNO LAR.

Comovente, mas apenas parcialmente verdade. Embora possa ter sido uma "terra que não era sua", Charnock a tornou sua. Ele arrumou uma esposa indiana (salvando-a da prática, hoje proibida, do sati, na qual viúvas indianas cometiam suicídio atirando-se nas piras funerárias de seus maridos) e teve quatro filhos. Ele usava kurtas folgadas, fumava narguilé e bebia a bebida local, uma potente aguardente chamada arrack. Job Charnock, fundador de Calcutá, filho de aristocratas ingleses, servo orgulhoso da rainha, virou nativo.

Isso pode nos pegar de surpresa, considerando nossa imagem dos britânicos e de suas tentativas de governarem a Índia sem interagir com ela — vide a criação das áreas calcutaenses chamadas Cidade Branca e Cidade Negra e de redutos exclusivos como o Bengal Club, onde os únicos nativos permitidos eram os que lavavam os pratos e serviam o chá. E embora alguns, talvez até a maioria, dos colonialistas britânicos concordassem com lorde Macaulay, um alto funcionário do Raj que disse que "uma única prateleira de uma boa biblioteca europeia vale por toda a literatura nativa da Índia e da Arábia", havia exceções. Alguns britânicos reconheceram algo antigo e sábio no que os outros viam apenas como atraso; e, da mesma forma, vários indianos viram sabedoria naqueles branquelos tensos com ideias estranhas sobre sexo e Deus. Esses povos excepcionais, indianos e britânicos, plantaram juntos as sementes do Renascimento bengalês.

Os britânicos não foram os primeiros, mas apenas os últimos a pensarem que podiam mudar a Índia. Antes deles vieram os budistas e os mongóis, entre outros. A história da Índia é de aculturação sem assimilação, de reagir a uma influência estrangeira sem nem rejeitá-la, nem absorvê-la cegamente, mas sim "indianizá-la". Os indianos fizeram essa mágica com tudo, desde Buda (milagrosamente transformando-o em um avatar de Vishnu) até o McDonald's (o Marajá Mac não tem carne de boi, mantendo o costume hindu). A cultura híbrida resultante confunde muitos ocidentais, como a economista britânica Joan Robinson, que observou que de "tudo que se possa dizer corretamente sobre a Índia, o oposto também é verdadeiro".

Já vimos como lugares de genialidade ocupam o centro de várias correntes culturais. Pense nos grandes navios à vela da antiga Atenas, ou nos comerciantes viajantes da Florença renascentista. As culturas criativas que surgiram dessas miscigenações eram necessariamente híbridas, culturas mestiças. "Não há nada menos puro do que cultura", conta-me um acadêmico indiano, e percebo que ele está certo. Também percebo que o termo *pura genialidade* é um oximoro. Nada na genialidade é puro. O gênio pega emprestado, rouba e, sim, acrescenta seus próprios ingredientes à mistura, mas em nenhum momento a pureza entra na história.

O que diferenciou a mistura de Calcutá foi que ela não foi acidental. Ela brotou de "um casamento entre a genialidade popular e a sensibilidade ocidental", como colocou um historiador. Um casamento arranjado, ainda por cima, pois Calcutá representa o primeiro (e possivelmente único) caso de genialidade premeditada do mundo. "Em nenhum outro lugar do mundo moderno uma nova cultura surgiu do entrelaçamento deliberado de duas culturas mais velhas", disse Sudhin Datta, um poeta que viveu no final do Renascimento bengalês.

Um dia, estou caminhando — naquele estado hipervigilante que a Índia exige, os olhos correndo em volta, preparados para uma ameaça, ou uma coincidência — quando sou atingido por uma forte sensação de déjà vu, muito embora eu nunca tenha visitado Calcutá antes. Essa não, penso, será que estou tendo uma daquelas "momentos da Índia", uma regressão a uma vida passada, talvez? Isso acontece aqui, e com mais frequência do que se possa imaginar. As pessoas perdem a noção da realidade e nunca mais voltam ao normal. Depois percebo que não, a razão pela qual Calcutá parece tão familiar é que ela se parece demais com Londres. Os britânicos "criaram uma versão mais quente de casa", como me disse um frequentador do Fairlawn.

Como capital do Raj britânico, Calcutá também serviu como uma espécie de laboratório, um campo de provas para ideias promissoras que ainda não foram testadas. O uso de impressões digitais em investigações criminais foi testado primeiro aqui. Como você se lembra, foi produto de nosso velho amigo Francis Galton. Calcutá teve sistema de esgoto e lâmpadas de gás antes de Manchester. A cidade sempre teve a criatividade em suas veias, mesmo que a princípio tenha sido uma criatividade induzida.

As chuvas causam um estrago abençoado em Calcutá. As pessoas agradecem o alívio do calor, mas isso tem um preço: as ruas alagam, as luzes piscam, o trânsito engarrafa. Esse é o caso hoje, e esse foi o caso em um dia de junho de 1842. As águas empoçavam nas ruas, as carruagens jogavam lama para cima, espirrando os transeuntes. As condições desagradáveis, no entanto, não impediram uma multidão de centenas de pessoas, a maioria indiana, de comparecerem a um funeral. De cabeças

A GENIALIDADE É CAÓTICA: CALCUTÁ

baixas e corações apertados, eles caminharam ao lado do caixão de David Hare, um relojoeiro escocês que virou educador e filantropo. Os ânimos estavam à flor da pele. "As pessoas choravam e soluçavam por ele como órfãos, após sua morte", relatou uma testemunha. Uma pessoa louvou Hare como "defensor da causa da educação moderna, um mensageiro do início da 'Era da Razão' em um país afundado em um pântano imundo de superstições, um valente lutador pela causa da liberdade, da verdade e da justiça [...] o amigo de um povo desamparado".

Como Job Charnock, David Hare morreu bem longe de casa. Não sabemos por que ele deixou sua Escócia natal para as margens desconhecidas e malsãs de Calcutá. Naquela época, embarcava-se em uma jornada dessas sabendo que muito provavelmente não teria volta. Talvez, como um bom escocês, ele estivesse procurando aventura, ou uma chance de recomeçar através do poder redentor de uma viagem. Qualquer que seja a razão, uma vez em solo indiano, Hare nunca mais olhou para trás. Ele estudou a cultura bengalesa, mas, sendo escocês, a vontade de consertar, de aprimorar, logo tomou conta.

Hare vendeu sua empresa, voltando sua atenção dos mecanismos dos relógios para o funcionamento da mente humana. Hare era o oposto exato do senhor colonial desinteressado. Generoso, ele pagava a mensalidade daqueles que não podiam e tinha um interesse real no bem-estar de seus alunos, que chegava ao ponto em que ele ficava triste quando eles estavam tristes, alegre com a alegria deles, como relembrou um amigo. Ele estabeleceu a Hindu College, a primeira universidade à moda ocidental da Índia, assim apresentando ao subcontinente o conceito bastante escocês de viver melhor através da educação. De fato, o florescimento de Calcutá é um exemplo claro de uma época de ouro gerando outra. As genialidades de Adam Smith e outros grandes escoceses foi transmitida até Calcutá via mensageiros zelosos como David Hare.

Passo horas, dias, isolado nos arquivos empoeirados da Sociedade Asiática escavando o passado. Quanto mais fundo eu cavo, mais conexões descubro. Ambos os povos gostam de beber e são as duas únicas nações do mundo a darem seus próprios nomes às bebidas nacionais — *scotch* para os escoceses e *bangla* para Bengala. Ambos os lugares têm pontadas de insegurança. Calcutá, diz o escritor Amit Chaudhuri, está "em conflito consigo mesma". Isso é muito escocês, muito diácono Brodie. Os dois povos também foram marginalizados. Então como foi que conseguiram produzir tanta genialidade?

Mais uma vez, o *timing* é crucial. David Hare chegou a Calcutá quando correntes adversárias rodopiavam pela cidade. "Hare assistiu com grande interesse a esses conflitos de ideologias rivais, e tentou com muito afinco desenvolver uma síntese delas, onde o Ocidente e o Oriente pudessem se encontrar, pudessem dar e receber", diz seu biógrafo, Peary Mittra.

Os superiores de Hare apoiaram seus esforços, não por motivos altruístas, mas porque precisavam de trabalhadores instruídos, alfabetizados. Mal sabiam eles. Assim como os oficiais da Igreja escocesa difundiram a alfabetização achando que teriam uma nação de leitores da Bíblia, os colonialistas britânicos difundiram a alfabetização na Índia pensando que teriam uma cidade de funcionários. Em vez disso, ganharam uma cidade de poetas.

O guarda do hotel abre o portão e eu saio para a rua Sudder. Ela é da largura de um beco, mas contém mais vida do que uma cidade pequena. Passo pelos hotéis de mochileiros, prédios abandonados onde se pode alugar um quarto mais barato do que uma cerveja no Fairlawn; passo pelo café Blue Sky, que serve comida indiana, chinesa, tailandesa e italiana (e faz tudo isso surpreendentemente bem); e passo pelas lojinhas que de alguma maneira espremem a quantidade de produtos de um Carrefour em um espaço do tamanho de uma quitinete. Estou digerindo tudo isso quando um táxi, vindo pelo lado errado da rua, passa zunindo por mim e quase me acerta. Está claro que os sinais de trânsito são considerados meras sugestões. O sinal vermelho significa que você talvez cogite parar. Ou não. Ah, e as ruas de mão única mudam de sentido uma vez ao dia. (É uma hora muito *interessante*.) Quanto às faixas? *Pfff*. Essas são para os outros motoristas, menos criativos. Não existe lugar mais criativo no planeta do que um cruzamento em Calcutá.

Vou ser franco: Calcutá é uma cidade feia. Mas é uma feiura adorável. É a feiura do ornitorrinco ou do tatu, ou de uma velha desdentada que derrete seu coração. É uma feiura, como diz o escritor e crítico de cinema Chitralekha Basu, "que te atrai, inescrutavelmente".

Esse tipo de feiura tem suas vantagens. Pergunte aos Rolling Stones. Em uma entrevista de 2003, o guitarrista Ron Wood disse sobre o colega Keith Richards: "Keith traz aquele ar de aspereza, sem o qual estaríamos perdidos". Nada se fixa em uma superfície lisa. Uma certa irregularidade, até uma feiura, é necessária em nossas vidas criativas.

Entro no Mercado Novo, um bazar apinhado, e encontro trabalhadores ainda dormindo espalhados pela calçada, um bando de meninos jogando uma partida de críquete, vendedores de chai esquentando o chá matinal em fogueiras, um outdoor anunciando um creme que promete axilas mais claras, crianças sorridentes, porcos devorando uma pilha de lixo, cestos de galinhas cacarejantes. Nas ruas de Calcutá, a comida é vendida, preparada, consumida e evacuada. A vida é exibida publicamente o tempo todo. As pessoas escovam os dentes, urinam e fazem todas as coisas que, em outras partes do mundo, acontecem atrás de portas fechadas.

Percebo que já vi isso antes. A ágora de Atenas, a margem do lago de Hangzhou, as *piazzas* de Florença, as ruas da velha Edimburgo. A vida vivida de maneira tão pública aumenta a quantidade e variedade de estímulos a que somos expostos. Pense em um trem lotado, comparado ao banco de trás de uma limusine. Se a criatividade tem a ver com ligar os pontos, então quanto mais pontos à nossa disposição, melhor. Os espaços privados escondem os pontos. Os espaços públicos estão repletos deles, e podem ser levados de graça.

A criatividade também requer energia cinética. Calcutá tem muita, mesmo que a energia seja basicamente circular, um "movimento perene, sem direção", como disse um escritor local. Nada de mais acontece em Calcutá, e nada acontece em grandes velocidades. Tudo bem. O destino importa menos do que a velocidade. *A grande questão é se mover.* Como vimos, o movimento prepara o pensamento criativo — vide os filósofos ambulantes da antiga Atenas ou Mark Twain dando voltas em seu escritório. Eles não chegavam a nenhum lugar físico, mas iam longe mentalmente.

Eu caminho mais vinte metros em estado máximo de alerta, depois vejo uma pequena estátua enfiada entre uma agência de viagem e uma barraca de chá. O homem retratado usa barba e aparenta sabedoria, com um colar de calêndulas em volta do pescoço.

Toda renascença precisa de um homem renascentista. Florença teve Leonardo. Edimburgo teve David Hume. Calcutá teve Rabindranath Tagore. Poeta, ensaísta, dramaturgo, ativista e ganhador do Prêmio Nobel, ele personificou o florescimento pleno do Renascentismo bengalês. Embora tivesse tantas funções, no fim da vida ele resumiu sua existência em quatro palavras curtas: "Eu sou um poeta". Para Tagore, tudo mais era secundário. Isso indica um aspecto óbvio, mas ainda assim importante, de pessoas que levam vidas criativas: elas se veem como pessoas que levam vidas criativas, e não têm medo de afirmar isso. "Sou matemático", gritou Norbert Wiener no título de sua autobiografia. Gertrude Stein foi um passo além, declarando ousadamente: "Sou um gênio!".

Atualmente, Tagore é mais adorado em Calcutá do que lido. Sua imagem — sempre com a barba comprida e esvoaçante e os olhos sábios, enrugados — está por toda a parte. Suas músicas saem dos autofalantes nos cruzamentos. Livrarias dedicam seções inteiras à sua obra. *Você precisa ler Tagore*, dizem-me as pessoas, e elas citam Yeats, que disse a célebre frase que ler uma única linha de Tagore "é esquecer todos os problemas do mundo". Existem dois tipos de gênio: aqueles que nos ajudam a compreender o mundo e os que nos ajudam a esquecê-lo. Tagore conseguiu fazer as duas coisas.

O trabalho de Tagore possui a qualidade atemporal que distingue todos os gênios. Não há nada ultrapassado nele. Um dia, entro em uma loja de discos e fico chocado. Chocado que uma loja de discos em funcionamento ainda exista em algum lugar do mundo, e chocado que a última loja de discos do mundo tenha tanto Tagore. Corredores inteiros são dedicados à sua música. Isso seria como encontrar Gershwin ocupando espaço privilegiado nas lojas de discos norte-americanas, isto é, se tivéssemos lojas de discos. Se a genialidade for definida pelo poder de permanência, Tagore é certamente um gênio. Como me conta um músico popular durante um café, certo dia: "Tagore é a forma mais moderna de música que existe. Ele é o mais moderno porque até hoje você pode ir ao banheiro e cantar sua música. Você pode pegar um ônibus e cantar sua música. E as pessoas fazem isso".

Uma época de ouro é como um supermercado. Ela lhe oferece muitas escolhas. O que você faz com essas escolhas fica a seu critério. Fazer compras no supermercado não lhe garante uma refeição deliciosa, mas ela a torna *possível*. Quando Tagore atingiu a maioridade, as bases do Renascentismo bengalês já haviam sido estabelecidas. O supermercado estava funcionando. Ele foi um cliente regular e criativo dele. Tagore, como muitos gênios, fugia do provincianismo. Ele tirava inspiração de onde pudesse obtê-la — do budismo, do sânscrito clássico, da literatura inglesa, do sufismo e dos Bauls, cantores itinerantes que vagavam de vila em vila, aproveitando o momento. A genialidade de Tagore foi a da síntese.

Quero aprender mais sobre Tagore, então decido visitar seu lar ancestral, chamado Jorasanko. Fico satisfeito em descobrir que não é preciso fazer força para enxergar. A construção de arenito vermelho está um pouco gasta, mas não está tão diferente da época de Tagore.

Entro após retirar os sapatos, conforme instruído — este é um lugar sagrado — e sou recebido por uma mulher sorridente chamada Indrani Ghose, guardiã da casa de Tagore. Ela é uma mulher grande, com um sorriso de tamanho equivalente à sua largura, e em sua testa há um bindi vermelho vivo. Seu escritório parece que também não mudou desde o século XIX. Velhos armários de arquivo, um ventilador de teto fraco e barulhento, cadeiras de rattan quebrado, tudo iluminado com aquele tipo especialmente fraco de luz fluorescente encontrada nos escritórios de burocratas indianos e acadêmicos escoceses.

De maneira nada surpreendente, ela é fã de Tagore: "Eu não sei se existem deuses e deusas, mas Tagore existiu. Ele é como um deus para mim". Nós ficamos sentados em silêncio por um momento. "Você quer encontrar o coração da cidade, de Tagore, certo?"

Sim, exatamente, digo.

Ela me assegura de que vim ao lugar certo. Aqui é onde Tagore foi criado. Ao crescer, ele sentiu ao mesmo tempo uma solidão intensa e um estímulo implacável. O mais novo de quinze filhos, Tagore estava constantemente cercado de caos e cultura, tanto nas ruas como dentro de casa. As crianças Tagore perambulavam pelas ruas descalças e livres. Era uma época inebriante e tumultuosa e, anos depois, Tagore escreveria: "Relembrando minha infância, eu sinto que o pensamento que me ocorria com mais frequência era o de estar rodeado de mistério". Esse mistério, e o caos que o acompanhava, o enfurecia e inspirava em mais ou menos igual medida.

Caos. A palavra é frequentemente usada, de maneira incorreta, como sinônimo de *anarquia*. "Está um caos aqui", dizemos quando confrontados como o quarto de nossa filha adolescente, ou de nossas vidas sentimentais. Acreditamos que o caos é ruim e deve ser evitado a qualquer custo.

E se estivermos errados? E se o caos não for tóxico? E se ele for na verdade a matéria-prima dos avanços criativos?

A princípio, admito, isso não faz sentido. Pessoas criativas não estão constantemente procurando formas de conter o caos, de "encontrar uma maneira de acomodar a bagunça", como disse Samuel Beckett? Sim, estão, mas periodicamente elas também desejam o caos, e se ele não aparecer naturalmente, elas o produzem. A mesa notoriamente bagunçada de Beethoven. A bagunçada vida amorosa de Einstein. Caos autoinduzido, como eu chamo. Pessoas criativas sabem que a aleatoriedade é importante demais para ser deixada ao acaso.

Essa sede de caos, assim como a de ordem, é profunda, e as evidências sugerem que tenha base neurológica. Muitos anos atrás, o neurologista Walter Freeman conduziu um experimento fascinante sobre a reação do cérebro quando confrontado com novos odores. Ele ligou eletrodos aos cérebros de coelhos e os expôs a uma variedade de odores, alguns familiares, outros não. Quando confrontado com um cheiro novo, um que não correspondia a nenhum outro em seu "banco de dados", o cérebro do coelho entrava no que Freeman chama de "estado de não sei". Esse "poço caótico" possibilita ao cérebro "evitar todas as atividades previamente aprendidas e produzir uma nova".

Freeman conclui que nosso cérebro precisa de estados caóticos para processar novas informações — neste caso, novos odores. "Sem comportamento caótico, o sistema nervoso não consegue adicionar um novo odor a seu repertório de cheiros aprendidos", escreve ele.

As conclusões de Freeman são incrivelmente profundas. Longe de ser um impedimento à criatividade, o caos é um ingrediente essencial a ela, diz ele. Nossos cérebros não só criam ordem a partir do caos, eles também criam caos a partir da ordem. A pessoa criativa não vê o caos como um abismo, e sim como uma enorme quantidade de informação. É verdade que essa informação não faça sentido para nós ainda, mas pode vir a fazer, então é melhor prestar atenção.

A pessoa criativa colabora com o caos, mas colaboração não é o mesmo que capitulação. O caos perene é tão pouco conducente à criatividade quanto a ordem perfeita, "mas, em algum ponto entre as duas, há um encontro mágico da visão geral com a surpresa, que forma a base da criatividade. Dentro dele, existem todas as possibilidades", nota o químico russo naturalizado belga e ganhador do Nobel Ilya Prigogine. Pessoas criativas estão sempre dançando nesse espaço, à beira do caos.

Uma pesquisa recente ilustra o quanto essa dança é poderosa. Em um experimento, pessoas receberam formas — linhas, círculos, triângulos, aros, ganchos etc. — a partir das quais tinham de criar objetos com funções reconhecíveis, por exemplo, um móvel, um utensílio, ou um brinquedo. Os produtos em seguida foram avaliados em criatividade por julgadores. Os participantes tiveram uma escolha. Eles podiam selecionar os materiais e a categoria na qual criariam ou deixar que fossem escolhidos de maneira aleatória.

Os resultados foram tão claros quanto inesperados. Quanto menos escolha as pessoas tinham, ou seja, quanto mais randômicos os objetos com que tinham de trabalhar e o tipo de produtos que poderiam criar, mais criativos foram os resultados. Esse resultado pode surpreender, já que vivemos em uma cultura que venera a escolha (ou pelo menos a ilusão da escolha), mas a aleatoriedade é o elixir mais potente para a criatividade. Por quê? Limites, mais uma vez, explica Dean Simonton. "Ao começarem com o totalmente inesperado, os participantes desses experimentos foram forçados a estender sua criatividade ao máximo", conclui. (Há limites. Estímulos aleatórios demais produzem ansiedade, não genialidade.)

Nós prosperamos em ambientes "caóticos" e estimulantes. Isso é válido tanto fisiologicamente quanto psicologicamente. Ratos criados em ambientes ricos em estímulos desenvolvem mais neurônios corticais, as células cerebrais que possibilitam o pensamento, a percepção e os movimentos voluntários. Os cérebros deles pesam mais e contêm níveis maiores de compostos químicos importantes, comparados com ratos privados de estímulos. Nossos corpos e nossas mentes desejam não só estímulos, mas estímulos complexos e variados.

Vários anos atrás, o eminente cardiologista Ary Goldberger descobriu algo inesperado sobre o coração humano: um batimento saudável não é regular e rítmico, mas sim caótico e irregular. Goldberger demonstrou empiricamente que a regularidade extrema, e não a irregularidade, indica um ataque cardíaco iminente. Outro exemplo é encontrado em pacientes com epilepsia. As convulsões epiléticas eram anteriormente consideradas resultantes de atividade cerebral caótica, mas o inverso é verdade. "Nas convulsões, a eletroencefalografia (EEG) se torna regular e periódica, e é a EEG normal que é irregular", aponta o professor de medicina da UCLA Alan Garfinkel.

Uma cidade como Calcutá proporcionava esse tipo de aleatoriedade aos montes, e ainda o faz. Não há duas esquinas exatamente iguais, como também não há dois dias. Quando um jovem músico chamado Arka me diz o que ama em Calcutá, a maneira como "o caos e a loucura têm seu próprio ritmo", ele está dizendo não só uma verdade poética, mas também científica. Um sistema caótico tem limites e sua própria espécie de ordem. Não é o mesmo que anarquia, que é a total ausência de regras ou propósito. A diferença entre o caos e a anarquia é como a diferença entre um grupo de dança e uma briga. O caos é a ordem dançando.

Não é de admirar que os calcutaenses acham o caos inspirador e o buscam ativamente. Eles dançam vigorosamente com o acaso, flertam abertamente com a coincidência e com certeza concordam plenamente com as palavras de Erik Johan Stagnelius, um poeta sueco do século XIX: "O caos é vizinho de Deus".

Os Tagore conheciam essa vizinhança bem. Sua casa parecia um centro cultural, com dramas e concertos encenados regularmente. "Nós escrevíamos, cantávamos, atuávamos, atirávamos para todos os lados", relembrou Tagore.

A solidão invadia o grande complexo também. O pai de Tagore, um proprietário de terras e comerciante, viajava com frequência. Quando estava em casa, permanecia bem distante. Os gênios quase sempre têm um dos pais que nega amor, e às vezes ambos. O gênio cresce sem conforto emocional, e então acaba compensando, de maneiras boas e ruins. Como disse Gore Vidal uma vez: "O ódio a um pai ou uma mãe pode produzir um Ivan, o Terrível ou um Hemingway; o amor protetor de dois pais dedicados, no entanto, pode destruir completamente um artista".

Entro em uma sala, com o chão de mármore frio sob meus pés descalços, e me vejo na presença dos quadros de Tagore. Alguns são quase infantis em sua simplicidade, outros são complexos e perturbadores. Há muitos retratos de mulheres com véus e olhos distantes, assustadores. Tagore nunca quis pintar. Aconteceu acidentalmente, por coincidência, e como isso se sucedeu diz muito sobre a natureza da criatividade.

Começou, como todas as coisas, com seus poemas. Eles não eram nem um pouco espontâneos como parecem. Muito suor foi derramado em cada estrofe. Revisionista compulsivo, ele riscava palavras, linhas, páginas inteiras. À medida que procurava pelas palavras exatas, transformava essas marcações em desenhos, alguns bastante elaborados.

Um dia, ele mostrou esses desenhos a sua amiga Victoria de Campo, que olhou para eles e disse: "Por que você não pinta?".

Então ele pintou. Aos 67 anos, sem nenhuma educação formal em arte, ele pintou. E pintou. Ao longo dos próximos treze anos, Tagore produziu cerca de 3 mil quadros.

Essa história me lembra o baterista de jazz descrito por Oliver Sacks em seu livro *O Homem que Confundiu Sua Mulher com um Chapéu*. O baterista tinha síndrome de Tourette e sentia contrações repentinas e incontroláveis, criando sons involuntários e inesperados quando tocava. Às vezes, quando um "erro" acontecia, ele o usava como estímulo para um improviso que de outra maneira não lhe teria ocorrido. Quem estivesse ouvindo o baterista não ouviria um erro, e sim um *riff*.

O baterista, assim como Tagore com seus desenhos, se surpreendia, produzia seu próprio solavanco. Pela perspectiva da teoria do caos, o som solto representava um acontecimento aleatório, mas que o baterista engenhosamente transformava em um "ponto de bifurcação". Pense em uma corredeira, onde a água atinge uma pedra e se divide em duas partes. A pedra é o ponto de bifurcação; isto é, uma junção onde um sistema turbulento e caótico se divide em novas ordens. Pontos de bifurcação se parecem com obstáculos, mas na verdade são oportunidades, já que nos permitem "mudar de faixa". Todos os gênios possuem essa capacidade de transformar um evento aleatório — e sim, até um erro — em uma chance de desviar para uma direção totalmente nova e inesperada. Isso requer flexibilidade cognitiva, diriam os psicólogos. Eu usaria outra palavra para descrever o baterista e outros como ele: corajosos.

No salão anexo, vejo uma fotografia de Tagore em preto e branco, com seus cabelos e barbas selvagens e grisalhos, ao lado de um homem igualmente hirsuto. Tagore está olhando intensamente para frente. O segundo homem parece mais relaxado, contendo um sorrisinho. É Albert Einstein.

Esses dois gênios intelectuais se encontraram várias vezes, primeiro em Berlim, em 1926, e depois em Nova York. Que dupla estranha eles formavam. Tagore, "o poeta com cabeça de pensador", e Einstein, "o pensador com cabeça de poeta", como disse Dimitri Marianoff, parente de Einstein. Uma quantidade enorme de massa cinzenta estava naquele recinto, "como se dois planetas estivessem batendo um papo", relembrou Marianoff.

Eles eram como planetas em órbitas separadas, já que esses dois gênios não concordavam. Seus encontros, brincou o filósofo Isaiah Berlin, resultaram em "um desencontro completo de mentes".

Em uma discussão sobre a natureza da realidade, Tagore afirmou sua crença em um "mundo relativo", que não existe sem estarmos consciente dele.

Einstein retrucou: "Se não houvesse mais seres humanos, o Apolo Belvedere deixaria de ser lindo?".

"Sim. Este mundo é um mundo humano."

"Eu concordo quanto a este conceito de beleza, mas não com relação à verdade."

"Por que não?", defendeu Tagore. "A verdade é compreendida através dos homens."

Após uma longa pausa, Einstein, o cientista durão, disse em um sussurro quase inaudível: "Não posso provar que meu conceito esteja certo, mas essa é a minha religião".

Deveríamos nos surpreender que eles não se entendiam? Acho que não. Lembre-se de como Michelangelo e Leonardo criticavam um ao outro como adolescentes petulantes. Ao contrário do velho clichê, mentes brilhantes não pensam de maneira semelhante. Se pensassem, a civilização nunca progrediria.

O fato de Tagore ter encontrado Einstein enquanto viajava no exterior não é nenhuma surpresa. Tagore era uma alma inquieta, e disse uma vez que o motivo de viajar tanto era para "enxergar adequadamente". No entanto, ele sempre retornava a Calcutá.

Isso faz sentido. Pessoas criativas prosperam com a ambiguidade, e não dá para ser mais ambíguo do que uma cidade como Calcutá, em um país como a Índia. Tagore não evitava essa ambiguidade; ele a acolhia. Ele se deliciava com as contradições, com o inesperado, e acima de tudo era "fascinado pela coincidência", nota o escritor Amit Chaudhuri.

Leio isso e a "possiblidade de coincidência" de T.P. me vem à mente. O que será que ele quis dizer, exatamente? E o que a coincidência tem a ver com a genialidade?

Faça essa experiência. Derrame um pouco de água em uma bandeja bastante polida e observe como ela cria formas complexas, muitas vezes lindas. Isso acontece porque uma variedade de forças, como gravidade e tensão superficial, muitas vezes agindo em conflito uma com a outra, age sobre a água. (A gravidade quer espalhar a água pela bandeja em uma camada fina, enquanto a tensão superficial quer consolidar a água em glóbulos compactos.) Repita a experiência e terá resultados diferentes todas as vezes. Isso não acontece porque o processo é aleatório — não é —, mas porque é extremamente difícil discernir as variações sutis em jogo. "Minúsculos acidentes históricos — partículas infinitésimas de poeira, e irregularidades invisíveis na superfície da bandeja — são ampliados pelas reações positivas em grandes diferenças no resultado", explica M. Mitchell Waldrop em seu livro *Complexity*.

A bandeja de água é um exemplo de um fenômeno complexo, não complicado. Percebo que a maioria dos dicionários define essas duas palavras como sinônimas. Elas são, de fato, muito diferentes. Coisas complicadas podem ser explicadas examinando suas partes individualmente. Coisas complexas não. Elas são sempre maiores que a soma de suas partes. Essa dinâmica não tem nada a ver com o número de partes ou, digamos, o custo do objeto. Um motor a jato é complicado. Maionese é complexa. Você pode tranquilamente substituir uma parte de um motor a jato sem alterar sua natureza fundamental. Ainda é um motor a jato, embora possivelmente inoperável. Com a maionese, se mudar um único ingrediente, você corre o risco de alterar a essência dela. O que importa não são os componentes separados, mas como eles interagem uns com os outros. (Falando em interações, as pessoas tendem a se descrever como complexas e seus cônjuges como complicados.)

Sistemas complexos têm mais probabilidade de produzir o que os cientistas chamam de fenômeno emergente. Um exemplo simples de emergência é o molhado. O que significa, do ponto de vista molecular, dizer que algo está molhado? Você pode examinar moléculas individuais de água e no entanto não detectar nada que remeta a algo molhado. Só quando moléculas suficientes se aglutinam é que surge a qualidade que chamamos de molhado. Um fenômeno emergente representa um novo tipo de ordem criada a partir de um sistema antigo.

Aglomerações de gênios como a de Calcutá são fenômenos emergentes, e é por isso que são tão difíceis de prever. As culturas britânica e indiana colidiram, mas fizeram isso de maneiras complexas (e não complicadas). Se alterar uma única variável, a era de ouro deixa de existir.

Como vimos na China, a criatividade está inextricavelmente ligada aos antigos mitos de criação de uma cultura. O conceito do Ocidente de criação *ex nihilo*, "do nada", é apenas uma maneira de pensar sobre a criatividade. Há também uma maneira indiana, e desconfio que ela também explique o florescimento criativo.

Em 1971, Ralph Hallman, professor de filosofia da Pasadena City College, escreveu um obscuro artigo acadêmico chamado "Em Direção a uma Teoria Hindu da Criatividade". Hallman admite logo de início que uma teoria dessas exige uma boa quantidade de suposições. Em nenhum lugar dos textos hindus o ato criativo é descrito explicitamente. Mas temas e linhas consistentes são encontrados nessa literatura antiga, e Hallman os reúne para nós.

A cosmologia hindu se parece com a chinesa em alguns aspectos. Como você se lembra, os chineses adotam um conceito cíclico de tempo e história. Não há nada para inventar, apenas antigas verdades para redescobrir e combinar de maneira imaginativas. "Já que o homem não consegue criar a partir do nada, ele só pode formar novas relações com os materiais existentes", diz Hallman, destacando como isso contrasta com a visão ocidental e sua ênfase na novidade.

Nossa fixação pela novidade é tão arraigada que mal conseguimos imaginar um conceito de criatividade em que ela não tenha destaque proeminente. Se a pessoa criativa não está realmente criando algo novo, então o que está fazendo? A resposta, diz Hallman, está em "substituir *originalidade* por *intensidade*". Para os hindus, a genialidade é como uma lâmpada iluminando uma sala. A sala sempre esteve ali e sempre estará. O gênio não cria nem sequer descobre a sala. Ele a ilumina. Isso não é insignificante. Sem essa iluminação, nós continuamos sem saber da existência da sala e das maravilhas que há lá dentro.

Fés diferentes enfatizam sentidos diferentes como caminhos para o divino. Para os hindus, é a visão. Quando um hindu vai ao templo, ele não vai para "adorar", mas para *darsan*, para ver a imagem de uma divindade. Ver não é parte da adoração, ver é a adoração. Ver, quando feito de maneira adequada, é um ato não só de devoção, mas também de criação. Na tradição judaico-cristã, Yahweh fala e o mundo é criado. Na cosmologia hindu, Brahma vê que o mundo já existe. Da mesma forma, a pessoa criativa vê o que os outros não veem. "Ela tem a capacidade de perceber coisas, de permitir que elas encham todo o seu campo de visão", diz Hallman. É a visão como forma de conhecimento.

Essa elevação da visão acima de todos os outros sentidos explica muita coisa. Quando olho, por exemplo, para uma livraria indiana, vejo apenas caos, com tudo empilhado do chão ao teto, de Tagore a Grisham. O atendente, porém, *vê* uma ordem oculta, e quando eu peço um título específico um dia (um romance histórico chamado *Those Days*), ele o pega habilidosamente em segundos.

Percebo que Calcutá toda é assim, naquela época e agora. A ordem oculta está por toda a parte — a maneira como o vendedor de chai prepara cada copo exatamente da mesma maneira, a forma como o puxador de riquixá habilmente atravessa o trânsito. John Chadwick, que ajudou a decifrar a antiga escrita Linear B, disse uma vez que "o poder de enxergar ordem na confusão aparente é a marca da obra de todo grande homem". Da mesma forma, é a marca da obra de todos os grandes lugares, pois nesses lugares as boas ideias são mais fáceis de ver. Elas saltam.

Olhar para a criatividade dessa maneira muda tudo. Não tem mais a ver com saber, mas com enxergar. Steve Jobs não era hindu e pode ou não ter sido um gênio, mas ele sem dúvida reconhecia a importância da visão. "Quando você pergunta a pessoas criativas como fizeram alguma coisa, elas se sentem um pouco culpadas", disse ele em um raro momento de humildade, "porque não a fizeram realmente, elas só *viram* alguma coisa. E isso parecia óbvio para elas, depois de um tempo."

A faculdade que David Hare fundou há tantos anos (agora chamada de Presidency University), assim como boa parte dessa cidade, já viu dias melhores. Por toda a parte a pintura está descascando e caindo. As palavras *desbotada* e *decadente* vêm à mente. Mas, se eu tentar, consigo imaginar a vida naquela época: a aglomeração de estudantes, a sensação de possibilidades infinitas e de estar, senão criando um mundo novo, certamente recriando-o.

Passeio entre os impassíveis prédios de arenito vermelho, com seus arcos significativos e colunas importantes. Vejo o quadro obrigatório de Tagore, com sua barba branca e cheia e de túnica preta, ao lado de bustos de professores reverenciados da época dourada. Tudo muito interessante, mas não são quem eu vim ver.

Finalmente, avisto uma pequena placa indicando a direção do departamento de física. Na parede, alguém rabiscou um grafite intelectualizado: "O espaço e o tempo teriam evoluído melhor sem nós". Isso me parece uma coisa muito bengalesa de se dizer: cerebral de um jeito inescrutável e levemente subversiva.

O grande escritório no qual estou estrando agora não exige esforço para enxergar. Ele não mudou nada desde o século XIX. Lá dentro, encontro um elegante samovar de prata, um quadro negro, uma "caixa de reclamações" de madeira, armários de arquivos de aço gigantes, um antigo relógio parisiense, uma foto de Einstein e, em um canto, um amontoado de equipamentos enferrujados de laboratório.

O escritório pertenceu a Jagadish Bose. Ele foi o cientista extraordinário do Renascimento bengalês, o primeiro indiano a invadir o clube, até então fechado, que era a ciência ocidental. Bose inventou um dos primeiros semicondutores, pelo qual ele relutantemente aceitou a primeira patente da Índia (durante anos Bose resistiu, argumentando que descobertas científicas pertenciam ao mundo). Ele também conduziu experimentos com ondas de rádio e, de acordo com alguns relatos, inventou o próprio rádio anos antes de Marconi.

Bose tinha muito em comum com seu amigo Rabindranath Tagore. Como Tagore, ele pegava muitas coisas emprestadas do Ocidente, mas não era simplesmente um produto do Ocidente, de modo algum. Sua abordagem científica, como a poesia de Tagore, também era profundamente guiada por sua cosmovisão indiana. Para Bose, poeta e cientista têm um objetivo em comum: "encontrar uma unidade na atordoante diversidade". Bose e Tagore eram monistas. Isto é, acreditavam que o universo, embora possa parecer incrivelmente diverso, é uma coisa, e nada pode existir fora dessa coisa.

A trajetória de carreira de Bose foi fustigada por tragédias pessoais ou, na linguagem da teoria do caos, pontos de bifurcação. Divisões na estrada. Ele estava matriculado na faculdade de medicina em Londres, a caminho do que muito provavelmente teria sido uma carreira bem-sucedida, mas banal como médico, quando contraiu uma doença misteriosa. Seu estado era exacerbado pelos odores presentes na sala de dissecação. Era insuportável. Relutantemente, Bose largou a faculdade. Em seguida, ele fez a curta viagem de trem até Cambridge, onde estudou física, química e biologia. Para seu prazer, ele descobriu que havia topado com sua verdadeira vocação: a pesquisa científica pura.

Após completar seus estudos, Bose voltou à Índia em 1885 e, apesar das objeções de alguns oficiais britânicos, foi nomeado professor de física da Hindu College. Era a universidade mais prestigiosa da Índia mas, ainda assim, pelos padrões ocidentais, grosseira e mal equipada. Bose foi forçado a improvisar e atuar como "técnico, fabricante de instrumentos e experimentalista em uma pessoa só", escreve Subrata Dasgupta.

A grande chance de Bose surgiu em agosto de 1900, quando viajou para a Conferência Internacional de Física em Paris para ler uma tese. Embora ele não soubesse na época, essa tese alteraria o curso de sua carreira. Ele estava nervoso ao subir no palco. Em Calcutá, ele não tinha colegas com quem discutir suas descobertas não convencionais, que agora estava prestes a compartilhar com os físicos mais renomados do mundo.

Bose contraiu o maxilar, engoliu seco e leu sua tese. Ele explicou como, ao fazer experiências em ondas de rádio, seus instrumentos sentiram uma espécie de "fadiga" muito semelhante à sentida pelo músculo humano. Após um período de "repouso", seus instrumentos recuperavam sua antiga sensibilidade, levando Bose à extraordinária conclusão de que a matéria inerte está, de certo modo, viva. "É difícil estabelecer limites e dizer 'aqui o fenômeno físico termina e o psicológico começa', ou 'esse é um fenômeno da matéria morta e este é um fenômeno vital próprio dos vivos'", disse ele a seus colegas.

Sua tese foi recebida com o silêncio atônito e a incredulidade que é sempre reservado a ideias radicalmente novas. Bose estava sempre se deparando com obstáculos. Primeiro, os erigidos pelo racismo britânico, e depois a barreira maior: provincianismo científico. Como físico realizando experiências com a vida vegetal (seu último interesse), ele estava pisando no terreno de outros especialistas, com reações previsíveis: *O que um físico sabe de botânica?* No entanto, foi exatamente sua condição e perspectiva de forasteiro que possibilitaram a Bose realizar o que Darwin chamou de "experimentos de tolos". Quem mais pensaria em aplicar uma dose de clorofórmio a um pedaço de platina, como Bose fez em um de seus experimentos?

Bose pintava fora dos contornos. Era natural para ele. Se você acredita em monismo — unidade na diversidade — os limites não significam muita coisa para você. Cercas são uma ilusão. Bose via a crescente especialização da ciência com preocupação, temendo que a disciplina estivesse "perdendo de vista o fato fundamental de que pode haver uma verdade, uma ciência que inclua todas as ramificações do conhecimento", escreveu ele. Um de seus livros começava com uma epígrafe do Rig Veda, um texto sagrado hindu: "O real é único; homens sábios o chamam de várias maneiras".

A GENIALIDADE É CAÓTICA: CALCUTÁ

Na ciência indiana, o divino nunca está distante. "Uma equação para mim não tem sentido se não representar um pensamento de Deus", disse o grande matemático indiano Srinivasa Ramanujan. Bose também admitia abertamente uma "tendência teológica inconsciente" em seu trabalho, algo que eu não imagino muitos cientistas ocidentais fazendo. No entanto, explicou Bose, ao abordar o mundo com essa atitude, descobertas como as dele não parecem tão inacreditáveis, "pois todos os passos da ciência foram dados pela inclusão do que parecia contraditório ou inconstante em uma nova e harmoniosa simplicidade".

Leio isso e as palavras de Brady voltam rapidamente como uma nuvem na monção. "Existe uma bagunça caótica de dados aparentemente desconexos lá fora, e aí alguém diz: 'Espere, é assim que tudo se encaixa. E nós gostamos disso'." Toda genialidade torna o mundo um pouco mais simples. Pontos são ligados. Relações desvendadas. No fim de sua carreira, Bose escreveu que sentia um enorme prazer em conectar "muitos fenômenos que à primeira vista parecem não ter nada em comum". Não só isso resume o trabalho de Bose, mas também é uma boa definição de gênio criativo.

Será que Bose teria feito essas descobertas sem a presença do Ocidente? É claro que não. Ele teria vivido seus dias em sua vila, nunca frequentando a escola em Calcutá, pois sem os britânicos não haveria escola, não haveria Calcutá. Mas ele provavelmente não teria feito suas descobertas se tivesse nascido em Londres e estivesse impregnado de cultura inglesa. Bose foi, nas palavras de Subrata Dasgupta, "mais um exemplo extraordinário da mente transcultural que caracterizou o Renascimento bengalês". A "mente indo-ocidental", como ele chama, demonstra uma capacidade extraordinária de "transitar entre dois mundos".

Eu diria, porém, que a genialidade da mente indo-ocidental não está na parte indiana nem na ocidental, mas sim nos espaços entre elas. O que apareceu em Calcutá no final do século XIX foi uma genialidade intersticial. A genialidade do hífen. Sunreta Gupta, romancista e professor de epidemiologia teórica, descreve desta maneira: "Calcutá me ensinou que o melhor lugar para ficar é entre duas culturas e seu discurso produtivo".

Mais para o final de sua carreira, Bose fundou um instituto de pesquisa que leva seu nome. Ele ainda existe hoje, e um dia, no meio de um terrível aguaceiro de monção, eu o visito. Entro no salão principal de palestras e olho para o teto abobadado e a iconografia religiosa. Parece que entrei não em um instituto de pesquisa, mas em um templo. É exatamente essa a reação que Bose pretendia. Ao inaugurar o instituto, ele respeitou o papel da ciência, mas acrescentou: "Há outras verdades que permanecerão fora do alcance até mesmo dos métodos mais supersensíveis que a ciência conhece. Para essas, nós precisamos de fé, testada não em alguns anos, mas por uma vida inteira".

A carreira de Bose foi apropriadamente não linear. Ele sofreu vários contratempos, levando-os na esportiva, pois havia chegado à conclusão de "que algumas derrotas podem ser maiores que a vitória". No fim de sua carreira, ficou focado — obcecado, diriam alguns — em sua hipótese de que as plantas possuem uma "consciência latente". Ele jamais conseguiu provar isso e morreu "um cientista caduco e um místico quase esquecido", alega o acadêmico Ashis Nandy.

Isso me parece excessivamente severo. Prefiro me lembrar de Bose pelo verbete da *Encyclopaedia Britannica*, escrito logo após sua morte. Ele dizia que a obra de Bose "estava tão à frente de seu tempo que uma avaliação precisa não é possível".

A carreira de Bose foi resultado de muitas coisas, mas especialmente da coincidência. Ele não estava procurando a "tese boseiana" como hoje é conhecido seu trabalho sobre a capacidade de resposta da matéria inanimada. Ele se deparou com ela enquanto fazia experiências com um assunto totalmente diferente, ondas de rádio. Seus instrumentos estavam agindo de maneira estranha e ele poderia ter ignorado essa anomalia, descartando-a como equipamentos defeituosos, mas não o fez. Ele investigou.

Avance trinta anos para um laboratório em Londres no verão de 1928. Um jovem microbiologista chamado Alexander Fleming está criando bactérias estafilococos em placas de Petri, parte de uma pesquisa sobre influenza que estava conduzindo no hospital Saint Mary. Um dia, ele percebe algo incomum: uma área vazia onde não deveria haver.

Muitos biólogos, talvez a maioria, não teriam dado importância a isso. Mas Fleming ficou curioso. Ele descobriu que um pouco de bolor havia caído na placa quando ficou um momento sem tampa. O bolor, que pertencia ao gênero *Penicillium*, havia matado a bactéria, daí a área vazia na placa de Petri. Fleming deu o nome a esse agente antibacteriano de penicilina. Nascia o primeiro antibiótico do mundo.

Mais tarde, Fleming refletiu sobre as probabilidades de fazer uma descoberta dessas: "Há milhares de fungos diferentes e há milhares de bactérias diferentes, e o fato do acaso ter colocado aquele fungo no lugar certo na hora certa foi como ganhar a loteria irlandesa".

Pode ser, mas Fleming tinha algumas coisas a seu favor. Por ter crescido em uma fazenda em um morro escocês, ele era por reflexo econômico, um acumulador. Ele não jogava nada fora até ter certeza de já ter esgotado todas as utilidades daquilo. Então ele pega uma placa de estafilococos, que estava guardando havia dias, e vê algo incomum. Ele reconheceu a importância dessa anomalia pois, como disse Louis Pasteur, "o acaso beneficia a mente preparada".

Ao longo dos séculos, muitas dessas descobertas acidentais aconteceram, como o princípio de Arquimedes, a lei da gravidade universal de Newton, dinamite, os pergaminhos do Mar Morto e Teflon. Existe uma palavra para esse tipo de bondade inesperada: *serendipidade*.

Serendipidade é uma palavra inventada, mais que a maioria. Ela foi criada pelo escritor e político britânico Horace Walpole. Ao escrever para um amigo em 1754, Walpole comunicou que estava entusiasmado por ter encontrado um velho livro com o brasão dos Capello, que era exatamente o que ele precisava para enfeitar a moldura de uma pintura que adorava. Walpole atribui sua sorte à misteriosa habilidade de encontrar "tudo o que quis à *point nommé* [no lugar certo e na hora certa] quando mergulho fundo".

Continuando sua carta, ele menciona que acabou de ler um livro extraordinário chamado *Os Três Príncipes de Serendip* (Serendip é um antigo nome para a ilha de Sri Lanka). Os príncipes "estavam sempre fazendo descobertas, por acidente e por sagacidade, de coisas que não estavam procurando", escreveu Walpole.

A palavra-chave — e que muitas vezes é esquecida — é *sagacidade*. Sim, descobertas serendípicas são feitas por acaso, mas não por qualquer pessoa. Alexander Fleming havia estudado microbiologia durante anos quando percebeu que havia algo estranho naquela placa de Petri. Alfred Nobel vinha experimentando durante anos com formas diferentes de nitroglicerina, um composto químico altamente volátil, quando descobriu uma maneira de estabilizá-lo, criando o que hoje é conhecido como dinamite. Muhammed edh-Dhib, um jovem pastor beduíno, não era nenhum arqueólogo, mas sabia que algo "não estava certo" quando, em 1946, jogou uma pedra em uma caverna perto de Jerusalém e ouviu um barulho estranho. Ele havia descoberto os manuscritos do Mar Morto. *O acaso beneficia a mente preparada.*

A mente observadora também, pois ela é essencial a uma descoberta serendípica. Cerca de cinquenta anos antes, aponta a *Enciclopédia da Criatividade*, outro cientista também viu uma área inexplicada de bactérias mortas em uma placa de Petri, mas não achou que valia a pena investigar. Fazer isso o distrairia de seu curso. O cientista com habilidade para explorar o acaso está disposto a sair dos trilhos. Ele é mais sensível a variações em seu ambiente, e especialmente a anomalias. Notar, *perceber*, o que os outros não dão importância é crucial para tirar partido do acaso.

A serendipidade também requer certa inquietação. Quando os príncipes de Serendip se depararam com seus felizes acidentes, eles não estavam deitados em uma poltrona reclinável. Estavam em movimento, interagindo com uma variedade de coisas em seu ambiente. Isso é conhecido como princípio de Kettering. Charles Kettering, um renomado engenheiro automotivo, incitava seus empregados a se manterem em movimento, pois "eu nunca ouvi falar de ninguém que tivesse descoberto alguma coisa sentado".

Um provérbio espanhol cigano expressa a mesma ideia desta maneira: "O cão que trota encontra um osso". Claro, é possível se mover rápido demais e perder pistas importantes que passam batidas — o cão que galopa também não encontra osso nenhum — mas, em geral, a velocidade é amiga da criatividade.

Calcutá pode ter brilhado no passado, mas será que alguma brasa ainda arde? Um dia, encontro uma jornalista e escritora local, Anisha Bhaduri, que eu espero que possa responder a essa pergunta. Ela sugere que nos encontremos perto de seu trabalho no *Calcutta Statesman*.

Estamos em um café, dentro de um dos shoppings pavorosos que os indianos confundem com progresso. Anisha é jovem, de olhos brilhantes e pensamento rápido. Ela está me contando sobre sua coleção de livros, cerca de dois mil títulos (modesta para os padrões calcutaenses, ela me garante), que cresceu devorando Tagore e que acabou de terminar seu próprio romance. Apesar de saber que ela está dizendo tudo isso, estou tendo dificuldade de me concentrar em suas palavras, devido a um barulho alto de batidas ali perto. Está me enlouquecendo. Isso não parece incomodar Anisha, no entanto.

"Você não está escutando esse barulho?", pergunto. "Quando isso vai parar?"

"Não vai parar", diz ela com uma certeza tranquila.

"Não devemos dizer alguma coisa, *fazer* alguma coisa?"

"Não há nada que possamos fazer." Sua voz denuncia não uma frustração, mas uma resignação calma.

Ela possui, pelo que percebi, a habilidade calcutaense natural de bloquear qualquer coisa que seja irritante ou fora de seu controle, o que, agora que penso a respeito, inclui a maioria das coisas em Calcutá. Seus ouvidos registram o áudio da mesma maneira que os meus, mas ela não o ouve.

William James uma vez disse que a essência da genialidade "é saber o que ignorar". Os bengaleses são especialistas em ignorar. Um dia eu estava caminhando pelas margens do rio Hooghly quando avistei um grupo de homens tomando banho na água imunda. Mais tarde, perguntei a meu amigo Bomti como eles podiam se banhar numa água tão imunda? "Eles não veem a sujeira", disse ele. Ele explicou que não é que eles veem a sujeira e decidem ignorá-la; eles realmente não a veem. Eu ainda não desenvolvi essa habilidade, essa arte de não ver e não ouvir. Na verdade, agora estou tão distraído, *enfurecido*, pelo estrondo incessante, que quase esqueço o que queria perguntar a Anisha. Ah, sim, eu gostaria de saber se, como Florença e Atenas, Calcutá também sofre de ressaca de uma era de ouro. Alguma centelha do velho fogo criativo ainda arde?

Sim, ela diz, arde. Ainda há uma cena literária próspera — vide as muitas livrarias. Aglomeradas pela rua College até onde a vista alcança, elas tipicamente têm o tamanho de um carro utilitário, mas ainda conseguem estocar uma quantidade impressionante de títulos. E este é um dos poucos lugares do mundo, junto de Paris e alguns circuitos do Brooklyn, onde você pode se declarar um "intelectual público" sem ser ridicularizado.

Tudo isso é verdade, ela me garante, mas Calcutá hoje em dia é essencialmente "funcionalmente criativa".

"Funcionalmente criativa? Como assim?"

"Olhe", sua voz se eleva sobre o barulho, "nada nesta cidade funciona. *Nada*. Nenhum dia é igual a outro. O que funcionou ontem pode não funcionar hoje. Então você aprende a improvisar."

Isso é o que os psicólogos chamam de criatividade com *c* minúsculo. É o tipo de criatividade cotidiana que todos nós possuímos em níveis variados. Criatividade com *c* minúsculo pode significar fazer uma gambiarra em um cortador de grama, em vez de comprar um novo, ou rearrumar a mobília da sala, em vez de construir uma extensão.

A criatividade com *c* minúsculo é importante. Ela não só nos ajuda a passar o dia, mas também nos prepara para a criatividade com *C* maiúsculo, da mesma maneira que os fisiculturistas progridem para pesos cada vez maiores. A criatividade é como um músculo, que os calcutaenses estão, por necessidade, sempre exercitando. Para deixar claro, não estou sugerindo que rearrumar seus móveis é uma realização em pé de igualdade com a teoria da relatividade geral de Einstein, mas faz a criatividade fluir, e sabe lá onde isso pode dar.

Não existem linhas retas em Calcutá. Tudo é sinuoso, até as conversas. Os bengaleses, amantes das palavras que são, inventaram uma para esse tipo de conversa não linear. Chama-se *adda*, e isso teve um papel importante na formação do Renascentismo bengalês.

O que é uma *adda* exatamente? É algo como o simpósio grego, só que sem o vinho diluído e as meninas flautistas, nem qualquer coisa que lembre um programa de trabalhos. "Uma agenda simplesmente mataria a *adda*", alguém me diz, horrorizado com a possibilidade. É por isso que comediantes profissionais e filantropos compulsivos estão entre as pessoas proibidas em uma *adda*, pois "se ela não puder ser agradável por si só, sua existência perde o sentido", observa o escritor Buddhadeva Bose.

Uma *adda* é uma conversa sem objetivo, mas não é — e esta é uma distinção importante — uma conversa sem sentido. Uma *adda* pode parecer uma simples conversa informal. Os bengaleses me garantem que é mais que isso e orgulhosamente destacam que a tradição (uma versão dela, pelo menos) sobrevive até hoje, apesar do declínio de Calcutá e da ascensão das mídias sociais.

Uma *adda* é algo como um clube do livro, só que em vez de falar sobre um livro, os participantes podem falar sobre qualquer coisa — a viagem de trem que estão prestes a fazer, o último jogo de críquete, política. Às vezes uma *adda* acontece em horários definidos na casa de alguém, ou pode surgir espontaneamente em um café ou uma barraca de chá. O tipo de local importa menos que a sensação do lugar. Ela deve ser na medida certa. "No lugar errado, as pessoas também parecem todas erradas. E nunca se atinge a nota certa", explica um frequentador contemporâneo da *adda*.

Já vimos como a conversa tem um papel importante em qualquer ambiente criativo — os devaneios filosóficos nos simpósios de Atenas, a troca de ideias nas oficinas de Florença, a violência verbal do *flyting* escocês —, mas os calcutaenses levaram a arte da conversação a um novo patamar e a santificaram não só com um nome, mas uma mitologia inteira.

À medida que meus dias em Calcutá passam, meu fascínio pela *adda* cresce exponencialmente. Eu leio tudo que chega até mim. Ler sobre uma *adda*, porém, é como folhear um livro de receitas ou um guia sexual. Ajuda, mas não substitui a experiência de fato.

Peço algumas informações e, não dá outra, acabo sendo convidado para uma *adda*. Estou animado. Aqui está uma oportunidade de realmente viajar para aquele país estrangeiro, o passado, em vez de ler sobre ele.

A *adda* é realizada na casa de Ruchir Joshi, jornalista, romancista e *bon vivant*. Ele convidou alguns amigos, também de Calcutá e que, como Ruchir, deixaram a cidade por um tempo, mas acabaram voltando. Servindo-nos de *aloo tikka* e rum com Coca-Cola, a conversa serpenteia. Vamos do sério (cinema indiano) ao bobo (política indiana). Não há uma progressão lógica. Para demonstrar algo sobre a geografia de Calcutá, Ruchir usa saleiros e outros instrumentos domésticos.

Apesar da conversa animada, é difícil não detectar uma tristeza no ar, uma sensação de que, embora a cidade tenha uma bela história, seus melhores dias ficaram para trás.

"Nasci no finalzinho de uma grande agitação histórica", diz Ruchir. "No fim dos anos 1960 já havia acabado e nós não sabíamos." Com épocas de ouro, existe sempre um atraso, e pode levar décadas para as pessoas perceberem que os dias de glória terminaram.

"Foi um coquetel, uma alquimia", acrescenta Swaminathan, um homem pequeno que, desde a hora em que chegou, enrolou um baseado atrás do outro. "Durante 150 anos, ninguém conseguiu desafiar Calcutá, *ninguém*, de Tóquio ao Cairo." Sua voz some, misturando-se à fumaça branca que sobe à sua volta como um sistema de baixa pressão.

Várias cubas libres depois, Ruchir declara: "A cidade é uma grande professora, uma professora cruel".

Todos nós concordamos, mas não sei exatamente o que ele quer dizer.

"E quanto a se sentir bem?", pergunto. "Onde é que isso entra?"

"Sentir-se bem é um serviço que não prestamos em Calcutá", diz ele rispidamente. "Se estiver procurando o caminho fácil, está no lugar errado."

Lugares de genialidade nunca são fáceis. O Renascentismo bengalês não aconteceu porque Calcutá era um lugar legal para viver. Aconteceu porque *não era* um lugar legal para viver. O florescimento criativo foi, como sempre é, uma reação a um desafio.

Mais algumas cubas libres e começo a entender a beleza não linear da *adda*. Os assuntos não precisam de transição. Eles aparecem sem ser anunciados, e às vezes com um enorme furor, como as chuvas de monção.

"Há uma teimosia nesta cidade", diz alguém do nada, e isso parece verdade. Grandes lugares, como as grandes pessoas, tendem a ser teimosos, embora eles prefiram chamar de persistência.

Quando pergunto, sem rodeios, como posso desvendar o mistério de Calcutá, Ruchir responde: "Todo mundo entra em Calcutá pela porta dos fundos". Ele só esquece de dizer onde eu posso encontrar essa porta.

Uma *adda*, pelo que percebi, é um grande fórum para fazer perguntas. Ela raramente produz respostas definitivas, mas como aprendi em Atenas, são as perguntas que importam.

Por fim, Ruchir declara o fim da *adda*. Nós esgotamos os tópicos da conversa. Além do mais, acabou o rum e a Coca-Cola.

Ao nos levantarmos para ir embora, Swaminathan, quase invisível na nuvem de fumaça que o englobava, me deu este último conselho: "Caminhe. Levante-se cedo, ao amanhecer, e simplesmente comece a caminhar. Não leve muito dinheiro, não tenha um destino em mente. Apenas caminhe. Não pare de caminhar. Você pode ter uma epifania".

Eu prometo a ele que farei isso.

Alguns dias depois, andando sem propósito, como Swaminathan havia sugerido, sem prestar atenção ao GPS, guiado apenas pelas palavras de Robert Louis Stevenson, "a grande questão é se mover", eu me pego inesperadamente gostando da qualidade não linear do exercício e da cidade.

Enquanto vagueio, encontro um padre canadense chamado Gaston Roberge. Ele mora em Calcutá há quarenta anos e considerava Madre Teresa e Satyajit Ray amigos íntimos. Recentemente, ele compilou uma lista com dezessete coisas que ama em Calcutá. "Oh Kolkata, *mon amour*", diz ele, usando a grafia bengalesa (e agora oficial) do nome da cidade. Eu rio do número 2 ("Você pode urinar em qualquer lugar que precisar") e do número 12 ("Sinais de trânsito devem ser obedecidos apenas se houver um policial por perto"), mas o número 16 acerta em cheio. "Os calcutaenses criaram uma configuração humana única: individualismo combinado com gregarismo. Cada um faz o que quiser, ao mesmo tempo em que faz parte de um grupo."

Em uma frase, ele resumiu não só a genialidade de Calcutá, mas de todos os grandes lugares. Nesses lugares, uma pessoa está sozinha em grupo. Às vezes isso acontece de propósito. Às vezes por coincidência. A beleza é que isso não tem muita importância.

Atualmente, a grandeza de Calcutá é mencionada no pretérito. Sim, como eu disse, algumas brasas ainda estão acesas, mas os fogos criativos que ardiam com força foram quase todos apagados. O maior produto de exportação de Calcutá hoje em dia é um tipo de nostalgia persistente e especialmente melancólica. Este é o triste destino da maioria dos lugares geniais. Eles só têm uma chance de brilhar.

A maioria dos lugares, mas não todos. Uma cidade conseguiu desafiar as probabilidades e produzir uma deliciosa dobradinha de genialidade, coisa que o mundo nunca mais viu.

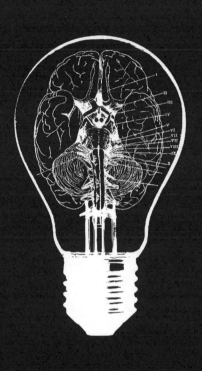

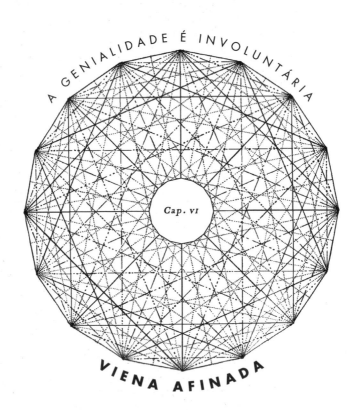

Antes mesmo de pegar minha bagagem no aeroporto ultramoderno e tranquilo de Viena, antes de subir no silenciosíssimo trem que irá me transportar magicamente sem um solavanco sequer (para eu não derramar meu expresso) até o coração da cidade mais uniforme de todas, eu o vejo. Ele está de perfil, uma silhueta preta contrastando com o fundo branco, seu nariz considerável praticamente saindo das bandejas, camisetas e bombons de chocolate, atravessando os séculos e anunciando a todos que quiserem ouvir, e até os que não quiserem: *Gênio passando. Saiam do meu caminho.*

Alguns minutos depois, caminhando para o meu hotel, vejo o outro personagem icônico de Viena em um pôster, barbado e inescrutável, de charuto na mão, silenciosamente me implorando para falar a respeito.

Mozart e Freud. Os dois símbolos da genialidade vienense. Dois homens, separados por um século, mas que tinham em comum o amor por sua cidade adotada e que foram crucialmente moldados por ela, de maneiras que nenhum dos dois compreendeu totalmente.

A era de ouro de Viena foi mais longa e mais profunda que qualquer outra. Na verdade, foram duas épocas distintas. Primeiro, em 1800 aproximadamente, um florescimento musical nos trouxe Beethoven, Haydn, Schubert e o menino-prodígio Mozart. Um século depois, uma explosão muito mais ampla de genialidade atingiu todas as áreas imagináveis — ciência, psicologia, arte, literatura, arquitetura, filosofia e, mais uma vez, música. Freud, com seus interesses ecléticos e divã confessional, simbolizou essa segunda era de ouro vienense; Mozart, com seu foco preciso e bajulação discreta, a primeira. É aí que começamos, com a música.

O florescimento musical de Viena é a história de como uma liderança esclarecida, embora por vezes zelosa demais, pode ajudar a desencadear uma era de ouro. É a história de pais superprotetores em conflito com jovens arrogantes. É a história de como um ambiente estimulante pode deflagrar a genialidade, e também apagá-la. Acima de tudo, é a história de artista e público colaborando para produzir uma obra genial.

Normalmente, não consideramos o público na equação da genialidade. Supomos que os espectadores são simplesmente os receptores passivos das dádivas que o gênio concede. Eles são bem mais que isso, no entanto. Eles são os apreciadores da genialidade, como disse o crítico de arte Clive Bell: "A característica essencial de uma sociedade altamente civilizada não é ser criativa, e sim apreciadora". Por esse padrão, Viena foi a sociedade mais altamente civilizada a agraciar o planeta.

Mozart não compunha para um público, mas sim para *públicos*. Um público era os patronos ricos — nobres, geralmente, inclusive o próprio imperador. Outro público era os exigentes críticos musicais da cidade. Um terceiro era o público em geral, a classe média frequentadora de concertos ou varredores de rua cobertos de poeira assistindo a uma apresentação de graça ao ar livre. A Viena musical não era uma apresentação solo. Era uma sinfonia, muitas vezes harmoniosa, ocasionalmente dissonante, mas nunca chata. Mozart não foi nenhum acidente da natureza. Ele foi parte de um meio social, um ecossistema musical tão rico e variado que praticamente garantiu que, mais cedo ou mais tarde, um gênio como ele apareceria.

Ao chegar a Viena da pacata Salzburgo em 1781, Mozart estava animadíssimo. Ele tinha 25 anos e estava no auge. Assim como Viena. Seu *timing* não podia ter sido melhor. Um novo imperador, José II, estava no trono e, decidido a não ser superado culturalmente por Londres ou Paris, disposto a gastar dinheiro com isso. Ele não só bancou a música de Viena, porém. Ele gostava de música, *entendia* de música. Tocava violino e praticava uma hora por dia. Nesse aspecto, era parecido com os poetas-imperadores da velha Hangzhou e com Lourenço, o Magnífico. Ele dava o exemplo.

O novo imperador e o jovem compositor eram, de certo modo, muito parecidos. Ambos lutaram para fugir da sombra de um antepassado forte e dominador e ter sucesso sozinhos. José não poderia ter sido mais diferente de sua mãe, Maria Teresa, uma governante totalmente imperiosa e tão antissemita que, nas raras ocasiões em que se encontrou com judeus, mandou instalar uma divisória para não ter que olhar para eles. José, por outro lado, via a si mesmo como um *Volkskaiser*, um imperador do povo. "Eu não sou uma relíquia sagrada", ralhou ele a um súdito que tentou beijar sua mão.

Logo após ascender ao trono, ele demitiu a maior parte dos funcionários do palácio e retirou toda a ornamentação de seu escritório pessoal. Transitava pelas ruas em uma carruagem verde discreta ou andava a pé — algo inédito para um imperador. Ele frequentemente socializava com gente vários degraus abaixo na escada social e se interessava ativamente pelos detalhes práticos das questões vienenses. Por vezes, ele corria para o local de um incêndio, ajudava a apagar o fogo e depois repreendia os bombeiros por não acudirem antes.

Às vezes ele exagerava. Proibiu que se soassem sinos durante trovoadas (uma inofensiva superstição local) e se assassem pães de mel, porque supostamente causavam indigestão. Se houvesse copões de refrigerante no século XVIII, com certeza ele os teria proibido também. Kaiser José foi o Michael Bloomberg do Império Austro-Húngaro, um tecnocrata bem-intencionado, mas às vezes insensível, decidido a melhorar a qualidade de vida das pessoas. Uma maneira de fazer isso, acreditava ele, era através da música, e ele pôs toda a força de seu cargo (e de seu bolso) para impulsionar a proeminência musical de Viena.

Ele não precisou dar um empurrão grande; Viena já tinha uma sólida fundação musical, que remontava ao período romano. No século XVI, cerca de duzentos anos antes de Mozart, a ópera italiana havia chegado, e os vienenses a adotaram como um parente recém-descoberto. A música estava no ar. Orquestras privadas pipocavam como *flash mobs*, competindo entre si pelo título de *melhor*. Como na Florença renascentista, os músicos de Viena estavam reagindo a uma demanda não só por música "boa", mas por composições novas e inovadoras.

A música também não se reservava às elites. Viena toda havia sido infectada. Centenas de tocadores de realejo, arrastando seus instrumentos pelas ruas, forneciam a trilha sonora da cidade. Concertos ao ar livre, nas praças da cidade, eram realizados regularmente. Quase todo mundo tocava um instrumento. Em prédios de apartamentos apertados, os moradores coordenavam as horas de estudo para não atrapalharem uns aos outros.

A música era mais do que mero entretenimento. Era uma maneira de desabafar sentimentos políticos. "O que não pode ser dito nos dias de hoje é cantado", escreveu um crítico de jornal. E era cantado em uma variedade de idiomas, pois Viena — como muitos lugares de genialidade — era uma encruzilhada internacional. Eslavos, húngaros, espanhóis, italianos, franceses, flamengos, todos convergiam na cidade. "O número de estrangeiros na cidade é tão grande que é possível se sentir simultaneamente estrangeiro e nativo", observou o barão de Montesquieu, revelando pontas de orgulho e de mágoa. Culturas tão diversas poderiam ter entrado em conflito em qualquer outro lugar do mundo, mas isso não aconteceu em Viena. "Foi uma genialidade peculiar de Viena, a cidade da música, resolver todos esses contrastes de maneira harmoniosa, criando algo novo e único", escreve o autor vienense Stefan Zweig, a quem eu sempre recorro para *insights* sobre a cidade. "Pois a genialidade de Viena, que é especificamente musical, sempre foi harmonizar todos os opostos nacionais e linguísticos em si mesma." Como Atenas, Viena não rejeitou o que vinha de fora, mas também não o importou cegamente. Ela absorveu e sintetizou e, ao fazer isso, criou algo ao mesmo tempo familiar e estranho. Algo novo.

A Viena de hoje pode ser impecável, uma maluca urbana por limpeza, mas no fim do século XVIII, ela era uma cidade suja e lotada, com 200 mil habitantes. Carruagens zuniam pelas ruas, levantando sujeira e poeira. Trabalhadores molhavam as ruas duas vezes por dia, em uma tentativa fútil de saneamento. Viena também era barulhenta, e o som de cascos de cavalo batendo nas pedras era uma intrusão constante. A genialidade floresce não no deserto, mas tal a flor de lótus, na sujeira e na desordem.

Mozart não trabalhava em um estúdio ou algum "espaço incubador" da moda, e sim em casa. Estou curioso para ver essa casa, para andar em seu piso envelhecido, para respirar seu ar. Só há um problema: meu GPS, confuso pelas ruas retorcidas e sem sentido, fica me desviando do caminho. Acho isso irritante, mas estranhamente gratificante também, e ao ser despachado para mais uma rua sem saída, não consigo deixar de sorrir. Uma pequena vitória para a Velha Europa. Um triunfo do analógico.

Finalmente a encontro, descendo uma rua de pedras que meu iPhone jura que não existe. O número 5 da rua Domgasse é um belo prédio, mas não extravagante. Não é nenhum Palácio Pitti. Tem a ver com a cidade. A escala está certa, as proporções na medida. Os florentinos aprovariam.

Subo até o terceiro andar, assim como Mozart fazia, diz uma voz em minha cabeça. Estou ouvindo vozes há algum tempo, já. Não, não *aquele* tipo de vozes — o tipo que os museus plantam em sua mente, graças aos guias de áudio. Geralmente eu detesto esses aparelhos. São deselegantes. Ficar segurando um no ouvido como se fosse um celular dos anos 1980 não é natural, e os narradores sempre soam vagamente condescendentes.

Só que essa voz é bem diferente disso. Ela tem um leve sotaque, autoritária mas amigável. Gostei dela, e queria que a Voz pudesse ficar na minha cabeça para sempre, gentilmente me informando a respeito do que estou vendo e para onde vou em seguida.

O apartamento é arejado e amplo. Eu não tenho ouvido musical, nem qualquer outra parte do corpo, mas existe alguma coisa na maneira como a luz invade as salas, a forma como o som rebate nas paredes, que me faz sentir que até alguém tão harmonicamente deficiente quanto eu possa compor algumas notas aqui.

Mozart só viveu aqui alguns anos, no entanto, como me informa a Voz. Ele se mudava com frequência, doze vezes em uma década. Por que tanta inquietação? Às vezes, Mozart se mudava pelos motivos normais: ele podia pagar um lugar melhor ou precisava de mais espaço para sua família em expansão. Outras vezes ele não teve escolha. Os vizinhos reclamavam da barulheira, não necessariamente da música, mas dos jogos de bilhar de madrugada e festas intermináveis. Mozart, como tantos gênios, tinha suas diversões. Uma delas era o bilhar. Ele amava jogar e, quando se mudou para este apartamento, pôde comprar sua própria mesa.

A vida no número 5 da Domgasse era agitada, para dizer o mínimo. Crianças corriam pelo chão, cachorros latiam, passarinhos grasniam (um deles, um estorninho, sabia cantar os concertos para piano de Mozart), hóspedes trançavam para lá e para cá, amigos gritavam uns com os outros no calor de um jogo de bilhar com apostas altas.

Era assim que Mozart gostava, e essa é uma das razões por que considerava Viena "o melhor lugar do mundo para a minha profissão". Alguma coisa em Viena aflorava o melhor nele. A cidade tolerava seus vícios — jogatina e humor escatológico, entre outros —, algo que a pacata Salzburgo não fazia. Mais que isso, Viena oferecia o tipo de colisões felizes, possibilidades de coincidência, que geram criatividade.

Talvez não seja coincidência que o bilhar fosse seu jogo favorito. Ele refletia a vida em Viena. Os vários compositores ricocheteavam-se uns nos outros, e essas colisões alteravam suas velocidades e trajetórias, muitas vezes de maneiras imprevisíveis. O resultado de todos esses ricochetes está diante de meus olhos: livros com capas de couro, uma coleção considerável que ocupa uma prateleira inteira do escritório de Mozart.

Sua obra completa, diz a Voz. Um trabalho impressionante para alguém que morreu absurdamente jovem, aos 35 anos. Mozart, como Shen Kuo ou Picasso, era incrivelmente prolífico, muitas vezes completando seis páginas de partitura em um único dia. Ele trabalhava constantemente, e sem horas definidas. Às vezes sua esposa o encontrava ao piano à meia-noite, ou ao raiar do dia. Ele trabalhou até o último instante, compondo o *Réquiem* em seu leito de morte, cantando as partes do contralto.

O que os outros veem como distração, gênios como Mozart veem como alimento. Em uma carta a sua irmã, Mozart dá notícias de Milão, onde está estudando em um conservatório especialmente animado: "Acima de nós há um violinista, abaixo há outro, ao lado, um professor de canto dando aula, na sala em frente, um oboísta. É muito divertido para compor! Dá muitas ideias". Pessoalmente, isso me daria muitas dores de cabeça. Mas não para Mozart. Para gênios como ele, o ambiente, agradável ou não, era sempre uma fonte de inspiração.

Na verdade, às vezes Mozart compunha no meio da comoção. Ele ficava sentado no meio de um jogo de cartas ou de um jantar, presente de corpo, mas não de espírito. Para alguém de fora, ele parecia aéreo, mas estava compondo, pensando em música. Só depois que ele colocaria as notas no papel. Isso explica por que as partituras de Mozart eram tão limpas, sem nenhuma das rasuras e marcações tão comuns no trabalho de outros compositores. Não é que Mozart não fizesse rascunhos. Ele fazia. Em sua cabeça.

Um dos públicos mais importantes de Mozart era sua esposa, Constanze. Ela foi sua ajudante invisível e influenciou tremendamente sua música, às vezes sem querer. O segundo dos seis quartetos de cordas de Mozart, em ré menor (os Quartetos "Haydn", chamados assim em homenagem a seu mentor), destaca-se dos outros. Ele é menos melódico, mais picante. "Tempero forte demais", desdenhou um crítico na época. Músicos italianos, ao receberem o quarteto, o devolveram a Viena devido a "erros de impressão", sem perceber que aquelas eram as notas que Mozart queria. Musicólogos por muito tempo quebraram a cabeça com essa obra incongruente, essa aberração.

Existe um motivo, contudo, por que ela é assim. Mozart escreveu a música na noite que Constanze estava dando à luz seu primeiro filho. Não antes ou depois do parto, veja bem, mas *durante* (atencioso, Mozart primeiro chamou uma parteira antes de se sentar ao piano). Depois Constanze confirmou que o quarteto continha várias passagens que refletiam sua aflição, especialmente o minueto. Mozart como todos os gênios criativos, não fazia distinção entre momentos inspiradores e momentos comuns. Para ele, tudo era material, até um momento que a maioria de nós consideraria exatamente o menos inspirador para uma composição musical, ou para qualquer outra coisa. Ali estava a maior das comoções, um acontecimento que, pelo menos para mim, mataria quaisquer impulsos criativos que eu pudesse ter, e o que Mozart fez? Ele compôs!

A GENIALIDADE É INVOLUNTÁRIA: VIENA AFINADA

O que poderia explicar a capacidade de Wolfgang de prosperar em um ambiente tão frenético? Pesquisas recentes apontam para algo chamado de hipótese de desinibição, desenvolvido pelo falecido Colin Martindale. Psicólogo da Universidade do Maine, ele passou sua carreira investigando a neurociência da criatividade. Suas ferramentas não eram questionários nem testes de associação de palavras, mas sim exames de ressonância magnética (fMRI, na sigla em inglês) e eletroencefalografia (EEG). Martindale observou a "excitação cortical". Quando nos concentramos intensamente, a parte do meio de nosso cérebro, o cerebelo, é ativada, e isso leva a batimentos cardíacos acelerados, respiração rápida e maior vigilância. Martindale suspeitou que a excitação cortical podia estar relacionada ao pensamento criativo, mas não sabia exatamente como.

Para descobrir, ele conectou um grupo de pessoas — algumas altamente criativas e outras menos — a máquinas de EEG, e em seguida lhes deu uma série de testes que medem o pensamento criativo. Os resultados foram surpreendentes: os indivíduos de maior inclinação criativa apresentaram menor excitação cortical durante o teste do que os não criativos.

A maior concentração de excitação cortical é útil ao conferir suas contas ou fugir de um tigre, concluiu Martindale, mas não para tentar compor uma ópera, escrever um romance ou inventar a próxima novidade da internet. Para isso, nós precisamos entrar em um estado que Martindale chama de atenção desfocada ou difusa. Uma pessoa nesse estado mental não está dispersa, pelo menos não como normalmente pensamos na palavra. Como os budistas, eles dominaram a arte do desapego. Eles são ao mesmo tempo focados e sem foco.

Mas por quê, perguntou-se Martindale, algumas pessoas são capazes de se beneficiar dessa atenção difusa e outras não? As pessoas criativas são tão incapazes de controlar seus níveis de excitação cortical do que as não criativas. Realizações criativas, concluiu ele, não são baseadas em autocontrole, "mas sim em inspiração involuntária".

Inspiração involuntária? O que isso quer dizer? Martindale, que faleceu em 2008, nunca disse, mas imagino que esse fenômeno explica por que as pessoas criativas são geralmente inquietas. Ao mudarem de lugar, elas estão inconscientemente tentando baixar seus níveis de excitação cortical e desfocar sua atenção.

O que quer que Mozart tenha feito, obviamente funcionou. Com regularidade impressionante, ele realizou milagres musicais, escrevendo sinfonias inteiras no tempo que a maioria de nós leva para fazer o imposto de renda. Dizem que ele escreveu a abertura de sua ópera *Don Giovanni* na noite anterior à estreia. Mas — e isto é crucial — ele sempre realizava esses milagres quando alguém, geralmente um patrono, exigia. "Depois que ele se comovia para compor, a inspiração tomava conta, mas a inspiração dessa inspiração era provavelmente uma comissão que havia acabado de receber, uma apresentação que precisava de uma nova composição, um presente para um amigo agradecido", escreve o biógrafo de Mozart, Peter Gay. Mozart não trabalhava de maneira especulativa. Ele raramente escrevia uma única nota sem saber exatamente onde e quando seria apresentada. Como Leonardo da Vinci, Mozart não terminava tudo que começava. Ele deixou cerca de cem fragmentos musicais, composições inacabadas ou nas quais ele perdeu o interesse, ou, mais comumente, para as quais retiraram-se as comissões.

Mozart gostava de dinheiro. Ele ganhava muito, mas gastava ainda mais — em roupas sofisticadas, comida gourmet e, acima de tudo, jogatina. Mozart, infelizmente, não era tão bom jogador de bilhar quanto compositor, e logo se viu devendo cerca de 1.500 florins — mais de um ano de salário confortável na época. Essas dívidas eram uma fonte de grande sofrimento — ele estava sempre pedindo dinheiro —, mas também o impulsionavam a escrever mais partituras. De certo modo, nós temos que agradecer ao vício no jogo e aos hábitos perdulários de Mozart por boa parte de sua música sublime. Se ele fosse melhor jogador ou um comprador mais econômico, não teríamos a mesma quantidade de músicas suas para apreciar.

Mozart era motivado tanto extrinsecamente — alguma força externa exigia algo dele — quanto intrinsecamente; uma vez imerso em um trabalho, ele logo se perdia no estado psicológico conhecido como fluxo; o tempo se tornava insignificante e logo ele se esquecia das demandas do mundo "lá fora". Como vimos com outros gênios, essa combinação de motivação intrínseca e extrínseca trazia à tona o melhor dele.

Isso não quer dizer que Mozart fosse um sujeito perfeitamente equilibrado. Longe disso. Leia algumas de suas cartas e será perdoado por pensar que Baudelaire estava certo ao dizer que "o belo sempre é estranho", pois Mozart tinha um senso de humor estranho, exageradamente escatológico. "Ai, minha bunda está ardendo como fogo!", começa uma de suas descrições mais brandas. Mas a imagem hollywoodiana de Mozart como uma espécie de homem infantil, emocionalmente retardado, está totalmente errada. Nenhum homem imaturo poderia escrever músicas tão cheias de nuances emocionais como as de Mozart. E por mais que gostemos de pensar em Mozart como um gênio que transcendeu o tempo e espaço, não é o caso. Ele foi totalmente um homem de seu tempo. De certo modo, ele foi *mais* de seu tempo do que os outros, e é exatamente isso que o torna tão brilhante. Sua música, especialmente suas óperas, exigia "uma sensibilidade aguçada da sociedade, da qual dependia para seu sucesso ou fracasso", escreve o biógrafo Volkmar Braunbehrens.

Mozart amava Viena. Ele amava não só sua musicalidade, mas também sua tolerância e sua quantidade aparentemente sem fim de possiblidades. Acima de tudo, acho que ele amava seus altos padrões. Os vienenses, assim como os florentinos, eram bem exigentes, "e até o cidadão mais modesto exigia música boa da banda de sopros, assim como exigia um bom preço do senhorio", observa Stefan Zweig em suas memórias, acrescentando: "Essa consciência de estar sob observação constante e inclemente forçava todos os artistas da cidade a fazerem seu melhor". A cidade extraía o melhor de seus músicos porque não aceitava menos.

Mozart queria atingir uma plateia ampla, mas nem todo mundo tem a mesma "inteligência musical". O que fazer? Emburrecer sua música não era uma opção; ele era virtuose demais para isso. Então Mozart criou uma solução muito à frente de seu tempo. Ele idealizou suas sinfonias da mesma maneira que os filmes da Pixar: feitos para atrair dois públicos distintos ao mesmo tempo. No caso da Pixar, esses públicos são as crianças e seus pais. Boa parte do humor passa batida pelas crianças, mas os pais captam e apreciam. Mozart também tinha dois públicos-alvo distintos. Ele explica o método em uma carta a seu pai, datada de 28 de dezembro de 1782: "Há passagens aqui e ali das quais só os conhecedores tirarão proveito, mas essas passagens são escritas de tal modo que os menos cultos também possam se satisfazer, embora sem saber por quê". Talvez todas as obras geniais — de *A Flauta Mágica* a *Os Incríveis* — sejam assim. Elas operam em vários níveis simultaneamente. Como o Partenon, sua aparência linear é uma ilusão; todas as grandes obras contêm curvas ocultas.

Já disseram que originalidade é a arte de ocultar suas fontes. Há uma grande verdade nisso, e Mozart pegava muita coisa de seus colegas compositores, vivos e mortos. Ele foi fortemente influenciado pela tradição operística italiana, por seus professores Padre Martini e Joseph Haydn e pela música de Bach e Handel. Ele copiava as partituras desses mestres à mão, como se o ato mecânico pudesse facilitar a incorporação da grandeza deles. Os primeiros cinco concertos para piano de Mozart, escritos quando tinha apenas onze anos, foram criados habilidosamente, mas não eram nem um pouco originais. Ele simplesmente os montou a partir de obras de outros compositores. Ele só escreveria algo verdadeiramente original aos dezessete anos — ainda jovem, claro, mas não tão assustadoramente.

A criança-prodígio é uma ficção. Claro, alguns músicos jovens tocam excepcionalmente bem, mas eles raramente produzem algo inovador com pouca idade. Um estudo com 25 pianistas excepcionais constatou que, embora todos tivessem apoio e estímulo dos pais, a maioria não se destacou verdadeiramente em suas carreiras até bem mais tarde. Sim, crianças pequenas às vezes mostram habilidades impressionantes, mas não genialidade criativa. Isso leva tempo.

Então por que o mito da criança-prodígio persiste? Porque ele, como todos os mitos, serve a um propósito. Às vezes, os mitos inspiram, como os de Horatio Alger. *Se um garoto pobre da parte errada da cidade pode fazer sucesso, então talvez eu também possa!* Às vezes os mitos servem de pacificadores: eles nos permitem relaxar. *Mozart foi único, um acidente da natureza. Eu jamais conseguiria compor como ele, então nem faz sentido tentar. Agora onde foi que coloquei o controle remoto?*

Mozart adorava seus professores, mas, como estudante da Itália, com certeza ele sabia da observação de Leonardo da Vinci que "o aluno que não supera seu mestre é medíocre". Mozart absorveu o conhecimento e as técnicas de seus professores, mas depois desenvolveu um estilo totalmente seu. Isso não poderia ter acontecido em nenhum outro lugar a não ser Viena, um laboratório gigantesco para experimentação musical.

A musicalidade da cidade era apenas um dos motivos para Mozart amar Viena. Ele também foi para lá pelo mesmo motivo que os jovens de qualquer época se mudam para a cidade grande: para ficarem famosos, para se testarem entre os grandes, e acima de tudo para escaparem do abraço sufocante dos pais.

Dominador ao extremo, Leopold Mozart foi o primeiro pai superprotetor. Um músico talentoso, mas sem brilho, ele estava determinado a vingar suas desfeitas, reais ou imaginárias, através de seu filho gênio. Era uma receita para o desastre.

Não deu outra. Quando Mozart seguiu seu próprio caminho, a relação deles começou a dar sinais de desgaste. Em uma carta, de setembro de 1781, Wolfgang se parece demais com qualquer jovem querendo mostrar sua independência.

> Pela maneira como recebeu minha última carta, como se eu fosse um supercanalha ou uma besta, ou ambos, é lamentável ver que você confie mais nas fofocas e nas cartas dos outros do que em mim, e que na verdade não tenha a menor confiança em mim. [...] Por favor, confie sempre em mim, pois eu realmente mereço. Já tenho dificuldades e preocupações suficientes aqui para me sustentar, e a última coisa que eu preciso é de ler cartas desagradáveis.

O maior trunfo que uma cidade oferece ao gênio aspirante, pelo que percebo, não é necessariamente colegas ou oportunidades, mas distância. Uma separação entre o antigo e o novo eu.

Muita coisa separava Mozart e Beethoven. Quinze anos. Algumas centenas de quilômetros (Beethoven nasceu em Bonn, Mozart, em Salzburgo). Estilos musicais. Temperamento. Tipo físico. Senso de humor. Estilo de roupa. Cabelos. Esses dois gigantes musicais só cruzaram caminhos uma única vez, em 1787. Beethoven, com meros dezesseis anos, mas já metido, estava visitando Viena. Ele ouviu Mozart tocar piano, e depois disse que seu estilo era *zerhackt*, picado. Será que os dois se encontraram em particular? Aqui os registros históricos são menos claros, mas alguns indícios sugerem que sim.

Nossa, que encontro deve ter sido! O rei atual e o futuro, lado a lado. De acordo com o biógrafo Otto Jahn, Beethoven tocou uma pequena peça para Mozart que, presumindo que fosse uma "obra preparada para a ocasião, a elogiou de maneira bastante fria". Beethoven sabia que precisava causar uma impressão melhor, e implorou a Mozart que lhe desse um tema para improvisação. Mozart deu, e dessa vez Beethoven arrasou. Mozart, reza a lenda, caminhou em silêncio até seus amigos que estavam sentados na sala ao lado e disse: "Fiquem de olho nele; o mundo irá falar dele um dia".

Mozart morreu antes de conseguir ver sua profecia se realizar. Mas o fantasma de Mozart assombrou Beethoven por toda a vida. Ele evitava assiduamente qualquer insinuação de imitação, consciente ou não.

Lugares lotados de genialidade são uma faca de dois gumes. Embora haja inspiração onde quer que você olhe, há sempre o perigo da imitação, mesmo que seja involuntária. Esse medo perseguiu Beethoven por toda sua carreira, mas também o levou por caminhos novos e pouco percorridos.

Um século depois, o romancista vienense Robert Musil captou essa dinâmica lindamente: "Cada coisa só existe por virtude de suas limitações; em outras palavras, por virtude de um ato mais ou menos hostil contra seu ambiente: sem o papa não haveria Lutero, e sem os pagãos não haveria papa, portanto não se pode negar que a associação mais profunda dos homens com seus semelhantes consista na dissociação deles". Mozart reagiu a Haydn, e Beethoven, a Mozart. Bolas de bilhar, ricocheteando-se umas nas outras, mandando cada uma em direções novas e maravilhosas.

Cinco anos após seu breve encontro com Mozart, Beethoven se mudou permanentemente para Viena, mais realizado e ainda mais metido. A cidade e seus subúrbios, escreve o biógrafo Edmund Morris, "começaram a envolvê-lo cada vez mais, até ele se tornar tão imutável quanto um caranguejo-eremita".

Eu passo pelo icônico Burgtheater e o quase tão icônico café Landtmann, o favorito de Freud, depois subo cinco andares de escada até um apartamento pequeno e sufocantemente quente. Está em mal estado, gasto, grosseiro, como seu antigo inquilino.

Beethoven morou aqui. Essa, porém, é uma frase que pode ser dita sobre muitos lugares de Viena. Beethoven fez Mozart parecer um homem caseiro. Ele se mudava constantemente — algo entre 25 e oitenta vezes durante seus 36 anos em Viena, dependendo do relato em que você acredita.

Se você pudesse viajar no tempo para a Viena de, digamos, 1808, certamente iria querer Ludwig van Beethoven como seu parceiro de bebida e um amigo divertido, apesar de pouco confiável. Você não iria querê-lo como inquilino. Ele era o pesadelo dos senhorios. Visitas (geralmente moças atraentes) entravam e saíam a qualquer hora. Seus apartamentos eram abarrotados com rascunhos — Beethoven, ao contrário de Mozart, estava constantemente revisando suas partituras e sempre trabalhava em mais de uma obra ao mesmo tempo. Seus métodos de banho eram... pouco convencionais. Às vezes, no auge da composição, sem querer interromper sua musa, ele simplesmente se molhava ali mesmo na sala. E tem mais. Aqui está um distinto visitante francês descrevendo o que viu ao visitar o jovem gênio:

> Imagine o lugar mais sujo, mais bagunçado possível — manchas de umidade cobriam o teto; um piano de cauda velhinho, sobre o qual a poeira disputava espaço com

várias folhas de música impressas e manuscritas; debaixo do piano (não estou exagerando) um *pot de nuit* [penico] cheio; ao lado dele [...] uma quantidade de penas com tintas encruada [...] e mais músicas. As cadeiras estavam cobertas de pratos com restos da ceia de ontem, de roupas etc.

Será que os modos desleixados de Beethoven podem ajudar a explicar sua genialidade musical? Muitos de nós certamente esperam que sim. Afinal, que bagunceiro não se animou ao ver aquela famosa foto da mesa de Einstein na revista *Life*, com papéis espalhados por toda a parte?

Psicólogos da Universidade de Minnesota conduziram recentemente uma série de experimentos visando a lançar um pouco de luz sobre essa velha questão: será que o chiqueiro da minha mesa é uma marca de genialidade ou simplesmente de porqueira? Em um estudo, os participantes foram divididos em dois grupos para responder a um questionário em um escritório. Depois pediu-se que eles inventassem usos criativos para bolas de pingue-pongue. Alguns foram mandados a uma sala arrumada, enquanto outros completaram a tarefa em uma sala bagunçada, cheia de papéis e materiais. Ambos os grupos tiveram a mesma quantidade de ideias, mas as produzidas pelo pessoal da sala bagunçada foram classificadas como mais "interessantes e criativas" por um painel julgador.

Por quê? Kathleen Vohs, a chefe de pesquisa, desconfia que um ambiente bagunçado "estimula uma libertação do convencionalismo". Você vê desordem a sua volta, tudo está fora do lugar, então sua mente segue essa direção para territórios desconhecidos. Vohs e seus colegas começaram a investigar o papel da bagunça no mundo digital. Resultados preliminares sugerem um mecanismo semelhante em ação: locais "limpos" estimulam menos pensamentos criativos do que os "bagunçados". Beethoven não teve o benefício desses estudos, mas imagino se esse jeito bagunceiro não representava um esforço inconsciente de mexer seu caldeirão criativo, uma espécie de caos autoinduzido.

Qualquer sinal dos modos desleixados de Beethoven foi diligentemente apagado de seu apartamento. *Você fica ótimo arrumadinho, Ludwig.* Mas chamá-lo de um museu de Beethoven é fazer uma injustiça tanto à instituição quanto ao homem. A tentativa é tão meia-boca, tão pateticamente apressada, que não consigo não gostar. O passado parece mais próximo quando não é enfeitado. Nada de mesas de bilhar nem encadernações de couro aqui. Nada de exposições curadas com amor. Nada de Voz sábia para me guiar. Apenas algumas recordações

— umas partituras escritas à mão (desleixadamente, lógico), um convite impresso para a *overture* de "Coriolan", e em uma sala vazia está o piano de Beethoven. É bem menor do que eu esperava. Parece que pertencia a uma criança, não a um gigante musical.

Mas foi aqui que Beethoven escreveu sua primeira e única ópera, *Fidelio*, e uma doce bagatela chamada "Für Elise". Uma placa me informa que o piano remonta ao "último período criativo" de Beethoven. Isso me parece desnecessariamente severo. Será que Beethoven também pensava assim? Claro, ele sabia que estava ficando surdo e sofria com a perda do único sentido que "devia ter sido mais perfeito do que em todos os outros". No entanto, sua surdez nunca perturbou sua produção criativa.

Muitos gênios sofreram de doenças e deficiências. Edison era parcialmente surdo, Aldous Huxley, parcialmente cego. Alexander Graham Bell e Picasso eram dislexicos. Michelangelo, Ticiano, Goya e Monet sofriam de várias doenças que acabaram melhorando suas obras de arte. Michelangelo, por exemplo, sentiu fortes dores ao pintar a Capela Sistina, contorcendo seu corpo e curvando-se para trás para pintar o enorme teto. À medida que a pintura avançou, seu desconforto pessoal se refletiu nas figuras que ele pintava; elas também começaram a assumir formas retorcidas. Mais tarde, isso se tornou a marca do artista e abriu caminho para o maneirismo, o próximo grande estilo artístico. O que não mata não só o fortalece, mas também o torna mais criativo. É o Poder das Limitações se manifestando em um nível pessoal.

Foi isso que aconteceu, pergunto-me, com Beethoven? A placa não diz. Onde está a Voz quando preciso dela?

Ao longo de sua vida, Beethoven não conseguia parar quieto, evidenciado não só por suas frequentes mudanças de endereço, mas também pelas caminhadas apressadas pela cidade, com seu chapéu de castor agitado pelo vento, e as frequentes visitas aos cafés. Todo esse movimento, desconfio, representava uma tentativa de Beethoven de difundir sua atenção, de desencadear algo dentro dele. Não era preciso muito. "Qualquer mudança de ambiente, seja da cidade para o campo ou apenas para a rua, era suficiente para estimular sua criatividade", escreve Edmund Morris em sua biografia do compositor.

Aquele velho estereótipo do "artista sensível" é mais verdadeiro do que pensamos. Pessoas criativas, apontam estudos, são *fisiologicamente* mais sensíveis a estímulos. Em experimentos, eles consistentemente classificam vários estímulos — choques elétricos e barulhos altos — mais intensamente do que pessoas menos criativas.

A GENIALIDADE É INVOLUNTÁRIA: VIENA AFINADA

Isso ajuda a explicar por que pessoas criativas se retiram periodicamente do mundo. Proust em seu quarto forrado de cortiça. Dickens, que evitava qualquer evento social quando estava absorto em um manuscrito, pois a "mera consciência de um compromisso às vezes atrapalha um dia inteiro". O psicólogo Colin Martindale especula que tipos criativos participem de uma dinâmica de banquete e jejum. Eles se privam de novidades durante um tempo, para que possam desejá-las e apreciá-las depois. A fome é o melhor tempero.

Viena oferecia a compositores como Mozart e Beethoven tanto estímulo quanto isolamento, permitindo-lhes viver simultaneamente no mundo e fora dele. Um equilíbrio perfeito.

"Você gostaria de fazer uma aventura musical?", pergunta Friederike ao telefone.

"Claro", respondo, sem saber onde estou me metendo, principalmente porque não conheço Friederike.

Ela é amiga de um amigo, apresentadora de um conhecido programa de música clássica na rádio austríaca, e me disseram que é boa para explicar música para neófitos como eu. Ele conhece de música e conhece Viena. Então ela certamente deve saber de alguma coisa sobre genialidade.

Ela diz que vai me buscar na sexta-feira de manhã e pergunta o nome do meu hotel.

"Adagio."

"Ah, igual à música."

"Hum, isso", digo, "igual à música."

Eu não faço a menor ideia do que ela está falando. Nós desligamos e eu imediatamente procuro a palavra no Google. Eu nem havia me tocado que Adagio fosse alguma outra coisa além de um nome que soasse agradavelmente europeu, inventado pela cadeia de hotéis, da mesma maneira que as empresas farmacêuticas inventam nomes para seus remédios. Tranquilizante. Confortante. Mas sem sentido. O professor Google me corrige. *Adágio* é realmente um termo musical. Significa "lentamente". Isso explica muita coisa, penso eu. Explica as claves de 1,5 metro de altura pintadas nas paredes do meu quarto. Explica o serviço lento; os funcionários estão apenas mantendo o ritmo perfeito.

Friederike aparece em um Peugeot de aparência cansada e com o qual, eu logo descubro, ela conversa. Acho isso meio desconcertante. Além do mais, é um carro francês, mas ela fala com ele em alemão, o que me confunde ainda mais. Não entendo uma palavra do que ela está dizendo, mas parece carinhoso. Fico feliz que eles tenham uma relação tão boa. Sério, fico mesmo.

Ela me entrega um mapa, que imediatamente se desfaz em minhas mãos. É um mapa antigo, explica ela, da época da guerra fria, quando Viena era um antro de espionagem, mas ela gosta dos relevos que ele apresenta, os contornos dos morros logo depois de Viena. "É para lá que estamos indo?", pergunto.

Friederike não me ouve. Ela está falando com o Peugeot, dando a ele o que parecem palavras de incentivo. Agora ela está de volta, contando uma teoria — uma teoria fantástica, confesso — sobre o motivo de Viena ser um lugar tão criativo. Os Alpes começam aqui, ela diz. Viena é como a cabeça de uma cobra, e cobras têm poderes mágicos. É o tipo confuso de explicação New Age para as aglomerações de gênios que estava evitando até agora.

Eu tento falar de trivialidades, observando o dia lindo que está fazendo — quente, com uma leve brisa, e olha, aquelas árvores não estão dando flor?

Sim, diz Friederike. Castanheiras. Ela admite que esteja um belo dia, mas logo acrescenta que a chuva está vindo do norte, e que logo vai ficar insuportavelmente frio e úmido. Ela diz isso com um ar sombrio de inevitabilidade, e eu logo me lembro dos escoceses. O que é bom também nunca dura muito em Viena. Em um momento está fazendo sol, e no outro você está ensopado. Em um momento você está vivendo em uma capital vibrante, sede de um império, e no outro está vivendo em uma cidade de segunda classe e provinciana. Não se engane pela solidez aparente dos prédios de pedra e dos palácios corpulentos. Tudo está sujeito aos caprichos cruéis da história.

Agora Friederike está percorrendo a lista de compositores, soltando nomes com o mesmo fervor de um fanático por esportes. Haydn era o adulto na sala, menos extravagante e, portanto, menos apreciado atualmente. Schubert foi o filho nativo; ao contrário dos outros, ele de fato nasceu em Viena. Beethoven era como Prometeu, "roubando fogo dos deuses". Ela ama Beethoven. Chama a música dele de "uma caixa dentro de uma caixa dentro de uma caixa". Sempre há mais uma caixa a descobrir. Ela o escutou a vinda inteira e ainda está descobrindo caixas. Quanto a Mozart, ela simplesmente diz: "Ele foi o Deus de tudo. Sua música é como o paraíso".

Einstein também adorava Mozart, e uma vez disse que sua música era "tão pura que parecia sempre ter existido no Universo, esperando para ser descoberta pelo mestre". É uma observação muito chinesa, na verdade. Mais uma vez, na visão oriental da criatividade, todas as descobertas são na verdade redescobertas, todas as invenções são reinvenções. Não há nada de novo sob o sol, mas o antigo é suficientemente maravilhoso e, como a música de Mozart, apenas aguardando ser descoberta.

Nós deixamos o centro da cidade bem lá atrás e agora estamos entrando em território desconhecido. Passamos por uma moça com um instrumento musical grande amarrado às costas. O estojo parece ter se fundido com seu corpo, tornando difícil distinguir onde o instrumento termina e a mulher começa. Eu me lembro daquelas tartarugas gigantes pesadonas, que vivem para sempre e parecem não ter uma única preocupação no mundo.

Aponto a mulher para Friederike e falo que ouvi dizer que todas as crianças austríacas tocam um instrumento. É verdade?

Sim, diz Friederike, mas logo me tira da cabeça qualquer fantasia de *A Noviça Rebelde* que eu possa ter. As crianças austríacas são *forçadas* a tocarem piano ou violino desde cedo, "e elas odeiam, assim como as crianças de qualquer lugar", diz ela ao virarmos uma curva.

Agora estamos subindo cada vez mais, e Friederike bajulando o pequeno Peugeot. *Auf geht's, mein Kleiner. Du schaffst das!* "Vamos lá, pequenininho. Você consegue!"

"Qual é o nome dessa montanha?", pergunto, tentando desviar a conversa da esfera automotiva para a humana.

"Não é montanha", ralha ela. "É colina."

Esqueci. Estamos na Áustria. Passamos por uma encosta com um terraço onde alguma coisa está crescendo, embora não sabia dizer exatamente o quê.

"É um vinhedo", diz Friederike, lendo minha mente. Viena tem cerca de setenta, mais que qualquer outra cidade no mundo. Eu não fazia ideia. Será que isso talvez ajude a explicar por que Beethoven fugia para essas montan... quero dizer, colinas?

Sim, diz ela, ele gostava de um vinho, mas mais que isso, gostava da natureza. Beethoven queria desesperadamente fugir do calor, da poeira e do fedor de Viena. Então foi isso que ele fez. Toda oportunidade que tinha, ele pegava uma carruagem até a Wienerwald, as colinas verdes fora da cidade. Longe dos fãs sufocantes, dos críticos enjoados e dos senhorios irritantes, longe de seu público, ele finalmente ficava em paz. Ele caminhava e pensava, muitas vezes até depois de anoitecer. As notas chegavam até ele enquanto caminhava, disse ele uma vez, e eu penso: sim, da mesma maneira que as perguntas chegavam a Sócrates, ou as palavras, a Dickens.

Friederike estaciona o Peugeot, congratulando o veículo pelo trabalho bem-feito.

"Ainda é possível caminhar nessas matas?", pergunto.

"*Algumas pessoas* caminham", diz ela, antes de citar um provérbio japonês. "Um homem durão escala a montanha. Um homem sábio senta-se na água."

Então tá, nada de caminhada. Por mim, tudo bem.

Nós andamos alguns metros (andar e caminhar consistem em duas atividades distintas) até chegar a um mirante.

"Olhe para as colinas", diz Friederike. "Tão suaves e sedosas."

Imagino Beethoven parado neste mesmo ponto, duzentos anos atrás, com a audição diminuindo, mas a mente mais aguçada que nunca. O que ele via? O que essas excursões faziam por ele? Nós temos algumas pistas em seus escritos. Uma vez ele chamou a natureza de "uma escola gloriosa para o coração", acrescentando: "Aqui eu aprenderei a sabedoria, a única sabedoria livre de desgosto".

Esse lado de Beethoven me surpreende. Eu imaginava um homem grosseiro, um mulherengo mercurial e um *bon vivant*, não um abraçador de árvores. Mas ele era. Literalmente. Ali embaixo, perto da chamada Casa Eroica, onde ele viveu enquanto escrevia a sinfonia homônima, cresce uma grande tília. Reza a lenda que Beethoven regularmente colocava seus braços grossos em volta dela para se inspirar. Um dia, eu fiz o mesmo, esperando que um pouco dessa magia possa passar para mim. Até agora, não detectei nenhum aumento repentino de habilidade musical, mas ainda é cedo para dizer.

Friederike me conta que Beethoven sempre tinha uma imagem em mente quando compunha. "Pintando com música", como ela chama.

O que ela está descrevendo, embora metaforicamente, é sinestesia. É a condição na qual uma pessoa tem as "fiações" sensoriais cruzadas. Pessoas com sinestesia ouvem cores ou cheiram sons. Todas as pessoas criativas, penso eu, têm um toque de sinestesia, no sentido de não limitarem sua fonte de inspiração a um único sentido. Um pintor pode encontrar inspiração em uma música, um escritor, em um cheiro marcante. Friedrich Schiller, o poeta e filósofo, sempre tinha uma caixa de maçãs podres embaixo de sua mesa ao escrever. Ele disse que isso lhe lembrava do interior. Picasso alegou sofrer de uma "indigestão de verdeza" após caminhar na floresta. "Eu preciso esvaziar essa sensação em um quadro", disse ele.

Estamos de volta ao Peugeot, e Friederike voltou a seu placar de compositores. A música de Gustav Mahler é a mais vienense, diz ela.

"É uma espécie de alegria nunca realizada. Um coração magoado. Tão triste. Isso é a vida." A música, diz ela, a *boa* música, tem a ver com "exportar tristeza". Gostei. Isso me dá toda uma nova perspectiva não só sobre música, mas todas as formas de arte. Artistas estão no ramo da importação/exportação. Eles são, como vimos, mais sensíveis que o restante de nós, importando o sofrimento de um mundo imperfeito; em seguida eles processam esse sofrimento, transformam-no em arte e o exportam, assim diminuindo sua tristeza e aumentando nosso prazer. Um arranjo perfeitamente simbiótico.

A utilização de um termo emprestado da biologia não é nenhuma coincidência. Ela nos dá uma maneira totalmente nova de pensar nos ambientes criativos. "Uma ecologia de criatividade humana", como chama o psicólogo David Harrington. O que isso significa?

Para começar, significa enxergar a genialidade por uma perspectiva mais holística, percebendo que todas as partes estão conectadas. Biólogos que estudam ecossistemas sabem que é impossível mexer em uma parte desse sistema sem alterar fundamentalmente o todo. Os criatólogos, defende Harrington, precisam pensar no gênio criativo da mesma maneira. Por exemplo, pegue o conceito de "migração seletiva". Isso é quando os organismos migram para um certo ambiente não porque foram deslocados por um desastre natural, ou porque seu GPS interior determina essa mudança, mas sim porque identificaram aquele ambiente como benéfico. Eles sabem que prosperarão ali. Isso é exatamente o que Beethoven, Mozart e Haydn fizeram. Eles se mudaram para Viena porque o habitat atendia a suas necessidades específicas e eles sabiam que prosperariam ali.

Outro termo que Harrington pega emprestado da biologia é *demanda bioquímica*. Nós sabemos que os organismos fazem certas demandas sobre os ecossistemas onde habitam. As plantas, por exemplo, consomem luz do sol e água. Se o ecossistema consegue atender a essas demandas, os organismos sobrevivem; se não, eles perecem. Simples assim. Do mesmo modo, defende Harrington, pessoas criativas fazem certas "demandas psicológicas" a seus ecossistemas, "demandas que precisam ser atendidas para que os processos criativos prosperem". Essas demandas incluem tempo, espaço de trabalho, canais de comunicação e acesso ao público.

Harrington, mais uma vez utilizando-se da biologia, enfatiza a importância da "adequação organismo-ambiente". No fim, a sobrevivência de um organismo não depende dele próprio, mas sim de sua relação com o ambiente. Da mesma forma, as pessoas criativas precisam de uma boa "adequação" a seu ambiente, se quiserem realizar seu potencial. Por exemplo, algumas pessoas crescem em um ambiente que encoraje a correr riscos, enquanto outras não. Uma "boa" adequação cultural, no entanto, não é necessariamente uma sem fricção. Sócrates é o melhor e o mais trágico exemplo disso.

Finalmente, como qualquer biólogo sabe, os ambientes não só moldam os organismos, mas também são moldados *por* eles. Esses organismos esgotam recursos, sim, mas também devolvem alguma coisa. Plantas sugam dióxido de carbono, mas também emitem o oxigênio necessário à atmosfera. Igualmente, gênios criativos drenam os recursos culturais de uma cidade — dinheiro, espaço, tempo —, mas entregam algo em troca. Uma olhada para o Partenon ou o Duomo pode lhe dizer isso.

Então o que acontece quando vemos os gênios musicais de Viena por essa nova perspectiva ecológica? Vemos os "organismos" — Mozart, Beethoven, Haydn — fazendo migração seletiva, mudando-se para o ecossistema onde têm mais probabilidade de prosperar, Viena. Nós os vemos esgotando recursos — o dinheiro de seus patrões, o tempo de seu público, a paciência de seus senhorios. Nós os vemos moldando seu ambiente, modificando-o pelos séculos que virão. Haydn inspirou Mozart, e Mozart inspirou outros compositores: Chopin, Tchaikovsky, Schumann e Brahms. Vemos como esses organismos musicais se adequam ao ecossistema, mas não perfeitamente. Eles o repelem.

A secretária de Einstein disse uma vez que se ele tivesse nascido entre ursos polares, ainda seria Einstein. Mas a menos que os ursos polares entendessem bem de física teórica, isso não é verdade. Einstein não seria Einstein. O que não diminui Einstein em nada, nem os ursos polares, mas simplesmente ressalta que ele fazia parte de uma ecologia criativa, e que tentar isolá-lo dela não só é uma bobagem, mas também inútil. Se Einstein tivesse nascido cinquenta anos antes, é bem provável que nunca tivéssemos ouvido falar nele. O campo da física não estava aberto a novas ideias na época, e sem essa receptividade as teorias brilhantes de Einstein não teriam dado em nada. É mais provável que um jovem cientista inteligente como ele jamais tivesse partido para a física, e sim escolhido uma área onde as grandes questões ainda estivessem em jogo.

Assim como é simplista demais pensar na genialidade unicamente como um fenômeno interno, também é um erro pensar nela como resultado direto de uma época e um lugar em particular. Viena não "produziu" Mozart da forma como a Toyota produz um carro novo. A relação entre lugar e genialidade é mais complexa (não complicada) do que isso, mais interligada. Mais íntima.

"Comida", diz Friederike.
"Sim", respondo. "O que tem ela?"
"Para entender Viena e sua música, você precisa entender a comida."
Eu me lembro de minha infeliz experiência com a culinária da Grécia Antiga.

Nós estacionamos e encontramos um pequeno restaurante. Decidimos nos sentar do lado de fora, por estar um dia tão glorioso, o ar tão quente e agradável. Sim, Friederike concorda, mas não por muito tempo, lembra-me. O frio e a chuva estão vindo, e tudo irá mudar.

Olho silenciosamente para o cardápio, com medo de contradizê-la. Estou começando a aprender minha lição: nunca interfira com o fatalismo vienense. É como tirar a comida deles.

Estou tendo dificuldade em decifrar o menu, quando Friederike vem ao meu resgate e pede sopa de peixe e salada para nós, acompanhadas de um tipo de *spritzer* de vinho que ela garante ser bom, embora eu nunca tenha tido uma experiência positiva com qualquer bebida da família *spritzer*.

O sol aquece meu rosto. O ar acaricia minha pele. Mas eu sei que isso não vai durar, que uma chuva fria está vindo, então sigo adiante com minhas perguntas. Viena tinha uma abundância de talento musical na época, mas será que isso era o bastante para entrar na seara da genialidade?

Não, diz ela, apenas talento não bastava. "Você também precisa de marketing. Beethoven não seria conhecido como gênio se não fosse bom de marketing. Mozart tinha sua própria máquina de marketing em seu pai." O conceito do gênio solitário é folclore, uma história que gostamos de contar a nós mesmos.

"Se você não tiver a possibilidade de se vender, de ser conhecido, não será um gênio. Não dá para simplesmente sentar debaixo de uma castanheira e escrever, pintar ou sabe-se lá o que mais. Conheço cinco pintores que são verdadeiros gênios, mas ninguém os descobriu. Você pode ser tão bom quanto Rembrandt, mas se ninguém o descobrir, você só vai ser gênio na teoria." Ela esquece de dizer a conclusão inevitável: um gênio na teoria não é gênio coisa nenhuma.

E nisso, diz ela entre goles de *spritzer*, Mozart era um verdadeiro virtuose, navegando os mares traiçoeiros da política palaciana, esperando a hora certa de estourar por conta própria. Logo após chegar à cidade, ele se engraçou com uma tal condessa Thun. Uma mulher com "um coração muito generoso", como disse um visitante inglês, o que ela mais gostava era de conectar as pessoas. Ela abriu as portas para Mozart e ele não hesitou em atravessá-las. Ele ressentia a nobreza, no entanto, e ocasionalmente seu desdém transbordava. "A burrice escorre de seus olhos", disse ele sobre o arquiduque Maximiliano, irmão do imperador.

Mozart conseguia se safar desse tipo de insubordinação em parte porque era tão talentoso e em parte porque os tempos estavam mudando. A era do músico freelancer estava começando a se agitar. Isso deve ter sido liberador e apavorante. A incerteza definia a vida do freelancer (e ainda define), e Mozart foi o primeiro músico a sentir isso, o que lhe causava um sofrimento sem fim e pode até ter apressado sua morte, mas também o mantinha alerta. O conforto é inimigo da genialidade, e Mozart nunca ficou confortável demais, ainda bem.

As circunstâncias importam. Não só quando e onde você nasceu, mas também o gênero. A irmã de Mozart, Maria Anna — mais conhecida por seu apelido Nannerl — também era extremamente talentosa, "mas era mulher, e seu destino era gerar filhos", diz Friederike. "Foi a mesma coisa com Mendelssohn e sua irmã. As mulheres gênias são sempre esquecidas." Ela diz isso sem nenhuma amargura perceptível, apenas como se estivesse constatando uma simples lei da natureza, como "as plantas precisam de água".

Depois eu acabaria vasculhando mais a vida de Nannerl Mozart, curioso para descobrir mais sobre esse gênio em teoria. Ela foi uma talentosa pianista e cravista. Cinco anos mais velha que seu irmão, ela foi um enorme exemplo nos primeiros anos dele. Wolfgang, com três anos, olhava por cima dos ombros dela durante as lições, e depois tentava tocar os exercícios de seu caderno. Eles eram próximos fora da sala de música também, e até inventaram uma linguagem secreta e o imaginário Reino de Trás.

Quando Mozart escreveu sua primeira sinfonia, aos oito anos, foi Nannerl que de fato pôs a caneta no papel, transcrevendo as notas que seu irmão queria. Será que ela foi mais do que estenógrafa? Será que a sinfonia era dela? Ninguém sabe. O que sabemos, porém, é que a carreira musical de Nannerl foi interrompida quando se casou e teve filhos.

Hoje, a música de Wolfgang é considerada o auge da realização humana. E Nannerl? Tem um licor austríaco em sua homenagem. *Schnapps* de abricó. Ouvi dizer que é muito bom.

Por que a história é tão desprovida de gênios mulheres? O motivo é simples: até recentemente, a maior parte do mundo não permitia. Nós temos exatamente os gênios que queremos e merecemos. Se alguma coisa enfatiza a importância do ambiente na criação do gênio criativo, é a escassez gritante de mulheres no panteão. Historicamente, negavam-se às mulheres os recursos necessários para a excelência criativa: acesso a mentores, recompensas (intrínsecas e extrínsecas), patronagem, um público. Na idade que a maioria dos gênios produz seus primeiros trabalhos notáveis, os vinte anos, as mulheres eram sobrecarregadas cuidando dos filhos e da casa. Elas não podiam se trancar em salas forradas de cortiça como Proust ou só abrir a porta para alguém que trouxesse comida, como Voltaire fazia.

Os romanos tinham um ditado, *libri aut liberi*, "livros ou filhos". Durante a maior parte da história, essa era uma escolha que as mulheres não tinham permissão de fazer. Sim, houve exceções, Marie Curie a mais notável delas, mas a vencedora de dois prêmios Nobel infelizmente é a exceção que confirma a regra.

Se as mulheres recebiam uma chance, era inevitavelmente por causa de circunstâncias extraordinárias. Rosalyn Yalow, física médica e ganhadora do Prêmio Nobel, lembra que, quando foi aceita no programa de pós-graduação da Universidade de Illinois em 1941, logo que os Estados Unidos entraram na Segunda Guerra Mundial, ela foi apenas a segunda mulher permitida a se matricular (a primeira havia se matriculado em 1917). "Precisaram fazer uma guerra para que eu pudesse fazer minha pós", disse ela, meio de brincadeira.

Nossa comida chega, e aproveito a oportunidade para mudar de assunto. Estou curioso sobre o programa de rádio de Friederike. Seus ouvintes, explica ela, não são conhecedores, mas sim "pessoas normais". Seu trabalho, diz ela, é "seduzi-los para ouvir música". Percebo que ela diz *música*, não *música clássica*. Isso não é acidente. Ao colocar o adjetivo *clássica* junto de uma obra — de música, arte, qualquer coisa — você tira a vida dela, matando-a. Friederike jamais faria isso com uma obra musical. Além do mais, Mozart e Beethoven não escreveram uma única nota de música clássica. Eles escreveram música contemporânea que hoje classificamos como clássica. Há uma grande diferença.

Terminamos nossa refeição, e eu preciso admitir que o *spritzer* não era ruim. De volta ao Peugeot, conto a Friederike meus planos de ver uma apresentação de Schubert e que estou preocupado em não "entender". Nesse aspecto, sou estritamente freudiano. O bom doutor foi um psicólogo brilhante, mas também notoriamente com péssimo ouvido para música. Eu também. Claro, eu toquei trombone no primário. Por um tempo. Mas as reclamações dos familiares, vizinhos e da sociedade protetora dos animais rapidamente, e felizmente, deram um fim à minha carreira musical. Então como é que eu posso apreciar as sutilezas musicais de uma apresentação de Schubert?

"Ouça por cinco minutos", diz ela.
"E se eu ainda não entender?"
"Ouça por mais cinco minutos."
"E se mesmo assim não adiantar?"
"Aí vá embora." Sinto uma onda de alívio até ela continuar: "Mas saiba que ao fazer isso você está perdendo todo um universo, um mundo, que jamais encontrará novamente".

Fico sem saber o que dizer. Já perdi muita coisa na vida — chaves do carro, carteiras, adjetivos —, mas nunca todo um universo. E não é agora que vou começar. Prometo acatar o conselho dela.

Nós chegamos ao Adagio. Nos despedimos e, lentamente, adágio, saio do Peugeot. À medida que Friederike se afasta, posso ouvi-la dizendo alguma coisa para seu carro. Não entendo uma palavra, mas, para os meus ouvidos, parece música.

Épocas de ouro precisam dos malucos, dos *enfants terribles*, mas também precisam dos adultos. No caso de Viena, este seria Franz Joseph Haydn. É melhor descrevê-lo pelo que não era. Ele não era propenso ao humor escatológico. Ele não embarcava em jogatinas intermináveis. Ele não tinha casos descontrolados. Ele não se encaixou em nossa imagem do gênio difícil e, portanto, Papai Haydn, como era conhecido, atualmente tem classificação mais baixa no panteão musical. Isso não parece certo. Haydn não só foi um compositor brilhante como também professor e mentor tanto de Mozart como de Beethoven. Ele atravessou a era de ouro inteira e foi, de várias maneiras, a cola que mantinha tudo junto. Haydn já compunha antes de Mozart nascer e, ao morrer, em 1809, com a idade impressionantemente avançada de 77 anos, Beethoven já era um compositor bem estabelecido e Schubert, um membro promissor do Coral dos Meninos de Viena.

Infelizmente, Papai recebe poucos visitantes hoje em dia. Uma manhã, decido fazer algo a respeito — não apenas por pena, que fique claro. Eu aposto que Papai Haydn tem pistas importantes sobre a genialidade musical de Viena.

Haydn não é fácil de encontrar. Ao contrário dos apartamentos de Mozart e Beethoven, a Casa Haydn fica longe do centro da cidade, como se o velho Papai estivesse se escondendo. Pego o metrô, que, como tudo mais nesta cidade, funciona impecavelmente, e, quando dou por mim, volto à superfície em um mundo diferente, de ruas arborizadas e vendedores de verduras, e sem turistas. Na época de Haydn, esse bairro, chamado de Windmühle, era um retiro de verão para a nobreza e os endinheirados. Levava uma hora de carruagem para chegar ao centro, uma viagem que Haydn evitava ao máximo. Ele preferia a vida entre os pomares de macieiras e videiras.

Caminho um pouco, passando por butiques e cafeterias, até avistar Haydngasse, uma rua pequena e especialmente agradável, com crianças brincando e flores desabrochando. A Casa Haydn é uma construção compacta, cor de creme, bonita, mas nada extravagante, assim como seu antigo habitante. Haydn viveu aqui os últimos doze anos de sua vida. Foram, de acordo com todos os relatos, anos felizes. Ele finalmente era um homem livre do domínio musical de seus patronos, os Esterházy. "Como é doce o sabor de certa liberdade", escreveu ele a um amigo, ao saber da morte do príncipe Esterházy.

O homem da bilheteria parece surpreso em me ver. Neste dia, eu sou o único visitante, exceto por um casal britânico, aficionados genuínos em uma peregrinação musical, a julgar pelo uso fluente de termos como *libreto* e *contraponto*.

Entro na casa e me vejo frente a frente com um homem que não era bonito, mas digno. Nada de cabelos desgrenhados à Beethoven ou os dandismos de Mozart, mas, a julgar pelos olhos bondosos e firmes retratados na aquarela, um homem de caráter. Um homem íntegro e musical.

Em outra parede, a rotina diária de Haydn. O homem vivia de acordo com o relógio. Café da manhã cedo, depois estar sentado ao piano compondo às 8h. Às 11h30 ele saía para caminhar e recebia visitas. O almoço era servido pontualmente às 14h. Às 16h, ele se sentava ao piano novamente. Às 21h, ele lia. Jantar às 22h. Cama às 23h30. Esta não era apenas a rotina de um homem fastidioso; Haydn estava perseguindo a trajetória de sua musa, discernindo o melhor ritmo para seu dia de trabalho. Inconvenientemente para muitos gênios, isso significa começar cedo. Victor Hugo estava de pé às 6h, comia e começava a escrever. Milton fazia todos parecerem preguiçosos. Durante os meses de verão, ele já estava trabalhando às 4h. Pavlov, o behaviorista russo do cão salivante, era bem específico com suas horas de trabalho; ele considerava o período de 8h30 às 9h50 da manhã o mais produtivo.

Inspiração, dizem, é para amadores. A verdadeira criatividade requer se sentar à escrivaninha ou ao piano, mesmo quando não se tem vontade. É isso que Haydn fazia. Ele mantinha seu horário quer estivesse a fim ou não. Ele chamava suas sessões matinais de "hora de fantasiar". Eram esboços. O refinamento viria mais tarde, após sua caminhada. Haydn nunca botava nada no papel se não estivesse "bastante seguro de que era a coisa certa", diz Rosamund Harding, historiadora musical.

Isso acontecia frequentemente. Nessas salas, ele escreveu alguns de seus melhores trabalhos, incluindo obras-primas como *A Criação* e *As Estações*. Foi incrivelmente prolífico e produziu alguns de seus melhores trabalhos com idade mais avançada. Ao contrário de Mozart, ele prosperava no sossego, não no caos. Ao contrário de Mozart, Haydn não era feliz no casamento. Ele e sua esposa, Maria Anna, evitavam-se ao máximo. Uma mulher desagradável, "supostamente a esposa mais tirana desde Xântipe", como disse Morris, referindo-se à esposa bruta de Sócrates, ela se interessava pouco por sua música.

Haydn, como seu aluno Beethoven, encontrava conforto e companhia na natureza. Ele colecionava pássaros tropicais e pagava um preço alto por eles — gastando uma vez 1.415 florins (um salário anual típico) por uma espécie particularmente rara. Era um hobby ridículo, impraticável, principalmente para um homem mais velho e digno como Haydn, mas acho isso estranhamente confortante. Haydn não era nenhum autômato, um robô musical. Ele tinha seus pecados. Os gênios têm.

Haydn ensinou tanto Mozart quanto Beethoven, então é tentador classificá-lo como mentor, o Verrocchio de Viena, mas isso seria injusto. Haydn foi um mestre compositor por direito próprio. Uma de suas especialidades foi o quarteto de cordas. Ele fez por esse gênero, diz o historiador Peter Gay, apenas com leve exagero, "o que César Augusto fez por Roma: encontrou tijolo e transformou em mármore".

Haydn transmitiu essa paixão pelo quarteto a Mozart, que rapidamente a adotou. Haydn, como Verrocchio, sabia reconhecer talento quando o via e foi humilde o bastante para chamar Mozart de "o maior compositor que já conheci pessoalmente ou de nome". Os dois homens se davam muito bem. Imagino se Mozart, longe de casa, via em Haydn um pai substituto, uma versão mais gentil e menos autocrática de Leopold. Mozart se sentia profundamente grato a Haydn e passou três anos trabalhando no que hoje é conhecido como seus Quartetos "Haydn", dedicando-os ao "célebre homem e grande amigo", como expressou em uma carta. Foi uma das poucas vezes em que Mozart escreveu alguma coisa de graça.

Subo as escadas e vejo, na parede, umas três dúzias de cânones, emoldurados e amarelados, que Haydn escreveu, mas se recusou a publicar. Por quê?, pergunto-me. Por que não os mandou para o mundo, Joseph? Eles não eram bons o bastante? Ou talvez fossem bons demais e você, um homem resolutamente devoto, teve medo de que fossem vistos como uma invasão do território de Deus? É possível. Outros artistas já falaram de criar uma obra tão valiosa que preferem mantê-la privada, para que não sejam maculadas por críticas ou, pior, por elogios. Às vezes, o maior aplauso é o silêncio.

Em uma sala adjacente, várias medalhas estão expostas. "Objetos de honra", diz a placa. Haydn tinha outro nome para elas: "brinquedos de velho". Haydn era muito bem pago, mas, como muitos gênios criativos, não ligava muito para dinheiro. "Quando me sento ao meu velho piano corroído, não existe rei nenhum do mundo cuja fortuna eu inveje", escreveu ele.

Vejo, atrás de um vidro, um rascunho de uma das obras mais românticas e radicais de Haydn, um prelúdio chamado "A Representação do Caos" (um título irônico, considerando-se sua preferência pela ordem). Musicólogos suspeitam que a obra tenha sido influenciada por seu aluno Beethoven. Como Verrocchio e Leonardo, a relação entre Haydn e Beethoven, mentor e aprendiz, fluía nos dois sentidos. O aluno como professor, o professor como aluno.

A relação deles também era complicada. Eles se conheceram em Bonn. Haydn estava passando pela cidade e Beethoven, com apenas vinte anos, mas bastante confiante, aproveitou a oportunidade para mostrar a Haydn uma cantata que havia escrito. Haydn se impressionou e, de fato, disse ao jovem compositor para continuar assim. Dois anos depois, em julho de 1792, o benfeitor de Beethoven, conde Waldstein, o despachou a Viena para estudar com Haydn. Na véspera de sua partida, o conde escreveu uma carta de incentivo que, em poucas palavras, capta o xamanismo musical que animava Viena na época: "Através do esforço assíduo, você receberá o espírito de Mozart pelas mãos de Haydn".

Infelizmente essa transmissão não aconteceu de maneira tão suave. Os dois homens não podiam ser mais diferentes. Haydn, formal e vestido de maneira impecável; Beethoven, grosseiro e desgrenhado. Beethoven também era impaciente; ele queria um curso intensivo da técnica musical conhecida como contraponto, e logo percebeu que não iria conseguir isso com Papai Haydn. O estilo de ensino de Haydn era metódico demais, rígido demais para Beethoven. Haydn, por sua vez, achava o jovem compositor teimoso e arrogante. "O Grande Mandachuva", ele o chamava, provocando-o.

À medida que as lições prosseguiram, Beethoven foi ficando cada vez mais irritado. Mas ele não podia simplesmente desistir. Isso seria um suicídio profissional. Então Beethoven essencialmente o traiu. Ele continuou a frequentar as aulas com mestre Haydn, mas seu verdadeiro professor era um compositor menos conhecido chamado Johann Schenk. Eles mantiveram esse acordo em segredo. Por insistência de

Schenk, Beethoven copiava os exercícios com sua própria letra, para que Haydn não desconfiasse que alguma coisa estava errada.

Beethoven acabou fazendo as pazes com Haydn e até aprendeu uma coisa ou outra com ele. Em um dia frio de março de 1808, Haydn fez o que seria sua última aparição pública. Ele havia acabado de fazer 76 anos e estava com a saúde debilitada; todos sabiam que o fim estava próximo. A peça era *A Criação* de Haydn. Beethoven estava na plateia, sentado na primeira fila. Após a apresentação, o Grande Mandachuva se ajoelhou e, com os olhos marejados, beijou a mão de seu mentor e amigo.

Finalmente chega o dia em que posso parar de contemplar o papel do público e fazer parte dele. Eu havia comprado meu ingresso alguns dias antes com um rapaz tatuado, de rabo de cavalo que, detrás do balcão, acenou de aprovação quando lhe disse que queria escutar Schubert. Isso não aconteceria em casa. Jovens tatuados de rabo de cavalo, por via de regra, não ficam animados com Schubert. Mas isso é Viena, onde a cultura é totalmente desprovida de elitismo. O ingresso custou apenas sete euros. Foi barato assim por um motivo, e esse motivo, como eu descobriria, diz muito sobre a genialidade musical que houve e há em Viena.

No dia da apresentação, caminho pela cidade até o Musikverein, talvez a melhor sala de concertos de Viena. Quando chego, encontro Mozart esperando por mim do lado de fora. Ele está usando sua famosa camisa de babados, peruca branca empoada e falando ao celular. Onde quer que eu olhe, vejo Mozart, todos vestidos de maneira idêntica e vendendo ingressos. Os Mozart da cidade, eu descobriria depois, na verdade são albaneses espertos querendo ganhar um trocado às custas de Wolfgang. Dá para ouvir o velho Leopold Mozart protestando o mau uso da imagem de seu filho, mas secretamente sorrindo por sua aclamação internacional e o reconhecimento duradouro de sua marca.

Eu chego cedo, como me sugerira o bilheteiro de rabo. Mostro ao atendente meu ingresso, para a seção *Stehplatz*, e ele me orienta a subir. Até aí, tudo bem. Subo uma escadaria rebuscada de mármore. Uma moça de jeans passa zunindo por mim, praticamente me derrubando. Ela claramente também tem um ingresso *Stehplatz*.

Stehplatz significa "lugar em pé", ou seja, sem assento, e a competição por espaço é cruel. Tenho sorte. Pego um dos últimos lugares melhores. Localizado na frente, perto do parapeito, ele me dá uma visão desobstruída do palco, apesar de distante. Admiro os lustres, os detalhes em folha de ouro, os afrescos de anjos dançando no teto. Observando boquiaberto, percebo o que estou olhando: uma catedral secular.

A GENIALIDADE É INVOLUNTÁRIA: VIENA AFINADA

Eu havia pedido um lugar *Stehplatz* por um motivo, e não porque sou pão-duro, não só por isso. Eu queria ter a experiência cultural menos pretensiosa possível, e não dá para ter menos pretensão do que ficar parado de pé durante duas horas inteiras.

Meus colegas de *Stehplatz* são diversos. Jovens e velhos. Bem-vestidos e desleixados (desleixados europeus, o que não tem nada de desleixo). A meu lado está um jovem rapaz japonês. Ele explica que está estudando violino em Viena. A cidade pode ter perdido boa parte de sua glória do passado, mas em certas partes de Tóquio e Hong Kong ela ainda é considerada uma grande terra prometida musical.

Uma campainha soa e a falação instantaneamente se evapora, como se alguém tivesse apertado um botão gigante de mudo. A expectativa é grande. Estou na beira do meu espaço. Finalmente, a orquestra entra no palco e todos aplaudem loucamente, como se saudassem um astro do rock.

Em seguida o pianista, um homem grande vestido de fraque, entra no palco e os aplausos aumentam. Os vienenses se importam profundamente com sua música; mexa com ela por sua conta e risco. Um século atrás, nesta mesma sala de concerto, a pouco ortodoxa Sinfonia de Câmara nº 1, de Arnold Schoenberg, foi apresentada pela primeira vez. O público não gostou e mostrou seu descontentamento fazendo um tumulto e praticamente botando fogo na sala. Um tumulto por causa de música clássica? Sério? Mas estando de pé aqui agora, sentindo a paixão, minha descrença diminui. Somos mais "civilizados" hoje — a pior sanção que um compositor pode sofrer é uma crítica ruim no *New York Times* — mas eu me pergunto se, em nossa tentativa de domar a cultura, nós não tenhamos perdido um pouco de sua essência.

O pianista virtuose Yefim Bronfman começa a tocar. Eu não sinto nada. Estava com medo disso. Também estou começando a me arrepender daqueles dois uísques *sours* que tomei antes do concerto. Minhas pernas estão cansadas. Minha cabeça está girando. Começo a me balançar, e não é por causa da música. Espero que ninguém note. Fico tentado a aceitar meu prejuízo e abrir mão de meu espaço privilegiado, mas ouço as palavras de Friederike: *Espere cinco minutos. Depois mais cinco.*

A música para. Eu não faço nada, lembrando-me de um incidente infeliz em que achei que a apresentação tivesse acabado e comecei a aplaudir. Não tinha. Era apenas uma pausa na música — uma parte de adágio, talvez — e todos olharam para mim como se eu fosse um cretino. Então desta vez eu espero. Ao mesmo tempo, a plateia irrompe em aplausos veementes. Em seguida, de repente, todos ficam de pé. Todos, isto é, exceto nós na seção *Stehplatz*. Nós já estamos de pé. Mais um ponto para os "assentos" baratos.

Eu me pego pensando se o aplauso deles é sincero ou reflexivo, uma reação mais à reputação de Bronfman e seu marketing mozartiano do que a sua música. Isso é injusto? Acho que não. Nós raramente conhecemos alguma coisa hoje em dia — uma obra escrita, musical ou o último filme *blockbuster* — sem mediação. A curadoria é necessária, considerando a enxurrada de escolhas culturais disponíveis, mas isso também significa que sempre temos outra pessoa na nossa cabeça nos dizendo o que gostamos e o que não gostamos. Alguma coisa na reação dessa plateia, porém, me parece imediata e natural. Não é o conhecimento deles sobre música que explica isso, penso eu, mas sua receptividade, o fato de estarem abertos.

Bronfman toca outra vez. Minha tontura diminuiu, e minha inquietação também. Nenhum novo universo se revela, mas sinto *alguma coisa*. Uma sensação agradável, não muito diferente daquela causada pelos uísques *sours*, mas com uma nitidez e uma clareza que os *sours* não proporcionam. A observação de Goethe de que música é "arquitetura líquida" me vem à mente e entendo o que ele quer dizer. Posso ouvir os arcos e os pórticos, espirrando e girando dentro de minha cabeça. Esta epifania musical não dura muito, talvez dez ou quinze minutos, mas tudo bem. O que distingue uma epifania não é sua duração, mas sua intensidade.

Quando finalmente me viro para ir embora, não é tanto porque me cansei das sonatas, mas mais porque minhas pernas e costas começam a doer. O lado ruim do *Stehplatz*. Abro mão de meu lugar e uma multidão instantaneamente o preenche, como ar comprimido entrando no vácuo.

Ao caminhar de volta ao hotel, passando pelos Mozart albaneses, os tocadores de órgão e os grafites originais, um profundo apreço toma conta de mim. Sim, apreço pela música, uma obra de duzentos anos que soou fresca como se fosse de ontem, mas também um apreço pela cidade que a incentivou. Não é de se admirar que Mozart, Beethoven e os outros prosperaram aqui. Eles tinham uma cidade inteira torcendo por eles. Mais que torcendo. As plateias daquela época, como aquela da qual participei esta noite, não eram meras espectadoras. Elas instigavam seus músicos, estimulavam-nos, impulsionando-os a alturas cada vez maiores. Um público, um *bom* público, é uma espécie de *cogênio*. Eles reprovam e o gênio aprimora. Quando o músico "acerta", nada é mais doce que o aplauso sincero de um público exigente.

A Viena de Mozart tinha um outro tipo de público, talvez o mais importante de todos. Aqui eu me lembro do que W.H. Auden disse sobre os poetas: "O público ideal que o poeta imagina consiste nas beldades que vão para cama com ele, os poderosos que o convidam para jantar e lhe contam segredos de Estado e seus colegas poetas. O público que ele realmente tem consiste em professores de colégio míopes, jovens espinhentos que comem em cafeterias e seus colegas poetas. Isso significa que, de fato, ele escreve para seus colegas poetas".

Então os grandes nomes musicais de Viena compunham uns para os outros. Mozart compôs para Haydn, seu mentor e pai substituto. Haydn deu aulas a Beethoven, e por sua vez foi influenciado por ele. Beethoven compôs para Mozart já morto, fazendo tanto esforço para não imitá-lo que essa fuga constituía uma espécie de imitação.

Esta constatação me atinge em cheio, como uma daquelas descobertas terapêuticas raras e caras. O que é apropriado, porque em nenhum outro lugar a trama da genialidade criativa foi tão coesa e produtiva quanto na Viena de Sigmund Freud.

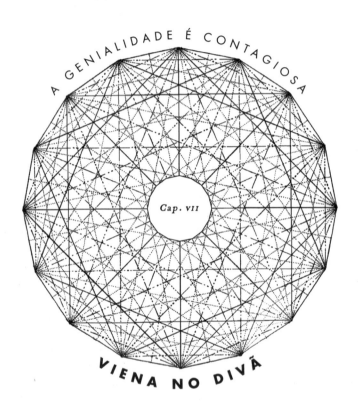

Cap. VII

A GENIALIDADE É CONTAGIOSA

VIENA NO DIVÃ

ONDE NASCEM OS GÊNIOS
ERIC WEINER

Mozart mal reconheceria esta Viena. O ano agora é 1900. Um século havia se passado, e a cidade crescido dez vezes. Ela passou por uma curta revolução, uma epidemia de cólera, um colapso financeiro, mas não teve muita genialidade. Sim, houve Brahms, mas um gênio só não faz uma era de ouro, e o meio século que se seguiu à morte de Beethoven, em 1827, produzira poucos momentos de brilho. Parecia que Viena estava seguindo pela mesma via de mão única que Atenas, Florença e a maioria dos outros lugares geniais seguiram, mas de repente ela reverteu o sentido e acelerou novamente. Apropriadamente, esta meia-volta foi induzida pela construção de uma nova e reluzente avenida.

A Ringstrasse era o projeto urbano mais ambicioso desde a reconstrução de Paris, uma manifestação física da sensação de progresso inexorável que estava no ar. O novo imperador, Francisco José, mandou demolir as antigas muralhas medievais para abrir caminho para esta "versão da Disney World do século xix", como chama um historiador. A nova via projetava todo o otimismo meloso da Terra do Amanhã. "Quando a gente passa pela nova Ringstrasse", disse um operador de bonde na época, "a gente pensa no futuro."

E que futuro! Freud é o nome mais conhecido a surgir desse caldeirão intelectual, mas ele teve muita companhia: o filósofo Ludwig Wittgenstein, o artista Gustav Klimt, os escritores Arthur Schnitzler e Stefan Zweig, o físico Ernst Mach, o compositor Gustav Mahler, para citar apenas alguns. Se existe algum lugar que pode reivindicar o título de Berço do Mundo Moderno, é Viena.

A genialidade da Viena *fin de siècle* não estava em nenhuma disciplina específica, mas em uma energia intelectual e artística que se embrenhava por todos os cantos da cidade. Essa energia se espalhou com a velocidade e a ferocidade de uma queimada na Califórnia. Viena é a prova concreta de que a criatividade é contagiosa, que genialidade gera mais genialidade. Tudo que consideramos bom e moderno, da arquitetura à moda, da tecnologia à economia, tem raízes nas ruas elegantes, sinuosas e fervilhantes de Viena na virada do século.

Impulsionando esta Renascença inesperada estava um grupo igualmente improvável e marginalizado de imigrantes. Eles vinham dos recantos longínquos do Império Austro-Húngaro, trazendo consigo ambição nua e novas perspectivas; a história de Viena e de seus judeus são tão inseparáveis quanto um compositor e seu piano. Como é que esses forasteiros, esses Outros, passaram a ter um papel tão crucial na formação do segundo ato da era de ouro de Viena?

Essa é a pergunta em minha mente quando entro no café Sperl, a uma curta caminhada da Ringstrasse. Entrar no Sperl é entrar no passado. Os donos, abençoados sejam, resistiram firmemente à tentação de gentrificar. Nada de iluminação em trilhos, nada de wi-fi, nada de baristas. Apenas cabines simples de madeira e garçons rabugentos. Uma mesa de bilhar fica em um canto, e em cima dela, jornais presos a longas hastes de madeira, como se fossem os peixes frescos do dia.

Sim, estou aqui pela cafeína, confesso, mas não só por isso. A história da genialidade vienense é incompleta sem a história da cafeteria. A história da cidade está escrita em suas mesas manchadas de cigarro, e nos rostos dos garçons ranzinzas, porém cativantes. Do lado de dentro de suas paredes e em seus terraços boa parte da genialidade de Viena se desdobrou. No café Sperl, Gustav Klimt e seu bando alegre de artistas declararam a Secessão Vienense, lançando assim o próprio movimento de arte moderna de Viena, uma ruptura do passado encapsulada pelas famosas palavras de Klimt: "Para cada época, sua arte; para a arte, sua liberdade".

Tal qual a sala de concerto, a cafeteria vienense era (e é) uma catedral secular, uma incubadora de ideias, uma encruzilhada intelectual — em suma, uma instituição que é parte tão integrante da cidade quanto a casa de ópera ou o *strudel* de maçã. Ela também é uma importante peça do quebra-cabeças da genialidade, pois algumas das melhores ideias da cidade (e algumas das piores) surgiram inicialmente na atmosfera enfumaçada das cafeterias. O que exatamente fez a cafeteria vienense ser tão especial? Como é que um estabelecimento que serve bebidas cafeinadas pode deflagrar uma era de ouro que mudou não só o mundo, mas também a maneira como pensamos nele?

Viena não inventou a cafeteria. A primeira do mundo surgiu em Constantinopla (hoje Istambul) em 1554, e a primeira da Europa ocidental quase um século depois, quando um jovem empreendedor chamado Jacob abriu uma loja em Oxford, na Inglaterra, que servia a "bebida preta amarga". Desde o início, o café foi considerado perigoso. Ele era conhecido como a "bebida revolucionária", o estímulo das massas. Quando as pessoas bebiam café, ficavam agitadas, e sabe-se lá onde essa agitação poderia dar. Pouco depois que a cafeteria de Jacob abriu, o rei Carlos II baixou um decreto limitando a quantidade delas. Não é de se admirar. O cheiro de democracia estava no ar. As primeiras cafeterias da Europa foram chamadas de niveladoras, assim como as pessoas que as frequentavam. Dentro delas, ninguém é melhor do que ninguém.

Isso certamente era verdade nas cafeterias vienenses. Era uma "espécie de clube democrático, e qualquer um podia participar dele pelo valor barato de uma xícara de café", escreve Stefan Zweig em seu maravilhoso livro de memórias, *O Mundo de Ontem*. Exatamente o que você conseguia pelo preço do ingresso? Para começar, um lugar quente. Na época, a população de Viena estava explodindo; a escassez de moradia era tão séria que algumas pessoas dormiam no zoológico. Para aqueles que tinham sorte suficiente de conseguir um apartamento, eles eram pequenos, frios e muitas vezes sem aquecimento.

O preço do ingresso também lhe proporcionava informação. Aos montes. Qualquer cafeteria que se prezasse fornecia os jornais do dia, cuidadosamente presos em longas hastes de madeira, como fazem até hoje. Era para lá que as pessoas iam para saber o que estava acontecendo na esquina ou no outro lado do mundo. Como vimos em Florença, acesso a novas informações é crucial. Sozinho, ele não basta para desencadear uma época de ouro, mas essas épocas raramente acontecem sem isso.

Além de informações, opiniões também circulavam nas cafeterias. Elas eram a moeda da época, trocadas calorosamente e sempre em demanda, explica Stefan Zweig. "Nós ficávamos horas sentados todos os dias e nada nos escapava, pois, graças aos nossos interesses coletivos, conseguíamos ter uma visão global dos acontecimentos artísticos não só com um par de olhos, mas com vinte. Se um de nós perdesse alguma coisa, um outro lhe apontaria, já que, por um desejo infantil de nos exibirmos, estávamos sempre competindo uns com os outros, demonstrando uma ambição quase esportiva de saber da última novidade. Estávamos envolvidos em uma competição constante por novas sensações."

Acima de tudo, o preço do ingresso lhe proporcionava conversa e companhia. Outros viajantes. Os frequentadores das cafeterias eram de um tipo específico, aquela estranha mistura de introvertido e extrovertido que define a maioria dos gênios, ou como Alfred Polgar coloca em seu brilhante ensaio de 1927, "Teoria do Café Central", "pessoas cujo ódio de outros seres humanos é tão grande quanto seu anseio por gente, que querem ficar sozinhas, mas precisam de companhia para isso". Adoro esse trecho. Toda vez que o leio, imagino um arquipélago de almas solitárias. Ilhas, sim, mas dispostas próximas umas das outras, e essa proximidade faz toda a diferença.

A cafeteria vienense é um exemplo clássico de terceiro lugar. Terceiros lugares, ao contrário de casa e do trabalho (primeiros e segundos lugares), são pontos de encontro informais e neutros. Pense no bar do seriado *Cheers* ou em qualquer pub britânico. Outros estabelecimentos — barbearias, livrarias, cervejarias, lanchonetes, lojas — também podem ser terceiros lugares. O que eles têm em comum é que são todos santuários, "mundos temporários dentro do mundo comum", diz Johan Huizinga, um estudioso da diversão.

A conversa que preenchia as cafeterias equivalia a uma espécie de improvisação, como as feitas por músicos e grupos de comédia. Essa forma de conversa era bem mais propícia a gerar boas ideias do que aquilo que consultores de criatividade em geral adoram: *brainstorming*. *Brainstorming* parece uma ótima ideia, mas não funciona. Dezenas de estudos já comprovaram isso conclusivamente. As pessoas produzem mais boas ideias — o dobro — sozinhas do que em grupo.

Um problema do *brainstorming* é que ele tem uma pauta, mesmo que seja implícita: vamos ficar sentados em volta desta mesa até termos uma IDEIA MUITO BOA. Isso gera muita pressão; o *brainstorming* depende quase exclusivamente de motivação extrínseca. Isso não é bom. Na cafeteria, não havia pauta. A conversa fluía de maneira completamente não linear, como uma *adda* calcutaense. "A falta de propósito consagra a permanência", como disse Polgar.

O que não quer dizer que boas ideias não surgissem na cafeteria. Surgiam. Mas era o ponto de partida. As ideias se consolidavam mais tarde, depois que a fumaça de cigarro se dissipasse, a cafeína passasse e a onda de novas informações se estabelecesse. Nós reunimos nossos pontos na companhia dos outros, mas os ligamos sozinhos.

A GENIALIDADE É CONTAGIOSA: VIENA NO DIVÃ

Às vezes, as explicações mais óbvias são as melhores, então talvez o que tenha tornado as cafeterias vienenses tão especiais fosse o café. As evidências, infelizmente, são desanimadoras para viciados em café como eu. Sim, a cafeína aumenta a concentração, mas isso não é o mesmo que criatividade; maior concentração significa que nossa atenção está menos difusa e, portanto, temos menos probabilidade de fazer o tipo de conexão inesperada que é a marca do pensamento criativo. Além disso, a cafeína perturba tanto a quantidade quanto a qualidade do sono, e estudos constatam que as pessoas que têm sono REM profundo se saem melhor em tarefas criativas do que as que não têm.

Então, se não é o café, o que mais poderia explicar a fecundidade da cafeteria? Escuto com atenção. O ruído da máquina de expresso, o murmúrio das conversas improvisadas, o farfalhar das páginas dos jornais. Quando pensamos no lugar ideal para contemplação, tendemos a imaginá-lo silencioso, uma crença incutida em nós pelas leituras forçadas de *Walden*, de Thoreau, e legiões de bibliotecários fazendo *shhh*. Mas o silêncio, como se vê, nem sempre é o melhor.

Uma equipe de pesquisadores, liderada por Ravi Mehta da Universidade de Illinois em Urbana-Champaign, descobriu que as pessoas expostas a níveis moderados de barulho (setenta decibéis) tiveram melhor desempenho em um teste de pensamento criativo do que as expostas a níveis elevados ou ao silêncio completo. Mehta acredita que o barulho moderado nos permite entrar em "um estado distraído ou difuso de concentração". Mais uma vez, o estado ideal para avanços criativos.

Nas cafeterias vienenses, os frequentadores têm seu *Stammtisch*, seu lugar cativo. Eu não sei o *Stammtisch* de Dardis McNamee, portanto, estou perdido. Onde está ela? O problema, pelo que percebo, é que estou procurando uma norte-americana, e Dardis já perdeu há muito tempo seus maneirismos norte-americanos. Ela se tornou vienense. Não me admira que não consiga encontrá-la.

Nova-iorquina como Eugene Martinez, Dardis McNamee chegou em Viena dezoito anos atrás e se apaixonou instantaneamente pelo lugar. Ela aprendeu alemão em uma idade que o cérebro supostamente não consegue absorver um novo idioma. Ela é ao mesmo tempo local e forasteira. Em outras palavras, a Brady de Viena.

Finalmente, após algumas pistas falsas, eu a avisto. Na casa dos sessenta, ela se porta com a despreocupação tranquila de alguém que não tem mais nada a provar. Ela faz o pedido para nós em alemão vienense perfeito. O dialeto é mais suave, mais musical do que o alemão padrão, o que é fonte de grande orgulho para os austríacos. Digo a Dardis que sempre pensei que os austríacos se pareciam com os suíços, só que menos divertidos.

Não, diz ela, é o contrário. "Na verdade, os austríacos acham os suíços chatérrimos." Um motivo de Viena ser infinitamente mais interessante que qualquer cidade suíça, ela diz, é ser internacional, um cruzamento de culturas, e sempre foi assim.

No século XIX, imigrantes de toda a parte invadiram Viena. Eles vinham de Galícia, Budapeste, Morávia, Boêmia, Turquia, Espanha e Rússia. Em 1913, menos da metade da população de Viena era natural dali. Viena lidou bem com este tipo de diversidade étnica, "pois a genialidade de Viena, uma genialidade especificamente musical, sempre consistiu em harmonizar todos os opostos nacionais e linguísticos em si mesma", escreveu Zweig. A Viena de Freud era tão musical quanto a de Mozart — *mais* musical, talvez, na maneira como reconciliava ideias concorrentes, bem como melodias.

A diversidade étnica pode alavancar a criatividade. Dean Simonton demonstrou como isso acontece em nível nacional, em um país como o Japão. Mas e quanto a grupos menores, como salas de reuniões corporativas ou cafeterias?

Psicólogos da Universidade de Iowa desenvolveram um experimento para descobrir. Eles separaram 135 estudantes em dois tipos de grupos: um tipo consistindo apenas de anglo-americanos e outro com diversas etnias. Todos esses grupos receberam um exercício chamado Problema Turístico. Eles tinham quinze minutos para produzir o máximo possível de ideias para convencer mais turistas estrangeiros a visitarem os Estados Unidos.

Por uma nítida margem, as ideias geradas pelos grupos etnicamente diversificados foram consideradas mais criativas e "significativamente mais praticáveis" do que as produzidas pelos grupos etnicamente homogêneos. "A genialidade grupal só pode acontecer se os cérebros do time não contiverem todos as mesmas coisas", diz o psicólogo Keith Sawyer.

Os pesquisadores, no entanto, também se depararam com um lado negativo da diversidade étnica. Embora os grupos diversos tenham tido resultados melhor do que os homogêneos, eles também produziram mais "reações afetivas negativas" — para dizer claramente, más vibrações. Membros dos grupos etnicamente diversos não se sentiram tão confortáveis quanto os dos grupos homogêneos, mas produziram ideias melhores.

Foi isso que aconteceu nas cafeterias de Viena. Elas proporcionavam um ambiente encorajador, mas também altamente crítico, no melhor sentido da palavra. Zweig diz: "Nós criticávamos uns aos outros com mais severidade, conhecimento artístico e atenção aos detalhes do que qualquer autoridade literária oficial de nossos jornais dispensava às obras-primas clássicas". A cafeteria não era um "lugar legal". Lugares de genialidade nunca são.

Viena era multiétnica, mas a língua franca era o alemão. Isso é importante. Como descobri na China, a língua não só reflete o pensamento; ela o molda. O idioma chinês, com seus milhares de ideogramas, todos rígidos, desencoraja os jogos de palavras. Alemão não, diz Dardis, enquanto nossos cafés chegam.

"As pessoas acusam os alemães de não serem criativos, mas seu idioma é incrivelmente flexível. Os falantes de inglês não entendem. Os alemães estão constantemente inventando palavras. A língua foi feita para inventar palavras."

O idioma ajuda a explicar algo que vem me importunando há muito tempo: por que existem tantos filósofos de língua alemã? De Schopenhauer a Nietzsche, Kant a Goethe, a lista é longa. Sempre atribuí isso a invernos tenebrosos e uma tendência à melancolia. Isso faz parte, admite Dardis, mas uma parte maior é a própria língua alemã. Ela é propícia ao pensamento filosófico. Em alemão, por exemplo, é possível colocar todo tipo de qualificadores e ideias auxiliares em uma sentença sem deixá-la arrastada, como aconteceria em inglês. Além disso, continua ela: "Em inglês nós pensamos em termos de ação. Atores e verbos ativos, e coisas que sofrem a ação. Nós dizemos 'eu fui *ali*. Eu fiz *isso*. Eu vim, vi e venci'. Em alemão, muitas vezes você tem uma situação que afeta quem está falando, ou o agente, indiretamente. Mas a situação existe por conta própria, então por exemplo, em inglês nós dizemos 'estou com frio'. Em alemão, você diz 'está frio para mim'".

"Isso parece uma diferença muito sutil."

"Eu sei, mas na verdade é uma diferença bastante grande, porque o fato de você estar sentindo frio não é a coisa mais importante. O frio — o fato de estar fazendo frio — é mais importante, e depois, secundariamente, o fato de você ser a pessoa a senti-lo. Assim você consegue enfatizar a qualidade da sensação."

"Ok, mas como isso se traduz em pensamento criativo, em filosofia?"

"Bom, isso significa que nem tudo tem a ver com ação. É a ideia por trás da ação. E eu não teria pensado nisso como algo diferente de um simples fato da vida, até ter de aprender este outro idioma, onde o significado está em um lugar diferente da frase." O lugar importa, até nas frases.

Dardis e eu conversamos durante horas. Ela não parece estar com pressa de ir embora nem ter nenhum negócio urgente para resolver. Pergunto delicadamente sobre isso.

"O negócio da Áustria ou de Viena nunca, *jamais*, foi um negócio."

"Qual é o negócio de Viena?"

"A vida. A vida é o negócio de Viena."

Viena pratica uma "espécie suave de hedonismo", diz ela. Ninguém trabalha depois das duas da tarde às sextas-feiras. "Você pode conhecer pessoas em Viena durante anos — e isso ainda é verdade — sem saber direito em que elas trabalham."

"Você não pergunta?"

"Não, não é que não se possa perguntar. Só que não é disso que as pessoas falam. Elas falam de onde foram no último feriado; falam do que assistiram no teatro; ou do filme que viram; ou algo que leram; ou uma palestra que ouviram; ou uma conversa ou, sei lá, um restaurante novo que descobriram. É só com seus amigos muito íntimos que você sabe com que estão trabalhando." A mesma dinâmica social estava em ação em Viena no começo do século xx.

Dardis me conta uma história que, ao longo dos anos, chegou ao nível de lenda das cafeterias. Um dia, em 1905, um diplomata anuncia durante um jantar a seus convidados que haverá uma revolução na Rússia. Um convidado manifesta seu ceticismo. "Certo, e quem irá fomentar esta revolução? *Herr* Bronstein lá no café Central?" Todos riram. Mas Lev Bronstein, jogador de xadrez e frequentador desgrenhado do café Central, logo mudaria de nome. Seu novo nome? Leon Trotsky. E ele fomentaria uma revolução na Rússia. Ninguém, suponho eu, perguntou a ele em que trabalhava.

Dardis deve ter contado essa história cem vezes, mas ainda se diverte. Ela diz muito sobre Viena, sobre como o tumulto e a genialidade da cidade estavam escondidos, sob "uma camada de valsas e chantili", como disse um historiador. Assim como em Edimburgo, isso me faz lembrar que toda cidade tem dois lados: o visível e o que ainda não está visível.

Dardis e eu nos despedimos e eu relutantemente vou embora do café Sperl. As cafeterias vienenses causam esse efeito nas pessoas. Depois de entrar, você quer ficar para sempre. Antigamente, era isso que as pessoas faziam. Conduziam negócios na cafeteria; alguns até mandavam entregar a correspondência lá. O escritor Hugo von Hofmannsthal, frequentador do café Central, uma vez disse: "Duas atitudes parecem modernas em nosso tempo: analisar a vida e fugir dela". Na cafeteria, você podia fazer as duas coisas simultaneamente, e por apenas alguns xelins. Era genial.

A GENIALIDADE É CONTAGIOSA: VIENA NO DIVÃ

Tenho hora marcada com o dr. Freud, e quero ir. Não, essa não é a verdade completa. Parte de mim quer ir, mas outra parte resiste. Essa rebeldia sem dúvida vem de algum trauma profundo de infância, muito possivelmente envolvendo minha mãe, mas agora não há tempo para esse tipo de escavação psíquica. Não posso deixar o bom doutor esperando, não com seus profundos *insights* psicológicos e sua rígida política de cancelamento. Além disso, se existe uma única pessoa que encapsula o celeiro intelectual que foi Viena, ela é Sigmund Freud. Ele teve uma relação complexa com a cidade, repleta dos motivos conflitantes e da realização de desejos inconscientes que o doutor apregoava.

Saio suavemente, levemente, do hotel Adagio para a Ringstrasse, com seus prédios imponentes e cafés elegantes, praticamente inalterada desde a época de Freud. Freud amava a Ringstrasse e todos os dias, precisamente às duas da tarde, fizesse chuva ou sol, ele a circulava, caminhando em ritmo acelerado, quase frenético. Ele claramente estava sublimando.

O dia está cinzento e chuvoso, mas não me importo. Sinto um prazer tranquilo em cada passo, saboreando o delicioso fato de que Freud também caminhou aqui. *Neste mesmo chão*. O que será que ele estava pensando ao marchar de maneira tão determinada pela Ringstrasse? Será que estava irritado por ter sido preterido mais uma vez na promoção a professor titular? Será que estava furioso por *A Interpretação dos Sonhos*, hoje um clássico, ter vendido míseras trezentas cópias de sua primeira tiragem? Talvez estivesse de melhor humor, apreciando sua última aquisição arqueológica, pensando em um lugar para ela no meio de sua crescente coleção de estátuas e outros artefatos que ameaçavam tomar conta de seu escritório. Talvez Freud não estivesse pensando em coisa alguma ao colocar um pé na frente do outro, e sim estivesse apenas *sendo*, à maneira budista, mas isso me parece altamente improvável. Freud estava sempre remoendo *alguma coisa* em sua mente, tentando resolver um antigo problema ou descobrir um novo.

Freud não nasceu em Viena nem morreu aqui, no entanto a cidade o formou, o moldou de maneiras grandes e pequenas. Viena pariu suas ideias radicais sobre a mente humana — ideias que com certeza só poderiam ter decolado na Viena de 1900. Elas certamente teriam ganhado pouca altitude em sua cidade natal de Freiberg, na Morávia (hoje localizada na República Checa). Com 4.500 habitantes, ela era míope e fanaticamente antissemita, "um lugar excelente para sua família deixar", escreve a biógrafa de Freud, Janine Burke. E eles a deixaram, quando Sigmund tinha apenas quatro anos. Se não tivessem feito isso, não reconheceríamos o nome Sigmund Freud.

Viena se tornou seu lar, e os lares são sempre complicados. Quanto mais aprendo sobre a relação difícil e conturbada de Freud com Viena, mais me lembro da relação igualmente instável de Mozart com a cidade. Enfurecido por desfeitas, reais ou imaginárias, o compositor regularmente ameaçava se debandar para Paris ou Londres, mas nunca conseguiu deixar sua amada Viena. Assim como Mozart, Freud era alternadamente ignorado, amado e detestado, e sua reputação tinha altos e baixos, como o Danúbio em uma tempestade. Como Mozart, Freud oscilava loucamente. Às vezes, ele falava com carinho da "minha Viena", mas frequentemente escolhia palavras consideravelmente mais duras para seu lar adotado. Uma vez ele descreveu a Cidade dos Sonhos (chamada assim, ironicamente, por causa de sua teoria dos sonhos, que inicialmente foi severamente ridicularizada) como sendo "quase fisicamente repugnante". Seus habitantes tinham "rostos grotescos e animalescos [...] crânios deformados e narizes de batata". Essa animosidade mútua é um dos motivos pelos quais Freud tinha uma reputação melhor no exterior do que em casa, o que ocorre com muitos gênios.

Por mais que Viena o enfurecesse ("eu podia bater em meus vienenses com um pau"), ela também o inspirava. Às vezes tiramos mais inspiração dos lugares (e pessoas) que nos irritam do que daqueles que nos agradam. Freud precisava de Viena, e Viena precisava de Freud, embora nenhum dos dois conseguisse admitir. O que exatamente havia em Viena que, apesar das objeções de Freud, o incentivou para a grandeza? Ele prosperou aqui apesar de sua relação conturbada com a cidade, ou por causa dela?

Quando lhe perguntaram sobre o segredo de uma vida feliz, Freud deu a célebre resposta: *"Liebe und Arbeit"*. Amor e trabalho. Ele se dedicava às duas atividades totalmente, abertamente, no mesmo endereço: Berggasse, 19. O prédio vitoriano funcionava como escritório, sala de reunião, fumódromo, biblioteca e museu arqueológico. Certamente, penso, ao sair da Ringstrasse e entrar em uma rua lateral, o antigo endereço de Freud contém pistas valiosas sobre a importância de Viena no fim do século. Mas onde ele fica? Mais uma vez, meu GPS falhou.

Então viro uma esquina e — *bam!* — Freud me bate na cara como uma descoberta terapêutica. Uma faixa vermelha estampada com as letras F-R-E-U-D praticamente grita através das décadas, exigindo minha atenção. Não há nada subliminar ou sutil na placa. Ela é puro id. Freud não aprovaria. Ele encarava o óbvio com o mesmo desprezo que a maioria de nós tem por *spritzer* de vinho.

A GENIALIDADE É CONTAGIOSA: VIENA NO DIVÃ

Berggasse, 19, o endereço de classe média onde Freud derrubou séculos de pensamento sobre a mente humana, hoje fica diretamente em frente a um brechó e um sofisticado spa diurno que oferece massagens com pedras quentes e manicure. O que isso *significa?*, pergunto-me. Tenho me feito essa pergunta bastante ultimamente. É inevitável, suponho, quando se está perseguindo os anéis de fumaça do fundador da psicanálise. Preciso tomar cuidado, eu lembro a mim mesmo, e silenciosamente prometo prestar atenção a esse tipo de exagero, lembrar que às vezes um charuto é apenas um charuto, que nem todo sinal é um SINAL.

Entro no Berggasse, 19, da mesma forma que Freud fazia, atravessando pesadas portas de madeira e subindo uma larga escadaria de mármore que exala solidez, como tudo no prédio. Será que os pacientes de Freud achavam essa robustez confortante? Será que aliviava as preocupações de colocar a saúde, mental *e* física, nas mãos de um charlatão, um maluco (judeu, ainda por cima) que vendia contos de fadas? Será que eles sabiam, ao subir essas escadas sólidas como estou fazendo agora, que estavam embarcando em uma viagem para profundezas desconhecidas da psique humana? Será que alguns voltaram atrás no último instante? Ou será que se mantiveram firmes, assegurados pelas credenciais de Freud, ou talvez pela recomendação de um amigo que havia sido curado pelo doutor morávio? Desconfio que era o desespero que impulsionava essas almas perturbadas, os ricos preocupados de Viena, a subirem as escadas e entrarem no consultório agradavelmente bagunçado de Herr Doktor.

"Bem-vindo ao Berggasse, 19", ouço. A Voz voltou. Desta vez, apropriadamente, ela adquiriu um tom compassivo, porém clínico. Eu me sinto tranquilizado. Está tudo bem. Quase imediatamente, porém, a Voz decepciona, como as vozes tendem a fazer. "Se estiver esperando ver o famoso divã aqui, tenho más notícias." Infelizmente, explica a Voz, o divã está em Londres, para onde Freud, um passo à frente dos nazistas, fugiu em 1938.

Tudo bem, sem divã. Posso aceitar isso. É apenas um sofá, digo a mim mesmo, e além do mais há uma foto dele exposta aqui. Repleto de almofadas e coberto com um tapete persa, um colorido qashqai — com o leão como motivo principal, fabricados durante os séculos XIX e XX pelas tribos nômades baktiari e qashqai, do sudoeste do Irã. Parece convidativo, preciso admitir. Se ficasse alguns minutos sobre ele, eu acabaria me abrindo também.

Entro no hall de entrada e o século que separa Freud de mim instantaneamente evapora. O pequeno espaço está congelado no tempo, como se o bom doutor tivesse saído por um instante, talvez para sua caminhada vespertina em volta da Ringstrasse, e fosse voltar a qualquer minuto. Ali está seu chapéu e sua bengala, seu baú de viagem, a pasta de médico de couro, pesada e tranquilizante, um cobertor xadrez e um pequeno cantil de bolso que Freud carregava consigo em suas caminhadas diárias. Freud, um homem de hábitos, manteve a mesma mobília a vida inteira. Eu me lembro dos bons materialistas de Florença. Se algum dia existiu um homem de ideias altivas, era Sigmund Freud. No entanto, ele também se sentia compelido a se firmar no mundo tátil, para que não fosse embora em um estado de sonho permanente.

A placa da porta é a original e diz PROF. DR. FREUD. A parte do doutor veio relativamente fácil, mas não o título de professor. Várias vezes, Freud foi preterido do cargo de professor titular, em favor de candidatos inferiores. Seu interesse no controverso tema da sexualidade humana certamente não o ajudou, nem o fato de ser judeu. Ele perseverou e finalmente conseguiu a promoção, embora só depois que dois pacientes bem relacionados fizeram lobby a seu favor.

Ali perto, na sala de espera, vejo um baralho de tarock. Ele adorava jogar o jogo local, assim como a maioria das coisas vienenses. Não importa o que dissesse sobre a cidade, Freud era, por hábito, tipicamente vienense. Todas as manhãs ele se sentava com o *Neue Freie Presse*, o jornal popular, devotamente liberal e essencialmente judeu. Em seu café favorito, o Landtmann, ele bebia *einen kleinen Braunen* (um café preto curto) e, ao caminhar nos Alpes, usava *lederhosen* — calça curta de couro com suspensórios, traje típico da Baviera, de Salzburgo e do Tirol — e chapéu com pena. Como muitos imigrantes judeus, Freud se esforçava para ser *überwienerisch*, mais vienense do que os vienenses. A assimilação era o objetivo ou, como disse Steven Beller em sua história dos judeus vienenses, "tornar-se um judeu invisível". Infelizmente, isso se mostrou impossível. Na Áustria daquela época, judeu invisível era algo que não existia. Viena aceitava forasteiros em seu rebanho, mas só até certo ponto.

Durante o tempo de Freud, um minimalismo rígido estava na moda, um movimento encabeçado pelo controverso arquiteto Adolf Loos, mas você não saberia disso olhando para o apartamento de Freud. O gosto dele, embora não fosse tão beethoviano, favorecia o aconchego vienense. "Plenitude amontoada" é como o biógrafo Peter Gay o descreve. Cada centímetro de espaço estava coberto com *alguma coisa*: tapetes orientais, fotografias de amigos, gravuras e, claro, livros.

Entro em sua antiga sala de consulta e vejo fotos em preto e branco dos Freud. O pequeno Sigmund, com no máximo seis anos, de pé ao lado de seu pai Jacob, um comerciante de lã em dificuldades e desafortunado ("não heroico", na mente de Freud). Eles haviam chegado recentemente em Viena, a Voz me diz.

Como imigrante, Freud estava bem posicionado para a grandeza. Um número desproporcionalmente grande de gênios, de Victor Hugo a Frédéric Chopin, foi geograficamente deslocado, voluntariamente ou não. Uma pesquisa com gênios do século xx constatou que um quinto deles eram imigrantes de primeira ou segunda geração. Essa dinâmica ainda é válida atualmente. Imigrantes nascidos em outros países representam apenas 13% da população dos Estados Unidos, mas têm quase um terço de todas as patentes americanas concedidas e são 25% de todos os ganhadores americanos do Nobel. Ser imigrante é uma das duas experiências de vida mais comuns aos gênios, junto de "imprevisibilidade familiar", o que por si só já é redundante.

Por que imigrantes têm mais probabilidade de alcançar a condição de gênio? A explicação convencional é que eles pertencem a um grupo muito unido e fortemente motivado. Imigrantes têm algo a provar. Acho essa explicação precisa, mas incompleta. Claro, a condição de imigrante pode explicar sua ascensão econômica, mas e a superioridade criativa? Por que o fato de nascer em outro país torna suas ideias mais ricas, sua arte mais sublime?

Pesquisadores acreditam que a resposta está na "diversificação de experiências", o que a psicóloga holandesa Simone Ritter define como "acontecimentos ou situações *altamente incomuns* ou *inesperados* que são enfrentados ativamente, e isso força os indivíduos para fora do campo da 'normalidade'". Quando isso acontece, nós desenvolvemos uma maior "flexibilidade cognitiva"; isto é, vemos o mundo à nossa volta com um novo olhar.

Só o fato de conhecer outra maneira de olhar para o mundo abre possibilidades e aumenta a flexibilidade cognitiva, e o imigrante, às custas de sua experiência de vida, é exposto a esses pontos de vista alternativos. Imigrantes têm mais ingredientes com que trabalhar do que os não imigrantes, e isso *pode* levar a uma maior criatividade. Digo *pode* porque simplesmente ser exposto a uma cultura estrangeira terá zero impacto na sua criatividade se você permanecer fechado a novas formas de pensar. Nossas mentes não se expandem automaticamente quando confrontadas com algo incomum. Pode acontecer o oposto. Nós podemos recuar, retroceder psicologicamente, quando confrontados com o Outro. Então por que algumas pessoas reagem a um ambiente multicultural tornando-se mais abertas, e outros se fechando ou retrocedendo à intolerância?

Os psicólogos não sabem ao certo, mas desconfiam que tenha a ver com obstáculos. Imigrantes enfrentam todo tipo de obstáculos e limitações, e as limitações — ou, mais precisamente, *nossas reações* a essas limitações — são o combustível que alimenta o fogo de nossa criatividade. Por exemplo, quando rapaz, Freud queria entrar para o exército, mas esta profissão lhe era barrada por ser judeu. Ele cogitou brevemente uma carreira como advogado, mas um dia ouviu uma palestra na qual o ensaio de Goethe "Sobre a Natureza" foi lido, que dizia: "Natureza! Ela se esconde sob mil nomes e frases, e é sempre a mesma". Freud ficou fascinado por essas palavras e jurou se tornar um pesquisador científico. Infelizmente, problemas práticos — dinheiro — interferiram. As pesquisas não pagavam bem o suficiente para formar uma família, então ele voltou atrás e se decidiu pela carreira em medicina. Se não tivesse feito isso, ele jamais teria visto aquelas pacientes histéricas e poderia nunca ter descoberto sua teoria do inconsciente.

Freud pode ser um nome familiar hoje, mas na Viena de 1900 ele era conhecido (se é que era conhecido) como "um solitário esquisito e obstinado [...] um forasteiro inconveniente", relembrou seu amigo Stefan Zweig. As teorias de Freud, hoje celebradas, foram recebidas com um bocejo e um escárnio, como um monte de "contos de fadas". Isso não é surpresa. Todas as ideias genuinamente criativas são inicialmente recebidas com rejeição, já que necessariamente ameaçam o status quo. Uma recepção entusiasmada de uma nova ideia é um sinal claro de que não é original.

Essa rejeição magoava Freud, o enfurecia — e aumentava sua determinação. "A originalidade intelectual e o isolamento profissional de Freud se alimentavam entre si", escreve Carl Schorske em sua historiografia de Viena no fim do século. Como vimos em Atenas, algumas pessoas ficam arrasadas pela rejeição, enquanto outras são motivadas por ela. Por que reações tão diferentes? Como você se lembra, pesquisadores da Universidade John Hopkins constataram que a rejeição aumenta a criatividade mais notadamente naqueles que se consideram de "mente independente"; isto é, os que se destacam do mundo, que se regozijam de sua alteridade. Freud, um autoproclamado "conquistador", certamente se enquadrava nisso.

Freud foi duplamente marginalizado. Como judeu, ele existia às margens da sociedade vienense, pertencendo a "uma raça estranha", como ele disse uma vez. Ele também se encontrava na periferia de sua profissão eleita, a psicologia. Este é muitas vezes o caso para os gênios, como Thomas Kuhn ressalta em sua obra de referência, *A Estrutura das Revoluções Científicas*. Ele explica que os recém-chegados a uma disciplina são menos comprometidos com as regras tradicionais e "especialmente propensos a perceberem que as regras já não definem mais um jogo que seja possível jogar, e assim conceberem um novo conjunto para substituí-las". Gênios são sempre marginalizados de uma forma ou de outra. Alguém totalmente integrado ao status quo dificilmente irá perturbá-lo.

Uma olhada em algumas das maiores descobertas e invenções da história comprova o poder do forasteiro. Michael Ventris foi um arquiteto profissional que, em seu tempo livre, decifrava a Linear B, a escrita mais antiga da Europa, uma língua que havia desafiado os classicistas durante séculos. Ventris conseguiu não a despeito de sua falta de conhecimento dos clássicos, mas por causa dela. Ele não foi onerado por conhecimentos ruins. Assim como Luiz Alvarez. Físico nuclear por formação, ele, que não era paleontólogo, determinou que um enorme asteroide em choque com a Terra levou à extinção dos dinossauros. Os paleontólogos estavam fixados em explicações terrestres: mudanças climáticas ou talvez competição por comida com mamíferos primitivos. Alvarez olhou para o céu por respostas, e foi lá que a obteve.

Assim aconteceu com Sigmund Freud. A medicina da época não sabia explicar por que as pacientes de Freud — jovens, geralmente saudáveis, em sua maioria — estavam sofrendo de "histeria" ou outros distúrbios neurológicos. A disciplina da psicologia se mostrou inadequada para a tarefa, então Freud, como verdadeiro gênio, inventou um campo totalmente novo e o chamou de psicanálise. Freud foi o que o psicólogo de Harvard Howard Gardner chama de "Realizador", ou o que eu considero um Construtor, alguém cuja genialidade não está em suas contribuições a uma disciplina existente, mas na construção de uma inteiramente nova. Esta é, na minha opinião, a forma mais elevada de genialidade.

"As paixões de Freud incluíam viajar, fumar e colecionar", conta-me a Voz. Uma dessas o mataria. As outras duas o inspirariam. A paixão de Freud por colecionar era uma coisa muito vienense, embora a dele fosse de um tipo específico. Um arqueólogo amador, ele gananciosamente juntava estátuas antigas e outros artefatos.

As evidências dessa paixão estão diante de meus olhos agora. Eu mal sei onde me concentrar primeiro. Lá está a figura de madeira de uma divindade com cabeça de pássaro, vinda do Egito, que Freud mantinha ao lado de sua cadeira durante as sessões de análise. Ali, uma lápide egípcia em baixo relevo. Aqui, um molde de gesso de um relevo antigo, *Gradiva*, e acolá, um armário cheio de artefatos antigos e uma imagem da Esfinge de Gizé.

Quando Freud temeu perder sua coleção inteira para os nazistas, conseguiu mandar duas peças para fora por contrabando: um biombo chinês de jade do século XIX e uma pequena estátua de Atena, a deusa grega da sabedoria. Marcada e esburacada, a estátua ocupava posição de destaque na mesa de Freud. Isso não é coincidência. Atena representa não só a sabedoria, mas também a razão, e Freud queria entender, racionalmente, as forças psíquicas profundamente irracionais que nos levam em direções peculiares e insalubres. A estátua, sempre à vista, agia como lembrete constante da primazia da razão, mesmo em tempos aparentemente irracionais.

Freud teve a sorte de viver durante o auge da arqueologia. Novos sítios eram descobertos quase toda semana, ao que parecia, e maravilhas antigas eram desenterradas. Muitas delas terminaram nos muitos museus de Viena e nas lojas de raridades frequentadas por Freud. Também não havia escassez de especialistas dispostos a falar sobre essas descobertas milagrosas. Os heróis de Freud eram quase todos arqueólogos; o que ele mais admirava era Heinrich Schliemann, que em 1871 descobriu o antigo local de Troia. Freud também fez amizade com Emanuel Lowy, professor de arqueologia. "Ele me mantém acordado até as três da manhã", escreveu Freud. "Ele me conta sobre Roma."

Freud não era nenhum diletante. Ele tinha conhecimento profundo dessas culturas antigas e usava isso em suas teorias psicológicas. Certa vez, ele se comparou a uma espécie de escavador da psique humana, já que, como disse a um paciente, ele "precisa remover camadas e camadas da psique do paciente até chegar aos tesouros mais profundos e valiosos".

Freud posicionava seus artefatos estrategicamente de modo que, para onde quer que olhasse, sentado em sua cadeira estofada de consulta, seus olhos vissem algo antigo e significante. Eles estavam lá quando ele tratava pacientes e quando se sentava em seu escritório, muitas vezes de madrugada, para escrever.

Pessoas criativas fazem isso. Elas se cercam de lembretes visuais, auditivos e até olfativos. Por quê? Para que, mesmo quando não estejam pensando em um problema, elas pensem nele. Incubando. Gênios criativos passam bem menos tempo com a testa franzida do que o restante de nós.

Os artefatos que enchiam o consultório de Freud afetavam não só a ele, mas também a seus pacientes, alguns dos quais descreveram a sala em termos quase religiosos. "Havia uma sensação de paz e tranquilidade sagradas", relembra Sergei Pankejeff, um rico aristocrata russo a quem Freud apelidou de Homem Lobo porque sonhou com árvores cheias de lobos brancos. "Ali estava todo tipo de estatuetas e outros objetos incomuns que até um leigo reconhecia como descobertas arqueológicas do antigo Egito", recordou ele.

Freud, que não era um homem de demonstrar emoções, falava efusivamente de sua coleção. "Eu sempre preciso ter um objeto para amar", disse ele uma vez a seu colega e futuro rival Carl Jung. Freud colecionou até seus últimos dias, acreditando que "uma coleção à qual não há novas aquisições está realmente morta".

O interesse de Freud em civilizações supostamente mortas (digo *supostamente* porque as ideias da Grécia e Roma antigas continuam vivas dentro de todos nós) ressalta algo que tenho encontrado desde que aterrissei em Atenas: o passado importa. Não podemos inovar sem nos basear no passado, e não podemos nos basear no passado sem conhecê-lo. Ninguém entendia isso melhor do que Sigmund Freud.

A arqueologia era o hobby de Freud, e nisso ele se junta a muitos gênios. Darwin devorava romances. Einstein tocava violino, e bem. "A vida sem tocar música para mim é inconcebível", disse ele certa vez. Um estudo recente revelou que ganhadores de prêmios Nobel em ciências são mais envolvidos com artes do que cientistas menos eminentes.

Esses interesses externos servem a vários propósitos. Em primeiro lugar, eles difundem a atenção e permitem que os problemas fiquem marinando. Eles exercitam diferentes músculos mentais. Einstein, por exemplo, fazia curtos intervalos musicais *enquanto* trabalhava em problemas de física especialmente difíceis. "A música o ajuda quando está pensando em suas teorias", disse sua esposa Elsa. "Ele vai para o escritório, volta, toca alguns acordes no piano, escreve alguma coisa, volta ao escritório." O filho mais velho de Einstein, Hans Albert, relembrou: "Toda vez que ele achava que havia chegado ao fim da linha ou a uma situação difícil em seu trabalho, ele se refugiava na música. Isso geralmente resolvia todas as suas dificuldades".

Às vezes, essas distrações tinham impacto mais direto na obra do gênio. Galileu foi capaz de discernir as luas de Júpiter em parte por causa de sua formação nas artes visuais, especificamente uma técnica chamada de *chiaroscuro*, utilizada para retratar luz e sombra. A arqueologia desempenhou um papel semelhante para Freud. Ela instruiu diretamente suas teorias psicológicas, como a do complexo de Édipo.

Viena, um cruzamento de culturas e ideias, encorajava esse tipo de síntese intelectual. Sim, havia caixas, limitações acadêmicas e profissionais, como há em qualquer lugar, mas pessoas transitavam mais livremente de uma caixa para outra. O romancista Robert Musil tinha formação de engenheiro. Seu colega escritor Arthur Schnitzler era médico. O físico Ernst Mach também era um renomado filósofo.

Freud mantinha certa distância dos intelectuais da cidade, mas era impossível não se beneficiar da mesa de bilhar que era Viena. Ele acabou se ricocheteando em alguns outros gênios criativos da época. O compositor Gustav Mahler foi brevemente seu paciente, consultando-se com Freud para ajudá-lo com a impotência. Uma imagem pendurada em uma parede aqui sugere outra colisão. É do descabelado Einstein. Os dois se encontraram uma vez, em 1927, em um subúrbio de Berlim. Tomando café com bolo, conversaram por cerca de duas horas. Depois, Freud descreveu Einstein como "alegre, agradável e seguro de si", acrescentando: "Ele entende tanto de psicanálise quanto eu de física, então tivemos uma conversa muito agradável".

Eles tinham, porém, mais em comum do que isso. Lendo os diários de Einstein, fico impressionado como ele, assim como Freud, se achava um proscrito, um homem contra o mundo: "Eu sou realmente um 'viajante solitário' e jamais pertenci a meu país, minha casa, meus amigos ou sequer a minha família imediata de todo coração". Essas palavras podiam muito bem ter sido escritas por Freud, Michelangelo, ou qualquer outro gênio.

Viena proporcionava a um médico jovem e curioso como Sigmund Freud todo tipo de oportunidade de experimentação — algumas frutíferas, outras não. Um recipiente de vidro exposto aqui, do tamanho e formato de um pote de maionese, conta a história de um desses experimentos fatídicos. Adquirido da Merck, o vidro contém pacotes de cocaína. Na época, o final do século XIX, a cocaína era uma droga nova e pouco compreendida. Alguns médicos, inclusive Freud, acreditavam que ela podia ser utilizada para tratar todo tipo de enfermidade, de doenças cardíacas a esgotamento nervoso.

Freud testou a droga em si mesmo e, em 1887, relatou: "Tomei a droga durante vários meses sem qualquer desejo de uso contínuo da cocaína". Ele obviamente não estava usando adequadamente, penso eu, antes de ir mais fundo no vício em cocaína de Freud. A droga levou a um incidente do qual ele se arrependeria pelo resto da vida e que lhe tiraria o sono. Ele receitou cocaína a um amigo doente, apenas piorando seu sofrimento ao acrescentar o vício a seus outros males. A cocaína realmente tinha um benefício terapêutico, como anestésico para cirurgia ocular, mas Freud deixou passar essa descoberta, e em vez disso o crédito foi para seu amigo Carl Koller (apelidado de "Coca Koller" por Freud).

Em outras palavras, Freud fracassou. Aqui mais uma vez nos deparamos com um dos aspectos mais incompreendidos da genialidade: o fracasso. Geralmente, quando o tópico vem à tona, com ele vem junto o velho clichê de como as pessoas bem-sucedidas "acolhem o fracasso". O que é verdade. Elas acolhem. Só que também é verdade que os fracassados acolhem o fracasso. Se bobear, eles o acolhem até mais. Então, qual é a diferença entre o fracasso que leva à inovação e o fracasso que leva a... mais fracasso?

Os pesquisadores hoje acreditam que a resposta não está no fracasso em si, mas em como nos lembramos dele ou, mais precisamente, como o armazenamos. Fracassados bem-sucedidos são aquelas pessoas que se lembram exatamente onde e como fracassaram, para que quando se depararem com o mesmo problema novamente, mesmo que com um disfarce diferente, possam obter esses "índices de fracasso" rápida e eficientemente. "Quando a informação crítica é descoberta, a imagem parcial de repente se completa e a solução é encontrada", explica um psicólogo. Em outras palavras, "fracassados bem-sucedidos" chegam a um impasse como todo mundo, mas são melhores em lembrarem-se da "localização" exata desse impasse. Eles estão dispostos a retroceder.

As implicações disso são enormes. Para começar, sugere que o conhecimento por si só é menos importante do que a forma como armazenamos esse conhecimento e a rapidez com que podemos acessá-lo. Além do mais, o conselho que recebemos quando crianças ao nos depararmos com o fracasso, "esqueça e siga em frente", está totalmente errado. "*Lembre-se* e siga em frente" é a maneira dos gênios.

Entro no escritório particular de Freud com cuidado, como se estivesse entrando em terreno sagrado. Lá está o espelho de moldura dourada que ficava sobre sua mesa. Quantas vezes, eu me pergunto, ele se olhava nele e via os efeitos de todas as cirurgias, tentativas de conter o câncer que corroía sua mandíbula, resultado de todos aqueles charutos? Freud estava com muita dor, mas continuou a fumar até o fim. Se não pudesse fumar, dizia ele, não conseguia escrever. Ele trabalhava constantemente, atendendo pacientes de manhã cedo, encontrando-se com colegas e amigos à noite, e lendo e escrevendo até de madrugada. Igual a Mozart.

Um dos objetos mais amados de Freud, que ainda está aqui, era a cadeira de sua mesa. Ela foi desenhada por um amigo para acomodar a posição incomum de Freud de se sentar. Ele se sentava na diagonal, com uma perna jogada por cima do braço da cadeira, a cabeça sem apoio e um livro segurado no alto. Mais tarde, eu tentaria replicar essa posição e não consegui mantê-la por mais que alguns segundos, até várias partes do corpo começarem a doer. Por que cargas d'água Freud se sentava assim? Será que achava confortável? Será que era puro masoquismo? O que isso *significava*?

Talvez ele estivesse tentando (inconscientemente, claro) criar uma "violação de esquema". Uma violação de esquema é quando nosso mundo é virado de ponta-cabeça. Sinais de tempo e espaço se deslocam. Algo está errado. O chiqueiro do apartamento de Beethoven ou a mesa bagunçada de Einstein são uma espécie de violação de esquema. Alguns psicólogos tentaram induzir uma violação de esquema em laboratório. Por exemplo, eles pediram a participantes para fazerem café da manhã na ordem "errada", e os outros da maneira convencional. Os do primeiro grupo, envolvidos em uma violação de esquema, subsequentemente demonstraram mais "flexibilidade cognitiva". Você não precisa de fato participar de uma violação de esquema para se beneficiar dela. Ver os outros participando (considerando-se que consiga se identificar com eles) já é o suficiente. Para a criatividade, assistir às pessoas fazendo coisas estranhas é quase a mesma coisa que fazê-las você mesmo.

Isso explica muita coisa. Explica por que descobertas em um campo, em um lugar criativo como Viena, levaram a descobertas em campos totalmente diferentes. Como disse Howard Gardner: "O próprio conhecimento de que *poderia* haver uma nova pintura aumentava a probabilidade de uma nova dança, poesia ou política". Violações de esquema explicam como Freud foi influenciado pela cena cultural de Viena, mesmo não tendo se envolvido diretamente com ela. A novidade estava no ar. Genialidade gera mais genialidade.

Além disso, ideias novas como as de Freud tinham melhor chance de reconhecimento em uma cidade como Viena, pois, como disse Mihaly Csikszentmihalyi, "a criatividade é mais provável em lugares onde novas ideias exigem menos esforço para serem percebidas". Lugares acostumados a novas ideias, novas formas de pensar, são mais receptivos à chegada delas. A genialidade e o reconhecimento da genialidade são inseparáveis. Não dá para ter um sem o outro.

Viena também forneceu a Freud a matéria-prima de que ele precisava para forjar suas teorias. Uma corrente aparentemente interminável de ricos aflitos apareceu no divã estofado de Freud, pois a Cidade dos Sonhos também era a Cidade das Mentiras. Era uma cidade onde todo mundo estava fazendo sexo, mas ninguém falava a respeito. Era uma cidade que inventou uma palavra, *Wienerschmäh*, para a arte de contar belas mentiras. A cidade havia se tornado, nas palavras do jornalista Karl Kraus, um "esgoto moral chamado Viena, onde nada e ninguém era honesto, onde tudo era uma farsa".

Pense no caso de Felix Salten, um jovem escritor mais conhecido como o autor de *Bambi*, a inspiração para o filme da Disney. Salten também é o autor de *Josephine Mutzenbacher: Memórias de uma Prostituta Vienense*. Aqui está um trecho do primeiro parágrafo: "Eu me tornei puta logo cedo e experimentei de tudo que é possível a uma mulher — na cama, em cadeiras, em cima de mesas, sobre bancos, de pé contra paredes, deitada na grama, em corredores escuros, em aposentos privativos, em vagões de trem, em alojamentos, na cadeia; de fato, em todos os lugares imagináveis onde isso fosse possível — mas não me arrependo de nada". Vamos examinar exatamente com o que estamos lidando aqui. O criador de *Bambi* — *Bambi!* — estava secretamente escrevendo romances pornográficos. Este único fato lhe diz tudo que é preciso saber sobre a vida em Viena na virada do século, e o motivo pelo qual era o lugar perfeito para Sigmund Freud e suas teorias duvidosas sobre a psique humana. "É difícil imaginar a própria carreira e produção acadêmica de Freud acontecendo em um ambiente radicalmente diferente", conclui Gardner.

No entanto, as ideias de Freud não se limitaram ao local e à época. É assim que as ideias brilhantes funcionam. Elas só aparecem sob certas circunstâncias específicas, mas são universalmente relevantes. Ideias são como bananas. O fato de bananas só crescerem em regiões tropicais não as torna menos deliciosas na Escandinávia.

Freud se via como "um aventureiro [...] com toda a curiosidade, ousadia e tenacidade de um homem assim". Se Freud era Dom Quixote, então ele precisava de um Sancho Pança. Todo gênio precisa. Picasso teve Georges Braque; Martha Graham teve Louis Horst; Stravinsky, Sergey Diaghilev. Quem foi o Sancho de Freud?

Eu me pego olhando para uma fotografia desbotada de dois homens barbudos. Um é Freud, não o Freud professoral e encurvado dos últimos anos, mas um Freud jovem e feroz, com porte de atleta, barba cheia e um brilho de imprudência nos olhos. O homem de pé ao lado dele tem estatura menor. Ambos estão olhando ao longe, como se vissem algo que chamasse sua atenção.

O segundo homem é Wilhelm Fliess, um médico e numerólogo brilhante, porém excêntrico. Os dois homens, ambos perdidos em suas diferenças, conheceram-se em uma conferência e rapidamente se tornaram amigos, correspondendo-se durante uma década. "Estou basicamente sozinho aqui com a melhora da neurose", Freud escreveu para Fliess em 1894, pouco depois de se conhecerem. "Eles me consideram basicamente um monomaníaco."

Fliess lia os manuscritos de Freud, oferecendo críticas e sugestões, e Freud servia de público para as estranhas ideias de Fliess. Eles pareciam feitos um para o outro. Um caso clássico de genialidade compensatória. Lá estavam dois "médicos profissionais altamente qualificados trabalhando nos limites das pesquisas médicas aceitáveis, ou além deles", escreve Peter Gay. Além disso, os dois eram judeus e portanto "impulsionados à intimidade com a mesma facilidade de irmãos de uma tribo perseguida".

Fliess tinha algumas ideias *muito* estranhas. Ele acreditava que todos os problemas de saúde, especialmente os sexuais, podiam ser atribuídos ao nariz. Ele recomendava cocaína para o tratamento desta "neurose reflexiva nasal" e, caso não funcionasse, cirurgia. Ele fez essa cirurgia em vários pacientes, inclusive em seu novo amigo Sigmund Freud. Não sabemos se Freud acreditava em nenhuma dessas ideias absurdas de Fliess, mas ele "era exatamente o amigo íntimo de que ele precisava: plateia, confidente, estimulador, torcida e colega especulador que não se chocava com nada", diz Gay. Em uma carta, escrita no pleno desenvolvimento de seu *bromance*, Freud diz a Fliess: "Você é o único Outro". A escolha de palavras de Freud é reveladora. O que será que o grande Sigmund Freud viu nesse Outro, esse homenzinho estranho com uma fixação nasal?

Precisamos nos lembrar de que, na época, as ideias de Fliess não eram mais absurdas do que as de Freud. Ambos os homens oscilavam à beira da respeitabilidade, então um se escorava no outro. "Você me ensinou", escreveu Freud, agradecido, "que há um pouco de verdade por trás de cada maluquice popular."

Às vezes, porém, o que há por trás da maluquice é mais maluquice, e Freud acabou chegando a essa conclusão triste, porém inevitável, sobre Fliess. Eles começaram a discutir constantemente. No verão de 1901, Freud informou a seu amigo de outrora que "você chegou no limite de sua perspicácia". O *bromance* havia terminado.

Hoje, embora as ideias de Freud possam estar fora de moda, ele ainda figura entre as maiores mentes da história, enquanto Wilhelm Fliess é um excêntrico esquecido com ideias estranhas a respeito do nariz. Mas será que Freud teria tido sucesso e superado seu isolamento sem Fliess, seu Sancho Pança, a seu lado? Lembre-se: a exposição a visões discordantes melhora o pensamento criativo, *mesmo que essas visões discordantes estejam totalmente erradas*. Freud precisava de Fliess. Ele precisava dele para ouvir suas ideias, de seu ouvido, não seu nariz. Em suas correspondências (apenas as cartas de Freud sobreviveram), dá para ouvir o médico às turras com o desespero ("tempos sombrios, inacreditavelmente sombrios") e testando suas ideias ultramodernas em um amigo receptivo, mas também crítico.

O caso de Wilhelm Fliess nos lembra que lugares de genialidade não são só ímãs, mas também peneiras. Eles separam as ideias malucas e brilhantes das que são só malucas. Viena rejeitou as ideias de Fliess, mas acabou aceitando as de Freud. Essa é a genialidade da peneira.

Freud pode ter largado Fliess, mas permaneceu um conquistador, alguém que precisava de companheiros de viagem. Desta vez, porém, ele não apostaria todas as suas fichas na mesma máquina maluca.

Estou olhando para outra fotografia. A meia dúzia de homens retratados está posando rigidamente, mesmo pelos rígidos padrões da época. Olhando intensamente para a câmera, como se estivessem pensando profundamente ou talvez constipados, alguns dão um sorriso mínimo. Não Freud. Ele está sentado no meio, sinalizando sua superioridade, com sua barba agora suficientemente domada, chapéu repousado no joelho, sua expressão sem revelar nada, à la Sócrates. Olho mais de perto e vejo que todos os homens, inclusive Freud, estão usando anéis de ouro idênticos. Esses são os membros fundadores do Círculo das Quartas-Feiras. Com início no outono de 1902, seus membros eram jovens médicos "com a intenção declarada de aprender, praticar e disseminar a psicanálise".

O Círculo das Quartas-Feiras se reunia na casa de Freud às 20h30, após o jantar. As reuniões seguiam uma rígida rotina, como relembra Max Graf, um dos membros fundadores: "Primeiro, um dos membros apresentava um trabalho. Depois, café preto e bolo eram servidos; charutos e cigarros ficavam na mesa e eram consumidos em grande quantidade. Após quinze minutos de social, a discussão começava. A última e decisiva palavra era sempre dita pelo próprio Freud".

Era uma época inebriante. Todos naquela sala sentiam que estavam presenciando a criação de algo semelhante a uma nova religião. "Nós éramos como pioneiros em uma terra recém-descoberta, e Freud era o líder", relembrou Wilhelm Stekel, outro membro fundador. "Uma fagulha parecia saltar de uma mente a outra, e todas as noites eram como uma revelação".

Freud precisava do Círculo das Quartas-Feiras. Ele estava em terrenos desconhecidos. Suas teorias sobre a sexualidade humana eram radicais e subversivas. Ele precisava não só de colaboração, mas também de confirmação de sua sanidade, para que não sofresse o destino de muitos gênios em desenvolvimento: um colapso nervoso. Howard Gardner acredita que apoio é necessário à beira de um avanço criativo, "mais do que em qualquer outra época da vida desde a primeira infância". Ele diz que o gênio em desenvolvimento precisa, mais que tudo, de conversas "muitas vezes inarticuladas e difíceis", mas que "representam uma maneira de o criador testar que ainda está são, ainda compreensível a um membro solidário da espécie".

Estou prestes a sair do escritório de Freud, mas estou curioso com uma coisa. O que aconteceu com os artefatos adorados de Freud? Ao final de sua vida, a coleção havia crescido a uns 3 mil itens, ocupando cada centímetro disponível do Berggasse, 19. A maior parte deles acompanhou Freud quando, em 1938, ele fugiu de Viena, uma fuga engendrada por Marie Bonaparte, sua discípula mais fiel e poderosa. Ele se estabeleceu em Londres, onde, cercado por seus queridos artefatos, disse à visitante: "Estou novamente em casa, como pode ver".

Em casa entre seus objetos, mas não em sua cidade. Até o fim, Freud foi ambivalente com relação a Viena. Deveríamos ficar surpresos? Na verdade, não. É sempre assim com gênios e suas cidades; o encaixe nunca é perfeito; há sempre um elemento de fricção, de discórdia. Sócrates amava Atenas como a um irmão, e a cidade o retribuiu com uma sentença de morte. A adorada Hangzhou de Su Tungpo o mandou para o exílio não uma, mas duas vezes. Leonardo desabrochou em Florença, mas quando os rivais fecharam o cerco e o duque de Milão chamou, ele levantou seu acampamento. Freud e Viena nem sempre eram um casal feliz, mas eram um casal *produtivo*. Eles extraíam o melhor um do outro. Demorando-me no escritório de Freud, penso que talvez isso explique os locais onde nascem e florescem os gênios. Sim, sinto que estou à beira de uma descoberta, uma revelação profunda não só da natureza do gênio criativo, mas também de minha própria busca por realização. Sim, está tudo se encaixando. A única coisa que está faltando é...

"Lamento, mas nosso tempo por hoje acabou", informa-me a Voz.

Isso é bem típico, penso eu, saindo para a rua e encontrando o céu nublado. Conforme caminho para o leste, na direção da Ringstrasse e do hotel Adagio, não consigo não sorrir. Mesmo morto, Freud continua a iluminar e frustrar, em medidas mais ou menos iguais.

A GENIALIDADE É CONTAGIOSA: VIENA NO DIVÃ

Ao caminhar de volta ao hotel, ocorre-me que, embora Freud possa ter sido um peixe fora d'água, um conquistador autoproclamado e filisteu, ele tinha pelo menos uma característica óbvia em comum com os *literati* de Viena: ser judeu. Esta foi uma das características definitivas da era de ouro de Viena. Embora os judeus constituíssem apenas 10% da população de Viena, eles representavam mais da metade de seus médicos e advogados, e quase dois terços de seus jornalistas, além de um número desproporcionalmente alto dos gênios criativos da cidade, do escritor Arthur Schnitzler ao compositor Arnold Schoenberg e o filósofo Ludwig Wittgenstein. É um número, escreve Steven Beller em *Viena e os Judeus*, "tão grande que não dá para ignorar".

Por que tantas das maiores mentes da cidade eram judias? Será que a resposta está na genética — será que os judeus, como diria Francis Galton, "apresentavam uma valiosa linhagem sanguínea"? É claro que não. A explicação é cultural. Para começar, os judeus desfrutavam de uma tradição secular de alfabetização, que eles mantiveram mesmo quando isolados nos *shtetlach* da Europa. Ao estudarem o Talmude e outros textos religiosos, os judeus mantiveram a mente aguçada, alimentavam seu amor às ideias e se deliciavam com aquele passatempo tipicamente judeu: a alegria da argumentação.

Essa dedicação aos estudos explica uma parte, mas não todo o sucesso deles. A ambição dos judeus foi refreada por tanto tempo que, quando finalmente foi solta na "emancipação de 1867", o resultado foi considerável. Milhares de judeus se bandearam do interior para Viena, que havia se tornado "a principal rota de fuga do gueto", diz Beller.

Esses recém-chegados se estabeleceram no bairro de Leopoldstadt, na margem norte do canal do Danúbio. Hoje, após o Holocausto, ele abriga uma comunidade judaica bem menor, e eu vim aqui procurando respostas.

Entro no café georgiano que meu companheiro de almoço recomendou e rapidamente o vejo, de óculos e suéter, parecendo relaxado e com cara de escritor. Doron Rabinovici, romancista, é residente de Viena de longa data e especialista no passado judaico da cidade.

Pedimos o almoço e logo em seguida parto para minhas perguntas. Por que tantos gênios de Viena no fim do século eram judeus?

Demanda reprimida, diz ele. Certas profissões, como as militares e a maioria dos trabalhos do governo, permaneciam fechadas para os judeus, então eles direcionaram suas energias para as que estavam abertas: direito, medicina e jornalismo.

"Está bem, isso talvez explique por que os judeus foram bem-sucedidos nessas áreas", respondo, "mas sucesso não é o mesmo que gênio criativo. Como é que a condição de judeu de um Freud ou de um Karl Kraus explica os saltos criativos que eles deram?"

"Vamos analisar Freud. Por seu judeu, desde o início ele era diferente. Então ele não tinha tanto medo de ser diferente com suas ideias. Ele não tinha nada a perder."

Tenho um momento de revelação, bem ali no café georgiano do bairro judeu de Viena. Se você fosse uma pessoa privilegiada — digamos, um membro da família real dos Habsburgo — você não iria querer virar o barco. Mas se você fosse judeu em Viena e 1900, o barco já está balançando, então por que não fazer um pouco mais de onda? Essa é a vantagem do diferente, e isso explica não só o motivo dos judeus terem se destacado em Viena, mas também de outros povos marginalizados se saírem tão bem. Nos Estados Unidos, por exemplo, os unitaristas têm cem vezes mais cientistas notáveis per capita do que metodistas, batistas e católicos. Gênios também são estatisticamente mais prováveis de saírem de casamentos de religião mista. O pai de Marie Curie era ateu e sua mãe católica. (Marie cresceu na Polônia devotamente católica.)

Para os judeus de Viena, não foram suas crenças religiosas que os impulsionaram à grandeza (a maioria era secular), mas sua marginalidade, a posição precária que ocupavam. Em uma cidade grande como Viena, continua Doron, "todo mundo tinha seu lugar, exceto os judeus, e portanto alguns deles desenvolveram ideais novas e de vanguarda realmente interessantes".

"E uma delas é a teoria do inconsciente de Freud?"

"Sim", diz Doron, e isso não é coincidência. Um pensador judeu como Freud estava na situação perfeita para criar uma teoria do irracional, pois enfrentava uma situação irracional todos os dias. "Se você quisesse ser austríaco, diziam, tudo bem, mas você precisa se assimilar. E se você se assimilasse, diriam que você jamais teria sucesso porque no fundo, no fundo, você ainda era judeu. Quer dizer, se você fosse judeu em Viena, a irracionalidade está na sua cabeça porque é irracional a maneira como eles se comportam com relação a você."

Isso faz sentido. Como vimos, pessoas criativas têm uma tolerância especialmente maior para a ambiguidade, e nada era mais ambíguo do que a vida de um judeu na Viena de 1900. Você era ao mesmo tempo incluído e excluído, um de nós e um deles, aceito e rejeitado. Esta não é uma posição confortável — o equivalente psíquico de Freud esparramado em sua cadeira de leitura — mas é, na minha opinião, a configuração perfeita para a genialidade criativa. Como excluídos, os judeus eram capazes de enxergar o mundo à sua volta com um novo olhar; como incluídos, eles eram capazes de propagar esses novos *insights*, de tornar o invisível visível. Por um tempo. A posição precária que ocupavam não durou muito e terminou de maneira desastrosa.

Tudo na Academia de Belas Artes de Viena transmite solidez e permanência. Parece que ela poderia aguentar um ataque nuclear. É preciso toda a minha força para puxar uma pesada porta de madeira, a mesma porta que um jovem artista tentou abrir, e fracassou, em 1904. Ele se inscreveu duas vezes e foi rejeitado nas duas. O jovem artista ficou cada vez mais desanimado, amargurado e logo ficaria com raiva também. Ele acabou abandonando a arte e entrou para a política. Ao passar pela porta, não consigo deixar de pensar em como a história teria sido diferente se a academia tivesse aceitado este jovem artista chamado Adolf Hitler.

Aqui eu encontro Martin Guttmann, de camiseta preta e jeans, parecendo consideravelmente mais novo do que seus cinquenta e poucos anos. Guttmann, um médico nascido em Israel, está aparentemente dando aula de fotografia. Ele a considera de filosofia, no entanto. Toda a arte é filosofia, ele me diz. É por isso que ele se sente em casa em Viena, penso eu. Esta cidade, pelo menos historicamente, era tolerante com pensadores híbridos como Martin Guttmann.

Caminhamos o pequeno trecho até o café Sperl, assim como o artista Gustav Klimt fez muitas vezes, e conseguimos uma mesa do lado de fora. Martin acende um cigarro imediatamente. Todos a nossa volta também estão dando suas baforadas. Este é o último alto de rebeldia do vienense manso. *Nós não lideramos mais o mundo culturalmente, intelectualmente ou de nenhuma outra forma, mas fumamos como uma potência global!*

Conto a Martin sobre minha busca, sobre o que eu aprendi até agora em Viena e o que ainda não aprendi. Uma pergunta primordial em minha mente é a população. Ao contrário de Atenas, Florença ou Edimburgo, Viena era uma cidade enorme, com mais de 2 milhões de pessoas aglomeradas em suas ruas em 1900. Que papel isso teve em seu florescimento?

"Você já ouviu falar em transição de fase?"

"Não."

"Ok, digamos que você tem um monte de moléculas e, sem sequer aquecê-las, você as coloca em um espaço menor ou um espaço maior. Ao fazer isso, você pode transformar as moléculas de gasosas para líquidas ou de líquidas para sólidas, e essas coisas têm propriedades observáveis completamente diferentes. Se você pressionar a água, só de colocá-la em um volume menor, ela vira gelo.

"Só de mudar o espaço?"

"Sim. Isso é o que se chama transição de fase. Ao mudar o ambiente externo você pode criar novas propriedades totalmente diferentes, um regime diferente. E você observa isso acontecendo várias vezes."

A Viena de 1900 estava sofrendo uma espécie de transição de fase, só que no lugar de cada vez mais moléculas espremidas em um espaço pequeno, eram pessoas. É a teoria da densidade urbana novamente, mas com uma novidade. O que importa, diz Martin, não é o grau de densidade, mas a *velocidade* com que ela ocorre.

"Da década de 1880 até antes da Primeira Guerra Mundial, Viena quadruplicou ou quintuplicou de população. Agora tente imaginar o que significa estar em uma cidade que quadruplica em três décadas, digamos dos anos 1980 até hoje. Isso significa que você sai na rua e de repente é engolido. É cumulativo. Mas você consegue sentir. Se você mora na mesma rua e a população quadruplica ou quintuplica, de repente você começa a ver o caos vigente. E a pergunta é: como um lugar como Viena ajuda os gênios? Eu diria que nos anos 1890 as pessoas estavam mais abertas a pensamentos revolucionários porque, por experiência própria, elas viam que as coisas estavam mudando qualitativamente."

Eu gostei de Martin e podia ficar aqui o dia todo, bebendo cerveja, inalando fumaça e ideias passivas. Ao conversarmos sobre temas que foram da física ao sexo, tenho uma noção do que deve ter sido viver em Viena em 1900. Uma tarde de primavera. Uma cerveja gelada. Não havia uma pauta, e não havia barreiras. Pessoas de áreas completamente divergentes conversando de fato umas com as outras, e com uma linguagem livre de jargões. "Você pega um livro de um físico da década de 1890 e ele é escrito de uma maneira que as pessoas conseguem entender. Eles tinham de defender suas teorias para um público amplo", diz Martin. Que diferença de hoje em dia, penso, quando um acadêmico é considerado bem-sucedido quando ninguém consegue entender uma palavra do que diz.

Martin desenvolveu sua própria "taxonomia da genialidade", como ele chama. Ele distingue apenas dois tipos de gênio: unificadores e revolucionários. Os revolucionários, o tipo mais reconhecível de gênio, vira o conhecimento popular de cabeça para baixo. Os unificadores "pegam muitas ideias distintas e desconexas e as juntam de uma maneira que é impossível de se opor. Completamente defensáveis". Unificadores ligam os pontos. Revolucionários criam novos pontos.

Um tipo de gênio não é melhor que o outro, diz Martin, apenas diferente. Nós podemos dar mais valor aos revolucionários atualmente — nosso tempo venera a destruição criativa —, mas os unificadores, como Bach, Kant e Newton, podem mudar o mundo tanto quanto os revolucionários, e às vezes mais. Bach, por exemplo, pegou muitas tradições musicais díspares e as integrou de uma maneira que ninguém havia feito antes.

O meio social é muito mais importante para os revolucionários do que para os unificadores. "Você pode ser um unificador em qualquer lugar", diz Martin. "Mas para ser revolucionário é preciso um ambiente especial."

"Que tipo de ambiente?"

"Um ambiente que dramatize uma situação difícil."

"Para que eles possam se revoltar contra alguma coisa?"

"Não, para que possam sentir que a ruptura está no ar."

"Como assim?"

"Na Viena de 1900, todo mundo sentia que havia uma ruptura no ar. E ela estava em toda a parte. Você vê uma ruptura na música, e uma ruptura na física. Então as pessoas diziam: E a minha área? Será que há uma ruptura nela também?"

Bebo minha cerveja e me lembro daquelas "violações de esquema", e também da pesquisa de Dean Simonton. Ele analisou os registros históricos e constatou que toda vez que surgiam novas escolas de filosofia, muitas vezes concorrentes, outras áreas *completamente desconexas* também prosperavam. A ruptura estava no ar.

Viena em 1900 tinha "tantas rupturas no ar que você achava que o mundo inteiro estava se partindo", diz Martin. É por isso que o jornalista contemporâneo e contador de histórias Karl Kraus descreveu a Viena da virada do século como "um laboratório de fins de mundo". As pessoas sabiam que estavam vivendo em um império moribundo, que uma explosão estava por vir; era apenas uma questão de quando. Essa sensação de colapso iminente era, estranhamente, libertadora. As velhas regras não se aplicavam mais, então por que não pensar nos problemas de maneira diferente? Isso, diz Martin, é exatamente o que Freud fez.

"Ele começou a ouvir cada vez mais histórias de mulheres que chegavam até ele dizendo que haviam sido abusadas, e ele disse que não podia ser verdade que todas tivessem sido abusadas. E ele começou a dizer "bem, elas têm uma espécie de vida de fantasia", e é aí que a psicologia realmente começa. Em algum ponto ele precisou dizer "não é possível que seja tudo verdade". Em outras palavras, é uma ruptura da explicação mais simples. E para isso é preciso uma certa mentalidade. Quando é que alguém iria numa direção dessas?

"Tem que ter coragem, não é?"

"Tem que ter coragem, mas você também precisa estar aberto para esse tipo de ideia tsunami, que é totalmente oposta ao senso comum. E como é que você chega lá? Quando você vê isso acontecendo em outro lugar."

Já para o final de minha estada em Viena, eu me pego parado em frente à Looshaus, obra inovadora do arquiteto Adolf Loos. Ela fica diretamente do outro lado, passando por uma pequena praça, do Palácio de Hofburg, a antiga sede do poder que, na virada do século, foi o lar do imperador Francisco José. Talvez cinquenta metros separem os dois. Cinquenta metros e cerca de cinco séculos, já que um representa o velho mundo e a outra, o novo. O palácio é ornamentado ao extremo, com cúpulas clássicas e estátuas de deuses gregos. Parece alguma coisa saída de um conto de fadas infantil que deu horrivelmente errado.

A Looshaus, por outro lado, é austera e minimalista. "A casa sem sobrancelha", as pessoas a chamavam, porque não tinha venezianas. A localização escolhida por Loos não foi nada acidental, pois seu trabalho foi uma reação aos exageros dos Habsburgos. Em seu ensaio "Ornamento e Crime", Loos expõe sua filosofia arquitetônica: "A evolução da cultura marcha em conjunto com a eliminação dos ornamentos de objetos úteis". Ele acreditava que a ornamentação excessiva faz os objetos saírem de moda e se tornarem obsoletos. A ornamentação era um desperdício e "degenerada", e nenhuma sociedade que a valorize tem o direito de se chamar de moderna. Se a genialidade, como Brady me disse lá em Atenas, sempre torna o mundo um pouco mais simples, a ornamentação faz o oposto, defendia Loos. Ele disse: "Você pode medir a cultura de um país pela quantidade de rabiscos nas paredes de seus lavatórios". Leio isso e dou um suspiro; não é um bom presságio para nós.

O dinamismo intelectual de um Freud ou de um Wittgenstein constituía uma reação a essa ornamentação; uma tentativa de atravessar todas aquelas futilidades e chegar à verdade. Viena era uma professora, mas de aulas práticas acima de tudo. Lugares de genialidade nos desafiam. Eles são difíceis. Eles não ganham seu lugar na história com restaurantes étnicos ou festivais de rua, e sim nos provocando, fazendo *exigências* de nós. Exigências loucas, irreais e belas.

O imperador Francisco José era progressista de certas maneiras, mas não quando se tratava de arquitetura. Ele detestava a Looshaus.

A GENIALIDADE É CONTAGIOSA: VIENA NO DIVÃ

Ele a considerava uma abominação, uma afronta à tradição secular de rebuscamentos. Nenhuma surpresa aí. O que surpreende, no entanto, é o que ele fez a respeito — ou melhor, o que ele *não* fez. Não mandou enforcar Loos nem sequer prendê-lo. Ele certamente poderia ter feito isso. Afinal, era o imperador, e se a história nos ensina alguma coisa, é que os imperadores podem fazer o que bem quiserem. Não, a abordagem de Francisco José foi mais de arrumação. Ele ordenou que as persianas do palácio ficassem fechadas para não ter que ver a Looshaus. Foi uma reação prática e tolerante. Perfeitamente vienense.

Igual à reação ao pôster que estou vendo agora, bem no meio da Ringstrasse. É a pintura de uma mulher. Ela está olhando para o lado, evitando me ver. Tem o corpo tonificado, até musculoso. Está usando botas de um laranja vivo e tem a expressão de uma modelo de passarela. Nada mais. Um triângulo de pelos pretos está claramente visível entre suas pernas. Não dá para não olhar. O artista, Gustav Klimt, certamente teve essa intenção. O quadro é arrebatador ainda hoje. Só posso imaginar o tipo de reação que ele provocou um século atrás. Em sua carreira, Klimt enfrentou obstáculos — uma obra encomendada pela Universidade de Viena foi considerada polêmica demais —, mas de maneira geral ele tinha liberdade de exercer sua arte em paz. Da mesma forma, Freud publicou seus tratados escandalosos sobre a sexualidade humana sem medo de censura.

À medida que caminho pelo canal do Danúbio, ando pelas ruas de Viena e viajo em seus bondes deslizantes, uma palavra me vem à mente: agradável. Viena atualmente é agradável. Uma gostosa loja de curiosidades de glórias passadas, como o sótão de seu avô, só que com café melhor. A Viena de 1900, no entanto, não era agradável. Era uma cidade de políticas sujas, bordéis e uma sensação palpável de desastre iminente. Tensão é um ingrediente necessário para um local de genialidade. Tensão no mundo maior da política e tensão nos mundos menores dos conclaves de escritores e reuniões de conselho. A tensão, não a necessidade, é que gera inovação.

Começa a chover, a princípio uma garoa agradável, e depois um temporal não tão agradável. Procuro abrigo no café Sperl, desta vez sozinho. Eu me acomodo em uma cabine do canto, com seu estofado macio de veludo verde claro, desbotado, praticamente transbordando *Gemütlichkeit*, um tipo específico de aconchego. Este é outro lado da cafeteria vienense, não de conversação, mas de contemplação. De minha posição, desfoco minha atenção e vejo o mundo passar. Ele não passa rápido. O tempo passa diferente em uma cafeteria vienense. Menos presto, mais adágio.

A escuridão caiu. Peço queijo, um pouco de arenque e me pergunto: será que, se eu ficar sentado tempo suficiente em uma cafeteria vienense e beber bastante expresso turbinado, também posso virar gênio? Será que eu desenvolveria uma teoria do inconsciente, uma escola de arte radicalmente nova ou música atonal? Ou será que só ficaria elétrico? Difícil dizer. Mas o mundo agora parece, como Loos imaginou, amplo e íntimo ao mesmo tempo. Quanto mais eu penso nessa fórmula, mais percebo que ela pode ser a chave da genialidade que aconteceu em Viena. Para criar, precisamos dos dois elementos: amplidão para abrir nossas mentes para o Outro, e intimidade para consolidar nossas percepções.

Uma mulher se senta ao piano e começa a tocar. Por ser Viena, ela toca bem. Enquanto mordisco meu arenque e absorvo a música, mais impregnando-me dela do que escutando, percebo que a dobradinha de genialidade de Viena foi uma ilusão. Na verdade, foi uma era de ouro contínua com um intervalo, uma brecha, que permitiu à orquestra recuperar o fôlego antes de tocar novamente, desta vez com ainda mais paixão e virtuosismo.

A maioria das eras de ouro vai murchando. A de Viena terminou com um estouro. Literalmente. Em 28 de junho de 1914, em Sarajevo, um jovem assassino sérvio chamado Gavrilo Princip atirou e matou o arquiduque Francisco Fernando, herdeiro presuntivo ao trono da Áustria, dando início à Primeira Guerra Mundial. O reinado de Viena como potência cultural e científica chegou a um fim estrondoso. Após a guerra, outras capitais europeias tiveram seus momentos ao sol, Paris e Berlim nos anos 1920, por exemplo, mas o manto da genialidade logo voou para o oeste, sobre o Atlântico, até o Novo Mundo. Esses lugares americanos de genialidade foram diferentes: menos ecléticos, mais especializados. Pense em New Orleans e no jazz; Detroit e carros; Hollywood e cinema; Nova York e arte moderna.

O maior exemplo desta nova era de ouro monocromática se firmou não em uma cidade grande, mas nos campos ondulados e na expansão suburbana do norte da Califórnia. Em 1971, um jovem jornalista que escrevia para uma publicação especializada chamada *Electronic News* batizou o lugar: Vale do Silício. O apelido pegou, uma alcunha para o que talvez seja o agrupamento de gênios mais improvável, e o de maior alcance. Ao embarcar no avião que me levará até lá, eu me pergunto: será que é o último grande lugar?

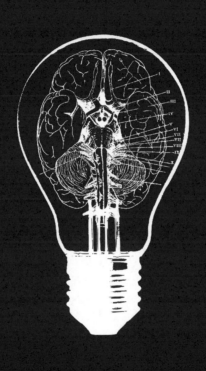

A GENIALIDADE É FRACA

Cap. VIII

VALE DO SILÍCIO

ONDE NASCEM OS GÊNIOS
ERIC WEINER

Estou em uma livraria com minha filha de nove anos. Após conseguir desviá-la de Harry Potter e contornar rapidamente o mundo de Rick Riordan, chegamos à seção de não ficção. Estou tentando interessá-la em história e em genialidade.

Vejo algo exposto que parece satisfazer os dois desejos: minibiografias de personagens históricos famosos: *Quem foi Benjamin Franklin? Quem foi Albert Einstein?* E ali, imprensado entre Thomas Jefferson e Theodore Roosevelt, está Steve Jobs.

Sério? Steve Jobs? Dividindo o mesmo espaço cerebral elevado de Jefferson e Franklin — e Einstein?

Enquanto estava pesquisando para este livro, as pessoas sempre me perguntavam: "Como você define *gênio*?". Eu respondo a pergunta com outra pergunta: Steve Jobs era gênio? As respostas são sempre impetuosas, e bastante divididas.

"Sim, ele com certeza foi um gênio", defendem algumas pessoas, sacando seu iPhone para enfatizar seu ponto. "Olhe para esse troço, cara. É demais. Steve Jobs mudou o mundo. É claro que era gênio."

"Não era não", defendem outros com a mesma paixão. "Ele não inventou nada. Ele roubou as ideias de outras pessoas. Talvez tenha sido um gênio de marketing ou de design — admitem. Elas dizem isso sabendo muito bem que o verdadeiro gênio nunca precisa de especificação. Não descrevemos Einstein como um "gênio científico" nem Mozart como "gênio musical". Ambos transcenderam suas áreas particulares, como os gênios sempre fazem.

Então quem foi Steve Jobs? Gênio ou não? A Teoria Fashionista da Genialidade nos diz que sim, Jobs foi um gênio porque nós (ou pelo menos muitos de nós) acreditamos que tenha sido. Gênio é um veredicto social, e o povo assim tuitou. O fato de estarmos nos questionando a respeito de Jobs e não de, digamos, Thomas Adès, diz muito. Nunca ouviu falar? Ele é um dos maiores compositores eruditos de nosso tempo. Nós temos os gênios que queremos e merecemos.

Uma questão mais importante, para os meus objetivos, não é se Jobs foi um gênio, mas sim se o lugar que o criou é. Será que o Vale do Silício merece lugar de honra entre as clássicas Atenas, Florença no Renascimento e a China da dinastia Song? Novamente, alguns de vocês irão gritar um sonoro "Não!". Vocês ressaltariam que, enquanto os grandes do passado como Tucídides orgulhosamente proclamavam o desejo de criar "um bem para sempre", o mesmo não se pode dizer dos programadores e outros tipos tecnológicos residentes no Vale. Seu novo iPhone, reluzente e mágico, estará obsoleto antes mesmo que você consiga *dizer* Tucídides. Você também pode destacar que essas épocas douradas do passado estouraram em várias direções diferentes — arte, ciência, literatura — enquanto o Vale do Silício toca basicamente a mesma nota, embora em tons diferentes. O que complica as coisas é que, ao contrário das histórias de Atenas e Florença, a história do Vale do Silício não é contada no passado. Ela ainda está se desenrolando.

Está claro, porém, que o Vale preenche pelo menos um critério importante da genialidade: impacto. Nós vivemos de maneira diferente hoje do que vivíamos 25 anos atrás, em grande parte graças aos produtos e ideias que foram aperfeiçoados, se não inventados, no Vale do Silício. Essas inovações mudaram não só como falamos uns com os outros, mas também o que dizemos, pois, como nota a historiadora Leslie Berlin, da Universidade de Stanford, "mudando o meio, você muda o conteúdo".

O que é reverenciado em um país será cultivado nele. Obviamente, nós reverenciamos o que o Vale está vendendo. Nós o reverenciamos toda vez que ficamos na fila para a última novidade da Apple, e toda vez que entramos no Facebook ou no Twitter.

O Vale do Silício é diferente de outras maneiras também. Para começar, não é uma cidade. É um alastramento suburbano, que nem o sol da Califórnia, nem os pirlimpimpins digitais podem esconder. O Vale do Silício também é mais familiar do que Atenas ou Florença. Posso não ter nenhuma estátua grega nem pintura renascentista, mas tenho um iPhone. Posso não escrever poesia chinesa nem produzir arte indiana, mas uso o Google regularmente. Não conheço nenhum filósofo grego antigo nem socializei com um Médici, mas conheço gente que mora no Vale. Eu mesmo morei lá rapidamente, um tempo atrás. Caramba, eu até assisti a todos os episódios do seriado homônimo da HBO. Então sim, eu conheço o Vale do Silício.

Será que conheço mesmo? O Vale do Silício, pelo que estou vendo, é bem parecido com meu iPhone. Faz coisas maravilhosas. Não consigo viver sem ele. Mas não faço a menor ideia de como funciona nem o que tem dentro. A Apple me adverte a não abrir a traseira; coisas ruins acontecerão se eu fizer isso. Obedeci direitinho, contentando-me a acreditar na mitologia do objeto brilhante que repousa de maneira tão perfeita, tão ergonômica, na palma de minha mão. Isso está prestes a mudar. Chave de fenda, por favor.

Boa, diz Sócrates. *Reconhecer sua ignorância é o início de toda sabedoria*. Freud, estudioso dos antigos, concorda, acrescentando que minha confiança excessiva está claramente mascarando alguma insegurança lá no fundo, e que provavelmente tem alguma coisa a ver com minha mãe. David Hume concorda tanto com Sócrates quanto com Freud, acrescentando que eu jamais conhecerei o Vale do Silício, ou qualquer outro lugar, aliás, se não conhecer sua história. Do contrário, permanecerei eternamente uma criança. Está na hora de crescer.

Ao chegar a Palo Alto, logo fica claro que o Vale do Silício, ao contrário de Florença, por exemplo, não exibe sua história pelas ruas. Caminhando pela elegante University Avenue, com seus restaurantes caros, lojas de bicicletas de design e Teslas de 100 mil dólares passando silenciosamente, o passado não está em nenhum lugar à vista. Desconfio que a cidade esteja ocupada demais imaginando o futuro, *criando* o futuro, para ceder banda larga para o passado. Mas ele está aqui. Só é preciso fuçar um pouco.

Peregrinos em busca das raízes do Vale do Silício geralmente vão direto para o número 367 da Addison Avenue. Não é a casa que lhes interessa, mas o que está atrás dela: uma pequena garagem de porta verde. Aqui, em 1938, dois jovens formados em Stanford, Dave Packard e Bill Hewlett, passavam horas fazendo experiências, embora isso provavelmente seja exagero. Eles ficavam mexendo em coisas. "Eles davam duro em projetos como um controlador motorizado que ajudasse o telescópio do observatório Lick a localizar melhor os objetos, e um dispositivo para pistas de boliche que apitasse quando alguém cruzasse a linha de falta", meu guia, *Geek Silicon Valley*, alegremente me informa. A dupla acabou se deparando com uma invenção vencedora, um oscilador de áudio usado para testar equipamentos de som. Olho para cima e vejo uma plaquinha que confirma que estou em terreno sagrado: BERÇO DA PRIMEIRA REGIÃO DE ALTA TECNOLOGIA DO MUNDO: VALE DO SILÍCIO. Como muitas coisas no Vale, porém, a placa é enganosa. Não foi aqui que nasceu o Vale do Silício.

O verdadeiro local de nascimento não está longe, no entanto. Ando mais algumas quadras, passando por charmosas casinhas que valem mais do que eu ganharei a vida inteira, até parar no que um dia foi o número 913 da Emerson Street. A casa em si não existe mais. Tudo que ficou é uma pequena placa, localizada em frente a uma lavanderia e uma oficina mecânica. Ela me informa que aquele era o local original da Federal Telegraph Company [Companhia Federal de Telégrafos]. Apesar do nome, era uma empresa de rádio, e das boas.

O rádio foi a tecnologia digital de sua época — novo, mágico e repleto de potencial para mudar o mundo. Se você fosse jovem, inteligente e ambicioso pouco antes da Primeira Guerra Mundial, era no rádio que gostaria de estar. A indústria incipiente recebeu um enorme estímulo em 1912, graças à lei das consequências inesperadas. Após o naufrágio do *Titanic* naquele ano, o Congresso passou uma lei exigindo que todos os navios tivessem rádios. Como cidade portuária, San Francisco era perfeitamente adequada para aproveitar esta nova onda de interesse na tecnologia de rádio.

Mais ou menos na mesma época, a Federal Telegraph contratou um jovem e brilhante engenheiro de rádio chamado Lee de Forest, no que talvez tenha sido a primeira vez, mas nem de longe a última, que a região pescou talentos da região Leste. De Forest esperava rejuvenescer uma carreira estagnada. Ele foi tremendamente bem-sucedido aqui na Emerson Street, inventando o primeiro amplificador e oscilador com tubo de vácuo, aparelhos que moldaram não só a tecnologia de rádio, mas também de televisão e todos os eletrônicos. De Forest era apaixonado por seu trabalho, adorando o tempo que passava neste "Império Invisível do Ar [...] intangível, porém sólido como granito". Percebo que essa declaração poderia facilmente se aplicar ao Vale do Silício de hoje. O Império Invisível continua a expandir seu alcance.

O rádio não era só um negócio. Era um hobby também. Surgiu uma cultura de entusiastas na região da baía de San Francisco. Clubes de radioamadorismo proliferaram, estabelecendo fortemente o culto ao amador. Dá para traçar uma linha reta dos clubes de rádio amador dos anos 1910 e 1920 até o Homebrew Computer Club, que nos anos

1970 e 1980 teve um papel muito importante no desenvolvimento do computador pessoal.

Palo Alto, uma cidade pequena, foi o improvável centro dessa revolução do rádio. O *Palo Alto Times* se vangloriou: "O que a Menlo Park de Edison é para a lâmpada incandescente, Palo Alto é para o rádio e as artes eletrônicas." Ninguém ficou mais fascinado que um adolescente curioso de catorze anos chamado Fred Terman. Ele estava encantado por essa nova tecnologia e pelos pioneiros da Federal Telegraph, "literalmente uma presença vultosa", escreve o biógrafo Stewart Gillmor. "Quatro postes de quinze metros enrolados com dezenove quilômetros de alumínio para experimentos 'secretos' agora enfeitavam o novo local da empresa." Placas de perigo estavam pregadas por toda parte, e nada atiça o interesse de um adolescente mais do que o proibido. Terman passava cada minuto livre perto das instalações da empresa e até deu um jeito de arrumar um emprego temporário. Isso me lembra do jovem Filippo Brunelleschi, passando todos os dias pela catedral sem cúpula de Santa Maria del Fiore e pensando coisas. Será que o jovem Fred Terman tinha sonhos semelhantes?

Terman foi filho de Stanford de várias maneiras. Ele não só passou a maior parte de seus 82 anos aqui, como também era filho de Lewis Terman, professor de psicologia da universidade e cocriador de um teste de Q.I. largamente utilizado, as Escalas de Inteligência Stanford-Binet. Lewis Terman acreditava ser crucial que educadores reconhecessem gênios em potencial desde cedo, para que pudessem cultivá-los. "Na visão de Terman, era simplesmente o futuro da civilização que estava em jogo", nota Darrin McMahon em sua brilhante história da genialidade. Terman foi um Galton americano, certo em sua crença de que a genialidade era hereditária e de que a função dos educadores era identificar aqueles com os genes "certos".

Em 1921, Lewis Terman deu início a uma pesquisa histórica que visava a fazer exatamente isso. Ele descobriu cerca de mil crianças com Q.I.s acima de 140 ("gênios em formação") e as observou ao longo de muitos anos. Os "cupins", como ficaram conhecidos, se saíram bastante bem academicamente, mas produziram pouca coisa de verdadeira genialidade. Além disso, a experiência de Terman deixou de detectar dois futuros vencedores do Prêmio Nobel, Luiz Alvarez e William Shockley. "O teste de Q.I. deles não atingiu a marca de 140, e eles foram consequentemente eliminados", explica McMahon.

Lewis Terman era inteligente, mas, como tantos homens inteligentes, tinha pontos cegos. Ele não percebeu que inteligência e criatividade têm apenas uma relação tangencial, assim como instrução e criatividade. Maior instrução não tem correlação com maior probabilidade de genialidade. Terman também deixou de reconhecer que, como me disse um dia Paul Saffo, futurista residente no Vale: "Você pode ser um gênio muito burro".

Eu sei que parece absurdo, mas Saffo defendeu sua teoria destacando o conto apócrifo conhecido como Ovo de Colombo. Na história, Colombo voltou de sua viagem à América como herói, mas algumas pessoas na Espanha continuaram pouco impressionadas com sua proeza.

"Qualquer um pode navegar pelo oceano, igual a você", disse um crítico durante o jantar. "É a coisa mais simples do mundo."

Colombo respondeu pegando um ovo e desafiando os convidados do jantar a botá-lo de pé. Quando ninguém conseguiu fazer aquilo, Colombo pegou o ovo e quebrou levemente a casca. Ele ficou de pé com facilidade. "É a coisa mais simples do mundo", disse ele. "Qualquer um pode fazer isso, depois que lhe mostraram como."

O jovem Fred Terman cresceu à sombra do experimento social de seu pai, e não consigo deixar de pensar em como isso o afetou. No mínimo, ele parecia decidido a impressionar seu pai com seu desempenho acadêmico. Ele obteve duas graduações em Stanford e logo estabeleceu o primeiro laboratório de eletrônica a oeste do Mississippi. Mais tarde, como decano da faculdade de engenharia de Stanford, ele começou a atrair as melhores e mais brilhantes mentes da costa Leste. Como os executivos da Federal Telegraph, ele aliciava sem pudor, escolhendo apenas os melhores. "É melhor ter alguém que pule dois metros no seu time do que um monte que pule um metro e oitenta", escreveu ele uma vez. Seu objetivo, dizia, era construir "torres de excelência".

Terman via o mundo com olhos de engenheiro. Ele acreditava em resultados mensuráveis, em indicadores, muito antes disso virar moda. Ele era tímido e com certeza acharia aquela velha piada sobre engenheiros verdadeira: "Como é que você identifica o engenheiro extrovertido? É o que está olhando para os *seus* sapatos". Assim, Terman foi o pioneiro do que desde então se tornou uma alegoria do Vale do Silício: o *nerd* heroico.

Terman era um introvertido que fazia uma boa imitação de extrovertido. Seu ponto forte era conectar pessoas. Ele foi o primeiro a fazer *networking*, numa época em que o mundo ainda não havia adquirido as conotações mercenárias atuais. "O *networking* dele não era em benefício próprio nem para fisgar uma suculenta agência financiadora. Ele encarava seu próprio trabalho como a construção de um círculo de relacionamentos", escreve Gillmor.

A GENIALIDADE É FRACA: VALE DO SLÍCIO

Uma relação que ele firmou foi entre dois de seus ex-alunos, Bill Hewlett e Dave Packard. Ele os encorajou a explorar o potencial comercial de seu aparelho, o oscilador de áudio, e emprestou a eles 538 dólares para ajudá-los a começar. O fato de o país estar no meio da Depressão na verdade ajudou a convencer os dois recém-formados a se arriscarem. Como Dave Packard explicaria depois, os empregos eram escassos, então por que não começar seu próprio negócio?

O sucesso veio rápido. O primeiro grande cliente deles foi o Walt Disney Studios, que comprou oito osciladores para as filmagens de *Fantasia*, marcando o início de uma colaboração entre o Vale do Silício e Hollywood, com a Pixar sendo o exemplo mais óbvio dessa parceria atualmente.

Muito se fala do papel da Universidade de Stanford no nascimento do Vale do Silício, e merecidamente, mas não pelos motivos que a maioria das pessoas acredita. Não foi porque Stanford era uma universidade de primeira classe. Na época, não era. Na verdade, o que Stanford fez sob o comando de Fred Terman foi redefinir o papel da universidade. Terman demoliu as paredes que separavam a academia do "mundo real".

Stanford não tinha muita coisa a seu favor, mas tinha terreno. Muito terreno. Em 1951, Terman usou um pouco desse terreno excedente para estabelecer o Parque Industrial de Stanford (atualmente Parque de Pesquisas de Stanford). Na época, foi uma decisão tremendamente polêmica. Um parque industrial? Não era isso que as universidades faziam, muito menos uma universidade aspirante à Ivy League.

O projeto era um pouco parecido como os "experimentos de tolos" de Darwin. Terman não sabia exatamente o que estava fazendo, mas sabia que estava fazendo algo diferente, e era isso que importava. Em uma jogada prática que certamente levaria os escoceses ao delírio, o parque industrial foi projetado de modo que, se a empreitada fracassasse, poderia ser convertido em uma escola de ensino médio.

Ele não fracassou. Terman teve a ideia certa na hora certa. Não havia nada parecido com aquilo, e no mais improvável dos lugares, na Page Mill Road de Palo Alto, com cavalos pastando por perto. Uma versão apolínea do parque industrial. Os primeiros residentes do parque foram os irmãos Varian, filhos de imigrantes da Islândia e uma das primeiras histórias de sucesso do Vale.

Depois, Terman criou o Instituto de Pesquisas de Stanford, com a missão de "estudar as ciências com propósitos práticos, [o que] pode não ser totalmente compatível internamente com o papel tradicional da universidade". Terman criou uma espécie de antiuniversidade *dentro* de uma universidade. Inteligente. Muito escocês. Terman também estabeleceu o Programa Cooperativo de Honra, que possibilita a engenheiros e cientistas obterem graduações avançadas em Stanford enquanto ainda trabalham em período integral.

A essa altura, a guerra fria estava no auge da frigidez, e Terman, ao contrário de muitos colegas da costa Leste, não se opôs a aceitar dinheiro do Tio Sam, a mãe de todos os pioneiros. Esses gastos perdulários com defesa — misturados, ironicamente, com o movimento de contracultura que logo tomaria conta da área da baía de San Francisco — deram origem ao Vale do Silício.

Fred Terman teve outra coisa a seu favor: o recalque. Stanford, como eu disse, não era a universidade de alta categoria que é hoje. A região — e a Universidade de Stanford em particular — por muito tempo foi motivo de escárnio da costa Leste. Em 1891, quando o barão ferroviário e senador americano Leland Stanford fundou a universidade, em honra de seu filho que havia morrido pouco antes de chegar à idade universitária, as instituições da costa Leste não ficaram exatamente impressionadas. "Há tanta necessidade de uma nova universidade na Califórnia quanto de um asilo para capitães da Marinha na Suíça", desdenhou o *New York Mail and Express*.

Comentários como esse, que continuaram no século XX, sem dúvida aborreciam Terman, mas nada o irritava mais do que ver um aluno se mudar para o Leste após se formar. Ele imaginava Stanford como um polo, o tipo de lugar para o qual as pessoas migravam, e não do qual saíam. Hoje, o poder do recalque ainda anima as ambições do Vale do Silício. Um capitalista de risco me disse que, quando está decidindo se vai financiar ou não uma *startup*, ele procura o recalque do CEO. Quanto maior o recalque, melhor.

Lugares podem ter recalque também. Estou percebendo que a maioria dos lugares geniais que visitei se enquadram nisso: Atenas superada por Esparta em matéria de armas, Florença com menos armas que Milão e menos fundos que Veneza. Essa era a motivação delas, pelo menos em parte, tentar ser grande. Edimbugo, da mesma maneira, queria desesperadamente provar que era tão boa quanto Londres ou Paris; Calcutá, tão boa quanto o Ocidente. Não é só o fato de os pequenos tentarem com mais afinco, mas também de enxergarem melhor, por estarem de fora.

Terman, apesar de suas muitas realizações e de seu legado como "pai do Vale do Silício", não é fácil de conhecer. Um ex-aluno de Stanford lembra-se dele como "um homem de aparência gentil, levemente amarrotado, de óculos e que sempre caminhava com um propósito, carregando pastas com papéis. Ele nunca andava devagar". Outros achavam-no "duro e sem humor". Quem foi o verdadeiro Fred Terman?

Vou até os Arquivos do Vale do Silício na esperança de descobrir. Entro em um salão majestoso, repleto de armários de madeira e de história. Uma bibliotecária me entrega uma grande caixa de papelão, uma de dezenas de caixas, pois Fred Terman foi, entre outras coisas, um correspondente prolífico. Esta caixa específica contém cartas dos tempos de Terman no Laboratório de Pesquisas de Rádio de Harvard. Ele relutantemente deixou a Califórnia para dirigir o laboratório durante a Segunda Guerra. Trabalhando em segredo, com um orçamento maior do que o de Stanford inteira, o laboratório era encarregado de encontrar maneiras de obstruir radares inimigos. Terman e seu time tiveram uma solução engenhosa: utilizar a contramedida chaff, bilhões de minúsculos pedaços de metal, para confundir os radares alemães e japoneses. Credita-se a isso o salvamento de oitocentos bombardeiros e suas equipes.

Abro uma carta, amarelada e desbotada, mas ainda claramente legível. A guerra estava à toda e Terman supervisionava uma equipe de 850 pessoas, mas mesmo assim ele teve tempo de escrever para C.K. Chang, estudante de física em Stanford. "Nós devemos, qualquer dia, levar adiante aqueles antigos planos de escrever sobre os trabalhos de detecção heteródina, na forma de um artigo", começa ele, todo formal, antes de ficar um pouco mais pessoal. "Eu me sinto bastante mal a respeito disso. [...] Você fez um trabalho excelente aqui e deveria receber o crédito que está por vir." Outras cartas revelam uma característica persistente, principalmente quando se trata dos esforços de Stanford em superar as faculdades da costa Leste.

Ao vasculhar pela correspondência de Terman, eu me pego pensando em Sheila em Florença e na carta de Galileu que ela encontrou; agora eu entendo o que ela quis dizer sobre a empolgação que sentimos ao encontrarmos uma carta, principalmente uma comum. Parece emocionante e vagamente perigoso, como se você estivesse escutando conversas ao longo dos séculos.

Procuro mais fundo na caixa e encontro um recorte de jornal de abril de 1944, com a manchete "EUA quer treinar engenheiros estrangeiros", e um bilhete anexo escrito à mão pelo presidente de Stanford, Donald Tresidder: "Você está sabendo disto? Temos interesse? O que devemos fazer, caso sim?". A resposta de Terman está faltando, mas tenho certeza de que foi assertiva, seguida por uma ação.

Já no fim da vida, Fred Terman escreveu que não tinha arrependimentos: "Se eu pudesse viver minha vida outra vez, tocaria o mesmo disco". Ele morreu aos 82 anos em sua casa no campus. Centenas compareceram à Igreja Memorial de Stanford para prestar homenagem. Fazendo o elogio fúnebre, o presidente da universidade, Donald Kennedy, disse que a coisa mais notável de Terman era sua "capacidade de pensar no futuro". Não só de pensar nele, mas também de construí-lo.

Tudo isso estar acontecendo na Califórnia não era coincidência. O estado era — e até certo ponto ainda é — um lugar para o qual as pessoas fogem, um refúgio para amantes abandonados, empresários falidos e almas perdidas. Como disse William Foster, da Stratus Computer: "Se você fracassar no Vale do Silício, sua família não vai ficar sabendo e seus vizinhos não vão ligar".

A Califórnia tinha outra vantagem. Não havia muita coisa lá. O estado "nasceu moderno", como os historiadores gostam de dizer. Ele foi colonizado tardiamente e portanto ultrapassou a costa Leste, que era mais estabelecida. Sem uma cultura profundamente enraizada, quem chegava simplesmente inventava o que quisesse. Era uma aventura "faça você mesmo" desde o início.

O Vale do Silício é a maior manifestação da variedade americana de genialidade, "não só pensando novidades e criando coisas novas, mas encontrando uma utilidade para elas, usando-as para ganhar dinheiro", escreve o historiador Darrin McMahon.

Se os Estados Unidos têm algum recurso em abundância, é o otimismo, e ele, ou pelo menos certa quantidade dele, é um pré-requisito para a genialidade. Apesar da imagem do gênio taciturno, os cientistas criativos tendem a ser mais otimistas do que seus colegas menos criativos. Um estudo constatou que funcionários otimistas são mais criativos do que os pessimistas. E não dá para ser mais otimista do que o Vale do Silício.

"Brutalmente otimista", é como descreve um habitante. Em qualquer outro lugar do país, explica, sua nova ideia encontra uma avalanche de motivos pelos quais não vai dar certo; no Vale do Silício, ela encontra um desafio. *Por que não faz isso? O que está esperando?* É brutal.

Como um filme da Pixar ou uma sinfonia de Mozart, todas as pessoas e lugares bem-sucedidos operam simultaneamente em dois níveis. Há a mitologia do sucesso deles, e há os motivos reais por trás. Sim, algumas vezes as duas coisas coincidem, mas só de vez em quando.

A GENIALIDADE É FRACA: VALE DO SLÍCIO

O Vale do Silício não é exceção à regra; sua mitologia é tão bem polida quanto o lançamento de um produto da Apple.

O mito do Vale do Silício é mais ou menos assim. Digamos que estamos conversando sobre o desenvolvimento de um novo aplicativo, que possibilite aos usuários acesso à genialidade criativa dos grandes do passado apenas com o toque de um dedo. Em nosso Vale do Silício mitológico, a ideia surge, totalmente formada, perfeita em todos os aspectos, na mente de um garoto emburrado de 23 anos de calça jeans e jogado em um pufe. O tal pufe está localizado em uma "incubadora", uma casa ocupada por outros garotos de 23 anos, igualmente emburrados e brilhantes. Há café envolvido.

O bando de jovens gênios imediatamente reconhece o brilhantismo desta nova ideia e se aglomeram para um *brainstorming*. Em minutos, todos chegam a um acordo a respeito do nome, Einstyn, e imediatamente comemoram. Há cerveja IPA envolvida.

Nosso jovem gênio então consegue uma reunião com um capitalista de risco (também vestido de jeans, mas acompanhado de uma camisa social bem passada), que imediatamente reconhece o brilhantismo de Einstyn e assina um polpudo cheque. O capitalista de risco, uns trinta anos mais velho que nosso jovem gênio, oferece dividir seus conhecimentos adquiridos a duras penas. O jovem gênio recusa. Ele vai fazer do jeito dele, diz, seguir seu GPS interior. O capitalista de risco concorda com a cabeça. Uma festa de lançamento é dada, com a presença de jovens em forma vestidos de jeans e com expressões de superioridade complacente.

Nosso jovem gênio aluga um escritório em Palo Alto, ao lado de uma concessionária Tesla e não muito longe do local mais sagrado de todos, a antiga casa de Steve Jobs. Dentro de meses, Einstyn é lançado. Ele é recebido com... silêncio. Ninguém parece entendê-lo, o que leva nosso jovem gênio a concluir que as pessoas são idiotas. Enquanto isso, o Einstyn está queimando tanto combustível quanto um F-16 na decolagem. Logo o capitalista de risco cai fora da empreitada. Nosso jovem gênio, falido e desempregado, é imediatamente aclamado como herói, pois, como todos sabemos, o Vale do Silício acolhe o fracasso.

Um mês depois, de volta ao mesmíssimo pufe, nosso garoto tem outra ideia brilhante e totalmente pronta: um rastreador por GPS que permite às pessoas encontrarem meias perdidas. Ele o chama de Scks. O capitalista de risco adora a ideia (adora!) e assina outro cheque, ainda mais polpudo que o anterior.

É uma bela história, tão agradável de contemplar quanto o último iProduto. Vamos tirar a tampa traseira, no entanto, e dar uma olhada por dentro. Em primeiro lugar, nada de bom jamais saiu de um pufe. Nada. Estou falando por experiência própria. Sinto que a história do gênio é problemática de outras maneiras também, embora não saiba ao certo quais. Ao contrário de nosso garoto tecnológico, estou disposto a admitir quando preciso de ajuda. Em uma ironia que faria um escocês janusiano sorrir, recorro ao Homem Sem Celular.

Chuck Darrah, antropólogo e natural do Vale do Silício, chega à cafeteria de Mountain View de short, sandália e, fazendo jus a seu nome, sem celular. "Não quero que as pessoas consigam falar comigo tão fácil assim", diz ele, como se fosse a coisa mais óbvia do mundo, o que, agora que estou pensando nisso, de fato é.

De todas as outras formas, Chuck é o mais Vale do Silício possível. Ele nasceu no Hospital de Stanford, na época em que a região era mais conhecida como a capital das ameixas secas dos Estados Unidos. A área produzia pomares, frutas secas e não muito mais que isso. Para o jovem Chuck, a vida no Vale do Deleite do Coração, como era conhecido, era idílica. Tudo era um pouco melhor que nos outros lugares. As frutas eram mais gostosas, o ar mais puro. As nozes eram do tamanho de laranjas. "Foi um lugar muito tranquilo para crescer", diz ele, e vejo em seus olhos que ele me deixou, transportado para outra época, uma época melhor. O Éden antes do microchip.

Chuck admite que nunca imaginou nada disso. "Um dia, alguém virou para mim e disse: 'Tem um negócio novo chamado silício'. Daí eu falei: 'O que é isso? Parece o troço mais idiota do mundo'. E ele disse: 'Estamos fazendo chips para calculadoras'. E eu falei: 'Do que você está falando, cara?' Então eu não fazia ideia do que estava por vir." Agora, porém, Chuck é a Margaret Mead do Vale do Silício, atravessando o supercrescimento da rodovia US 101, estudando os nativos e seus modos estranhos. Ele acha isso incrivelmente fascinante.

Nós pedimos café e pegamos uma mesa do lado de fora. Podemos fazer isso porque é a Califórnia e o tempo hoje está perfeito, como todos os dias. A luz tem um brilho quase ateniense, e fico tentado a sugerir mais uma vez que o clima pode explicar o Vale do Silício. Mas eu me detenho. Nunca é o clima, pelo menos não só o clima.

O segredo do sucesso do Vale do Silício, ele diz, não é ter sido o melhor, mas simplesmente ter sido o primeiro. Chama-se "vantagem do pioneirismo", e isso explica muito, não só sobre o Vale, mas sobre todas as inovações. Pense no teclado do seu computador. As letras superiores esquerdas soletram QWERTY. Por quê? É a maneira mais eficiente de organizar as teclas? Dificilmente. Na verdade, é propositalmente *ineficiente*. As primeiras máquinas de escrever emperravam com frequência, então os designers dispuseram as teclas de modo a retardar o datilógrafo e minimizar o risco de emperramento. As máquinas de escrever aperfeiçoadas já não tinham mais tendência a emperrar, mas o teclado QWERTY já havia pegado. Os datilógrafos se acostumaram a ele e contornaram as limitações que ele impunha. Escolas de datilografia o ensinavam. Então ficou assim, mesmo não sendo a "melhor" disposição, assim como o formato de vídeo VHS superou o Betamax, uma tecnologia claramente superior. Da mesma maneira, os peregrinos se estabeleceram na baía de Massachusetts e não na Virgínia, como pretendiam, simplesmente porque se perderam.

A questão é: a "melhor" tecnologia ou ideia nem sempre prevalece. Às vezes, o acaso e a lei das consequências inesperadas acabam vencendo. É mais importante o que acontece *após* essas forças dizerem a que vieram. O VHS funciona bem, até ser suplantado por DVDs e agora por *streaming*. Os peregrinos enfrentam os invernos brutais da Nova Inglaterra e acabam prosperando. É a mesma coisa com lugares geniais. Eles podem não ser perfeitos ou lindos, mas nos desafiam de certas maneiras, e quando reagimos a esses desafios de um jeito ousado e criativo, as bases da era de ouro são erguidas. Mas, para isso acontecer, primeiro é preciso chegar lá. Isso explica a filosofia do Vale do Silício: é melhor ter um produto imperfeito para vender hoje do que um perfeito amanhã. Como Steve Jobs observou certa vez, até a lâmpada ser inventada ninguém reclamava que estava escuro demais.

Pioneiros como o Vale do Silício se tornam ímãs, e depois de imantados, um impulso irresistível toma conta. Mais uma vez, a criatividade é contagiosa. Vários estudos comprovaram que somos mais criativos quando rodeados de colegas criativos, mesmo que não interajamos diretamente com eles. E lembre-se que nossa criatividade aumenta só de assistir às "violações de esquema" (alguém comendo comida de café da manhã no jantar, por exemplo). O fato de estarmos na presença da criatividade nos inspira a pensar de maneira mais criativa também.

Eu mesmo sinto um pouco desse contágio. Após apenas alguns dias no Vale, começo a ver o mundo de outra forma. Começo a ver possibilidades que não via antes. Percebo palavras como *versão beta* e *hackathon* saindo fluentemente de minha boca. Não sou a mais empreendedora das almas, mas aqui, absorvendo o sol da Califórnia e o otimismo fervilhante, consigo me ver mudando o mundo — e também me tornando podre de rico nesse processo.

A caminho de me encontrar com Chuck, eu havia avistado uma caminhonete de mudança, estacionada do lado de fora de um prédio qualquer de escritórios em Mountain View. Os carregadores estavam ocupados empurrando cadeiras ergonômicas e mesas dinamarquesas, certamente retirando a carcaça de algum empreendimento fracassado e abrindo espaço para o próximo. O símbolo mais icônico do Vale do Silício não é o iPhone nem o microchip: é a caminhonete de mudança.

Essa fluidez, diz Chuck, é a chave para entender o Vale. Nada fica parado no Vale do Silício; o lugar tem uma energia cinética — não muito diferente da que vi em Calcutá, mas mais direcionada. O mantra do fundador do Facebook Mark Zuckerberg, "mude rápido e quebre coisas", se tornou parte da mitologia local, mesmo que ele tenha recentemente se distanciado da parte de "quebrar coisas" desse lema.

Veja as dez maiores empresas do Vale do Silício, diz Chuck. A cada cinco ou dez anos, a lista muda completamente, exceto uma ou duas, talvez. "Existe uma rotatividade inacreditável", diz ele. Este conceito não é novo. Isso me faz lembrar de Florença e o comitê que supervisionava o famoso Duomo, a Opera del Duomo, que fazia rodízio de liderança algumas vezes por ano.

Um dos maiores mitos sobre o Vale do Silício, diz Chuck, é que as pessoas aqui correm riscos. É um mito que simultaneamente é verdadeiro e falso, uma construção janusiana que divertiria um escocês. Chuck diz que o Vale do Silício celebra o risco, mas ao mesmo tempo "tem um dos melhores mecanismos para evitar as consequências do risco no mundo".

"Como o quê?"

"Pense bem. Esses empreendedores, pelo que nos dizem, merecem o dinheiro deles por causa dos riscos que correm. Mas você não vê as pessoas pulando do alto de prédios aqui. Elas tendem a cair de pé. Elas tendem a aterrissar em lugares como este, bebendo cappuccinos, porque o risco é um tipo específico de risco. A maioria das pessoas da alta tecnologia admite que, se perdessem o emprego, encontrariam outro. Elas podem até encontrar um melhor."

"Então elas estão trabalhando com uma rede de proteção?"

"Sim. Uma rede enorme. É mais fácil correr risco quando você está protegido dele."

Que diferença, penso, das pessoas que corriam riscos em Florença, onde, como me disse Sheila, a historiadora de arte, se você fracassasse, "você se destruía e destruía sua família por gerações".

Estou pensando nesse tipo de risco significativo, tomando meu bom café, olhando para os carros sem motorista do Google que passam por ali, quando o Homem sem Celular derruba outro mito do Vale do Silício. Especificamente, o mito de que é um celeiro de boas ideias. Não é. Confesso que isso me surpreende. Eu sempre pensei que o forte do Vale do Silício fosse a boa ideia.

"Besteira", diz Chuck, me corrigindo. O que torna o Vale do Silício especial não é a ideia em si, mas o que acontece depois que a ideia aparece aqui. A região "silicifica" as ideias da mesma forma que a Índia as indianiza. O que sai do liquidificador é reconhecível, mas fundamentalmente diferente.

No Vale do Silício as ideias não são inventadas, mas sim processadas de maneiras mais rápidas e inteligentes do que em outros lugares. "Se você tiver uma ideia, as pessoas irão lhe dizer onde essa ideia se encaixa na ecologia de ideias em vigor", explica Chuck. "Há mecanismos em ação e instituições criadas para reunir pessoas inteligentes." Se o Vale do Silício fosse um cérebro, ele não seria o lobo frontal ou sequer um neurônio; seria uma sinapse, um conector.

O Vale do Silício não tem a ver com tecnologia. Lógico, os produtos são tecnológicos, mas esses são os fins, não os meios. "As pessoas dizem que vêm para cá porque é um centro de tecnologia, mas isso é apenas uma maneira de justificar a mudança", diz Chuck. "O verdadeiro motivo pelo qual as pessoas vêm para cá é que os negócios são feitos de maneira diferente aqui, e é possível fazer negócio de diversas maneiras."

O Vale recebe bem os recém-chegados e tem a mesma habilidade de botá-los para fora. "Você conversa com pessoas que só estão aqui há algumas semanas e elas falam com você como se sempre tivessem feito parte do Vale do Silício. É um lugar absolutamente incrível para acolher pessoas e para soltar pessoas, deixá-las irem embora." Mais uma vez, lugares geniais são peneiras, além de ímãs.

Outro mito do Vale do Silício é ser superficial. Este, diz Chuck, por acaso tem fundamento. O residente comum conhece muitas pessoas, mas não muito bem ou profundamente. É exatamente isto que torna a região tão bem-sucedida — não o apego das pessoas ao lugar, mas a falta de apego. "As pessoas conseguem se inserir rapidamente nas redes de contatos e se retirar com a mesma facilidade, e é isso que é mágico nesse lugar. As pessoas não estão dizendo 'Vale do Silício até a morte, eu mato pelo Vale do Silício'. Muito pelo contrário."

Em 1973, um jovem sociólogo chamado Mark Granovetter escreveu um artigo acadêmico que, ao longo dos anos, tornou-se o artigo mais citado de toda a sociologia (29.672 citações na última contagem). Chama-se "A Força dos Laços Fracos". É um artigo curto, um "fragmento de uma teoria", como ele o chamou na época. Ainda assim, é fascinante tanto por sua simplicidade quanto por sua intrigante tese, contrária à intuição.

O título diz tudo. Os laços que consideramos fracos — conhecidos, colegas de trabalho etc. — são na verdade incrivelmente poderosos. Da mesma forma, os laços considerados fortes — amigos próximos, família — na verdade são fracos. Em seu artigo, Granovetter admite que isso parece não fazer sentido, mas acrescenta, provocando, que "os paradoxos são um antídoto bem-vindo às teorias que explicam tudo de maneira certinha demais".

Fico encantado com essa teoria, e desconfio que ela explique boa parte do sucesso do Vale do Silício. Estou decidido a encontrar Granovetter, onde quer que ele esteja. Dá para imaginar minha alegria ao descobrir que ele está bem aqui, em Palo Alto, uma cidade onde a possibilidade de coincidência, como em Calcutá, aparentemente é maior do que em outros lugares.

Na manhã seguinte, eu me encontro com Granovetter na sua sala em Stanford — que daria orgulho a Beethoven ou Einstein. Pilhas de papéis erguem-se de sua mesa como monumentos construídos por uma civilização já extinta. Ameaçando cair a qualquer momento, elas elevam-se acima do ocupante da sala, um homem compacto, quieto, mas não hostil.

Eu me sento, esticando o pescoço para enxergar Granovetter por trás das torres de papel, e lhe pergunto sobre seu fragmento de teoria. Como é que laços fracos podem ser fortes?

"Você tem mais probabilidade de aprender algo novo a partir de um laço fraco", ele me diz. Isso acontece por uma série de razões. Um vínculo fraco tem mais probabilidade de vir de origens diferentes da sua, beneficiando uma sociedade de imigrantes como Viena ou o Vale do Silício (hoje, 50% de todas as *startups* do Vale do Silício têm pelo menos um cofundador nascido fora dos Estados Unidos). Além disso, estamos mais dispostos a ofender alguém com quem temos vínculos fracos, e a disposição de ofender é uma parte importante da criatividade.

Ligações fortes nos fazem sentir bem, sentir que pertencemos, mas também restringem nossa visão de mundo. Um grupo com laços fortes tem mais probabilidade de cair no pensamento de grupo do que os com laços fracos.

Os vínculos fracos não são sempre bons, explica Granovetter. "Se você estiver em uma posição estável, em que não há muita coisa acontecendo, e a coisa que você mais precisa é de apoio, os elos fracos não vão ajudar muito." Mas em um lugar como o Vale do Silício, os laços fracos são preciosos.

Pense nas ligações fracas como pontos. Como vimos, quanto mais pontos à nossa disposição, melhor. Cada laço fraco é um ponto, e em lugares fluidos todos esses pontos formam um canal por onde o conhecimento é transmitido e as ideias são processadas.

A beleza da teoria dos laços fracos de Granovetter é que ela não só descreve o processo do Vale do Silício, mas também de muitos de seus produtos. O que é o Facebook, senão um supermercado de laços fracos? Mark Zuckerberg não inventou os vínculos fracos, mas os deixou "bem menos caros", diz Granovetter.

Ao longo dos anos, o fragmento de teoria de Granovetter foi posto à prova por outros cientistas sociais, e ele se sustenta. Jill Perry-Smith, professor de administração da Universidade Emory, analisou um instituto de pesquisa aplicada e constatou que os cientistas com mais vínculos fracos, em vez de poucos colegas próximos, eram mais criativos. Outros estudos tiveram resultados semelhantes, levando o psicólogo Keith Sawyer a concluir, de maneira um pouco irreverente, que "amizades sólidas não são boas para a criatividade".

Eu pergunto a Granovetter sobre isso, e ele diz que, embora isso possa ser verdade, tanto os vínculos fracos quanto os fortes têm suas vantagens. E ele quer deixar uma coisa clara: ele não está dizendo para cortar todos os nossos laços fortes. "Minha esposa não iria gostar nada disso."

Estou sentado em um Starbucks comum (existe algum outro tipo?) de um centro comercial comum em Sunnyvale. Poderia ser qualquer centro comercial de qualquer subúrbio, mas não é. Não se você conhece a história. Se você estivesse aqui no começo dos anos 1970, poderia ter notado dois adolescentes, dois molengas de cabelos grandes, jeans e jaquetas militares, andando em bicicletas velhas de dez marchas a caminho da loja de Owen Russell. Lá, eles compravam fios, cabos, placas-mãe, garras jacaré e depois voltavam para casa. Os molengas eram

Steve Jobs e Steve Wozniak, e eles estavam comprando partes para construir o Apple One, um dos primeiros computadores pessoais.

"Então, o mundo moderno começa aqui, nesse centro comercial absolutamente desinteressante", declara Michael Malone, com o tipo de certeza que passei a esperar aqui no Vale. Malone foi testemunha dessa história secreta. Ele cresceu a três quadras de Jobs e sempre via os dois Steves voltando da loja de peças, imaginando o que os dois estavam aprontando. Ele havia suposto que as garras jacaré eram "prendedores de bagana", para fumar maconha. Na verdade, os dois Steves, que fumavam bastante maconha, estavam seguindo um caminho ousado aberto por gente como Lee de Forest e Fred Terman décadas antes.

Malone é um maluco por história em um lugar que, ao que tudo indica, não dá a mínima para a história. Ele mora no Vale desde os doze anos, trabalhou na Hewlett-Packard durante um tempo, teve uma coluna muito lida no *San Jose Mercury News*, escreveu várias biografias de grandes personagens da região, e agora tem o título extraoficial de "professor emérito do Vale do Silício".

Sinto algo diferente em Malone, e depois percebo o que é. Ele é a única pessoa que vi usando blazer aqui. Uma escolha prática, diz ele um pouco defensivo, que veio da época do jornal, quando carregava o bloco de repórter no bolso lateral. No Vale do Silício, assim como na Escócia, até suas escolhas de roupas tem razões práticas.

Malone tem opinião, geralmente dita com o vocabulário de um marinheiro, sobre tudo, desde seus dias colhendo cerejas nos campos do condado de Santa Clara ("Que trabalho de merda.") até o lindo tempo ("O clima é importante. Todo mundo na costa Leste diz que não, mas isso é bobagem. É totalmente importante.") e a boa vida no Vale ("Fala sério, por que alguém *não* gostaria de estar aqui?").

Quando o pressiono sobre o verdadeiro segredo do sucesso do Vale do Silício, ele admite: "Há uma parcela de sorte em tudo isso".

Vamos examinar os "golpes de sorte" que o Vale do Silício teve, as várias partes que tiveram de se encaixar para que esse vale de pomares e ameixas secas, agradável, porém banal, se transformasse em uma potência econômica, a coisa mais próxima que temos de uma Atenas ou Florença moderna. A lista é longa. Ótimo clima. Uma tradição de mexer nas coisas, primeiro nos rádios e depois em transistores e microchips. Um professor brilhante e persistente e uma universidade que apoiasse seu estilo pouco ortodoxo. A guerra fria e os montes de dinheiro do governo proveniente dela. O movimento de contracultura dos anos 1960. Ao todo, era uma confluência enorme de boa sorte.

Alto lá, posso ouvir Dean Simonton dizer. Uma coisa é ter sorte, outra bem diferente é "tirar proveito do acaso". Qualquer um desses "golpes de sorte" do Vale do Silício poderia ter sido ignorado em outro lugar.

"Venha", diz Malone de repente. "Vamos."

"Onde estamos indo?"

"Você vai ver."

Entramos em sua caminhonete que, considerando seu blazer e sua atitude professoral, causa uma breve violação de esquema em meu cérebro, mas logo me recupero. Dirigimos por alguns minutos e depois paramos em um cruzamento, o tipo de cruzamento californiano onde pedestres não ousariam pôr os pés. Mas é isso que fazemos, saltando da caminhonete e ficando parados ali, com os carros zunindo por nós e os motoristas nos olhando como se fôssemos de Marte, ou possivelmente da costa Leste.

"Hum, por que estamos parados aqui no meio deste cruzamento?"

"Digamos que seja 1967."

"Ok, estou com você em 1967. Podemos ir agora?"

"E é umas cinco ou seis horas da tarde, em um dia da semana."

"Sim?"

"Se você estivesse parado aqui, você teria visto um garoto vindo nesta direção de bicicleta, indo para casa depois da aula de natação em Stevens Creek, e ele viria para cá e atravessaria até sua casa por aqui, e aí você veria outro garoto, também de bicicleta, e veria uma Mercedes voando pela Freemont Avenue, em direção ao Country Club de Los Altos. O garoto de bicicleta? Steve Wozniak, inventor do computador pessoal. O outro garoto de bicicleta? Ted Hoff, inventor do microprocessador. O cara da Mercedes? Robert Noyce, coinventor do circuito integrado, fundador da Fairchild e da Intel. Então você tinha o circuito integrado, o microprocessador, e o computador pessoal. Quando dinheiro vale isso no mundo moderno? Dez trilhões de dólares. Isso define o mundo moderno."

"Mas é só um cruzamento?"

"Exatamente. O que poderia ser mais Vale do Silício do que um cruzamento próximo a uma rodovia suburbana, com gênios cruzando caminhos?"

Lugares, assim como obras de arte, podem ser bonitos em excesso. Suas ornamentações distraem do propósito sério em questão. O Vale do Silício não tem esse problema. A rua principal da região, El Camino Real, com suas lojas de escapamento, lavanderias e lanchonetes de fast-food, podia estar em qualquer lugar dos Estados Unidos. Como vimos, a genialidade não precisa de um paraíso. Ao longo dos anos, muitos gênios fizeram seus melhores trabalhos em locais estranhos. Einstein, por exemplo, escreveu sua teoria da relatividade geral na mesa da cozinha de seu escuro apartamento em Berne.

A genialidade não precisa de ambientação extraordinária porque ela enxerga o extra no que é ordinário. As coisas mundanas e chatas às vezes são as mais importantes. Pense em "ações preferenciais fracas". Não são tão sexy quanto o Apple Watch ou o carro do Google que dirige sozinho, mas ainda assim são das inovações mais importantes do Vale, e cruciais para o seu sucesso. Isso criou toda uma nova estrutura de ações que facilitou a fundação de novas empresas. Chato, mas importante.

Durante minha temporada no vale do Silício, tenho vários flashbacks. Eu fico pensando: "Espere aí, isso aqui não é novidade nenhuma. É assim que fizeram em Atenas, em Florença ou em Hangzhou". Eu não digo isso em voz alta. Ninguém quer ouvir. Eles acreditam demais na ilusão de que o Vale do Silício foi criado *ex nihilo*, do nada. O Vale do Silício, na verdade, é um lugar Frankenstein, montado com várias partes de épocas de ouro do passado, que foram soldadas formando algo supostamente novo.

Por onde quer que eu olhe, detecto elementos dessas épocas de ouro do passado. Como na antiga Atenas, as pessoas aqui são motivadas por algo além do ganho pessoal. Elas não estão fazendo as coisas para si próprias, pelo menos são só por elas, mas sim para promover sua religião — fazer do mundo um lugar melhor através do poder transformador da tecnologia. Uma pesquisa recente da empresa de consultoria Accenture constatou que as pessoas que trabalham no Vale do Silício se importam mais com o que seus colegas pensam do que pessoas que trabalham em outros lugares. Eles são trabalhadores profundamente leais. Sua lealdade, no entanto, não é a nenhuma empresa específica, mas sim uns aos outros e à crença na tecnologia.

O Vale do Silício se assemelha mais a Edimburgo. Isso não é nenhuma coincidência; os fundadores dos Estados Unidos foram profundamente influenciados pelo Iluminismo escocês. Os gênios daquela época, como você se lembra, não eram apenas pensadores, mas também aperfeiçoadores. Eles eram homens de ação, guiados pela Doutrina do Melhoramento. *Tem de haver um jeito melhor.*

Estou animado para meu encontro com o Homem do Olho que Faz Curva. É assim que Roger McNamee é conhecido em algumas partes do Vale. Capitalista de risco, músico, amigo e sócio do Bono, ele tem

A GENIALIDADE É FRACA: VALE DO SLÍCIO

o tipo de visão elevada que é essencial para adorar divindades hindus ou fundar *startups*.

Estou aguardando em uma pequena sala de conferências da famosa Sand Hill Road, em Menlo Park, a Wall Street do Vale, com sua fileira de escritórios agradáveis, mas totalmente comuns, quando Roger entra. Ele se parece exatamente como eu esperava: calça jeans, camiseta, pulseiras trançadas e cabelo comprido. Ao discutir práticas de negócios, é bem mais provável que ele cite Jerry Garcia do que Michael Porter. Ao contrário do Homem Sem Celular, o Homem do Olho que Faz Curva possui vários, que ele coloca sobre a mesa como talismãs.

Até aqui, tudo bem. Mas você pode imaginar minha decepção quando ele rapidamente me desmente essa história de enxergar depois da curva. "Isso tudo é besteira", diz ele, utilizando uma palavra que já escutei mais do que *microchip* desde que cheguei aqui.

"Tudo bem", digo. "Mas se você não enxerga depois de curvas nem através de paredes, o que é que você faz, exatamente?"

"Eu estudo história. Faço antropologia em tempo real. Depois eu formo uma hipótese a respeito do que deve vir em seguida, com probabilidade relativa."

É assim que Roger fala. Como um Galton hippie. Roger, eu percebo logo, personifica um tipo específico do Vale do Silício: socialmente desajeitado, mais confortável com números do que com gente, mas que paradoxalmente também tem percepções raras sobre nossas relações sociais, que os observadores mais extrovertidos não têm. O Vale, onde os nerds heroicos dominam, é um ótimo lugar para gente como Roger McNamee.

Eu o pressiono. O que exatamente você *faz*? Como você decide se vale a pena apoiar uma ideia ou não?

"Estou aberto à ideia de o futuro ser diferente do passado, mas sem compromisso."

Tenho outro flashback. Outra vez ao Iluminismo escocês, pois essas palavras poderiam tranquilamente ter saído da boca de David Hume. Roger acabou de pronunciar o empirismo de Hume, uma doutrina da filosofia, só que com um toque californiano. Hume estava aberto à possibilidade de futuro ser igual ao passado, mas sem compromisso. Só porque o sol nasceu ontem, dizia ele, não significa que nascerá amanhã. David Hume daria um excelente capitalista de risco.

Roger, como aquela outra invenção escocesa, Sherlock Holmes, adota em enfoque de detetive em seu trabalho, focando em motivo e oportunidade — principalmente oportunidade, pois essa parte da equação, "é enormemente subvalorizada. Fico sentado aqui ouvindo as pessoas dizerem que o sucesso delas se baseia em suas habilidades. A quantidade de autoenganação aqui é impressionante", diz ele.

Na visão de Roger, lugares geniais como o Vale do Silício têm relação com a criação de massa crítica — a transição de fase de Martin Guttmann — e existem duas maneiras de fazer isso, com o espaço e com o tempo. O tempo importa. Tire Leonardo da Vinci de Florença no século XVI e o jogue na Florença do século XXI. Ele deixará de ser gênio para virar detento de uma linda prisão.

"Tudo é fluxo", disse Heráclito, e essa ideia da antiga Grécia influencia todos os aspectos da vida no Vale, onde uma crença quase teológica em fluidez se misturou a um evangelismo tecnológico, ou, como diz Roger, "essa ideia de que o mundo precisa mudar para que nós passemos a conduzi-lo".

Esse tipo de otimismo descarado é útil, mas só se temperado com uma profunda compreensão de *timing*. Tipos tecnológicos chegam todos os dias ao Vale do Silício na esperança de serem o próximo Mark Zuckerberg, esquecendo-se de que, como Roger me diz: "Esse negócio de Zuckerberg acabou, e pode levar dez anos até termos o próximo Zuckerberg. Essas coisas não acontecem sob demanda, porque, para que elas deem certo, as pré-condições de aceitação social do que você está fazendo precisam existir".

Mozart não poderia ter dito isso de maneira melhor. Ele sabia que o público era importante, e devia seu sucesso, pelo menos em parte, às plateias altamente apreciadoras que havia encontrado em Viena. Os habitantes do Vale do Silício (os inteligentes, pelo menos) também reconhecem a importância do público. Esse público, porém, não é a corte real ou conhecedores de música. É o planeta inteiro — qualquer um com uma conexão de internet e alguns dólares para gastar.

Um dos mitos mais persistentes do Vale do Silício é que ele é totalmente livre de tradições, um lugar que existe no futuro próximo, sem a menor consideração pelo passado. Mas preste atenção a essa citação: "Você não consegue realmente entender o que está acontecendo sem entender o que veio antes". Essa declaração poderia tranquilamente ter sido proferida por um grego antigo, um filósofo chinês, ou talvez um escocês da era iluminista.

Essas, no entanto, são palavras de Steve Jobs. Ele estava falando sobre sua relação com Robert Noyce, pai do microchip. Jobs, notoriamente autoconfiante, procurou Noyce para aconselhá-lo nos primórdios da Apple. Anos depois, os fundadores do Google foram atrás de

A GENIALIDADE É FRACA: VALE DO SLÍCIO

Jobs pedindo conselhos. Quando Mark Zuckerberg enfrentou problemas no início do Facebook, ele pediu ajuda a Roger McNamee.

Toda era de ouro tem um sistema de mentores, seja reconhecido ou não. Em incubadoras e *startups* por todo o Vale, existem versões high-tech da oficina de Verrocchio. Elas são menos empoeiradas e têm consideravelmente menos galinhas e coelhos pelo chão, mas o princípio é o mesmo: veteranos mais velhos, mais experientes, transmitindo seus conhecimentos aos novatos afoitos. Claro, esses novatos são menos pacientes que Leonardo da Vinci, e poucos seriam capazes de aguentar um aprendizado de uma década, mas eles certamente concordariam com a máxima de Leonardo: "O aluno que não supera seu mestre é medíocre".

Esses garotos podem não saber que estão aderindo a uma tradição, mas estão, mesmo que essa tradição seja de "perturbar" a tradição. Cultura é DNA social. Ela transmite tradições de uma geração a outra, em grande parte invisível para nós. Podemos não saber qual grupo específicos de genes nos deu olhos azuis, mas eles ainda são azuis. Da mesma forma, nós nos comportamos de certas maneiras por causa de DNA social invisível.

Um bom exemplo são os escritórios abertos. As evidências de que eles não funcionam hoje já são bem claras, que eles oprimem a criatividade, em vez de estimulá-la. Mas você entra em qualquer *startup* do Vale e vê escritórios abertos. Por quê? Porque é assim que sempre foi feito.

É claro, apelar para a tradição não é a melhor maneira de arrancar um cheque polpudo das mãos bem-feitas de um capitalista de risco. Não dá para chegar e dizer: "Meu app revolucionário é baseado em séculos de tradição". Não, você precisa fingir que ele é radicalmente novo e disruptivo. Todo mundo no Vale do Silício interpreta essa farsa. Os jogadores espertos, porém, percebem que é uma farsa.

Nossa discussão inevitavelmente se volta ao assunto favorito do Vale do Silício: o fracasso. Pergunto a ele sobre o truísmo de que o Vale do Silício acolhe o fracasso.

Sim, o fracasso faz parte do jogo, diz ele, mas ele é um meio, não um fim. Se você fracassa repetidamente e da mesma maneira, você é um idiota, não um gênio. O princípio fundamental de um "fracasso bem-sucedido" é o método científico. "Método científico é fracassar até encontrar algo que funcione, certo? É fracassar de maneira consciente e eficiente. O fracasso pode ser uma experiência maravilhosa de aprendizagem, contanto que auxilie algum processo contínuo." O importante, de acordo com ele, é fracassar logo. "Você já mata imediatamente as coisas que não estão funcionando."

Aqui nós deparamos com o que se tornou um mantra do Vale do Silício: "Fracasse rápido" e seu derivado "fracasse rápido, fracasse melhor". Embora fracassar rápido seja uma boa ideia — todos os gênios ao longo dos tempos tinham essa habilidade de reduzir suas perdas e seguir em frente — acho que esses slogans erram o alvo. Fracasse melhor? O que isso quer dizer? É impossível fracassar melhor, só dá para fracassar diferente.

Charles Darwin, cujas teorias dizem muito do Vale do Silício (estamos todos evoluindo!), sem dúvida nos aconselharia a fracassar de maneira tola. Seus "experimentos de tolos" eram criados para cutucar o destino, na expectativa de que hoje fosse diferente de ontem e amanhã diferente de hoje. Darwin, assim como o Vale do Silício, acolhia possibilidades, não o fracasso.

Essa abordagem do fracasso de encaixa perfeitamente com o Poder das Limitações. As melhores ideias, defende Roger, são aquelas que vêm ao mundo imperfeitas, partidas. Elas exigem trabalho, e através do refinamento, fracassando tolamente repetidas vezes, acaba surgindo algo melhor, algo bom. O sucesso do Vale do Silício é construído sobre as carcaças de seus fracassos. No Vale, o fracasso é fertilizante. Como todos os fertilizantes, no entanto, ele precisa ser utilizado por um agricultor habilidoso, do contrário é inútil e cheira mal.

Como eu disse, pouca coisa foi de fato inventada no Vale do Silício. O transistor foi inventado em New Jersey, o telefone celular, em Illinois, a World Wide Web, na Suíça, o capital de risco, em Nova York. Os residentes do Vale, como os antigos atenienses, são uns tremendos aproveitadores. O que Platão disse sobre os gregos é válido para o Vale do Silício. O que eles pegam emprestado (ou roubam) dos forasteiros, aperfeiçoam. Não, o Vale do Silício não é o lugar onde as boas ideias nascem. É o lugar onde elas aprendem a andar.

Também é o lugar onde muitas ideias morrem. Todos os dias, elas são derrubadas, inclemente e sistematicamente. Essa é a verdadeira genialidade do Vale. Toda época de ouro precisa de discernidores, pessoas com o dom de distinguir boas ideias das ruins, bela música da música competente, descobertas científicas de avanços incrementais, um poema sublime de uma salada de palavras. Em Atenas, esse papel era desempenhado pela *pólis*, os cidadãos. Na Viena musical, era a corte real e os ouvintes discernentes. Em Florença, eram os patronos, especialmente os Médici. Quem são os Médici do Vale do Silício?

Não existe uma única resposta para essa pergunta, mas os capitalistas de risco, além dos chamados investidores anjo, provavelmente são os que chegam mais perto. Não é uma analogia perfeita — Roger zomba desse conceito —, mas, em um mundo onde o dinheiro determina quais ideias são alimentadas e quais morrem à míngua, quem controla o dinheiro controla muita coisa.

Eu gosto de Roger. Gosto da maneira que ele fala, como um cientista que tem problema com poesia. Gosto da maneira que ele enxerga o Vale do Silício, de olhos abertos, e não com um Google Glass cor-de-rosa. Ele é um gênio? Não tenho certeza, mas ele certamente tem tendências geniais — a habilidade, por exemplo, de se concentrar totalmente em um problema por mais tempo que a maioria de nós consideraria normal. No entanto, ele também pratica a "atenção desfocada" e tem vários interesses externos. Ele lê quarenta romances por ano e toca em uma banda chamada Moon Alice. "Os livros me ajudam a compreender os outros. A música me ajuda a compreender a mim mesmo", diz ele, antes de nos despedirmos. Eu me viro para ir embora, mas paro para lhe fazer uma última pergunta.

"Você é inteligente ou sortudo?"

Roger nem hesita. "Que diferença isso faz, porra?"

Ao caminhar de volta a meu carro, percebo que a resposta dele, dita com vocabulário colorido, na verdade é uma coisa bem grega de se dizer. Quem somos nós, meros mortais, para dizer onde o mundo da atuação humana termina e o dos deuses começa?

Eugene, meu falecido amigo de Florença, teria gostado do Vale do Silício. Como uma boa piña colada, o lugar acerta nas proporções, equilibra competição implacável com colaboração generosa e sábia. (Um estudo constatou que pessoas que já competiram umas com as outras depois são mais capazes de colaborar do que as que nunca se enfrentaram.) É simultaneamente grande e pequeno — grande o bastante para ter impacto global, mas pequeno o suficiente para as pessoas ainda usarem só os primeiros nomes. Combina motivações intrínseca e extrínseca. *Estou fazendo isso porque amo e, ah, também estou ganhando rios de dinheiro.* É um lugar altamente social, mas onde os introvertidos reinam. É um lugar que está chacoalhando o mundo, mas também que se importa profundamente com o que os outros pensam, com o que *você* pensa. É um lugar onde saltos extraordinários são feitos em um palco bastante ordinário. O que quer que você diga corretamente sobre o Vale do Silício, o oposto também é verdade.

Mitos não são necessariamente ruins. Eles têm um propósito. Mitos inspiram. Uma sociedade completamente livre de mitos não seria criativa. Pense em um dos mitos mais intratáveis do Vale do Silício: a lei de Moore. Inicialmente observada por Gordon Moore, cofundador da Intel, ela diz que o poder de processamento dos microchips dobra a cada dois anos.

A lei de Moore não é lei coisíssima nenhuma. É um contrato social, uma provocação ou, se estiver se sentindo menos generoso, um chicote. Mas ao formulá-la como "lei", tão imutável quanto a lei da gravidade, Moore e seus sucessores transformaram uma possibilidade em uma expectativa, uma inevitabilidade. É um belo truque de mágica, e a maior inovação do Vale do Silício.

Vamos voltar ao nosso jovem "gênio" do Vale do Silício e ver como esse processo se desdobra na realidade. Sim, ele mora em uma incubadora e sim, há café envolvido. Mas as semelhanças param por aí. Para começar, a ideia do Einstyn não é dele, não só dele. Ele a roubou, à grega. Mas, seguindo o conselho de Platão e Roger McNamee, ele aperfeiçoa a ideia. Nada disso acontece sem esforço. Ele tem dificuldade. Sua ideia é revisada e revisada várias vezes. Ele é tomado por dúvidas, mas, impulsionado por alguma força desconhecida, talvez um pouco de recalque, ele persiste. Infelizmente, ele fracassa. Mas ele não fica remoendo esse fracasso. Ele o observa, percebendo exatamente onde e como fracassou, e jura fracassar de maneira diferente da próxima vez. Por fim, ele acaba obtendo sucesso, mas com um Einstyn que não se parece em nada com o conceito original. Em nenhum momento entra um pufe nessa história.

Nosso jovem gênio enfrenta desafios que os gênios do passado não enfrentaram. Esses desafios são melhor explicados pelo princípio de Heisenberg, que diz que é impossível separar a observação de uma experiência de seus resultados. O simples ato de observar altera o resultado. Isso é exatamente o que está acontecendo no Vale do Silício hoje e o que o distingue das eras de ouro do passado. Na antiga Atenas, não haviam pesquisadores constantemente medindo a opinião pública. Na Florença renascentista, eles não paravam as pessoas nas ruas e perguntavam se estavam muito otimistas, pouco otimistas ou nada otimistas em relação ao futuro. O experimento chamado Vale do Silício é afetado todos os dias pela observação dele. Nós todos somos participantes ativos de seu resultado. Toda vez que você faz uma busca no Google ou compra o último iProduto, você está, de uma pequena maneira, determinando o rumo que o Vale do Silício toma.

Ao contrário de Atenas ou Florença, o Vale do Silício está sofrendo a ressaca de sua época de ouro *agora mesmo*, enquanto ainda está acontecendo. A pressão de ser o próximo Steve Jobs ou Mark Zuckerberg é enorme. Se um estudante de engenharia de Stanford não teve um IPO até o terceiro ano, ele se sente um derrotado. O futurista Paul Saffo me conta que dá aula em Stanford há dez anos, e só recentemente teve seu primeiro aluno preguiçoso. "Foi tipo 'nossa, que alívio'."

O Vale do Silício difere de outras eras de ouro de outra maneira importante. O que ele cria — tecnologia digital em suas muitas formas — também determina como e o que o restante de nós cria. Isso não acontecia, por exemplo, na Florença renascentista. A *Mona Lisa* é uma obra de arte sublime, e sem dúvida inspirou muitos pintores daquela época e de hoje, mas ela não mudou a forma que um lojista faz sua contabilidade ou que um príncipe governa seu território. A tecnologia digital, por outro lado, se insere em cada canto de nossas vidas. Nunca antes na história um lugar havia tocado tantas vidas, para o bem ou para o mal.

Como vimos, uma era de ouro não dura muito. Algumas décadas, talvez meio século, e depois desaparece tão repentinamente quanto surgiu. Lugares geniais são frágeis. Eles são bem mais fáceis de destruir do que de construir. O Vale do Silício, pelos meus cálculos, está chegando a um século, velhíssimo em termos de genialidade. Tem sido uma bela história, mais longa do que a de qualquer outo lugar dos Estados Unidos, com a possível exceção de Hollywood. Será que seu tempo acabou? Será que ele pode ter o destino de Atenas e Detroit?

Isso pode parecer absurdo, considerando o ambiente inebriante e os sólidos preços das ações no Vale, mas em 1940 ninguém em Detroit viu o fim se aproximar, da mesma forma que os atenienses em 430 a.C. Só os vienenses de 1900 sentiram que o fim estava próximo ("um laboratório de fins de mundo"), e isso, ironicamente, inspirou um último e dramático surto de produção criativa. Não podemos correr para a linha de chegada se não soubermos onde ela está, ou pior ainda, se nos iludirmos que a corrida continuará para sempre.

Conheço muita gente no Vale que descarta qualquer conversa de declínio. Eles me lembram que as pessoas preveem o fim do Vale do Silício desde os anos 1970, no entanto a região continua a — odeio usar este termo horroroso, mas nenhum outro bastará — se *reinventar*. Dos rádios amadores aos transistores, dos circuitos integrados à nuvem, reinvenção gera reinvenção.

Sim, o Vale se mostrou ágil (de uma maneira bastante limitada; mudar de hardware para software não é exatamente o mesmo que mudar de arte abstrata para física teórica), mas não é imune às leis da natureza. O sol não nasce no oeste e as árvores não crescem para a lua. Nem mesmo as sequoias da Califórnia.

A continuação do sucesso do Vale do Silício depende, ironicamente, não de um novo aparelho brilhante, mas de aprender as lições da história. Infelizmente, não existe aplicativo para isso, mas há algumas medidas que o Vale pode tomar, e armadilhas que pode evitar, se quiser vencer as estatísticas e viver até uma idade ainda mais avançada.

Grandes civilizações atingem a grandeza por razões diferentes, mas desabam essencialmente pelo mesmo motivo: arrogância. Nenhuma civilização, não importa quão grandiosa, está imune a essa "vaidade insidiosa", como chama o professor universitário Eugene Von Fange. Aqui ele descreve o declínio da Atenas clássica, mas suas palavras poderiam muito bem se aplicar a qualquer época de ouro que começou a perder seu viço. "Logo, seus filhos, mimados pela utilização de todas as grandes coisas que seus pais e avós criaram, tornaram-se tão indefesos quanto recém-nascidos ao enfrentarem a dura realidade de um mundo agressivo e em transformação."

Não é preciso ser Einstein para ver os sinais dessa vaidade insidiosa no Vale. A ostentação empinou sua cabeça brilhante, e isso nunca é um bom sinal. Você se lembra que este foi o caso de Atenas também; o declínio da cidade pode ser relacionado quase de maneira exata a um aumento concomitante do luxo e do gosto por comidas gourmet. Quando se trata de épocas douradas, a ostentação é o canário na mina de carvão.

Outro sinal de que o Vale se perdeu é que ele está começando a confundir os meios e os fins. O conceito tão alardeado de agitação antes era visto como um resultado, um efeito colateral da inovação. Agora ele se tornou um fim por si só — vide o advento das "conferências de agito". Isso não é bom. Sócrates não "agitou" Atenas porque deu vontade. Ele tinha um propósito em mente, e esse propósito era nada mais, nada menos que a sabedoria.

Não existe criatividade de maneira abstrata. Da mesma forma, não existe inovação de maneira abstrata. Descrever a si mesmo como empreendedor ou agitador é tão sem sentido quanto descrever-se como atleta ou pensador. Ah, é? Que esportes você joga? Você pensa sobre o quê?

O que provoca uma época de ouro não é necessariamente o que a mantém em atividade. As boas conseguem mudar as fontes de combustível no meio do processo. A Renascença foi inicialmente alimentada pelos textos antigos recuperados, mas os humanistas que os descobriram logo produziram suas próprias ideias, seu próprio impulso intelectual. O Vale do Silício, se quiser sobreviver, precisa encontrar fontes alternativas de energia, novas maneiras de *ser* criativo, e não apenas novos produtos criativos.

Ele também precisa se lembrar de que o pequeno não só é bonito, mas também criativo. A largura é outra forma de complacência, e que é especialmente traiçoeira. Empresas como Apple e Google reconhecem este perigo e, embora atualmente sejam corporações enormes, tentam se comportar como as pequenas *startups* que um dia foram. Elas fazem isso decentralizando as tomadas de decisões, por exemplo, uma jogada bem mais importante que todos os pufes do mundo.

Além das pequenas dimensões, é essencial que o Vale do Silício permaneça fluido. Ele precisa manter as caminhonetes de mudança em movimento, o fertilizante fluindo. Isso não é fácil, mas o Vale do Silício tem uma coisa a seu favor: o produto da região, tecnologia de informação, é inerentemente difuso. Os nós e as redes de um sistema de TI espelham as redes sociais do Vale do Silício — ou talvez seja o inverso; não importa. O que importa é que o Vale mantenha essas redes fluindo e agitadas como uma corredeira classe V, classificada como violenta, extremamente difícil, extensa e com quedas íngremes.

Outra lição importante do Vale do Silício vem de uma origem improvável. Um dia eu acordo e vejo Jack Ma olhando para mim. Ele acabou de tornar pública sua empresa, Alibaba, na Bolsa de Valores de Nova York, e agora vale não os 3 bilhões de dólares de quando o conheci, mas 26 bilhões de dólares. Lá está sua cara sorridente estampada em websites por toda a parte. Muito bem, Jack, penso eu, e silenciosamente calculo quanto *guanxi* seria preciso agora para conseguir um encontro com ele. Aqueles zeros todos. Minha cabeça dói. A notoriedade de Jack, no entanto, faz eu me lembrar de que há mais uma maneira de ser criativo e de alimentar lugares criativos.

O Vale do Silício já olha na direção da Ásia. Muitos produtos seus são fabricados lá e, cada vez mais, vendidos lá também. Nas ruas de Mountain View, você vê rostos asiáticos, restaurantes asiáticos, sem falar nos centros de meditação e estúdios de ioga. Uma lição do Oriente que, na minha opinião, faria bem ao Vale, é que tudo que sobe, desce, mas acaba subindo de novo. Não é essa a visão do Ocidente. Nós acreditamos que o tempo corre como um rio, e portanto encaramos o declínio como uma viagem sem volta. Quando você começa a escorregar, não existe outro sentido a não ser para baixo. Essa perspectiva se torna uma profecia autorrealizável, na qual o declínio só gera mais declínio. (Viena sendo a exceção que comprova a regra.)

A China e a Índia nos lembram que não precisa ser assim. Se você encara o tempo como cíclico, o declínio se torna reversível. Isso pode parecer uma distinção filosófica sutil, mas não é. A China, por exemplo, já teve altos e baixos ao longo de sua história, em parte porque ela acredita que há altos e baixos.

O Vale do Silício levanta outro problema grave: será que este é o último grande lugar? Será que é o fim da linha para as eras de ouro, a morte não só dos lugares geniais, mas da localização propriamente dita? Certamente, os magos do Vale querem nos fazer acreditar nisso. A geografia, dizem eles, é tão cinco minutos atrás. Graças à internet e suas assistentes digitais, você pode viver e trabalhar em qualquer lugar. A localização se tornou irrelevante.

Não é interessante, porém, que esses profetas de um futuro sem lugar morem todos no mesmo lugar? Eles comem nos mesmos restaurantes, bebem seus lattes duplos nos mesmos cafés, andam com suas bicicletas de 10 mil dólares nas mesmas estradas ondulantes. O Vaticano do Vale do Silício, o gigantesco campus do Google, é projetado para facilitar o contato cara a cara. O Yahoo!, de todas as empresas, anunciou recentemente que estava eliminando o trabalho remoto. Todos eles sabem que, como diz o futurista Paul Saffo, "nada *propínqua* como a *propinquidade*".

A geografia não morreu. A localização importa. Importa mais do que nunca. A proliferação da tecnologia digital tornou o local mais relevante, não menos. Quanto mais usamos Skype e nos mandamos e-mail, maior é o desejo de contato frente a frente. As viagens aéreas são mais populares desde o advento da tecnologia digital, não menos. Jovens ambiciosos da China e da Índia sonham em trabalhar no Vale do Silício de verdade, não em uma imitação virtual. Eles saborearam os frutos da colheita e querem fazer parte do plantio. Cada iPhone é uma migalha de pão que leva à terra prometida.

Talvez o principal produto de exportação do Vale do Silício seja... o Vale do Silício. Urbanistas de todas as partes querem saber qual é o molho secreto, e estão dispostos a pagar por ele. Apareceu uma indústria caseira de consultores, e com a ajuda deles dezenas de lugares tentaram replicar o Vale do Silício, da Inglaterra (o Vale do Tâmisa) a Dubai (Oásis do Silício). Com poucas exceções, todos fracassaram. Por quê?

Um dos motivos é que eles pensam que o Vale do Silício é uma fórmula, esquecendo-se de que é uma cultura, o produto de uma época e um local específicos. Quando eles o reconhecem como uma cultura, tentam transplantá-la para a sua própria. Invariavelmente, essas tentativas fracassam pelo mesmo motivo que muitos transplantes de órgão: o doador e o receptor não são compatíveis.

Talvez o motivo mais importante desses aspirantes a Vale do Silício fracassarem seja simplesmente o fato de serem apressados demais. Os políticos querem ver resultados ainda durante o mandato, os CEOs, no próximo trimestre. Não é assim que as coisas funcionam. Atenas, Hangzhou, Florença, Edimburgo. Todas elas foram resultado de longas gestações, marcadas por complicações dolorosas (vide a Peste Negra e as Guerra Persas). Cidades e países que tentam replicar o Vale do Silício acham que precisam criar um lugar sem fricção, quando na verdade a fricção e a tensão, pelo menos em certa medida, impulsionam os lugares geniais.

Todos esses esforços levantam uma questão maior: é possível construir um lugar de genialidade? Não só um Vale do Silício, mas também uma Atenas ou Florença? Ou será que isso é igual a tentar criar um arco-íris ou uma família feliz, uma ideia legal, mas totalmente inviável? Esta é a questão mais perturbadora que encontrei até agora. Felizmente, as respostas estão apenas a alguns quilômetros ao norte daqui, em uma padaria.

ONDE NASCEM OS GÊNIOS
ERIC WEINER

Eu mordo o pão. Está quentinho, macio e molhadinho. Genialidade pura... desculpe, impura. Massa fermentada não é exclusiva de San Francisco; ela foi inventada no antigo Egito. Mas atualmente a massa de San Francisco é amplamente considerada a melhor do mundo. Por quê? O pequeno museu da padaria Boudin, no Fisherman's Wharf, dá algumas pistas. Por três dólares, você pode aprender mais sobre massa fermentada do que jamais quis saber.

Descubro que o fundador da empresa, um jovem padeiro francês chamado Isidore Boudin, mudou-se para San Francisco em 1849, no auge da corrida do ouro. Isidore era um padeiro observador, com um profundo conhecimento de "como as condições ambientais, como a maresia, afetam o processo de fermentação e assadura".

O museu dá uma explicação intrigante para a excelência da massa de San Francisco. O pão é especialmente sensível à presença de certas bactérias no ar. Ele depende desses micróbios para o seu sabor. San Francisco, explica a útil plaquinha, tem uma bactéria especialmente apropriada para assar massa lêveda. Lá está ela, uma pestinha com formato de bastão contorcendo-se sob o microscópio, chamada *Lactobacillus sanfranciscensis*.

É uma bela explicação, mas enganosa. Explicar a massa de San Francisco pela presença de um micróbio é cair na armadilha de Galton — isto é, atribuir a gostosura do pão a um único fator, e biológico, ainda por cima, assim como Galton atribuiu toda a genialidade aos genes "certos". Essa explicação deixa de considerar todos os outros fatores que entram na confecção de um bom pão: as inovadoras técnicas de assadura de Isidore Boudin, a cultura de panificação que evoluiu durante a corrida do ouro de San Francisco, os mineiros que alimentaram a indústria nascente com seus dólares, sem falar no inconveniente fato de que Nova York e Paris também têm muitos micróbios interessantes, inclusive, sim, o *Lactobacillus sanfranciscensis*.

Não é só a massa fermentada que nos confunde. Olhe pela janela. O meteorologista da sua região acertou? Apesar de nossas muitas realizações científicas, ainda não somos bons em prever o clima por mais de alguns dias. Isso não é porque o tempo é totalmente aleatório, como uma roleta no céu. Sistemas climáticos se comportam de maneira racional, mas fazem isso como parte de um "sistema dinâmico não linear".

É um nome de encher a boca, mas significa essencialmente um sistema onde dois mais dois nem sempre é igual a quatro. Em um sistema linear, pequenas contribuições produzem pequenos resultados. Gire seu volante um pouquinho e o carro vira um pouquinho para a direita ou para a esquerda. Em um sistema não linear, pequenas contribuições produzem grandes, às vezes gigantescos, resultados. Gire o volante um pouquinho e o carro dá meia-volta, ou seu micro-ondas para de funcionar algumas horas depois.

O exemplo mais conhecido desse fenômeno é o efeito borboleta. Ele descreve uma situação na qual o bater das asas de uma borboleta na Argentina, por exemplo, afeta a trajetória e a intensidade de um furacão na costa das Ilhas Bermudas semanas depois. Parece absurdo, mas não é. Variações minúsculas nas condições iniciais de um fenômeno — tal como a perturbação do ar causada pelas batidas das asas de uma borboleta — podem se transformar em efeitos muito maiores em um tempo relativamente curto. O problema, e o motivo pelo qual a cultura pop entende isso de forma tão errada, é que os cientistas acham extremamente difícil, talvez impossível, de prever exatamente como essa série de acontecimentos em cascata irá se desdobrar. Não é a aleatoriedade das condições meteorológicas que torna a previsão do tempo tão difícil, mas sim a *interconectividade* delas.

Isso se parece demais com a criatividade, especialmente a criatividade colaborativa. Quando um trio de jazz improvisa, ele produz algo que nenhum dos músicos individuais poderia produzir sozinho. "Mesmo que soubéssemos tudo que fosse possível sobre a composição mental de cada músico, ainda teríamos dificuldade de prever o que sairia da improvisação do grupo", diz o psicólogo e músico de jazz Keith Sawyer. O todo do conjunto é maior do que a soma de suas partes. Agora pegue esse pequeno conjunto e o amplie para o tamanho de uma orquestra, depois para uma cidade pequena, depois maior ainda, para uma cidade fervilhante como Atenas ou Florença.

Estão percebendo o problema? Eras de ouro são sistemas não lineares, e eles são extremamente difíceis, senão impossíveis, de prever. Não podemos explicá-las concentrando-nos em um único fator. Elas são sistemas complexos e interligados, como o clima ou pão fermentado.

Assim, embora possamos examinar partes distintas de uma época brilhante (tolerância, dinheiro etc.), isso não nos possibilita prever onde e quando outra irá surgir. Pequenas contribuições se inflam em resultados enormes e inesperados, mas não dá para identificar com facilidade quais pequenas contribuições são mais importantes. Assim como nem todas as borboletas produzem um furacão, nem todos os surtos de peste bubônica produzem uma Renascença.

Outro aspecto misterioso da criatividade se concentra no que o grande historiador Arnold Toynbee chamou de "desafio e resposta". Todos os grandes avanços humanos, na opinião dele, representam uma resposta criativa a um desafio. Faz sentido. Mas por que algumas pessoas respondem a tragédias pessoais — uma doença debilitante, a morte de um pai na infância — se fechando (ou se rebelando), enquanto outras usam essas tragédias como combustível para surtos de genialidade criativa? Da mesma forma, por que alguns lugares respondem a tragédias coletivas — um surto de peste, por exemplo — voltando-se para dentro, estreitando o olhar, enquanto outros expandem seus horizontes e fazem grandes coisas? Não sabemos. É por isso que eu acho que não podemos inventar um lugar genial, assim como não podemos inventar um dia de sol.

Isso não significa, no entanto, que devamos simplesmente jogar as mãos para o alto e nos render. Podemos nos preparar adequadamente, usando óculos de sol em dias ensolarados, levando guarda-chuva nos chuvosos. Podemos prever, também, rastreando os sistemas frontais que se aproximam, lendo o céu e navegando as correntes. Foi isso que os gênios que encontrei neste livro fizeram tão bem. Eles foram surfistas. O surfista não cria a onda. Ele observa a onda, a enxerga, no sentido profundo e hindu da palavra, e dança com ela.

Quando uma grande tempestade maltrata uma cidade costeira e alertas de evacuação são emitidos, invariavelmente as estações de tevê locais focalizam alguns surfistas malucos decididos a pegar a onda de suas vidas. Alguns, talvez a maioria, serão aniquilados de maneira espetacular. Mas alguns poucos surfarão a onda lindamente. Sócrates. Shen Kuo. Adam Smith. Mozart. Freud. E sim, Steve Jobs. Todos eles surfistas.

Nossa tarefa é dobrada: melhorar nossas habilidades no surfe e também aumentar a probabilidade de ondas boas. Muitas pessoas tentaram criar uma fórmula, uma receita de piña colada, para os lugares de genialidade. Elas quase sempre erram o alvo. Muitas vezes confundem os frutos de um lugar criativo com as causas dele. Um famoso urbanista, por exemplo, identificou o que chamou de "Três Ts" das cidades criativas: tecnologia, talento e tolerância. Os dois primeiros — tecnologia e talento — são *produtos* dos lugares criativos, e não causas, e tecnologia nem de longe é pré-requisito para lugares geniais, vide a antiga Atenas e Florença no Renascimento, dois lugares que produziram uma enorme quantidade de genialidade, mas pouca coisa de novas tecnologias. E embora a tolerância seja certamente um atributo de locais criativos, ela não conta a história toda. Las Vegas é um lugar extremamente tolerante, mas não é especialmente criativa.

Um conjunto melhor de atributos, na minha opinião, são — e eu vou entrar na dança das aliterações aqui — os Três Ds: desordem, diversidade e discernimento. A desordem, como vimos, é necessária para chacoalhar o status quo, para criar uma ruptura no ar. A diversidade, tanto de pessoas quanto de pontos de vista, é necessária para produzir não só mais pontos, mas também *tipos diferentes* de pontos. O discernimento talvez seja o ingrediente mais importante e o mais negligenciado. Linus Pauling, o renomado químico e duas vezes ganhador do Prêmio Nobel, uma vez foi perguntado por um aluno como ter boas ideias. "É fácil", respondeu Pauling. "Você tem um monte de ideias e joga fora as ruins."

Claro que não é tão fácil. Existe um motivo pelo qual transformamos a genialidade em religião e elevamos esses homens e mulheres brilhantes ao patamar dos deuses. Como disse um antigo poeta grego: "Diante dos portões da excelência, os deuses altivos investiram muito suor. O suor do trabalho muitas vezes se misturou ao suor da dor".

Nós tornamos a criatividade ainda mais dolorosa nos apegando a mitos inúteis. Em particular, o mito do gênio solitário acaba com nossas energias. As corporações gastam quantidades enormes de dinheiro em workshops criados para ajudar os empregados a "pensar mais criativamente", uma ambição nobre, mas que será em vão se o ambiente onde eles trabalham não for receptivo a novas ideias.

Segurando nossos novos e brilhantes iProdutos, ansiosamente esperando a próxima Grande Agitação, nós nos consideramos totalmente modernos, mas nossas crenças sobre criatividade estão paradas no século XIX. Estamos presos na Caixa de Galton. Não podemos respirar dentro dela. Precisamos nos libertar. Precisamos começar a pensar na criatividade não só como uma dádiva genética, um dom, mas também como algo que é conquistado — através de trabalho duro, sim, mas também através do cultivo cuidadoso das circunstâncias favoráveis. Precisamos começar a pensar na criatividade não como uma indulgência privada, mas como um bem público, parte dos bens comuns. Nós temos os gênios que queremos e merecemos.

A genialidade, assim como a caridade, começa em casa. Um motivo pelo qual embarquei nesse experimento de tolo colossal não foi o investimento próprio na minha genialidade (tarde demais para isso), mas pela de minha filha de nove anos. A família é o único tipo de cultura que realmente podemos moldar. Então foi isso que eu fiz. Não, eu não converti minha casa em uma barulhenta ágora ateniense nem em uma *bottega* florentina empoeirada. Não transformei a mesa do café da manhã em uma cafeteria vienense nem a sala em uma incubadora do Vale do Silício. Mas aprendi algumas lições valiosas em minhas viagens e fiz o possível para aplicá-las.

Para começar, forneço uma mistura de motivações intrínsecas e extrínsecas. Às vezes, jogo obstáculos, por causa do Poder das Limitações. Como Sócrates, eu me finjo de burro, fazendo muitas perguntas "óbvias" à minha filha. Como os poetas-governantes de Hangzhou, tento dar o exemplo não só pregando a criatividade, mas praticando-a também. Como os Médici, eu lhe dou tarefas que parecem inadequadas. Nós ocasionalmente fazemos uma *adda*, aquela conversa maravilhosamente sem propósito, que as crianças de nove anos adotam naturalmente. Às vezes, introduzo violações de esquema na casa, como a vez em que usei cueca na cabeça. Eu tento ensiná-la a importância de se manter aberta a experiências, mesmo que essas experiências envolvam alguma comida verde. Nosso lar é tolerante, mas só até certo ponto. Quando ela pede um aumento de mesada, eu ressalto, assim como Péricles, que um pouquinho de dinheiro promove a criatividade, mas que dinheiro demais a sufoca. Eu a encorajo a errar frequentemente e tolamente. Proporciono a ela uma plateia (na maioria das vezes) atenciosa.

Eu a alerto dos perigos da complacência e deixei bastante claro que não é para ela, em nenhuma hipótese, invadir a Sicília. Nem mesmo um pouquinho. Ensino a ela a arte da atenção desfocada, mas não durante a lição de casa. Demonstro regularmente a importância da ignorância. Nós temos uma rotina familiar, mas com tendência a espasmos de caos. Nós andamos. Discutimos. Rimos. Quando ela questiona, se a educação não tem correlação direta com a eminência criativa, por que ainda precisa ir para a escola, eu lhe digo para perguntar à mãe.

Nada disso tem a ver com genética. Posso ouvir o velho Galton pigarreando através dos anos. Desculpe, Francis, mas desde que você criou o termo *natureza contra criação*, já debatemos energeticamente os méritos dos dois. É um argumento bobo e desnecessário. A criatividade não acontece "aqui dentro" ou "lá fora", mas nos espaços entre eles. A criatividade é um *relacionamento*, que se desdobra na interseção da pessoa com o lugar.

Essa interseção, como todos os cruzamentos, é um lugar perigoso e imperdoável. Você precisa prestar atenção, diminuir a velocidade e ficar alerta para os idiotas por aí. O risco compensa, no entanto, pois a humilde interseção, seja na antiga Atenas ou no centro comercial de Sunnyvale, é o verdadeiro *genius loci*. O lugar onde mora a genialidade.

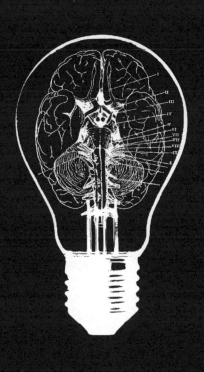

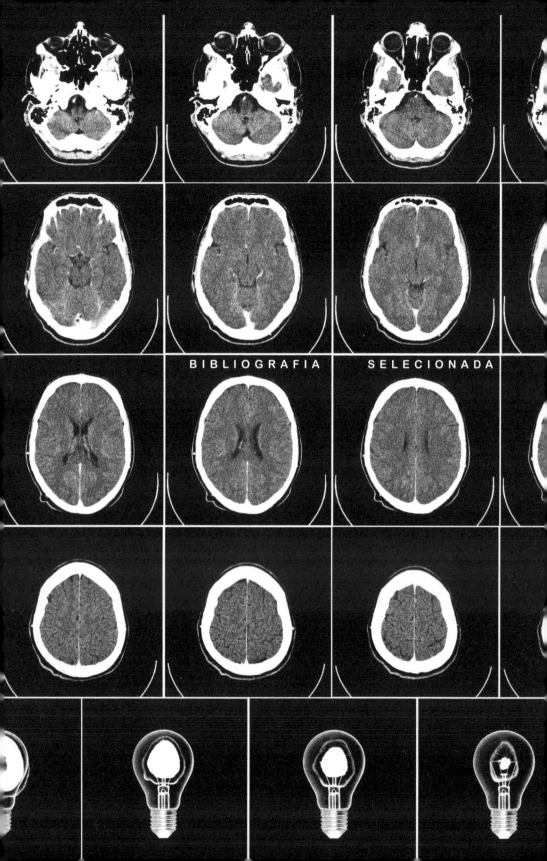

BIBLIOGRAFIA SELECIONADA

BIBLIOGRAFIA SELECIONADA

ALBERT, Robert S.; Mark A. Runco. *Theories of Creativity*. Londres: Sage, 1990.

AMABILE, Teresa. *Creativity in Context: Update to the Social Psychology of Creativity*. Boulder, Colorado: Westview, 1996.

ANDERSON, David Emmanuel et. al. (Orgs.). *Handbook of Creative Cities*. Cheltenham, Reino Unido: Edward Elgar, 2011.

ARIETI, Silvano. *Creativity: The Magic Synthesis*. Nova York: Basic Books, 1976.

AUSTIN, James H. *Chase, Chance, and Creativity: The Lucky Art of Novelty*. Nova York: Columbia University Press, 1978.

BARRON, Frank X. *No Rootless Flower: An Ecology of Creativity*. Nova York: Hampton Press, 1995.

BAXTER, Stephen. *Ages in Chaos: James Hutton and the Discovery of Deep Time*. Nova York: Tom Doherty, 2003.

BELL, Clive. *Civilization*. Londres: Penguin, 1928.

BELLER, Steven. *Vienna and the Jews, 1867-1938: A Cultural History*. Cambridge: Cambridge University Press, 1989.

BOORSTIN, Daniel J. *The Creators*. Nova York: Random House, 1992. [Ed. bras.: *Os Criadores – uma História da Criatividade Humana*. Trad. José J. Veiga. Rio de Janeiro: Civilização Brasileira, 1995.]

BRAMLY, Serge. *Leonardo: The Artist and the Man*. Londres: Penguin, 1994. [Ed. bras.: *Leonardo da Vinci, 1452-1519*. Rio de Janeiro: Imago, 1995.]

BRAUNBEHRENS, Volkmar. *Mozart in Vienna: 1781-1791*. Nova York: Grove Weidenfeld, 1986.

BRIGGS, John; PEAT, David F. *Seven Life Lessons of Chaos: Spiritual Wisdom from the Science of Change*. Nova York: HarperCollins, 1999. [Ed. bras.: *A Sabedoria do Caos: Sete Lições que Vão Mudar a sua Vida*. Rio de Janeiro: Campus, 2000.]

BROADIE, Alexander. *The Scottish Enlightenment: The Historical Age of the Historical Nation*. Edimburgo: Birlinn, 2001.

_____ (Org.). *The Cambridge Companion to the Scottish Enlightenment*. Nova York: Cambridge University Press, 2003.

BRUCKER, Gene. *Renaissance Florence*. Berkeley: University of California Press, 1983.

BUCHAN, James. *Capital of the Mind: How Edinburgh Changed the World*. Edimburgo: Birlinn, 2007.

BURCKHARDT, Jacob. *The Civilization of the Renaissance in Italy*. Nova York: Random House, 1954. [Ed. bras.: *A Cultura do Renascimento na Itália: um Ensaio*. Trad. Sérgio Tellaroli. São Paulo: Companhia das Letras, 2009.]

BURKE, Janine. *The Sphinx on the Table: Sigmund Freud's Art Collection and the Development of Psychoanalysis*. Nova York: Walker & Company, 2006. [Ed. bras.: *Deuses de Freud: A Coleção de Arte do Pai da Psicanálise*. Trad. Mauro Pinheiro. Rio de Janeiro: Record, 2010. Trad. Mauro Pinheiro.]

CAMPBELL, Donald. *Edinburgh: A Cultural History*. Northampton, Reino Unido: Interlink Pub Group, 2008.

CHAUDHURI, Amit (Org.). *Memory's Gold: Writings on Calcutta*. Nova Déli: Penguin Viking, 2008.

_____. *On Tagore: Reading the Poet Today*. Nova Déli: Penguin Books India, 2012.

CHAUDHURI, Sukanta (Org.). *Calcutta: The Living City, Volume 1: The Past*. Nova Déli: Oxford University Press, 1991.

_____ (Org.) *Rabindranath Tagore: Selected Poems*. Nova Déli: Oxford University Press, 2004.

CHITNIS, Arnand C. *The Scottish Enlightenment: A Social History*. Londres: Rowan & Littlefield, 1976.

CRONIN, Vincent. *The Florentine Renaissance*. Londres: Pimlico, 1992.

CSIKSZENTMIHALYI, Mihaly. *Creativity: Flow and the Psychology of Discovery and Invention*. Nova York: Harper Perennial, 1996.

D'ANGOUR, Armand. *The Greeks and the New: Novelty in Ancient Greek Imagination and Experience*. Cambridge: Cambridge University Press, 2011.

D'EPIRO, Peter; PINKOWISH, Mary Desmond. *Sprezzatura: 50 Ways Italian Genius Shaped the World*. Nova York: Anchor Books, 2001.

DASGUPTA, Subrata. *Awakening: The Story of the Bengal Renaissance*. Noida: Random House India, 2011.

DEIGHTON, Hilary J. *A Day in the Life of Ancient Athens*. Londres: Bristol Classical Press, 1995.

_____. *The Renaissance*. Nova York: Simon & Schuster, 1953.

DURANT, Will. *The Life of Greece*. Nova York: Simon & Schuster, 1939.

DUTTA, Krishna. *Calcutta: A Cultural and Literary History*. Oxford: Signal Books, 2003.

_____; ROBINSON, Andrew. *Tagore: The Myriad-Minded Man*. Nova York: Bloomsbury, 1995.

ELLIS, Markman. *The Coffee House: A Cultural History*. Londres: Orion Books, 2004.

EYSENCK, Hans. *Genius: The Natural History of Innovation*. Melbourne: Cambridge University Press, 1995.

FIRESTEIN, Stuart. *Ignorance: How It Drives Science*. Nova York: Oxford University Press, 2012.

FLACELIÈRE, Robert. *Daily Life in Greece at the Time of Pericles*. Londres: Macmillan, 1965.

FLORIDA, Richard. *The Rise of the Creative Class*. Nova York: Basic Books, 2011. [Ed. bras.: *A Ascensão da Classe Criativa*. Trad. Ana Luiza Lopes. Porto Alegre: L&PM, 2011.]

_____. *Extraordinary Minds*. Nova York: Basic Books, 1997.

GARDNER, Howard. *Creating Minds: An Anatomy of Creativity Seen Through the Lives of Freud, Einstein, Picasso, Stravinsky, Eliot, Graham, and Gandhi*. Nova York: Basic Books, 1993.

_____. *Mozart*. Nova York: Penguin, 1999.

GAY, Peter. *Freud: A Life for Our Time*. Nova York: W.W. Norton & Company, 1988. [Ed. bras.: *Freud: uma Vida para o Nosso Tempo*. Trad. Denise Bottmann. São Paulo: Companhia das Letras, 2012.]

GEDDES, Patrick. *The Life and Works of Sir Jagadis C. Bose*. Londres: Longmans, Green, and Co., 1920.

GERNET, Jacques. *Daily Life in China on the Eve of the Mongolian Invasion: 1250-1276*. Stanford: Stanford University Press, 1962.

GILLMOR, C. Stewart. *Fred Terman at Stanford: Building a Discipline, a University, and Silicon Valley*. Stanford: Stanford University Press, 2004.

GLASSER, Edward. *Triumph of the City: How Our Greatest Invention Makes Us Richer, Smarter, Greener, Healthier, and Happier*. Nova York: Penguin, 2011.

GOLDTHWAITE, Richard A. *Wealth and the Demand for Art in Italy, 1300-1600*. Baltimore: The Johns Hopkins University Press, 1993.

GOODY, Jack. *Renaissances: The One or the Many?* Cambridge: Cambridge University Press, 2010. [Ed. bras.: *Renascimentos: um ou muitos?* Trad. Magda Lopes. São Paulo: Editora Unesp, 2011.]

GOSLING, David L. *Science and the Indian Tradition: When Einstein Met Tagore*. Nova York: Routledge, 2007.

GRUDIN, Robert. *The Grace of Great Things: Creativity and Innovation*. Boston: Houghton Mifflin, 1990.

HALL, Sir Peter. *Cities in Civilization*. Nova York: Random House, 1998.

HAMILTON, Edith. *The Greek Way*. Nova York: W.W. Norton & Company, 1964.

HARDING, Rosamond E.M. *An Anatomy of Inspiration*. Nova York: Routledge, 2012.

HERMAN, Arthur. *How the Scots Invented the Modern World*. Nova York: Crown, 2001.

HIBBARD, Howard. *Michelangelo*. Nova York: Harper & Row, 1985.

HIGGINS, Charlotte. *It's All Greek to Me: From Homer to the Hippocratic Oath, How Ancient Greece Has Shaped Our World*. Nova York: HarperCollins, 2010.

HOLLAND, John H. *Complexity: A Very Short Introduction*. Nova York: Oxford University Press, 2014.

JANIK, Allan; TOULMIN, Stephen. *Wittgenstein's Vienna*. Chicago: Ivan R. Dee, 1996. [Ed. bras.: A Viena de Wittgenstein. Rio de Janeiro: Campus, 1991. Trad. Álvaro Cabral.]

JARDINE, Lisa. *Worldly Goods: A New History of the Renaissance*. Nova York: W.W. Norton & Company, 1996.

_____. *Socrates: A Man For Our Times*. Nova York: Penguin, 2011.

JOHNSON, Paul. *The Renaissance: A Short History*. Nova York: Random House, 2000. [Ed. bras.: *O Renascimento*. Trad. Myriam Campello. Rio de Janeiro: Objetiva, 2001.]

KAUFMAN, James C. et. al. (Orgs.). *The Cambridge Handbook of Creativity*. Nova York: Cambridge University Press, 2010.

KENNEY, Martin (Org.). *Understanding Silicon Valley: The Anatomy of an Entrepreneurial Region*. Stanford: Stanford University Press, 2000.

KING, Ross. *Brunelleschi's Dome: How a Renaissance Genius Reinvented Architecture*. Nova York: Bloomsbury, 2000. [Ed. bras.: *O Domo de Brunelleschi: Como Um Gênio da Renascença Reiventou A Arquitetura*. Trad. S. Lopes. Rio de Janeiro: Record, 2013.]

KITTO, H.D.F. *The Greeks*. Piscataway, New Jersey: Transaction Publishers, 1951.

KOTKIN, Joel. *The City: A Global History*. Oxford: Phoenix, 2006. [Ed. bras.: *A Cidade: Uma História Global*. Trad. Rafael Mantovani. Rio de Janeiro: Objetiva, 2012.]

KROEBER, A. L. *Configurations of Culture Growth*. Berkeley: University of California Press, 1944.

LANDRY, Charles. *The Creative City: A Toolkit For Urban Innovators*. Londres: Earthscan Publications, 2000.

LANDUCCI, Luca. *A Florentine Diary, 1450 to 1516*. Florença: Arno Press, 1969.

LAU, Sing et. al., orgs. *Creativity: When East Meets West*. Cingapura: World Scientific, 2004.

LEVEY, Michael: *Florence: A Portrait*. Cambridge, Massachusetts: Harvard University Press, 1996.

LOPEZ, Robert S. "Hard Times and Investment in Culture", in *The Renaissance: Six Essays*. Nova York: The Metropolitan Museum of Art, 1953.

LUBART, Todd I.; STERNBERG, Robert J. *Defying The Crowd: Cultivating Creativity in a Culture of Conformity*. Nova York: The Free Press, 1995.

LUCAS-DUBRETON, Jean. *Daily Life in Florence in the Time of the Medici*. Nova York: Macmillan, 1961.

MCCARTHY, Mary. *The Stones of Florence*. Nova York: Harcourt, 1963.

MCCLELLAND, David C. *The Achieving Society*. Nova York: The Free Press, 1967.

MCMAHON, Darrin. *Divine Fury: A History of Genius*. Nova York: Basic Books, 2013.

MITRA, Peary Chand. *A Biographical Sketch of David Hare*. Calcutá: W. Newman & Co., 1877.

MORRIS, Edmund. *Beethoven: The Universal Composer*. Nova York: HarperCollins, 2005. [Ed. bras.: *Beethoven*. Trad. Marisa Motta. Rio de Janeiro: Objetiva, 2007. (Coleção Breves Biografias).]

MOTE, F.W. *Imperial China 900-1800*. Cambridge, Massachusetts: Harvard University Press, 1999.

MUMFORD, Lewis. *The City in History*. Nova York: Harcourt, 1961. [Ed. bras.: *A Cidade na História*. 5. ed. São Paulo: Martins Fontes, 2008.]

MURRAY, Charles. *Human Accomplishment: The Pursuit of Excellence in the Arts and Sciences, 800 BC to 1950*. Nova York: HarperCollins, 2003.

MURRAY, Penelope (Org.). *Genius: History of an Idea*. Hoboken, New Jersey: Wiley-Blackwell, 1991.

MUSIL, Robert. *The Man Without Qualities* (Vol. 1). Nova York: Vintage, 1996. [Ed. bras.: *O Homem sem Qualidades*. Trad. Lya Luft e Carlos Abbenseth. Rio de Janeiro: Nova Fronteira, 2015.]

NICHOLL, Charles. *Leonardo da Vinci: Flights of the Mind*. Nova York: Penguin, 2004.

NULAND, Sherwin B. *Leonardo da Vinci*.

Nova York: Penguin, 2000. [Ed. bras.: *Leonardo da Vinci*. Trad. Marcos Santarrita. Rio de Janeiro: Objetiva, 2001. (Coleção Breves Biografias).]

OCHSE, R. *Before the Gates of Excellence. The Determinants of Creative Genius*. Melbourne: Cambridge University Press, 1990.

OLDENBURG, Ray. *The Great Good Place: Cafes, Coffee Shops, Bookstores, Bars, Hair Salons and Other Hangouts at the Heart of a Community*. Nova York: Marlowe & Company, 1989.

PARSONS, Nicholas T. *Vienna: A Cultural and Literary History*. Oxford: Signal Books, 2008.

PAULUS, Paul B.; NIJSTAD, Bernard A. (Orgs.). *Group Creativity: Innovation Through Collaboration*. Nova York: Oxford University Press, 2003.

PLUMB, J.H. *The Italian Renaissance*. Boston: Houghton Mifflin, 1961.

RAO, Arun. *A History of Silicon Valley: The Greatest Creation of Wealth in the History of the Planet*. Palo Alto, Califórnia: Omniware Group, 2013.

REPCHECK, Jack. *The Man Who Found Time: James Hutton and the Discovery of the Earth's Antiquity*. Nova York: Basic Books, 2009.

RICHARDS, Ruth (Org.). *Everyday Creativity and New Views of Human Nature*. Washington, DC: American Psychological Association, 2007.

ROBERTS, Royston M. *Serendipity: Accidental Discoveries in Science*. Hoboken, New Jersey: John Wiley & Sons, 1989. [Ed. bras.: *Descobertas Acidentais em Ciências*. Trad. André Oliveira. 2. ed. Campinas: Papirus, 1995.]

ROBINSON, Andrew. *Genius: A Very Short Introduction*. Nova York: Oxford University Press, 2011.

_____. *Sudden Genius? The Gradual Path to Creative Breakthroughs*. Nova York: Oxford University Press, 2010.

ROGERS, Perry M. (Org.). *Aspects of Western Civilization* (Vol. 1). Upper Saddle River, New Jersey: Prentice Hall, 2003.

ROTHENBERG, Albert. *The Emerging Goddess: The Creative Process in Art, Science, and Other Fields*. Chicago: University of Chicago Press, 1980.

RUNCO, Mark A. *Creativity: Theories and Themes: Research, Development, and Practice*. Londres: Elsevier, 2007.

_____; PRITZKER, Steven R. (Orgs.). *Encyclopedia of Creativity* (Vols. 1 e 2). Londres: Harcourt, Brace & Company, 1999.

SACHS, Harvey. *The Ninth: Beethoven and the World in 1824*. Nova York: Random House, 2010.

SAWYER, Keith R. *Explaining Creativity: The Science of Human Innovation*. Nova York: Oxford University Press, 2012.

_____. *Group Genius: The Creative Power of Collaboration*. Nova York: Basic Books, 2007.

SAXENIAN, AnnaLee. *Regional Advantage: Culture and Competition in Silicon Valley and Route 128*. Cambridge, Massachusetts: Harvard University Press, 1994.

SCHORSKE, Carl E. *Fin-De-Siècle Vienna: Politics and Culture*. Nova York: Vintage Books, 1981. [Ed. bras.: *Viena Fin-De-Siècle: Política e Cultura*. Trad. Denise Bottmann. São Paulo: Companhia das Letras, 1988.]

_____. *Genius 101*. Nova York: Springer, 2009.

SIMONTON, Dean Keith. *Creativity in Science: Chance, Logic, Genius, and Zeitgeist*. Cambridge: Cambridge University Press, 2004.

_____. *Origins of Genius: Darwinian Perspectives on Creativity*. Nova York: Oxford University Press, 1999. [Ed. bras.: A Origem do Gênio: Perspectivas Darwinianas sobre a Criatividade. Trad. Carlos Humberto Pimentel D. da Fonseca e Luiz Guilherme B. Chaves. Rio de Janeiro: Record, 2002.]

SINGER, Irving. *Modes of Creativity: Philosophical Perspectives*. Cambridge, Massachusetts: MIT Press, 2011.

SMITH, Leonard. *Chaos: A Very Short Introduction*. Nova York: Oxford

University Press, 2007.

SOM, Reba. *Rabindranath Tagore: The Singer and His Song*. Nova Déli: Penguin Books India, 2009.

SPIKE, John T. *Young Michelangelo: The Path to the Sistine: A Biography*. Nova York: The Vendome Press, 2010.

STERNBERG, Robert J.; DAVIDSON, Janet E. (Orgs.). *The Nature of Insight*. Cambridge, Massachusetts: MIT Press, 1994.

STOKES, Patricia D. *Creativity from Constraints: The Psychology of Breakthrough*. Nova York: Springer, 2006.

_____. *My Reminiscences*. Nova Déli: Rupa & Co., 2008.

_____. *Personality*. Nova Déli: Rupa & Co., 2007.

_____. *My Life in My Words*. Nova Déli: Penguin Books India, 2006.

TAGORE, Rabindranath. *Gitanjali*. Nova Déli: Rupa & Co., 1992. [Ed. bras.: *Gitanjali*. São Paulo: Martin Claret, 2006.]

TUCÍDIDES. *History of the Peloponnesian War*. Trad. do grego de Rex Warner. Londres: Penguin, 1954. [Ed. bras.: *História da Guerra do Peloponeso – Livro I*. Trad. Anna Lia Amaral de Almeida Prado. 3. ed. São Paulo: WMF Martins Fontes, 2013.]

TORNQVIST, Gunnar. *The Geography of Creativity*. Cheltenham, Reino Unido: Edward Elgar, 2011.

UNGER, Miles J. *Magnifico: The Brilliant Life and Violent Times of Lorenzo De' Medici*. Nova York: Simon & Schuster, 2008. [Ed. bras.: *O Magnífico – Lourenço de Médici Genialidade em Tempos Violentos*. Trad. Andrea Gottlieb. São Paulo: Larousse, 2009.]

VANCE, Ashlee. *Geek Silicon Valley*. Guilford, Connecticut: The Globe Pequot Press, 2007.

VASARI, Giorgio. *The Lives of the Artists*. Nova York: Oxford University Press, 1991. [Ed. bras.: *Vidas dos Artistas*. Trad. Ivone Castilho Benedetti. São Paulo: WMF Martins Fontes, 2011.]

WALCOT, Peter. *Envy and the Greeks: A Study in Human Behavior*. Warminster, Reino Unido: Aris & Phillips, 1978.

WALDROP, M. Mitchell. *Complexity: The Emerging Science at the Edge of Order and Chaos*. Nova York: Simon & Schuster, 1992.

WALKER, Paul Robert. *The Feud That Sparked the Renaissance: How Brunelleschi and Ghiberti Changed the Art World*. Nova York: Harper-Collins, 2002. [Ed. bras.: *A Disputa que Mudou a Renascença*. Trad. Maria Alice Máximo. Rio de Janeiro: Record, 2005.]

_____. *Why Socrates Died: Dispelling the Myths*. Nova York: W. W. Norton & Company, 2009.

WATERFIELD, Robin. *Athens: From Ancient Ideal to Modern City*. Nova York: Basic Books, 2004.

WATSON, Burton (tradutor). *Selected Poems of Su Tung-p'o*. Townsend, Washington: Copper Canyon Press, 1994.

WATSON, Peter. *Ideas: A History of Thought and Invention, From Fire to Freud*. Nova York: HarperCollins, 2005.

WEINER, Richard Paul. *Creativity and Beyond: Cultures, Values, and Change*. Albany: State University of New York, 2000.

WEISBERG, Robert W. *Creativity: Beyond the Myth of Genius*. Nova York: W.H. Freeman and Company, 1993.

WORMALD, Jenny. *Scotland: A History*. Nova York: Oxford University Press, 2005.

YUTANG, Lin. *The Gay Genius: The Life and Times of Su Tungpo*. Beijing: Foreign Language Teaching and Research Press, 2009. [Ed. bras.: *O Sábio Jovial: a Vida e a Época de Su Tungpo*. Rio de Janeiro: Ediouro, 1965.]

ZHANG, Cong Ellen. *Transformative Journeys: Travel and Culture in Song China*. Honolulu: University of Hawai'i Press, 2011.

ZWEIG, Stefan. *The World of Yesterday*. Tradução de Anthea Bell. Londres: Pushkin Press, 2011. [Ed. bras.: *Autobiografia. O Mundo de Ontem*. Trad. Kristina Michahelles. Rio de Janeiro: Zahar, 2014.]

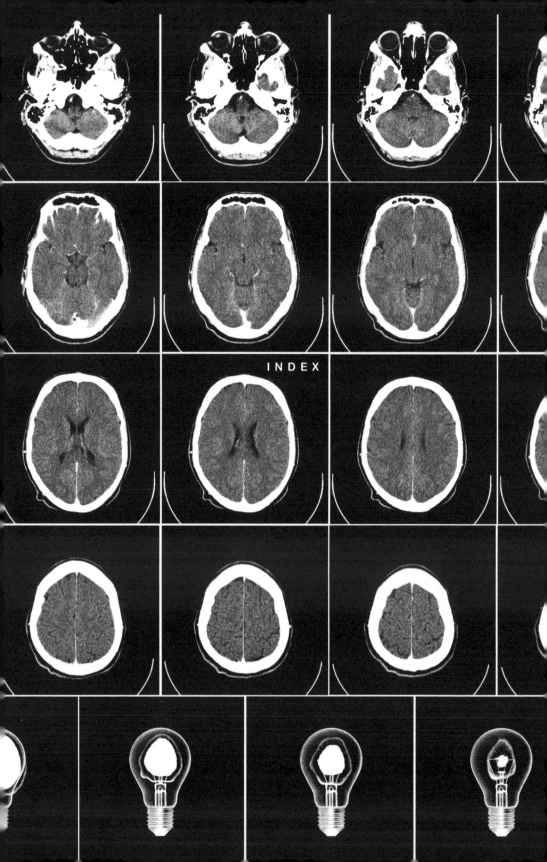

INDEX

A

Academia de Belas, 279
Accenture, 306
Acrópole, 34, 36, 43-44, 60
adda, 193, 216-218, 256, 323
África, 23, 33, 81, 94-95, 138
agricultura, 153, 179
agulha magnética, 90
álcool, 51-53, 55, 58, 183
Alemanha, 103
Alibaba, 101-103, 315
Allen, Woody, 134
Alvarez, Luis, 267, 291
ambiente, 19, 23, 30, 41, 53, 74, 92, 94, 122, 126, 157, 214, 216, 222, 226-227, 232-234, 239-240, 242, 258, 266, 273, 280-281, 313, 322
    criatividade e, 21, 95, 170
    Mozart e, 221, 231, 235, 239, 241, 243-244
    Viena e, 241, 254, 268, 277-279, 283
anosognosia, 54-55
antropologia, 32, 73, 298, 307
Anunciação com Santo Emídio (Crivelli), 126
Apolodoro, 41
Apple, 15, 288-289, 297, 304, 306, 308, 315
Archeon Gefsis, 58
Aristófanes, 59
Aristóteles (filósofo), 33-34, 51, 53, 60, 105, 161, 169
Aristóteles (guia turístico), 33-38, 40, 42-44, 60, 125
Arka, 203
Arno, rio, 111, 130, 133, 143
arqueologia, 27, 35, 44, 53-54, 79, 90, 125, 213, 267-269
Arquimedes, 171, 213
arquitetura, 41, 114, 118, 130, 133, 135, 143, 221, 250, 254, 282
    Florença e, 109, 131, 184, 215, 253, 295, 300
    Grécia e, 138, 269
    música e, 235
    Viena e, 241, 254, 268, 277-279, 283
Ars Opulenta, 109-110

artes, 21, 51, 65-67, 73, 79, 86-87, 94-96, 99-100, 109, 112, 120-123, 193, 269-270, 284, 291
artes, 21, 67, 73, 79, 86, 109, 112, 193, 269, 291
    Atenas e, 46, 50, 70, 80-81, 136, 145, 288, 313, 322
    China e, 81, 85, 95, 101, 126, 316
    Florença e, 109, 131, 184, 215, 253, 295, 300
    Grécia e, 138, 269
    Hangzhou e, 79, 222
    Igreja e, 114, 122, 129, 131
    Índia e, 195
    Klimt e, 254
    Michelangelo e, 107, 113-114, 116, 128, 131, 205
    Renascimento e, 288
    Su e, 87
    Tagore e, 214
    Verrocchio e, 117, 119, 247
    Viena e, 241, 254, 268, 277-279, 283
Artes de Viena, 279
Arthur's Seat, 157, 167, 169
Aspásia, 49
astronomia, 90, 187
Atenas, 21-23, 29-30, 32-34, 37, 39-43, 45-46, 48-50, 53-58, 60-61, 63, 65-67, 70-74, 78, 80-81, 84, 86, 91, 97, 105, 107-108, 125-126, 129, 131, 136, 138, 143-145, 150, 160, 163-164, 173, 175, 178, 181, 184, 188, 195, 199, 215-217, 224, 253, 266, 269, 276, 279, 282, 288, 294, 304, 306, 310, 312-314, 317, 321-322, 324
    ágora de, 199
    agrupamentos de gênios, 22
    álcool e, 51, 55
    Brady e, 53, 55
    Calcutá e, 194, 216
    criatividade e, 21, 95, 170
    Edimburgo e, 152, 162, 180
    fim de, 73, 114, 129, 142, 178, 211-212, 229
    Florença e, 109, 131, 184, 215, 253, 295, 300
    Hangzhou e, 79, 222

    Renascimento e, 288
    Sócrates e, 50
    Vale do Silício e, 293, 312
    Viena e, 241, 254, 268, 277-279, 283
atenção desfocada, 227, 311, 323
Auden, W.H., 125, 251
Áustria, 237, 260, 264, 284

B

Babilônia, 46, 65, 187
Bach, Johann Sebastian, 31, 65-66, 69, 87, 229, 281
Bambi (Salten), 273
bares, 117, 157, 186
Barker, Sheila, 139
Basu, Chitralekha, 198
Baudelaire, Charles, 228
Baxter, Stephen, 179
Beckett, Samuel, 201
Beethoven, Ludwig van, 169, 201, 221, 231-241, 243-248, 250-251, 253, 272, 302
beleza, 18, 30, 42, 44, 46, 48, 60, 70, 73, 77, 83, 85, 92, 96, 112, 114, 125-127, 129, 132-133, 143-144, 170, 192, 205, 217-218, 303
Bell, Clive, 222, 234
Beller, Steven, 264, 277
Bergreen, Laurence, 83
Berlin, 20, 99, 205, 270, 284
Berlin, Isaiah, 205
Berlin, Leslie, 288
Bhaduri, Anisha, 214
Biblioteca Laurenciana, 138, 142
Bichellini, Nicholaio, 131
biologia, 120, 167, 209, 239
Black, Joseph, 154, 179
Boccaccio, Giovanni, 137
Boden, Margaret, 16
Bohr, Niels, 159-160
Bomti, 215
Bonacci, Leonardo, 127
Boring, Edwin, 135
Bose, Buddhadeva, 216
Bose, Jagadish, 194, 209
bottege, 116, 118
Boudin, Isidore, 319-320
Brady, 50, 52-58, 69, 211, 257, 282

333

brainstorming, 256, 297
Braunbehrens, Volkmar, 229
Bridge, 30, 32, 50, 53, 72
brincadeira, 98-99, 146, 243
Broadie, Alexander, 180-186
Brodie, William (diácono Brodie), 158, 178, 197
Bronfman, Yefim, 249-250
Brunelleschi, Filippo, 108, 111, 133, 135-136, 291
Buchan, James, 149, 151, 154
Buchan, William, 149, 151, 154
budismo, 200
Burke, Janine, 261
Burns, Robert, 177
Burt, Edward, 150
Bush, George H.W., 57-58

C

Café Central, 256
cafés, 30, 117, 121, 234, 259, 261, 316
   Calcutá e, 194, 216
   Florença e, 109, 131, 184, 215, 253, 295, 300
   Grécia e, 138, 269
   Hangzhou e, 79, 222
   Vale do Silício e, 293, 312
   Viena e, 241, 254, 268, 277-279, 283
cafeteria de Jacob, 255
Caixa de Galton, 17, 19, 322
Calcutá, 23, 191-199, 203, 205, 207-208, 210-211, 214-218, 294, 300, 302
Califórnia, 20, 23, 184, 193, 254, 284, 288, 294-296, 298, 300, 314
   San Francisco, Califórnia, 143, 290, 294, 319-320
caminhada, 65, 73, 188, 238, 245, 254, 264
   Atenas e, 46, 50, 70, 80-81, 136, 145, 288, 313, 322
   Grécia e, 138, 269
Campbell, Donald, 163, 170-172, 174
Campbell, Joseph, 163, 170-172, 174
Candolle, Alphonse de, 22-23

caos, 37, 81, 118, 192, 201-204, 208-209, 233, 246, 280, 323
   Atenas e, 46, 50, 70, 80-81, 136, 145, 288, 313, 322
   Beethoven e, 250
   Bose e, 209
   Brady e, 53, 55
   criatividade e, 21, 95, 170
   Tagore e, 214
Capela Sistina, 128, 234
capitalistas de risco, 310
Casa Haydn, 244-245
chá, 77-80, 86, 89, 101, 103, 110, 170-172, 175, 195, 198-199, 216
Chadwick, John, 208
Chang, C.K., 295
Charnock, Job, 194-195, 197
Chattopadhyay, Bankim, 193
Chaudhuri, Amit, 197, 206
Chen Chengzhong, 89
China, 43, 77-82, 84-85, 88, 93, 95-97, 99, 101-105, 110, 126, 138, 207, 259, 288, 316
Churchill, Winston, 51, 69
ciência, 17, 28, 38, 40, 79, 154, 157, 161, 193, 209-212, 221, 288
Círculo das Quartas-Feiras, 275-276
Ciro, Rei da Pérsia, 44
clorofórmio, 154, 156, 210
Clube da Ostra, 179-180, 182
Clube do Poker, 179
Clube do Um e Oitenta, 179
clubes, 153, 162, 179-180, 182, 185-186, 290
   Edimburgo e, 152, 162, 180
   Escócia e, 155, 158
Codex Leicester (Leonardo), 91
coleiras de caixão, 153
Colina das Musas, 62-63, 65, 70, 72
Colombo, Cristóvão, 90, 292
competição, 38-39, 71-73, 248, 256, 267, 311
complexidade, 57
   Brady e, 53, 55
Complexity (Waldrop), 206
computadores, 96, 136, 187, 304
Conferência Internacional de Física, 210

Configurations of Culture Growth (Kroeber), 73
Confúcio, 46, 81, 90, 95
Consciousness and Cognition, 52
consequências inesperadas, lei das, 136, 138, 290, 299
Context Travel, 139
Conto de Natal, Um (Dickens), 35
conversação, 79, 216, 283
coração, 43-45, 54, 92, 198, 201, 203, 221, 238-239, 241, 270
Corinto, 33
"Coriolan" (Beethoven), 234
Crátilo, 67
Criação, A (Haydn), 170, 246, 248
criação de domínio, 167
criatividade, 16, 21-24, 31, 35, 37-38, 41-43, 51-52, 58, 62, 66, 68, 71, 77, 79, 88, 94-105, 113, 119, 123, 125-126, 144-145, 151, 153, 159-160, 169-171, 173-174, 184-186, 192, 196, 199, 202, 204, 207-208, 214-215, 225, 227, 234, 237, 239, 245, 254, 256-258, 265-266, 272, 291-292, 299, 302-303, 309, 314, 320-324
   álcool e, 51, 55
   Atenas e, 46, 50, 70, 80-81, 136, 145, 288, 313, 322
   Beethoven e, 250
   Calcutá e, 194, 216
   caos e, 201, 203
   chance e, 193
   China e, 81, 85, 95, 101, 126, 316
   comida e, 30, 52, 58, 176
   cultura e, 67, 94
   das mulheres, 18, 49, 65
   definição de, 31, 94, 141, 163, 211
   do nada, 95, 97, 163, 207, 217, 306
   Edimburgo e, 152, 162, 180
   em casa, 24, 45, 48, 73, 83, 134, 146, 155, 203, 224, 248, 262, 276, 279, 323
   em contexto, 95
   Escócia e, 155, 158

INDEX

Florença e, 109, 131, 184, 215, 253, 295, 300
   Freud e, 20, 273, 276
   Grécia e, 138, 269
   humor e, 98
   judeus e, 274
   Mozart e, 221, 231, 235, 239, 241, 243-244
   rejeição e, 71-72
   religião e, 322
   surpresa e, 170-171
   Tagore e, 214
   Vale do Silício e, 293, 312
   Viena e, 241, 254, 268, 277-279, 283
Crick, Francis, 39
cristianismo, 104, 129, 131, 192
Critóbulo, 46
Crivelli, Carlo, 126
Csikszentmihalyi, Mihaly, 31, 193, 272
cultura, 17, 21-22, 24, 67, 73, 94, 103-104, 109, 127, 138, 172, 176, 194-197, 201-202, 207, 211, 248-249, 265, 282, 290, 296, 316-317, 320, 323
   Calcutá e, 194, 216
   China e, 81, 85, 95, 101, 126, 316
   criatividade e, 21, 95, 170
   Florença e, 109, 131, 184, 215, 253, 295, 300
   Freud e, 20, 273, 276
   Grécia e, 138, 269
   Índia e, 195
   Vale do Silício e, 293, 312
   Viena e, 241, 254, 268, 277-279, 283
Curie, Marie, 24, 129, 134, 243, 278
custo de oportunidade, 59

D

Dana, 84-85, 87, 97-99
D'Angour, Armand, 49, 68
Danilevsky, lei de, 33, 151
Dante, 69, 108, 133, 187
Darrah, Chuck, 298
Darwin, Charles, 15, 17, 20, 24, 57, 69, 92, 120, 137, 166-167, 180, 210, 269, 293, 310
Dasgupta, Subrata, 194, 210-211
Das, Subhadra, 17-19
Datta, Sudhin, 196
de Campo, Victoria, 204
de Forest, Lee, 290, 304
demanda bioquímica, 239
democracia, 28, 43, 59, 62, 73, 84, 255
   Grécia e, 138, 269
Derozio, Henry, 194
descoberta de problemas, 120
destruição criativa, 103, 281
Detroit, Michigan, 284, 313
Devine, Tom, 174-175, 177-178
Devi, Rassundari, 194
Dhib, Muhammed edh-, 213
Dickens, Charles, 35, 235, 237
Dimou, Nikos, 61
dinamite, 181, 213
Dinastia Song, 78, 99
Diógenes, 67
diversidade étnica, 258
Donatello, 113, 129, 135
Doyle, Sir Arthur Conan, 90, 150, 154, 175
Drebbel, Cornelis, 82
Dunning, David, 54-55
Duomo, 109, 133, 136, 240, 300
Durant, Will, 96, 115
economia, 132, 149-150, 184, 254

E

Edimburgo, 149-152, 154-160, 162, 164, 166-170, 172-175, 177, 179-181, 183-185, 188, 199, 260, 279, 306, 317
   Atenas e, 46, 50, 70, 80-81, 136, 145, 288, 313, 322
   cheiro de, 255
   Florença e, 109, 131, 184, 215, 253, 295, 300
   Glasgow e, 181
   Hutton e, 169
   medicina e, 65, 187, 277
   Vale do Silício e, 293, 312
   Viena e, 241, 254, 268, 277-279, 283
Edimburgo, Universidade de, 156, 160, 175
Edison, Thomas, 19, 82, 125, 134, 234, 291
efeito borboleta, 320
efeito Dunning-Kruger, 55
efeito Zeigarnik, 168, 170
Egito, 65, 267, 269, 319
   Freud e, 20, 273, 276
Einstein, Albert, 15, 20, 23, 29, 57, 65, 103, 134, 151, 159, 164, 167, 185, 201, 205, 209, 215, 233, 236, 240, 269-270, 272, 287, 302, 306, 314
   Freud e, 20, 273, 276
   Jobs e, 57, 154, 288, 304
   música e, 235
   Tagore e, 214
   teoria da relatividade geral de, 57, 215
Electronic News, 284
Eliot, T. S., 96
"Em Direção a uma Teoria Hindu da Criatividade" (Hallman), 207
enfants terribles, 244
Enfermaria Real, 154
engenharia, 36-37, 88, 149, 292, 313
   Su e, 87
   Terman e, 295
Eno, Brian, 100, 116
Epicuro, 59
Epstein, Joseph, 72
Era Axial, 46
Era da Razão, 151
Ernst, Max, 172, 253, 270
Escócia, 149-156, 158-160, 164, 169, 174, 177-178, 181-182, 186-188, 194, 197, 304
   Calcutá e, 194, 216
   clubes e, 180
   flyting e, 179
   Índia e, 195
   religião e, 322
   Vale do Silício e, 293, 312
escravos, 49, 52
escritores, 51, 157, 171-172, 193, 253, 283

Calcutá e, 194, 216
Viena e, 241, 254, 268, 277-279, 283
escultura, 65, 115
  Florença e, 109, 131, 184, 215, 253, 295, 300
  Grécia e, 138, 269
  Michelangelo e, 128, 131, 205
Espanha, 126, 258, 292
Esparta, 33, 74, 294
especialização, 57, 88, 135, 210
Espírito Santo, 130-131
Ésquilo, 41
estátuas, 37-38, 62, 79, 130, 137, 261, 267, 282
Esterházy, Príncipe, 245
estimulação cerebral mútua, 183
Êubulo, 44
Ezra, 46

F

Facebook, 52, 99, 288, 300, 303, 309
Faludy, György, 146
Faulkner, William, 51
fazedores de máscaras Golan, 94
Federal Telegraph Company, 290
fenômeno emergente, 206-207
Ferguson, Adam, 151, 186-187
Feynman, Richard, 171
Fídias, 71
filosofia, 28, 36, 40-41, 45, 59-62, 67, 79, 104, 115, 128, 149, 161-162, 164, 179, 187, 207, 221, 259, 279, 281-282, 299, 307
  Atenas e, 46, 50, 70, 80-81, 136, 145, 288, 313, 322
  Edimburgo e, 152, 162, 180
  Escócia e, 155, 158
  Grécia e, 138, 269
  Hume e, 184
  Smith e, 159, 178-179, 186, 197
  Viena e, 241, 254, 268, 277-279, 283
Finke, Ronald, 99
física, 15, 46, 185, 209, 240, 243, 253, 263, 269-270, 280-281, 295, 314
  Bose e, 209

Einstein e, 209
  mulheres e, 137
  Viena e, 241, 254, 268, 277-279, 283
Flacelière, Robert, 37, 41, 50
Fleming, Alexander, 212-213
flexibilidade cognitiva, 204, 265, 272
Fliess, Wilhelm, 274-275
Florença, 20-21, 23, 29, 33, 79, 107-113, 115-117, 121-124, 126-127, 129-138, 141-145, 151, 163-164, 184-185, 195, 199, 215-216, 223, 253, 255, 264, 276, 279, 288-289, 294-295, 300-301, 304, 306, 308, 310-313, 317, 321-322
  Atenas e, 21, 33, 107, 138, 141, 145, 288
  Calcutá e, 194, 216
  Edimburgo e, 152, 162, 180
  fim de, 73, 114, 129, 142, 178, 211-212, 229
  Hangzhou e, 79, 222
  Leonardo e, 108, 122, 133
  Renascimento e, 288
  Vale do Silício e, 293, 312
  Verrocchio e, 117, 119, 247
  Viena e, 241, 254, 268, 277-279, 283
flyting, 177, 179, 185, 216
Forster, E. M., 146
Foster, William, 296
Francisco Fernando, Arquiduque, 284
Francisco José, Imperador da Áustria, 253, 282-283
Franklin, Benjamin, 150, 155, 287
Freeman, Walter, 201-202
Freud, Sigmund, 20, 29, 64, 87, 92, 134, 151, 221, 232, 251, 253, 258, 261-278, 281-283, 289, 321
  judeus e, 274
  teoria do inconsciente de, 278
  Viena e, 241, 254, 268, 277-279, 283
Friederike, 235-238, 241-244, 249
Frost, Robert, 100

G

Galileu, 139, 269, 295
Gallix, Andrew, 100
Galton, Sir Francis, 17-20, 22-23, 31, 196, 277, 291, 307, 319, 322, 324
Gardner, Howard, 267, 272-273, 276
Garfinkel, Alan, 203
Gates, Bill, 91, 113, 134
Gay, Peter, 228, 246, 264, 274
Gemisto, Jorge, 142
genética, 18, 21, 23, 51, 73, 144, 155, 277, 323-324
  álcool e, 51, 55
  criatividade e, 21, 95, 170
  gênio(s), 6, 15-23, 29, 31, 35, 41, 45-48, 50-51, 57, 59, 64-65, 68-73, 85-88, 90-92, 94-96, 99, 101-102, 104, 107-108, 111, 113-114, 116, 119-121, 124-126, 129, 134, 136, 146, 151-152, 154-155, 160-161, 163-171, 173, 175-177, 180, 184-187, 193, 196, 199-200, 203-205, 207-208, 211, 222, 225-226, 228, 230-232, 234, 236, 239-247, 250, 253, 256, 262, 265, 267, 269-271, 273, 276-278, 280-281, 284, 287-288, 291-292, 296-298, 305-306, 308-312, 321-323
  compensatório, 169, 171
  definição de, 31, 94, 141, 163, 211
  grupal, 47, 78, 156, 176, 258
  grupos de, 22-23, 171, 256
  intersticial, 211
  que queremos e merecemos, 72, 242, 288, 323
  religião e, 322
geologia, 149, 167, 183
Gernet, Jacques, 79, 81
Getzels, Jacob, 120
Ghiberti, Lorenzo, 111, 120, 133, 136, 145
Ghose, Indrani, 200
Gillmor, Stewart, 291-292
Glasgow, 150, 163, 180-182, 184

INDEX

Goethe, Johann Wolfgang von, 65, 90, 134, 169, 250, 259, 266
Gogh, Vincent van, 51, 66, 87
Goldberger, Ary, 203
Google, 235, 289, 301, 306, 308, 311-312, 315-316
Gordon, William, 92, 312
Grã-Bretanha, 18, 161
   Bose e, 209
   Calcutá e, 194, 216
   Escócia e, 155, 158
   Índia e, 195
Graf, Max, 275
Grande Lebowski, O, 45
Granovetter, Mark, 302-303
gravidade, 168, 193, 206, 213, 312
Grécia, 27-29, 31-34, 40, 49-50, 53, 55-56, 58-61, 138, 160, 241, 269, 308
   caminhar e, 35, 245
   clima da, 110
   culinária da, 59, 241
   Florença e, 109, 131, 184, 215, 253, 295, 300
      geografia da, 22, 101, 276
      Hume e, 184
      Su e, 87
      Vale do Silício e, 293, 312
Greeks and the New, The (D'Angour), 53, 68
Greenwood, Dara, 68
Grudin, Robert, 21, 92, 172
guanxi, 101, 315
Gupta, Sunreta, 211
Gutenberg, Johannes, 81, 187
Guttmann, Martin, 279, 308

H

Hallman, Ralph, 207-208
Hamilton, Edith, 28, 57, 67
Hangzhou, 77-86, 89, 99, 101-102, 105, 115, 136, 145, 170, 186, 199, 222, 276, 306, 317, 323
   Atenas e, 46, 50, 70, 80-81, 136, 145, 288, 313, 322
      Florença e, 109, 131, 184, 215, 253, 295, 300
Hare, David, 197-198, 208
Harrington, David, 239

Harvey, William, 92
Haydn, Franz Joseph, 170, 221, 226, 229, 232, 236, 239-240, 244-248, 251
   morte e, 68
   Mozart e, 221, 231, 235, 239, 241, 243-244
   Viena e, 241, 254, 268, 277-279, 283
Hemingway, Ernest, 122, 204
Herman, Arthur, 160-161
Heródoto, 67, 74
Hesíodo, 72
Hewlett, Bill, 289, 293
Hewlett-Packard, 304
Hindu College, 197, 210
hinduísmo, 192
Hipódamo, 67
hipótese de desinibição, 227
História conjectural, 157
História da Guerra do Peloponeso, 65
História da Inglaterra, 187
Hitler, Adolf, 279
Hofburg, Palácio de, 282
Hoff, Ted, 305
Hofmannsthal, Hugo von, 260
Hollingsworth, J. Rogers, 135
Hollywood, Califórnia, 284, 293, 313
Holocausto, 277
Homebrew Computer Club, 290
Homero, 39, 62-64
Hu Daojing, 89
Hugo, Victor, 245, 260, 265
humanistas, 131, 138, 140, 314
Hume, David, 151, 157, 159-163, 166, 177-178, 184, 186-188, 199, 289, 307
   Edimburgo e, 152, 162, 180
   empirismo de, 307
   Escócia e, 155, 158
   Smith e, 159, 178-179, 186, 197
humilhação ritual, 177
humor, 54, 97-98, 225, 228-229, 231, 244, 261, 295
Hutton, James, 150, 152, 166-169, 179, 183
   Escócia e, 155, 158

I

ignorância, 54-55, 110, 289, 323
Igreja:
   Edimburgo e, 152, 162, 180
   Escócia e, 155, 158
   Florença e, 109, 131, 184, 215, 253, 295, 300
   Renascimento e, 288
   Verrocchio e, 117, 119, 247
Igreja Católica, 129, 186
Iluminismo escocês, 151-153, 173, 175, 177, 182, 186, 188, 306-307
imigração, 18, 58, 67, 254, 258, 264-265, 293, 302
impressão, 16, 34, 49, 79, 81, 83, 86, 115, 150, 161, 226, 231
Índia, 81, 165, 192, 195-198, 206, 209-210, 301, 316
   Bose e, 209
   Escócia e, 155, 158
   Grã-Bretanha e, 161
   Vale do Silício e, 293, 312
índices de fracasso, 271
inovação, 49, 67, 81-82, 93-94, 96-97, 103, 105, 112-113, 186, 271, 283, 312, 314
   China e, 81, 85, 95, 101, 126, 316
   tradição e, 94
   Vale do Silício e, 293, 312
internet, 81, 86, 99, 101-102, 104, 172, 227, 308, 316
Investigação sobre a Natureza e as Causas da Riqueza das Nações, Uma (Smith), 180
iPhone, 140, 224, 287-289, 300, 316
islã, 186
Itália, 107, 110, 114, 130, 139, 230

J

Jahn, Otto, 231
James, Henry, 39, 47, 55, 126, 149-150, 152, 154, 156, 166-169, 179, 182-183, 215
Janis, Irving, 176
Japão, 66-67, 258

337

Jardine, Lisa, 126
Jefferson, Thomas, 145, 150, 287
Jobs, Steve, 50, 57, 101, 134, 154, 208, 287-288, 297, 299, 304, 308-309, 313, 321
   Vale do Silício e, 293, 312
Jorasanko, 200
José II, Imperador romano, 222
Joshi, Ruchir, 216
judeus, 222, 254, 264, 274, 277-279
   Freud e, 20, 273, 276
   Viena e, 241, 254, 268, 277-279, 283
Júlio II, Papa, 128
Jung, Carl, 69, 269

K

Kakissis, Joanna, 58
Kant, Immanuel, 152, 169, 259, 281
Katanga Chokwe, 94
Kay's, 163
Kennedy, Donald, 296
Kennedy, John F., 176
Kettering, Charles, 214
Kim, Sharon, 71
Kitto, Humphrey, 27
Klimt, Gustav, 253-254, 279, 283
Koestler, Arthur, 98, 183
Kraus, Karl, 273, 278, 281
Kroeber, Alfred, 73, 144
Kruger, Justin, 54
Kuhn, Thomas, 267
!Kung San, tribo, 95

L

laços fortes, 303
laços fracos, 302-303
Leão X, Papa, 145
Leonardo da Vinci, 20, 29, 88, 91, 107, 111, 117-118, 120-121, 123, 133, 135, 228, 230, 308-309
   cadernos de, 88, 123
   Florença e, 109, 131, 184, 215, 253, 295, 300
   Michelangelo e, 128, 131, 205
   Mozart e, 221, 231, 235, 239, 241, 243-244
   Renascimento e, 288
   Verrocchio e, 117, 119, 247
Liga de Delos, 42
Lind, James, 154
Linear B, 208, 267
língua, 6, 32, 62-64, 97, 102, 164, 259, 267
   Atenas e, 46, 50, 70, 80-81, 136, 145, 288, 313, 322
   Brady e, 53, 55
   Calcutá e, 194, 216
   China e, 81, 85, 95, 101, 126, 316
   Escócia e, 155, 158
   Grécia e, 138, 269
   Viena e, 241, 254, 268, 277-279, 283
Lísipo, 56
Lisner, Margit, 130
literatura, 64-65, 67, 88, 125, 128, 151, 173, 179, 193, 195, 200, 207, 221, 288
Londres, 17-18, 31, 35, 108, 126, 162, 174, 193, 196, 209, 211-212, 222, 262-263, 276, 294
Long, Christopher, 68
Loos, Adolf, 264, 282-284
Lopez, Robert, 138
Lowy, Emanuel, 268
Lubart, Todd, 100
Ludwig, Arnold, 94

M

Macaulay, Lord, 195
Mahler, Gustav, 167, 238, 253, 270
Ma, Jack, 101-104, 315
maldição do petróleo, 100
Malone, Michael, 304-305
Marianoff, Dimitri, 205
Maria Teresa, Imperadora Romana, 222
Martindale, Colin, 227, 235
Martinez, Eugene, 109, 257
   Florença e, 109, 131, 184, 215, 253, 295, 300
   Renascimento e, 288
   Verrocchio e, 117, 119, 247
massa fermentada, 319-320
matemática, 65
Maxwell, James Clerk, 55
McClelland, David, 64
McMahon, Darrin, 291, 296
McNamee, Dardis, 257, 306-307, 309, 312
McNamee, Roger, 257, 306-307, 309, 312
McPherson, Gary, 87
Médici, 112-116, 124, 128, 131, 138, 140, 142, 145, 289, 310, 323
Médici, Cosme de, 113, 124, 140
Médici, Lourenço de "o Magnífico", 115, 131, 222
medicina, 65, 67, 150, 153-157, 174, 178, 183, 187, 203, 209, 266-267, 277
Médico e o Monstro, O (Stevenson), 158
Mehta, Ravi, 257
método científico, 309
Michelangelo, 19-20, 22, 69, 107-108, 111, 113-114, 116-117, 122, 127-128, 130-131, 133, 138-139, 141, 143-144, 146, 153, 205, 234, 270
migração seletiva, 239-240
Milão, 108, 132-133, 226, 276, 294
Milton, John, 187, 245
mitos de criação, 207
Mittra, Peary, 198
Mona Lisa (Leonardo), 108, 313
Monet, Claude, 32, 234
monismo, 210
Moore, Gordon, 312
Morris, Edmund, 232, 234
Morris, Errol, 55
morte, 31, 44, 46, 68, 73, 88-89, 105, 129, 146, 153, 188, 197, 212, 226, 242, 245, 253, 276, 302, 316, 321
   Calcutá e, 194, 216
   do lugar, 23, 36, 60, 63, 216, 233
   dos pais, 204, 230
   Escócia e, 155, 158
   Freud e, 20, 273, 276
   Haydn e, 229, 246-248
   Mozart e, 221, 231, 235, 239, 241, 243-244
Mote, F. W., 93, 105

INDEX

motivação, 38-39, 228, 256, 294
motor a vapor, 169
Mountain View, Califórnia, 298, 300, 315
Mozart, Leopold, 230, 248
Mozart, Maria Anna "Nannerl", 242
Mozart, Wolfgang Amadeus, 227, 230, 242, 248
    Beethoven e, 250
    Freud e, 20, 273, 276
    Friederike e, 237
    Haydn e, 229, 246-248
    morte e, 68
    Viena e, 241, 254, 268, 277-279, 283
Mumford, Lewis, 41-42, 74
Mundo de Ontem, O (Zweig), 255
Munro, John, 155
Murray, Charles, 78
musas, 62
Museu Bargello, 129
Museu da Ágora, 70
Museu de Edimburgo, 179
Museu Nacional da Escócia, 153
museus, 32, 54, 79, 125, 137, 224, 268
    Atenas e, 46, 50, 70, 80-81, 136, 145, 288, 313, 322
    Edimburgo e, 152, 162, 180
    Escócia e, 155, 158
    Florença e, 109, 131, 184, 215, 253, 295, 300
    Su e, 87
Museu Surgeons Hall, 154
música, 50, 87, 90, 100, 155, 184, 200, 221-226, 228-229, 233, 235-239, 241-244, 246, 249-250, 269, 281, 284, 308, 310-311
    Beethoven e, 250
    Calcutá e, 194, 216
    caos e, 201, 203
    Einstein e, 209
    Friederike e, 237
    Hangzhou e, 79, 222
    Haydn e, 229, 246-248
    Mozart e, 221, 231, 235, 239, 241, 243-244
    Viena e, 241, 254, 268, 277-279, 283
Musikverein, 248
Musil, Robert, 232, 270

N

Nandy, Ashis, 212
Needham, Joseph, 79, 90, 93
Newton, Isaac, 15, 134, 161, 168, 213, 281
Nietzsche, Friedrich, 41, 71, 259
Ninfeias (Monet), 32
Nixon, Richard, 82
Nobel, Alfred, 213
Norlander, Torsten, 51
Nova York, 32, 36, 66, 82, 109-110, 118, 154, 205, 284, 310, 315, 320
Noyce, Robert, 305, 308

O

Ochse, Richard, 119
oportunidade, 59, 102, 114, 167, 216, 237, 243, 247, 270, 307
oportunidades de interação, 173
Oppezzo, Marily, 35
"Ornamento e Crime" (Loos), 282
ostracismo, 70-71
Oulipo, 100
Ovo de Colombo, 292

P

Packard, Dave, 289, 293
Palácio Pitti, 124-125, 127, 136, 224
Palmieri, Matteo, 112
Palo Alto, Califórnia, 289, 291, 293, 297, 302
Palo Alto Times, 291
Pankejeff, Sergei, 269
Panteão, 135
pão, 59, 113, 316, 319, 321
paradoxo da abundância, 100
Paris, 31, 118, 162, 179, 210, 215, 222, 253, 262, 284, 294, 320
Partenon, 36-38, 42, 55, 229, 240
Pauling, Linus, 322
penicilina, 212
pensamento, 27-28, 35, 37-38, 51-52, 64, 69, 71, 94, 97-98, 103, 119-120, 134, 152, 159-161, 168, 171-172, 176, 184, 194, 199, 201, 203, 211, 214, 227, 257, 259, 263, 275, 303
    China e, 81, 85, 95, 101, 126, 316
    criatividade e, 21, 95, 170
    de grupo, 157, 176, 303
    divergente, 35, 52, 98
    Einstein e, 209
    Grécia e, 138, 269
    homoespacial, 171-172
    humor e, 98
    janusiano, 159-160, 298
    Viena e, 241, 254, 268, 277-279, 283
Péricles, 29, 42, 46, 49, 56, 65-66, 73, 80, 84, 138, 178, 323
Perry-Smith, Jill, 303
persas, 42-43, 138, 163, 187
Peste, A, 108, 123, 132-133, 137-138, 163, 194, 258, 317, 321
Picasso, Pablo, 47, 65-66, 87, 120, 125, 184, 225, 234, 238, 273
Pico della Mirandola, Giovanni, 140
pintura, 41, 67, 79, 93, 99-100, 113, 121, 126, 128, 150, 169, 208, 213, 234, 272, 283, 288
    China e, 81, 85, 95, 101, 126, 316
    com música, 184, 238
    Florença e, 109, 131, 184, 215, 253, 295, 300
    Grécia e, 138, 269
    Leonardo e, 108, 122, 133
    Michelangelo e, 128, 131, 205
    Renascimento e, 288
    Su e, 87
    Tagore e, 214
    Verrocchio e, 117, 119, 247
Pireu, 65, 67
Pisa, 124, 132
Pitti, Luca, 124
Pitt, Robert, 62, 67, 179
Pixar, 229, 293, 296
pizza, 112, 117, 144

Platão (filósofo antigo), 32-33, 36, 49-50, 53, 60-62, 66-67, 72, 108, 114, 142-143, 169, 310, 312
Platão (filósofo moderno), 60-61
Playfair, John, 168-169
Poder das Limitações, 100, 120, 234, 310, 323
poesia, 48, 57, 66, 69, 78-79, 81, 86, 90, 93, 149, 178, 186, 194, 209, 272, 288, 311
   Atenas e, 46, 50, 70, 80-81, 136, 145, 288, 313, 322
   Calcutá e, 194, 216
   China e, 81, 85, 95, 101, 126, 316
   Escócia e, 155, 158
   Grécia e, 138, 269
   Hangzhou e, 79, 222
   Su e, 87
   Tagore e, 214
Polgar, Alfred, 256
política, 15, 29, 66, 73, 105, 133, 176, 182, 184, 216-217, 241, 261, 272, 279, 283
   China e, 81, 85, 95, 101, 126, 316
   Escócia e, 155, 158
   Grécia e, 138, 269
   Su e, 87
   Viena e, 241, 254, 268, 277-279, 283
Polo, Marco, 82-84, 97, 105
pontos de bifurcação, 209
Prêmio MacArthur, 45
Prigogine, Ilya, 202
Primeira Guerra Mundial, 280, 284, 290
princípio de Heisenberg, 312
Problema Turístico, 258
psicanálise, 263, 267, 270, 275
psicologia, 19-21, 221, 267, 281, 291
   criatividade e, 21, 95, 170
   Freud e, 20, 273, 276
   Simonton e, 22
   Viena e, 241, 254, 268, 277-279, 283

Q

Queneau, Raymond, 100

R

Rabindranath, 199-201, 203-206, 208-209, 214
Rabinovici, Doron, 277
Ramanujan, Srinivasa, 211
Ray, Satyajit, 30, 116-117, 193, 218
rejeição, 71-72, 91, 169, 266
relógios de água, 44
Renascença, 23, 79, 87, 96, 104, 107-109, 111, 113, 116-117, 120, 122, 126-129, 132, 134, 137, 140-141, 145, 199, 254, 314, 321
Renascimento, 19, 33, 111, 126, 132-133, 136, 140, 186, 194-196, 209, 211, 288, 322
   arte e, 16, 48, 89, 113-115, 128, 133, 138, 239, 279
   bengalês, 194-196, 199-200, 209, 211, 216-217
   Florença e, 109, 131, 184, 215, 253, 295, 300
   livros e, 64, 105
   Verrocchio e, 117, 119, 247
Renton, Alex, 163
Repcheck, Jack, 167
"Representação do Caos, A" (Haydn), 247
Réquiem (Mozart), 122, 172, 226
retrocesso, 184
Richards, Keith, 198
Rig Veda, 210
risco, 28, 56-57, 71, 112, 128, 131, 142, 206, 249, 294, 297, 299-301, 306-307, 309-310, 324
   Florença e, 109, 131, 184, 215, 253, 295, 300
Ritter, Simone, 265
Roma, 16, 108, 110, 135-136, 138, 141, 246, 268-269
Rothenberg, Albert, 159, 171-172
Rowling, J.K., 174, 180

S

Sacks, Oliver, 204
Saffo, Paul, 292, 313, 316
Salisbury Crags, 168
Salten, Felix, 273
Santa Maria del Fiore, 132, 135, 291
Santo Egídio, 186
Sapir, Edward, 64
Sawyer, Keith, 47, 258, 303, 320
Schenk, Johann, 247-248
Schiller, Friedrich, 238
Schliemann, Heinrich, 268
Schnitzler, Arthur, 253, 270, 277
Schoenberg, Arnold, 249, 277
Schopenhauer, Arthur, 134, 171, 259
Schorske, Carl, 266
Schubert, Franz, 20, 221, 236, 243-244, 248
Schwartz, Daniel, 35
Scott, Sir Walter, 179
Segunda Guerra Mundial, 243
seguro, 128, 245, 270
serendipidade, 213-214
sexualidade, 264, 276, 283
   Freud e, 20, 273, 276
   Hangzhou e, 79, 222
   Viena e, 241, 254, 268, 277-279, 283
Shen Kuo, 88-91, 102, 105, 225, 321
Sher, Richard, 164
Shostak, Marjorie, 95
Simonton, Dean Keith, 20-23, 42-43, 66-67, 84, 134, 184, 193, 202, 258, 281, 305
simpósios, 63, 66, 179, 216
Simpson, James Young, 156-157
sinestesia, 238
Small, James, 152
Smith, Adam, 150, 159-160, 162, 167, 177-180, 184-186, 188, 192, 197, 321
"Sobre a Infelicidade de Ser Grego" (Dimou), 61
"Sobre a Natureza" (Goethe), 266
Sociedade Asiática, 197
Sócrates, 22, 32-33, 36, 44-47, 49-50, 53-54, 56, 58, 60-61, 63, 68-69, 72-73, 108, 141, 167, 175-176, 237, 240, 246, 275-276, 289, 314, 321, 323

INDEX

Atenas e, 46, 50, 70, 80-81, 136, 145, 288, 313, 322
    Brady e, 53, 55
sofistas, 44, 61, 66, 74
Specola, 136-137
sprezzatura, 123-124, 131, 144
Stallings, Alicia, 45
Stanford, Universidade de, 35, 288, 293-294
Stekel, Wilhelm, 275
Sternberg, Robert, 69, 100, 104
Stevenson, Robert Louis, 158, 162-163, 170-171, 218
Stravinsky, Igor, 31, 273
Suíça, 23, 84, 294, 310
Sunnyvale, centro comercial de, 324
superfluidez, 184
Su Tungpo, 85, 98-99, 102, 163, 276
Swaminathan, 217-218

T

Tagore, Rabindranath
    Calcutá e, 194, 216
    Einstein e, 209
taoísmo, 103-104
tecnologia, 42, 49, 78-79, 81, 87, 104, 136, 141, 154, 157, 194, 254, 290-291, 299-301, 306, 313, 315-316, 322
Templo de Zeus, 38, 45
"Teoria do Café Central" (Polgar), 256
Teoria Fashionista da Genialidade, 31-32, 288
Terman, Fred, 291-296, 304
Terman, Lewis, 291-296, 304
thambos, 37
Thompson, William, 39
Thun, Condessa, 241
tolerância, 158, 177, 184, 229, 278, 321-322
Tony's Hotel, 29, 34, 44, 62, 67, 72
Torricelli, Evangelista, 137
T.P., 191-193, 206
transição de fase, 279-280, 308
Tratado da Natureza Humana (Hume), 161
trefina, 154
Trotsky, Leon, 260
Tucídides, 40, 55, 64-65, 67-69, 71, 91, 157, 288
Twain, Mark, 35, 51, 64, 69, 199

V

vaidade insidiosa, 314
Vale do Silício, 42, 50, 154-157, 164, 284, 288-290, 292-317, 323
    Atenas e, 46, 50, 70, 80-81, 136, 145, 288, 313, 322
    Edimburgo, 152, 162, 180
    Escócia e, 155, 158
    fim de, 73, 114, 129, 142, 178, 211-212, 229
    Florença e, 109, 131, 184, 215, 253, 295, 300
    fracasso em, 271
    ideias em, 67, 180, 301
    otimismo de, 104
    tradição e, 94
    Viena e, 241, 254, 268, 277-279, 283
Valéry, Paul, 37, 169
variação cega e retenção seletiva, 184
Vasari, Giorgio, 121, 139
Veneza, 83, 108, 294
Ventris, Michael, 267
Verrocchio, Andrea del, 116-119, 121-123, 174, 185, 246-247, 309
    Leonardo e, 108, 122, 133
    oficina de, 117-119, 121-122, 185, 309
viagem de trem, 209, 216
Viagens de Marco Polo (Polo), 83
Vidal, Gore, 204
Viena, 23, 29, 82, 221-226, 229-232, 235-237, 239-241, 244, 246-249, 251, 253-255, 257-266, 268, 270, 272-273, 275-284, 302, 308, 310, 315
vinho, 28, 32, 45, 47, 49, 51-53, 59-60, 67, 73, 83, 86, 113, 117, 121-122, 125, 159, 162, 179, 183, 186, 216, 237, 241, 262
    Edimburgo e, 152, 162, 180
    Escócia e, 155, 158
    Florença e, 109, 131, 184, 215, 253, 295, 300
    Glasgow e, 181
    Grécia e, 138, 269
    Viena e, 241, 254, 268, 277-279, 283
violações de esquema, 281, 299, 323
Vohs, Kathleen, 233
Voltaire, 123, 145, 243

W

Waldrop, M. Mitchell, 206
Waldstein, Conde, 247
Walker, Paul, 135
Walpole, Horace, 213
Walt Disney Studios, 293
Warhol, Andy, 80, 85, 105
Watson, James, 33, 39
Watt, James, 150, 152, 169, 182
Watts, Alan, 86, 126
Whorf, Benjamin, 64
Wood, Ron, 198
Wozniak, Steve, 304-305

X

Xenofonte, 46

Y

Yalow, Rosalyn, 243
Yeats, William Butler, 200

Z

Zimmern, Alfred, 59
Zuckerberg, Mark, 154, 300, 303, 308-309, 313
Zuckerman, Harriet, 119
Zumbo, Giulio, 137
Zweig, Stefan, 224, 229, 253, 255, 258-259, 266

341

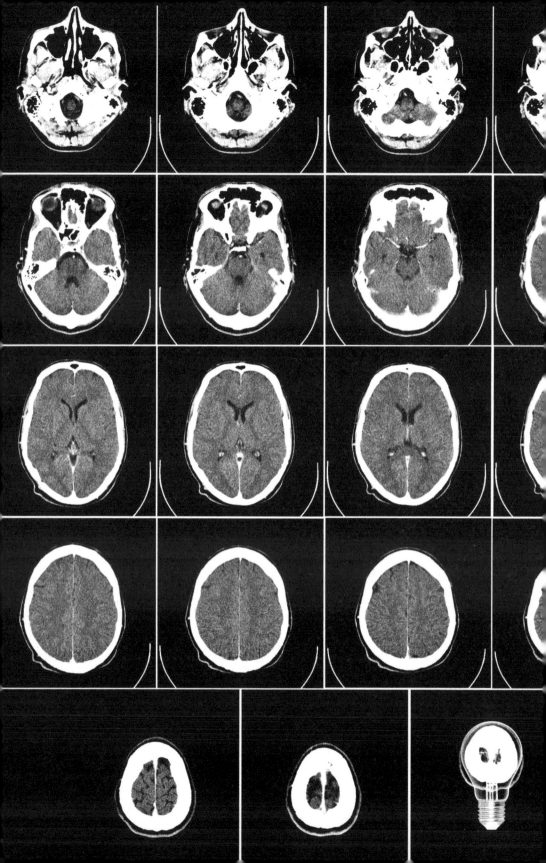

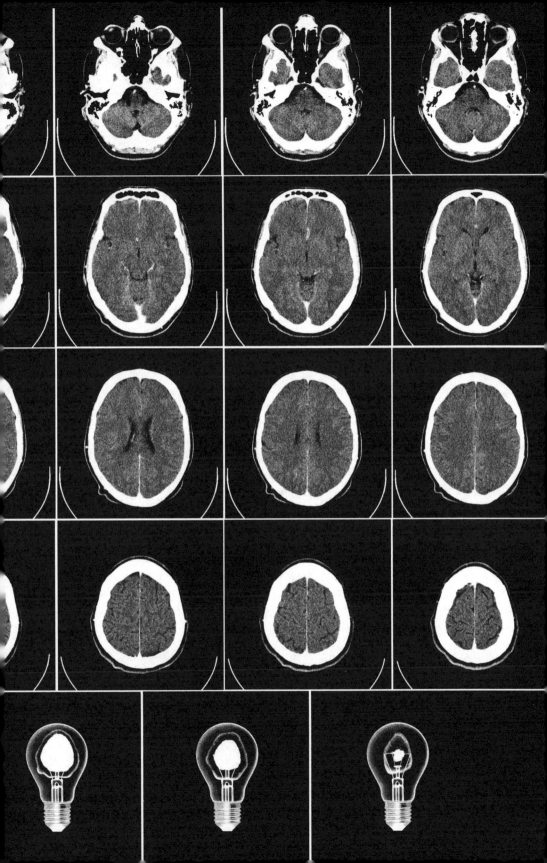

Não se pode apressar a genialidade, e pelo visto também não se pode apressar um livro sobre a genialidade. Essa é uma lição que aprendi na marra. Felizmente, tive ajuda de muitas partes — amigos, família e completos desconhecidos.

Muita gente gentilmente me cedeu um lugar para pensar e escrever: Sarah Ferguson, Art Cohn, Hans Staiger, Lisa Collins e David e Abby Snoddy. Agradeço ao Virginia Center for Creative Arts, e principalmente à sua diretora de serviços artísticos, Sheila Pleasants, pelas muitas temporadas produtivas e felizes que passei lá. Também sou grato ao Mortara Center for International Studies, da Universidade de Georgetown, e à sua diretora, Kathleen McNamara, por ter me dado o presente mais valioso: um cartão da biblioteca. Obrigado, também, a Alex e Charles Karelis por terem o bom senso de fundar e manter a maravilhosa Writers Room de Washington, DC.

Várias pessoas leram versões iniciais do manuscrito e deram sugestões valiosas: John Lister, Stefan Gunther, Manil Suri, Josh Horwitz, Barbara Brotman e Chuck Berman. Alyson Wright transcreveu diligentemente horas de entrevistas.

Nas pesquisas para este livro, confiei muito no que minha saudosa amiga Laurey Masterton chamava de O Fio Dourado. As pessoas — às vezes amigos, mas às vezes estranhos — generosamente ofereciam uma apresentação ou uma sugestão que invariavelmente me levava à pessoa certa no lugar certo e na hora certa. Alguns desses "fios dourados" aparecem nestas páginas, outros não. Essa última categoria inclui (mas de modo algum não se limita a) Joey Katona, Ross King, Yin Zi, Tom de Waal, Gerry Holmes, Tom Crampton, Alexandra Korey, Kimberly Bradley, Raju Narisetti e Dan Moshavi. Em Florença, David Battistella foi extremamente generoso com seu tempo e conhecimento.

Quando o desânimo batia, os amigos rapidamente ofereciam uma palavra gentil ou um drinque forte, às vezes as duas coisas. Sou grato a Mark Landler, Angela Tung, Laura Blumenfeld, Steven Petrow, Martin Regg Cohn, Karen Mazurkewich, Steve LeVine, Nuri Nurlybayeva, Tracy Wahl, Jim Benning, Aliza Marcus, Andrew Apostolou, Jennifer Hanawald e, à sua maneira inimitável, Warren Rabin. Fico especialmente agradecido aos membros do Writers Who Lunch, meu grupo de apoio informal, porém essencial: Maarten Troost, Florence Williams, Tim Zimmermann, David Grinspoon, Juliet Eilperin e Josh Horwitz.

Meu agente, Sloan Harris, sempre me protege, me faz dar duro e não tem medo de me dizer quando estou metendo os pés pelas mãos. Na Simon & Schuster, várias pessoas trabalharam incessantemente nos bastidores, como Megan Hogan, Jonathan Evans e Sydney Tanigawa. Eles tornaram este livro melhor, e sou grato por isso.

Meu editor, Jonathan Karp, insiste que não é nenhum gênio. Não acredite nele. Eu me considero muito sortudo mesmo por ter alguém tão talentoso guiando meu barco por vezes agitado. Minha filha, Sonya, foi uma enorme inspiração, de maneiras grandes e pequenas, intencionais ou não. Ela aguentou pacientemente minha ausência, além de minha presença rabugenta, quando as palavras não fluíam.

Não é exagero dizer que não teria escrito este livro sem o apoio incondicional de minha esposa, Sharon. Ela é minha musa, meu amor. Meu *genius loci* está em qualquer lugar, contanto que ela esteja a meu lado.

Finalmente, é com grande tristeza que agradeço a Eugene Martinez. No pouco tempo em que o conheci, ele se tornou um guia confiável e um amigo. Sinto saudades. Este livro também é dedicado a sua memória.

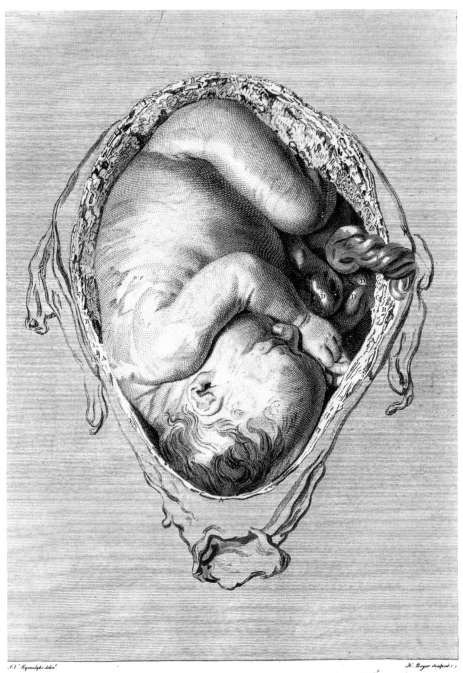

T.A B. XX. Idem denuo Uterus, sed omnino apertus, ut Fœtum in situ naturali ostendat. Circa Fundum quaquaversus substantia, tam Placentæ quam Uteri, incisa conspicitur.

WILLIAM HUNTER (1718-1783) foi um médico e anatomista escocês, e um dos mais proeminentes obstetras de sua época. Nasceu em Long Calderwood, hoje parte de East Kilbride, South Lanarkshire, e foi irmão mais velho do cirurgião John Hunter, inventor da vacina contra a varíola. Começou seus estudos de medicina em 1737, na Universide de Glasgow, e seguiu para Londres em 1741, onde tornou-se um discípulo de William Smellie e estudou anatomia no St, George's Hospital, especializando-se em obstetrícia. Em 1764, tornou-se médico da rainha Charlotte. Foi eleito Fellow da Royal Society, instituição destinada à promoção do conhecimento científico, em 1767; e professor de anatomia da Royal Academy, destinada à promoção das belas artes, em 1768, onde lecionou até 1772. Ainda em 1768, abriu sua famosa escola de medicina no bairro londrino do Soho, onde treinou os melhores anatomistas e cirurgiões britânicos da época. Sua obra-prima, *The anatomy of the human gravid uterus exhibited in figures* [A anatomia do útero humano grávido] – de onde foi tirada a imagem que ilustra a capa deste livro –, foi publicada em 1774 pela Baskerville Press, com gravuras em cobre de Jan van Riemsdyk (c. 1730-c. 1790). Como modelo para as suas gravuras, escolheu os desenhos esquemáticos, claros e precisos de dissecações anatômicas feitos por Leonardo da Vinci (1452-1519), mantidos sob a guarda da Royal Collection, em Windsor. Hunter teria sido um dos poucos privilegiados que examinaram em primeira mão um conjunto de duzentos desenhos anatômicos redescobertos do mestre italiano, entre eles, o *Estudo de Embriões*, produzido entre 1510 e 1513.

Crédito Ilustrações: ShutterStock/ Alamy/ 123RF
Capa; p. 346 *Tab. XII*, de *The anatomy of the human gravid uterus exhibited in figures* (Birmingham: J. Baskerville, & S. Baker & G. Leigh, etc., 1774), gravura em cobre de Jan van Riemsdyk, para a obra de William Hunter
[Guardas] *Tab. 4*, de *The art of midwifery improv'd* (Londres: E. Curll, F. Pemberton, & W. Taylor, 1716), gravura e obra de Hendrik van Deventer
[p. 2-3; 6-7; 10-11] *Estudos de embriões*, c. 1510-1513, giz preto, giz vermelho, caneta, lavagem da tinta no papel de Leonardo da Vinci. Londres, Royal Collection Trust © HM Queen Elizabeth II 2016
[p. 4-5] *Uterus II, Tab. V*, de *Tabulae ossium humanorum* (Leiden: J.&H. Verbeek, 1748), gravura de Jan Wandelaar para a obra de Bernhard Siegfried Albinus
[p. 350-351] *Diagram of a fetus, lying on its side, in an opened womb from one of the earliest books on Obstetrics*, de *An early caesarean operation using a longitudinal incision* (Berlim: Johann Andreas Rüdiger, 1723), gravura e obra de Justin Dittrich Siegmund

Eric Weiner é um viajante filosófico e insatisfeito em recuperação. Seus livros incluem *The Geography of Bliss*, best-seller do *New York Times*, e *Man Seeks God*. Ex-correspondente internacional da National Public Radio, seu trabalho já apareceu no *New York Times, Slate, Quartz, Los Angeles Times, Foreign Policy,* BBC, AFAR, *The Best American Travel Writing*, entre outros. Por algum motivo, ele mora na região de Washington, DC. Saiba mais em **EricWeinerBooks.com**

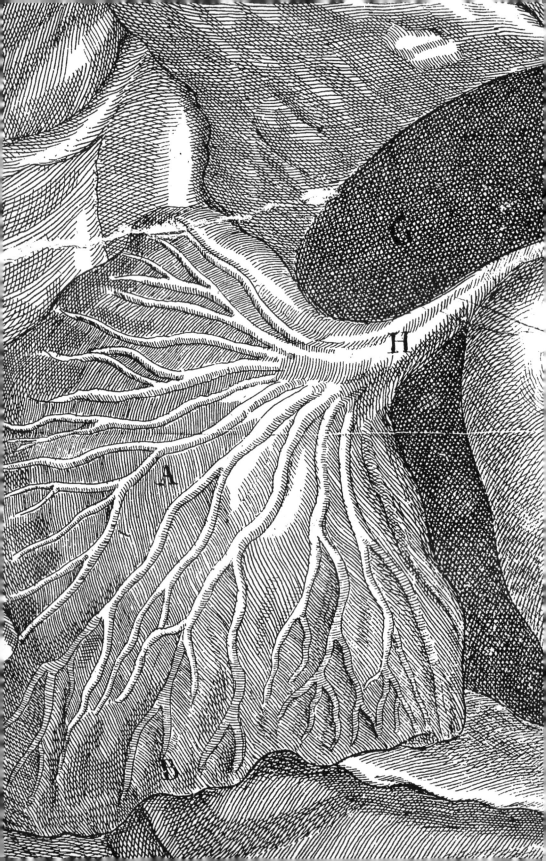

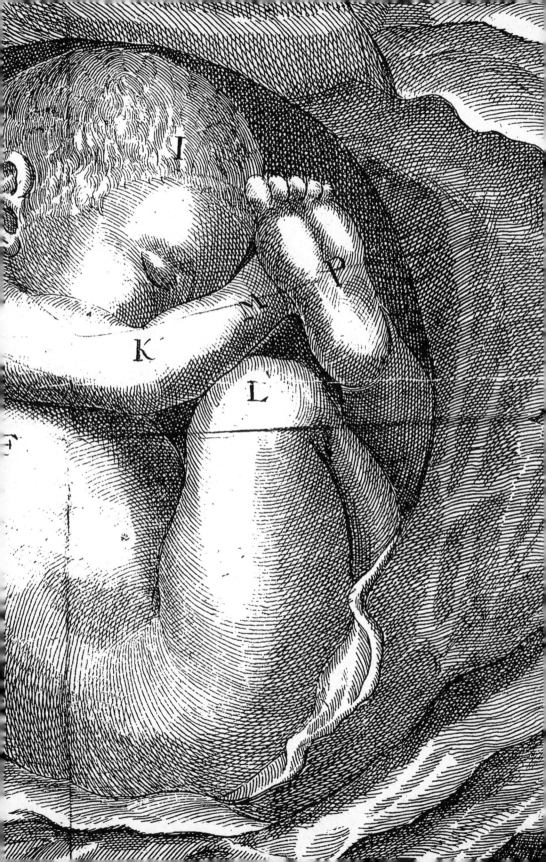

CRÂNIO — a nova linha editorial de não ficção da DarkSide® Books — estimula o leitor a entender e questionar o mundo que estamos construindo. Após desenterrar clássicos inesquecíveis e revelar novos fenômenos da literatura dark, a 1ª editora brasileira inteiramente dedicada ao terror e à fantasia amplia seus horizontes. O objetivo é trilhar novos caminhos, mostrando que ciência, inovação, história e filosofia podem ser tão surpreendentes quanto a mais criativa obra de ficção. Aqui tudo é real. E ainda assim, fantástico e muitas vezes assustador. Assuntos delicados e surpreendentes são tratados com o respeito que merecem, com uma linguagem que aproxima o leitor. Devorar um título da série CRÂNIO é aceitar um convite à reflexão do agora. O compromisso da linha editorial CRÂNIO é publicar material minuciosamente selecionado. Livros assinados por especialistas, acadêmicos e pensadores em diversas áreas, dispostos a dividir experiências e pontos de vista transformadores que nos ajudem a entender melhor esse estranho e admirável mundo novo.

THINK OUTSIDE THE BOX
DARKSIDEBOOKS.COM

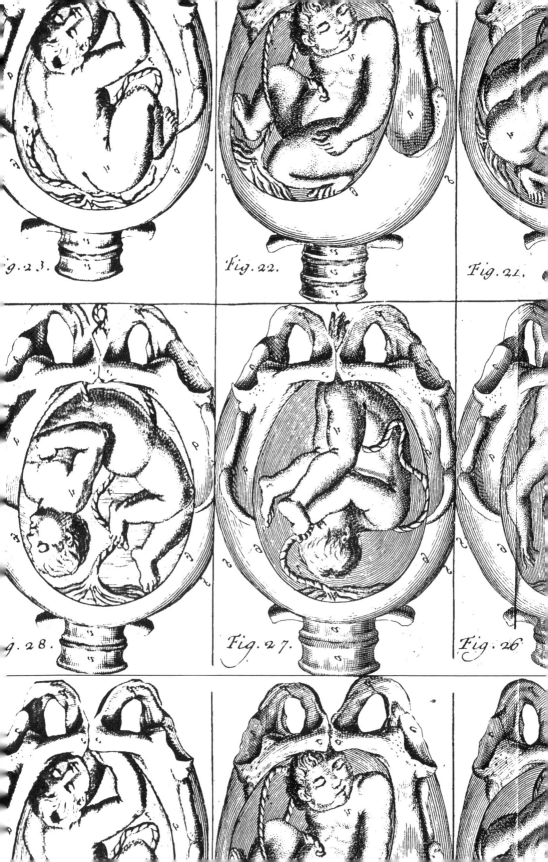